李心鉴

抗辩的艺术

第二卷

金融诉讼选录

Volume II

SELECTED WORKS OF FINANCIAL LITIGATION

李心鉴 著

人物插图 李　晨

场景插图 李新民

编者按

国家首届诉讼法学博士
多年亲历民商诉讼精选
顺逆胜败展陈诉讼较量
荣辱喜悲展露诉讼心曲

大学案例教学全新教程
学者法学研究鲜活素材
青年研习诉讼最佳读物
企业探究疑案上选工具

我们确认，作者做出了法律图书的精品；
我们确信，本书将成为案例书籍的经典。

责任编辑：王扬博士

我总是把案子当成学问来做。

中国四大名园之一的苏州拙政园，是明代御史王献臣仕途失意后重建，并以浇园种菜为自己（拙者）“政”事之意命名的。我从学府退出，默默于讼事，又以学人之心为之，故自忖此般劳作可否称之为拙学?

王献臣之“拙政”为后人留下了超越其从政业绩的名园，我之“拙学”能否为今人留下超越我治学成绩的名案?

——作者题记

目 录

说明：五星四星案可作为案例教学辩论案例或自修精读案例
　　　三星二星案可作为案例教学讨论案例或自修泛读案例

卷首语

灯下（之二）

写的功夫

停好车，看看表，时间还早，可以在校园里走走。

夏季的傍晚，是京城大学校园最好的时候。夕阳恋恋不舍地没入西山，晚风便悄悄来了，吹走一天的燥热，送来草味花香。青春男女们轻快地走在树影斑驳的小路上，身后留下清脆的笑声。我远眺图书馆窗口，灯下已有伏案的身影……

从2008年起，中央民族大学法学院使用本书三卷中的部分案例，采取案例教学法，为大二本科生和民商法专业硕士生开设了《民事审判实务》课程。第一期课程将要结束时，主讲老师李玉子教授请我做个民商事诉讼的专题讲座。

走进会场，望着院领导的笑脸和讲台上摆放的鲜花，我觉得自己不配，有点尴尬……

当我自我介绍："我就是你们这学期案例教学中所有案件的承办律师"时——李老师有意没作介绍，同学们先是"噢……"成一片，接着笑声、掌声响起。感觉已不是外人的我，口若悬河地讲了起来。

两小时的演讲过得很快。在最后的互动环节，有同学提出了律师口才问题——这也是以往讲座中同学们常提的问题。我借此机会，谈了一下"庭上功夫"与"灯下功夫"孰轻孰重的问题。这里，我根据当时的讲解和现在的整理，铺陈如下：

英美诉讼律师的主要功夫在庭上，也就是集中在一个“辩”字上。虽然开庭前他们也要进行案头准备，但是胜败最终取决于法庭上的舌战。也就是说，陪审团或者法官是根据庭审记录作出裁决的。这就是美国法学院的案例教材无不把交叉询问、辩论技巧作为主要内容的原因，也是美国大律师，诸如哈佛法学院的亚伦·德萧维奇教授、李·贝利教授在他们案例书中一定要大书特书庭审细节的原因。

中国大陆诉讼律师的主要功夫在灯下，也就是集中在一个“写”字上。中国大陆的法庭审理，无论刑事还是民事，基本都是走过场，而且这一司法顽症在现行体制下不可能消除。官司的胜败与律师的庭上发挥基本没什么关系，而是取决于律师诉讼文书中的主张是否成立。也就是说，法官不是根据庭审笔录，而是根据双方的诉讼文书作出裁判。这就是中国大陆的案例教材总是以评析法院判决的正确与否为主要内容，而从不涉及法庭辩论的原因，也是我的书将双方诉讼文书主张的对抗和我的诉讼观点形成过程作为重点，而极少叙述庭审过程的原因。

说到这儿，我感觉有点冷场，赶忙点题：在英美，口才不好的人肯定没法做律师。比如案例教学的倡导者、哈佛法学院首任院长兰德尔，大学毕业后做了律师，但因性格内向，不善表达，做律师几乎没上过庭，仅仅是帮出庭律师做案头文书工作，所以只勉强干了六年就退出了律师界。当然，他的卓越才能在法律教育上。而在中国大陆，做诉讼律师，口才也重要，客户挺看重这一点的。但是，最重要的功夫还在于能够写出足以征服聪明的客户的案件分析报告或法律意见书，能够写出赢得法官尊重，影响甚至左右法官下判的诉讼文书。因此，在中国大陆，法律文书的水平是衡量诉讼律师水平最重要的标准。可以说，兰德尔不适应美国式诉讼，但绝对适合中国大陆式诉讼，在中国做律师不仅没问题，而且肯定是好律师。依我个人经历，在重大案件的代理人竞聘中，我总是凭借不同于他人的案件分析报告获聘；在办理复杂案件中，我只写文书不出庭，由其他律师出庭，并不会影响庭审效果甚至案件命运。一句话，在灯下写作法律文书，是我诉讼人生的核心内容。

（我曾经私下调侃——这次讲座没说：建议教育部允许聋哑人学法律，司法部允许聋哑人考司法考试和做诉讼律师。聋哑律师只要法律功底好，写作水平高，肯定能够成为优秀律师。只不过需要其他律师帮他去跟客户谈，帮他出庭念念文书而已。）

我的这一席话并未引来掌声，同学们还在思考中……

在赶往停车场的路上，我侧目望望学生宿舍楼。有的窗口已经黑了，有的窗口透着台灯或床灯微弱的亮光。我想象着灯下人在看些什么，写些什么……

第一章

证据的整合与诉讼的驾驭

——金融借款合同纠纷撤销仲裁裁决案件中的法定情形与证据运用

被誉为美国20世纪初最伟大的辩护律师弗朗西斯·韦尔曼在其《舌战羊皮卷》一书中说：几乎在每一件诉讼案中，总有些枝节事件起初看来并不重要或毫无价值，甚至互不相干，但经过律师有技巧的安排处理后，就变得环环相扣，而最后形成的结论足以震撼人心，使人深信不疑。

在本案中，我方向法院申请撤销裁令我方支付1.5亿多元的仲裁裁决，然而，法院却以我方证据不足，理由不充分为由，通知我方撤回申请。我方董事长遂匆匆委托我为代理人。我重新收集证据，将原有证据和新证据整合成环环相扣的证据体系，并通过听证会使法官对此深信不疑。最终，对方煞费苦心谋到的仲裁裁决被法院撤销了。

弗朗西斯·韦尔曼的话和本案的历程似乎并不深奥——已解之迷，何言深奥。然而，只有当你面对案件一筹莫展时，你才会切身体会其中的深奥。

导言

1.对于仲裁裁决书，仲裁当事人除可依据《民事诉讼法》的规定向法院申请不予执行外，亦可依据《仲裁法》关于申请撤销国内仲裁裁决的规定，或依据《民事诉讼法》关于申请撤销涉外仲裁裁决的规定，向法院申请撤销仲裁裁决。法律没有具体规定撤销仲裁裁决的程序，司法解释规定法院审理撤销仲裁裁决案件所作裁定为终审裁定，不得上诉。实践中，法院审理撤销仲裁裁决案件采取召开听证会的方式，不正式开庭审理。

2.本案案由（即法律关系）虽为借款合同纠纷，但因案件进入申请撤销仲裁裁决的程序，故借款的实体性问题已不是审理内容，而仅涉及申请的理由是否符合撤销仲裁裁决的法定情形。作为申请人的代理人，我提出了仲裁当事人之间没有仲裁协议和裁决所根据的证据系伪造两项申请主张。法院最终支持了第一项主张，裁定撤销了《仲裁裁决书》。

3.代理本案的功夫在证据运用上。具体说就是广泛收集证据，构建证据体系，解说每个证据的证明范围，论证各个证据之间的相互印证关系，从而用强大的证据群征服对方，说服法官。试比较我方（申请人）其他代理律师的意见与我的意见的不同，分析法院不接受其他律师的主张而支持我的主张的原因。

4.公司法定代表人因不持有公司公章而以个人签名的方式签署《撤销仲裁裁决申请书》，代表公司提起撤销仲裁裁决程序，这是否合法？

5.对方主张公司总经理有权使用公司公章在仲裁程序中与对方签订《和解

协议书》，即使其是在无权的前提下使用公章对外签订协议，也是有效的。因为，公司内部对公章管理不善，不影响公章的对外效力。我结合证明公司法定代表人对公章专管人授权范围的证据、证明公司总经理利用公安人员的身份以办理刑事案件需要为名收走公章的证据、证明对方使用公章伪造我方介绍信从而由对方人员假冒我方人员进行虚假仲裁等证据，主张总经理使用公司公章的行为属于盗用行为，在法律上是无效的。故公司总经理使用公司公章的效力问题，为本案的争议点之一。

要　　目

- 像模像样的裁决
- 冤屈满腹的诉说
- 理直气壮的回应
- 有理有据的揭露
- 环环相扣的论据
- 有板有眼的归纳
- 取舍得当的裁定

序曲

民事诉讼并不存在刑事诉讼中的破案。不过，有时为了推翻错误的裁判文书，还真得通过推理搜寻证据，通过分析组合证据，以破解对方律师“做的案”。

像模像样的裁决

背景

某仲裁委员会《裁决书》

申 请 人：某国际信托投资公司

被申请人：某旅游区开发公司

一、案情

申请人称，1994年5月至1998年7月，被申请人与申请人签订20笔借款合同，向申请人累计借款6483万元。1995年4月12日，被申请人以某实业投资公司名义与申请人签订借款合同，借款1000万元。1995年8月8日至1998年4月1日，被申请人以某实业联营公司名义与申请人签订9份合同，借款1035万元。上述借款共计8518万元。对此，申请人与被申请人曾先后于2002年1月16日和2003年5月27日签署了债权确认书。但时至今日，被申请人尚未偿还申请人贷款本息。为维护申请人权益，特申请仲裁，请求：1.裁决被申请人偿还申请人贷款本金8515万元及相应的利息（截至2003年6月30日的利息为7859.47018万元）；2.裁决被申请人承担仲裁费用。

对上述陈述，申请人向仲裁庭提供了《借款合同》和《贷款补充协议》以及《贷款凭证》62份、《贷款确认函》（2002年1月16日）、《贷款债权确认函》（2003年5月27日）、《协议书》（2003年9月8日）等证据，被申请人对申请人提供的证据无异议。

被申请人答辩称：申请人陈述贷款事实属实，被申请人所借8518万元贷款本金及利息至今没有偿付，但利息的计算不应超过法定利率。被申请人愿意协商解决双方之间的借款合同争议。被申请人对其答辩没有提供证据。

鉴于被申请人对申请人提供的证据无异议，仲裁庭对申请人提供的证据予以确认。

经查明：1994年5月至1998年7月，被申请人与申请人共签订20笔借款合同，向申请人累计借款6483万元。1995年4月12日，被申请人以某实业投资公司名义与申请人签订借款合同，向申请人借款1000万元。1995年8月至1998年4月，被申请人以某实业联营公司名义与申请人签订9笔借款合同，向申请人借款1035万元。上述借款合同合计8518万元。借款合同还约定了利率的计算标准和还本付息的期限。合同签订后，申请人按约定向申请人发放了8518万元的贷款，但被申请人一直未偿还本息。鉴于此，双方先后于2002年1月16日和2003年5月27日签订了《贷款确认函》和《贷款债权确认函》，对贷款金额进行确认。2003年9月8日，双方签订《协议书》，对双方债权债务又作了确认，并约定由被申请人制定还款计划，同时还约定仲裁解决争议条款。2003年10月16日，由于被申请人仍未偿还贷款，申请人申请仲裁解决。在审理当中，申请人请求委托某会计师事务所对被申请人位于某市某区某路某半岛的500亩土地（土地房屋权证号为某房[1998]字第×号）进行评估，被申请人表示同意。据此，仲裁庭于2003年11月4日委托某会计师事务所对被申请人的500亩土地进行鉴定评估。

2003年11月5日，鉴定单位出具《报告书》，评估结果是：估价对象总面积256,729.05平方米（500亩土地，2002年12月转让给某房地产开发有限公司490.74平方米，2003年9月1日转让某房地产开发有限公司1-3-1、1-3-2两块地，分别为48,478.59平方米和27,659.99平方米，尚余256,729.05平方米，未办理分割产权证）。单位面积地价439.50元/平方米，每亩合约29.3万元，总地价11,283.2418万元。双方对《报告书》没有异议。2003年11月11日，双方当事人达成了《和解协议书》，具体内容如下：

（一）1994年至1998年，被申请人共向申请人借款8518万元，截至2003年10月31日，利息为7205.2025万元，本息合计15,732.2025万元，被申请人拖欠至今没有偿还申请人。

（二）被申请人位于某半岛的256,729.05平方米土地（土地证号：某房[1998]字第×号）经某会计师事务所评估，每平方米价值439.05元，土地总价值11,283.2418万元。双方对该评估价格予以认可。

（三）被申请人共欠申请人贷款本息15,723.2025万元，被申请人以上述土地抵偿申请人贷款本息11,283.2418万元，剩余4439.9607万元被申请人于30日内支付申请人。

（四）被申请人有义务协助申请人办理有关土地过户手续，将该土地过户到申请人或其指定的公司名下。

（五）办理土地过户所需要的税费，按照有关法律规定，双方各自承担。如果被申请人经济困难无力交纳，申请人可代付。

（六）本案仲裁费66.5154万元，申请人承担36.6154万元，被申请人承担30万元。土地评估费由申请人承担。申请人对上述仲裁费已代付，被申请人于30日内支付申请人。

（七）双方应当严格履行本协议所约定的义务。被申请人应当按期支付剩余本息及有关费用。逾期支付，按照中国人民银行逾期贷款利率支付利息。

（八）本协议书经双方盖章后生效。双方请求某仲裁委员会根据本协议书制作裁决书。

以上事实，有经仲裁庭确认的证据和双方认可的《报告书》等足以佐证。

二、仲裁庭意见

（一）本案属借款合同纠纷。在案件审理当中，双方当事人达成的《和解协议书》，是双方的真实意思表示，是民事权利处分的体现，协议书确认了双方债权债务以及仲裁费的负担等事项，协议书的内容、形式符合法律的规定，应确认合法有效。

（二）根据双方《和解协议书》的约定和《中华人民共和国合同法》第60条的规定，被申请人应全面履行偿还申请人贷款本息的义务。

（三）仲裁费的负担按照双方《和解协议书》的约定。

（四）根据双方当事人《和解协议书》的请求和《中华人民共和国仲裁法》第49条的规定，本案依法予以裁决。

三、裁决

根据《中华人民共和国合同法》第60条的规定，仲裁庭裁决如下：

（一）本案被申请人共拖欠申请人贷款本息15,723.2025万元，其中，本金8518万元，利息7205.2025万元。被申请人以其位于某市某区某路某半岛面积为256,729.05平方米的土地（权证号：某房[1998]字第×号）抵偿申请人贷款本息11,283.2418万元，被申请人尚欠申请人贷款本息4439.9607万元应在本裁决送达之日起30日内偿还申请人。

（二）被申请人有义务协助申请人办理有关土地过户手续，将土地过户到申请人或者其指定的公司名下；办理土地过户所需要的税费，按照有关法律规定，由双方各自承担，被申请人有经济困难无力交纳，可由申请人代付。

（三）本案仲裁费66.6154万元，由申请人负担36.6154万元，被申请人负担30万元。土地评估费由申请人负担。因申请人已预交仲裁费，被申请人应在本裁决送达之日起30日内将其应负担的仲裁费支付给申请人。

（四）上述款项逾期支付的，按照中国人民银行规定的逾期贷款利率支付利息。

本裁决为终局裁决，自裁决作出之日起发生法律效力。

旁白

明明是通过不正当手段制造的裁判文书，但看上去在程序、规则，乃至细节上并没有什么毛病。这恰好证明，制造者是高手。

冤屈满腹的诉说

背景

某旅游区开发公司的《撤销仲裁裁决申请书》

某旅游区开发公司认为《裁决书》具有应予撤销的情形，故委托某省某市律师向某市中级人民法院提交了《撤销仲裁裁决申请书》，主要内容如下：

申 请 人：某旅游区开发公司

被申请人：某国际信托投资公司

事实和理由：

1992年12月3日，某香港公司、某实业公司、被申请人及其关联公司某公司在某市工商局注册成立了某旅游区开发公司。

某旅游区开发公司日常工作由被申请人委派的赵某领导，公文印章也由赵某管理。根据某旅游区开发公司章程第18条第二项规定，由董事长谢某签署公司重要文件。

某旅游区开发公司在经营期间，共向被申请人借款6483万元（未经审计）。

2003年1月1日，董事长谢先生授权赵某：1. 保管公司各项印章；未经董事会决议通过前，赵某不得提供公司印章给任何人或任何股东使用；2. 授权赵某可以用上述印章处理公司的日常事务；3. 在未经公司董事会同意的情况下，任何人或股东无权动用上述印章对某旅游区开发公司的资产进行处理。该授权时间自2003年1月1日至12月31日。

2003年6月18日，被申请人法定代表人同时也是某旅游区开发公司总经理的朱某在两名公安人员的陪同下，以被申请人总经理石某涉及的公安部某专案办案需要的名义，将某旅游区开发公司公章、合同专用章、某房（1998）字第×号500亩土地使用证从被申请人派驻某旅游区开发公司赵某手中收走。

2003年8月26日，某旅游区开发公司在北京某大厦6层召开董事会，形成会议纪要。该纪要共8条内容，其中第2条为：“各方同意某旅游区开发公司扣除各项负债后，剩余资产约700亩土地使用权，该土地使用权还包括已抵押给某银行的250亩土地使用权。各方同意某旅游区开发公司整体权益转让以该700亩（约）土地使用权为基础。”

董事会会议纪要达成后，2003年10月17日，申请人惊悉被申请人法定代表人朱某利用其自称已被某专案收走的申请人公章制造了一系列虚假文件，已向某仲裁委申请仲裁。

申请人认为，该裁决书存在以下问题：

一、某仲裁委根据某国际信托投资公司和某旅游区开发公司2003年9月8日《协议书》项下的仲裁条款，于2003年10月16日受理某国际信托投资公司和某旅游区开发公司之间的借款合同。而事实上某旅游区开发公司董事长谢先生在2003年9月18日没有签署更没有授权他人签署所谓《协议书》，更没有与某国际信托投资公司就借款合同订立过仲裁条款，某仲裁委受理该申请的前提是错误的。

二、该裁决书称某国际信托投资公司与某旅游区开发公司“双方当事人共同选定仲裁员”刘某，事实上某旅游区开发公司董事长谢先生不知道也不可能委托他人选定仲裁员。

三、该裁决书违反《仲裁法》第29条，该条规定：“当事人、法定代理人可以委托律师和其他代理人进行仲裁活动。委托律师和其他代理人进行仲裁活动的，应当向仲裁委员会提交授权委托书。”该裁决书中被申请人某旅游区开发公司的法定代表人是谢某，裁决书没有委托代理人，而法定代表人谢先生在国外，是谁冒充某旅游区开发公司的法定代表人谢先生进行答辩并于2003年11月11日达成《和解协议书》呢？

旁白

律师不能仅仅质疑裁判文书有什么问题，而必须用证据证明裁判文书有什么错误——你不能指望法官帮你解决问题。

四、被申请人与仲裁员串通，向仲裁委隐瞒了足以影响公正裁决的证据。被申请人除制造伪证外，还隐瞒了借款的真实情况。朱某既是某国际信托投资公司的董事长，又是某旅游区开发公司的总经理，某旅游区开发公司与某国际信托投资公司的借款合同虽然有6483万元，但由于属关联公司，实际用款情况尚未审计，但会议纪要已载明“各方同意某旅游区开发公司其他权益归某国际信托投资公司所有”冲抵借款，并且各方同意“某旅游区开发公司扣除各项负债后，剩余资产700亩土地”。某旅游区开发公司没有裁决书中所裁决的贷款本息15723.2035万元。

被申请人法定代表人朱某为了逃避公安部门及金融监管部门对其任职期间违法违规行为的查处，不惜侵害申请人某旅游区开发公司的权益，制造一系列虚假文件，并串通仲裁员进而下达了这份严重侵害申请人利益的裁决书。

旁白

没有证据，是绝对不能指责对方当事人与仲裁员串通的——法官对此是轻蔑、反感的。你应该用证据去证明裁判文书错误的严重性、极端性，让法官在内心怀疑这里面是可能存在串通的。

鉴于此，该裁决书存在《仲裁法》第58条第一款第（一）、（三）、（四）、（五）、（六）项的情形，申请人依照《仲裁法》第58条之规定，具状申请撤销（2003）某仲裁字第×号裁决书。

旁白

对复杂案件仅仅做一般性分析，确实让你免除了痛苦的思考过程，但同时也让你放弃了胜诉的权利，丧失了将你的委托人培养成固定客户的机缘。

理直气壮的回应

背景

某国际信托投资公司的主要答辩意见

一、仲裁裁决符合《中华人民共和国仲裁法》的有关规定，不存在《申请书》所提及的《仲裁法》第58条第一款第（一）、（三）、（四）、（五）、（六）项所规定的情形，是合法有效的。

1.关于仲裁协议问题。2003年9月8日，答辩人与某旅游区开发公司双方签订《协议书》。该《协议书》加盖有双方的公章，合法有效。

2.关于仲裁庭的组成及仲裁程序问题。根据某仲裁委员会提供的《仲裁庭组成表》，某旅游区开发公司与答辩人均选择同一仲裁员独任仲裁庭，在表上加盖各自的公章，合法有效。另外，裁决书没有写明委托代理人，并不影响裁决书的效力。

3.关于答辩人与仲裁员串通隐瞒足以影响公正裁决证据的问题。答辩人向仲裁庭提交证据共计70份。仲裁庭对答辩人提交的有关证据均与原件进行核对无误，某旅游区开发公司没有异议，上述有关证据是真实合法的。所谓与仲裁员串通一说，更是毫无事实根据。

二、某旅游区开发公司总经理朱某使用公司印章出具有关文件材料，符合该公司各股东所签订的《合同》、《章程》及《中华人民共和国公司法》的有关规定，具有法律效力。

1992年10月20日，某旅游区开发公司投资各方签订《合同》及《章程》，实行董事会领导下的总经理负责制。朱某作为某旅游区开发公司的总经理，履行自身管理职责，在职权范围内，出具加盖公司印章的有关文件材料，属于公司正常业务范畴，符合《合同》、《章程》及《公司法》的有关规定，是合法有效的。

退一步讲，即使朱某总经理在无权使用公章的前提下，出具加盖公司公章的文件材料，则该文件材料仍具有法律效力。因为，公司内部对公章管理不善，属于内部管理问题，不影响公章对外效力。

三、某旅游区开发公司法定代表人谢某提请法院撤销仲裁裁决的真实意图是要逃废金融债务。

四、法院受理某旅游区开发公司法定代表人谢某提出的撤销仲裁裁决申请没有法律依据，应当依法驳回。

某旅游区开发公司若提出撤销仲裁裁决的申请，应当向法院提交加盖公司公章的申请书。在无公司印章的情况下，仅仅以公司法定代表人的身份提出撤销仲裁申请，法院不应当受理。

旁白

软弱无力的进攻往往招致强悍有力的反攻。

有理有据的揭露

背景

某市中级人民法院经审查本案后，通知某旅游区开发公司的代理律师，认为该公司申请撤销仲裁裁决的证据不足，理由不充分，故要求该公司撤回申请，否则法院将在举行例行的听证会后裁定驳回申请。该公司董事长（法定代表人）谢先生匆匆委托我作为该公司代理人。我经重新收集证据，详细研究案件，迅速向法院提交了下列《撤销仲裁裁决申请书补充意见》。

正文

撤销仲裁裁决申请书补充意见

申请人：某旅游区开发公司

申请人已向贵院提交《撤销仲裁裁决申请书》。现申请人根据阅卷所得新的证据，提出如下撤销仲裁裁决补充申请意见。

申请人根据现有证据，即可对被申请人某国际信托投资公司的仲裁行为和仲裁《裁决书》得出结论：被申请人采取了一系列非法手段——借公安人员的身份非法收取申请人公章，盗用该公章伪造申请人与被申请人之间的含有仲裁条款和还款承诺内容的虚假《协议书》（2003年9月8日），持该虚假协议书申请仲裁，指派被申请人方内部人员冒充申请人方人员参与仲裁，在仲裁过程中继续盗用申请人公章伪造了所谓申请人《答辩状》、申请人与被申请人之间的《和解协议书》以及其他一系列所谓申请人方的仲裁程序文书，通过完全虚假的仲裁，最终获取具有强制执行效力的仲裁《裁决书》，严重损害了申请人的合法权益。依据《仲裁法》第58条第四项关于“裁决所根据的证据是伪造的”的规定和第一项关于“没有仲裁协议的”的规定，贵院应撤销仲裁委根据被申请人伪造的《协议书》和《和解协议书》以及其他一系列所谓申请人方的仲裁程序文书作出的《裁决书》。

一、《裁决书》所根据的证据是伪造的

申请人证明《裁决书》所根据的《协议书》和《和解协议书》等系伪造的证据，主要有两部分。第一部分是证明申请人公章原本有专人管理，却被被申请人非法收取并盗用伪造协议的证据；第二部分是被申请人盗用申请人公章进行虚假仲裁的证据。第一部分证据直接或间接证明被申请人持有并盗用申请人公章伪造协议，其与证明对象——《裁决书》所根据的证据系伪造之间具有直接或间接关联性，当然具有其证明力。第二部分证明虚假仲裁的证据，一方面证明被申请人在仲裁过程中继续多次盗用申请人公章伪造一系列仲裁程序文书，佐证第一部分证据（被申请人持有和盗用申请人公章），直接证明了证明对象——《裁决书》所根据的证据系伪造；另一方面证明被申请人进行虚假仲裁手段的目的，就是为了将伪造的证据——《协议书》和《和解协议书》变成《裁决书》的根据（反论之，如果《协议书》不是伪造的，是真实的，被申请人无须费尽心思，不择手段，进行虚假仲裁），故间接地证明了证明对象——《裁决书》所根据的证据系伪造。

（一）证明被申请人非法收取并盗用申请人公章伪造协议的证据

这部分证据为六件，即申请人法定代表人谢先生对赵某的授权委托书和被申请人法定代表人朱某等人签署的印章收条等。

1.谢先生对赵某的授权委托书（证据一[1]）。该授权委托书载明，授权赵某（申请人副总经理，被申请人方派驻申请人的人员）管理申请人各项印章，未经申请人董事会同意，任何人或股东无权动用上述印章对申请人的资产进行处理。授权期限为2003年1月1日至2003年12月31日。

该证据证明，在被申请人非法收取申请人公章前，申请人有专人管理印章，且授权范围明确，并不存在管理不善，公章被人擅自使用的情况。

2.朱某等人签署的印章等收条（证据二）。该收条载明，2003年6月18日朱某、许某、陈某三人收取了申请人的公章、合同专用章和土地使用证（某房[1998]字第×号）。

从该收条的形式和内容来看，尚不能全面反映出其与证明对象——《裁决书》所根据的证据系伪造的关联性和证明力。但只要查明该收条的形成以及收章人的身份，则该收条便成为本案非常重要的直接证据。

第一，朱某在某省公安厅两名公安人员的陪同下，以被申请人总经理石某所涉公安部某专案办案需要的名义，收走申请人公章、合同专用章和土地使用证；

第二，收条签名的另两人，许某系某银行风险处置领导小组某国际信托投资公司工作组干部，陈某为该银行所聘律师。

如贵院对以上两项事实有疑，申请人愿配合贵院查实。

该收条和以上两项事实证明：（1）被申请人借公安人员的身份，以办理刑事案件需要为名，非法收取申请人公章，申请人因恐妨碍公安机关侦查而不得不将公章交出；（2）朱某、许某、陈某三人身份均为被申请人方人员，不存在申请人内部股东收章争夺管理权的情况；（3）自2003年6月18日申请人公章被被申请人非法收取后至今，被申请人一直非法持有申请人公章，申请人不

---

[1] 因本书篇幅所限，“正文”中诉讼文书的附件或证据，除个别章节需要专门列出附件或证据目录及说明，或者列出关键性证据的内容之外，本书均略去。

可能使用该章与被申请人签订协议，这一点足以证明《协议书》是伪造的。

3.某省公安厅公函（证据三·补充）。该公函载明，某省公安厅因办理中央交办的被申请人相关人员涉嫌经济犯罪案件（某专案）侦查工作需要，对《某省某市土地房屋权证》（某房[1998]字第×号）中记载的申请人名下的全部土地予以查封。

该证据有力地佐证了被申请人方人员在公安人员的陪同下，以办理刑事案件为名，非法收取申请人公章的事实。

4.被申请人致申请人外方股东某香港公司的两份传真函、某香港公司致被申请人的回函（证据四·补充）。被申请人于2003年8月15日致某香港公司的传真函载明，被申请人拟将其对申请人的债权及其他所有权益以1.3亿元的价格出让，征询作为申请人外方股东的某香港公司的意见。

某香港公司在2003年8月18日致被申请人的回函中，要求被申请人明确拟转让权益的具体内容，提出被申请人单方将申请人250亩土地抵押造成损失的解决方案，并询问被申请人将其在申请人的权益出让后是否还承担合同义务及被申请人转让权益的操作方案。

被申请人于2003年8月19日就某香港公司提出的问题作出答复，转让权益包括被申请人对申请人的“全部债权（含本息）”及股权和其他权益。

上述证据证明：8月19日（证据四-3）被申请人欲将其对申请人的全部贷款1.3亿元（含本息）全部转让给申请人之外的第三方，并无该贷款应由申请人偿还的意思表示，与虚假的《协议书》所谓申请人于1个月之内偿还全部贷款的约定直接矛盾，佐证《协议书》是伪造的。

5.2003年8月26日会议纪要（证据五）。该会议纪要载明，8月26日申请人所有四方股东在北京召开股东会，会议的唯一议题就是各方股东商定申请人某旅游区开发公司整体权益转让给第三方的方案。其中，第4项约定：“各方同意某旅游区开发公司整体权益转让的方式包括各方将各自的股权和债权共同转让给第三方，或者采用某旅游区开发公司整体转让土地使用权的方式操作。”

上述证据证明：（1）在虚假的《协议书》出笼前夕，申请人各方股东在商定申请人整体权益转让方案时，各方股东不仅没有同意偿还被申请人贷款的意思表示，相反“各方同意某旅游区开发公司整体权益转让的方式包括各方将各自的股权和债权转让给第三方”，各方的债权当然包括被申请人给申请人的贷款；（2）佐证《协议书》是伪造的。

6.被申请人2003年8月26日关于重新委派董事的函（证据六·补充）。该函载明，8月26日被申请人通知申请人董事会委派被申请人新的董事，其中许某、陈某为被申请人派出的新的董事。

上述证据证明：（1）2003年6月18日参与非法收取申请人公章的许某、陈某确为被申请人方人员；（2）被申请人方朱某、许某、陈某确实是代表被申请人非法收章的，不存在朱某以申请人总经理身份，为争夺申请人内部管理权而收章的问题。

（二）证明被申请人进行虚假仲裁的证据

申请人在阐述这部分证据之前，首先断言：本案所查之仲裁，是一桩彻头彻尾的虚假仲裁。这一断言的事实根据就是，申请人根本没有使用公章和委派人员参与仲裁，该仲裁是被申请人利用伪造的协议，盗用申请人公章，派出己方人员，自己和自己打出的一场完全虚假的仲裁。一句话，申请人根本没有参与仲裁，这就是本案的真相，这是任何人、任何证据都无法撼动的铁的事实！

以下分述证明虚假仲裁的证据：

1.四份所谓申请人介绍信、四份仲裁委送达回证、一份被申请人在贵院领取本案案件材料的介绍信和贵院送达回证（证据七·补充，共十份）。四份所谓申请人介绍信为：（1）10月20日派出殷某至仲裁委领取应为申请人签收的《应仲裁通知书》、《仲裁申请书》、《仲裁庭组成表》、《法定代表人身份证明书》、《授权委托书》等八份应仲裁材料（介绍信001号）；（2）10月28日派出殷某领取《组庭通知书》（介绍信003号）；（3）11月13日派出殷某领取《评估报告书》（介绍信002号）；（4）11月24日派出陈某领取《裁决书》（介绍信007号）。四份介绍信首尾均加盖申请人公章。

四份仲裁委送达回证载明，殷某和陈某代表申请人分别签收了仲裁委应送达申请人的上述仲裁材料。

一份被申请人在贵院领取本案案件材料的介绍信载明，在贵院受理申请人申请后的12月2日，被申请人派出陈某在贵院领取本案案件材料（申请人《撤销仲裁裁决申请书》副本及当事人须知。介绍信010号）。

贵院送达回证载明，陈某代表被申请人签收了贵院送达被申请人的《撤销仲裁裁决申请书》副本及当事人须知。该送达回证备注栏注明陈某为"工作组成员"。

申请人查明，殷某为被申请人方司机，陈某为某银行风险处置领导小组某国际信托投资公司工作组成员。被申请人在仲裁中，派出陈某假冒申请人应仲裁人员在仲裁委领取仲裁《裁决书》，而在本案的诉讼中，又派出陈某代表被申请人在法院领取应诉材料，这四个铁的证据（证据七-4、8、9、10）证明了陈的真实身份。同时也表明，被申请人在仲裁程序中作假成性，已浑然不知，竟在本案应诉之初就露出了虚假仲裁的尾巴。

上述证据证明：（1）被申请人在仲裁过程中继续盗用申请人公章伪造申请人介绍信，直接佐证被申请人持有并盗用申请人公章，伪造成为《裁决书》根据的《协议书》；（2）被申请人派出己方人员，持伪造介绍信，冒充申请人应仲裁人员，领取应送达申请人的全部仲裁材料，进行彻头彻尾的虚假仲裁，间接佐证被申请人采取虚假仲裁手段的目的是为了使伪造的证据——《协议书》和《和解协议书》成为《裁决书》的根据。

申请人申请贵院通知殷某、陈某出庭作证，以查明其二人的身份和代表申请人参与仲裁的事实（另行书面申请）。

2.《土地评估申请书》（证据八·补充）。在该份被申请人申请书尾部，手书着所谓申请人的同意意见，并加盖申请人的公章。

申请人经慎重比对朱某的手书笔迹，认为该申请书上手书文字为朱某书写。故申请人申请贵院委托鉴定机构对该书证进行文检鉴定（另行书面申请）。

上述证据证明：（1）被申请人在仲裁过程中继续盗用申请人公章伪造申请人确定鉴定机构的意见，直接佐证被申请人持有并盗用申请人公章，伪造成为《裁决书》根据的《协议书》；（2）被申请人方法定代表人朱某冒充申请人方应仲裁人员，进行虚假仲裁，间接佐证被申请人采取虚假仲裁手段的目的是为了使伪造的证据——《协议书》和《和解协议书》成为《裁决书》的根据。

3.两份不同的《企业法人营业执照》副本（证据九·补充）。一份是被申请人方人员假冒申请人应仲裁人员向仲裁委提交的，盖有工商局2001年年检章的《企业法人营业执照》副本复印件，该执照副本复印件首部加盖申请人公章（证据九-1）。一份是申请人在本案中提交的，盖有工商局2002年年检章的《企业法人营业执照》副本（证据九-2）。

作为企业法人的当事人进行诉讼或仲裁，为证明其企业法人主体资格在诉讼或仲裁时仍然合法存在，必须向法院或仲裁委提交工商局当年年检的《企业法人营业执照》副本复印件（即2003年诉讼或仲裁必须提交工商局加盖2002年年检章的执照副本复印件）。然而，被申请人并不持有申请人2002年年检的执照副本，却有已过期的2001年年检的执照副本复印件，于是便提交过期的、不能证明仲裁时申请人法人身份仍合法存在的执照副本复印件进行虚假仲裁——连仲裁常识也顾不上了。

上述证据证明：（1）被申请人在仲裁之初继续盗用申请人公章，加盖在申请人过期的营业执照副本复印件上，直接佐证被申请人持有并盗用申请人公章，伪造成为《裁决书》根据的《协议书》；（2）被申请人使用申请人过期营业执照副本复印件，假冒申请人的法人身份，进行虚假仲裁，间接佐证被申请人采取虚假仲裁手段的目的是为了使伪造的证据——《协议书》和《和解协议书》成为《裁决书》的根据。

旁白

正是证据运用能力这一标准，毫不留情地把诉讼律师分出了三六九等。

二、申请人与被申请人之间没有仲裁协议

申请人在上文中仅以现有证据即能确实、充分地证明，被申请人提交仲裁委的、含有仲裁条款的《协议书》，是被申请人盗用申请人公章伪造的。这同时证明该《协议书》中的仲裁条款也是虚假的，故事实上，申请人与被申请人之间并没有仲裁协议。

在被申请人提交的借款合同中，并无仲裁条款，除上述伪造的《协议书》外，双方无任何仲裁协议。

三、申请人公章是被盗用的，不存在朱某有权使用或擅自使用的问题

如前所述，申请人已陈述公章被申请人盗用的证据和理由。这里将进一步阐明，本案并不存在朱某有权使用或擅自使用公章的问题。

全国人大常委会于1999年12月25日修正的《公司法》第61条第二款规定："董事、经理除公司章程规定或者股东会同意外，不得同本公司订立合同或者进行交易。"[1] 申请人章程并无允许董事、经理与申请人订立合同或者进行交易的规定，申请人股东会也从未同意董事、经理可与申请人订立合同或者进行交易。相反，在前述申请人法定代表人谢先生对赵某的《授权委托书》中明确规定，未经董事会同意，任何人或股东无权使用申请人印章对申请人资产进行处理。法律上的"不得"条款，就是禁止性规范，既表明行为人无权，也表明行为人如擅自违反，则其行为无效。故依据《公司法》的规定，朱某无权使用申请人公章与己方企业签约，如其擅自使用申请人公章与己方企业签约，该契约在法律上也是无效的。而本案的证据证明，朱某代表被申请人借用公安人员的身份收章，这表明朱完全知悉申请人公章有专人管理，其无权使用，同时也表明，因公章有专人管理，朱某无法擅自使用，亦即申请人在公章管理上并无疏漏，故朱某只能采取非法手段收章。因此，申请人公章被使用的性质是非法盗用，不是朱有权使用或擅自使用。

综上所述，申请人恳请贵院彻查本案真相，揭露虚假仲裁，依据《仲裁

[1] 该法已被2006年1月1日施行的《公司法》修订，该条款序号变更为第149条第一款第（四）项。

法》第58条第一项和第四项的规定，撤销仲裁裁决。

此呈

某市中级人民法院

申请人：某旅游区开发有限公司

（法定代表人谢先生签字）

旁白

中国古代的科举制度，是“一篇文章定乾坤”。也就是说，这一制度认为一篇文章足以反映出一个考生的水平，因而以一篇文章决定考生的命运。一篇诉讼文书虽然并不一定能够决定案件的命运，但却足以反映出一个律师的水平。

环环相扣的论据

证据

《撤销仲裁裁决书申请书补充意见》所附证据

说明：本案为典型的证据运用案件，故如欲审视、评价诉讼双方的较量和法院的裁判，首先得客观而全面地了解本案证据。因此，这里作重点介绍。

申请人证据目录与说明

证据一

名称：《授权委托书》

主要内容：谢先生对赵某的授权：

“为维护某旅游区开发有限公司（下称公司）及保护各方股东的权益，现对赵先生作如下授权：

一、授权赵先生妥善保管公司各项印章；在未经董事会决议通过前，赵先生不得提供公司印章给任何人或任何股东使用；

二、授权赵先生可以用上述印章处理公司的日常事务；

三、在未经公司董事会同意的情况下，任何人或股东无权动用上述各项印章对某旅游区开发有限公司的资产进行处置。

本授权自二零零三年元月一日起至二零零三年十二月三十一日止，本授权无转托权。”

证明事项：

在被申请人非法收取申请人公章前，申请人有专人管理印章，且授权范围明确，并不存在管理不善，公章被人擅自使用的情况。

证据二

名称：朱某等人签署的印章等收条

主要内容：

“现收到某旅游区开发有限公司公章一枚、某旅游区开发总公司合同专用章一枚、土地房屋权证（某房[1998]字第×号）（500亩）一份原件。”（落款处朱某、许某、陈某签名）

证明事项：

一、被申请人借公安人员的身份，以办理刑事案件需要为名，非法收取申请人公章，申请人因恐妨碍公安机关侦查而就范；

二、朱某、许某、陈某三人身份均为被申请人方人员，不存在申请人内部股东收章争夺管理权的情况；

三、自2003年6月18日申请人公章被被申请人非法收取后至今，被申请人一直非法持有申请人公章，申请人不可能使用该章与被申请人签订协议，证明《协议书》是伪造的。

证据三（补充）

名称：某省公安厅公函

主要内容：

“某市土地房产管理局：

我厅正在办理中央交办的某国际信托投资公司相关人员涉嫌经济犯罪案

件（专案），根据侦查工作需要，现决定依法查封某房（1998）字第×号《某省某市土地房屋权证》中载明的某旅游区开发总公司名下的全部土地（地号14-020103）。查封期间不得过户、转让、抵押，请贵局协助执行。”

证明事项：

佐证被申请人人员在公安人员的陪同下，非法收取申请人公章的事实。

证据四-1（补充）

名称：被申请人致申请人外方股东某香港公司的传真函

主要内容：

“某香港公司：

我公司拟将我司拥有某旅游区开发有限公司的债权和其他所有权益（包括由某实业公司所代持有的股权）一并出让，其出让价格为1.3亿元。是否同意，请尽快回复。”

证据四-2（补充）

名称：申请人外方股东某香港公司致被申请人的回函

主要内容：

“某国际信托投资公司：

……

我们认为该函中贵司提出的解决方案尚不具体。我们希望通盘考虑某旅游区开发有限公司存在的问题以使问题获得解决，因此，我们希望贵司在解决方案中明确：（1）贵司拟转让权益的具体内容；（2）因贵司将某旅游区开发有限公司250亩土地抵押给某银行给某旅游区开发有限公司造成损失的解决方案；（3）贵司在转让在某旅游区开发有限公司权益后，受让方是否继续承担相关协议项下原贵司的责任和义务；（4）贵司转让在某旅游区开发有限公司权益的具体操作方案（例如是分割土地使用权还是其他处理方案）等。”

证据四-3（补充）

名称：被申请人致某香港公司的回函

主要内容：

“某香港公司及谢先生：

您好！

我公司1.3亿元的报价，包括了某国际信托投资公司在某旅游区开发有限公司的全部债权（含本息）、某国际信托投资公司和某实业公司两家在某旅游区开发有限公司的股权以及某国际信托投资公司与某旅游区开发有限公司相关的其他全部收益，合计2.3亿元。该报价已经考虑了某旅游区开发有限公司的承受能力，以及某国际信托投资公司对某旅游区开发有限公司其他债务（包括某银行的担保债务）所承担的义务。我司愿以这个报价将为我司上述权益折价转让给任何有意开发的公司，并愿意优先考虑与贵司合作，请您尽快给我们答复。并请告知如我司和第三方合作，贵司的态度，具体转让事宜及方式另行协商。”

证明事项：

8月19日（证据四-3）被申请人欲将其在申请人的全部贷款1.3亿元（含本息）全部转让给申请人之外的第三方，并无该贷款应由申请人偿还的意思表示，与虚假的《协议书》所谓申请人于1个月之内偿还全部贷款的约定直接矛盾，佐证《协议书》是伪造的。

证据五

名称：2003年8月26日会议纪要

主要内容：

某旅游区开发有限公司各方股东于2003年8月26日在京召开股东会议，签署了《会议纪要》。主要内容如下：

“某旅游区开发有限公司面临政府收回土地、各股东方将因此遭受严重损失的风险，各方经过协商达成以下意见：

一、各方同意在目前紧急情况下，各股东方同意相互谅解，某旅游区开发有限公司目前最紧迫的工作是保住土地不被政府收回，为实现这个目的，各方同意将各自在某旅游区开发有限公司的全部权益（包括股权和债权）整体转让给第三方。

二、各方同意公司扣除各项负债后，剩余资产约700亩土地使用权，该土地使用权还包括已抵押给某银行的250亩土地使用权。各方同意某旅游区开发有限公司整体权益转让以该700亩（约）土地使用权为基础。

三、各方同意某旅游区开发有限公司整体权益转让的方式包括各方将各自的股权和债权共同转让给第三方，或者采用某旅游区开发有限公司整体转让土地使用权的方式操作。”

证明事项：

一、在虚假的《协议书》出笼前夕，申请人各方股东在商定申请人整体权益转让方案时，各方股东不仅没有同意偿还被申请人贷款的意思表示，相反“各方同意某旅游区开发有限公司整体权益转让的方式包括各方将各自的股权和债权转让给第三方”，各方的债权当然包括被申请人给申请人的贷款；

二、佐证《协议书》是伪造的。

证据六（补充）

名称：被申请人2003年8月26日关于重新委派董事的函

主要内容：

“某旅游区开发有限公司董事会：

根据《中华人民共和国中外合资经营企业法》等相关法律法规及某旅游区开发有限公司章程的相关规定，在我公司与名义持有我公司股权的某实业公司共同享有的某旅游区开发有限公司董事名额范围内，我公司重新委派以下五人担任某旅游区开发有限公司董事并有权行使相应的权利：朱某、王某、王某某、许某、陈某。”

证明事项：

一、2003年6月18日参与非法收取申请人公章的许某、陈某确为被申请人方人员；

二、被申请人方朱某、许某、陈某确实是代表被申请人非法收章的，不存在朱某以申请人总经理身份，为争夺申请人内部管理权而收章的问题。

证据七-1

名称：介绍信001号

主要内容：

介绍殷某赴某仲裁委领取仲裁相关资料（加盖某旅游区开发有限公司公章）。

证据七-2

名称：介绍信003号

主要内容：

介绍殷某赴某仲裁委领取仲裁相关资料（加盖某旅游区开发有限公司公章）。

证据七–3

名称：介绍信002号

主要内容：

介绍殷某赴某仲裁委领取仲裁相关资料（加盖某旅游区开发有限公司公章）。

证据七–4

名称：介绍信007号

主要内容：

介绍陈某赴某仲裁委领取仲裁相关资料（加盖某旅游区开发有限公司公章）。

证据七–5

名称：某仲裁委2003年10月20日致申请人送达回证

主要内容：

殷某代表某旅游区开发有限公司领取仲裁委送达的各种仲裁文书。

证据七–6

名称：某仲裁委2003年10月27日致申请人送达回证

主要内容：

殷某代表某旅游区开发有限公司领取仲裁委送达的《组庭通知书》。

证据七–7

名称：某仲裁委2003年11月7日致申请人送达回证

主要内容：

殷某代表某旅游区开发有限公司领取仲裁委送达的《评估报告书》。

证据七–8

名称：某仲裁委2003年11月18日致申请人送达回证

主要内容：

陈某代表某旅游区开发有限公司领取仲裁委送达的《裁决书》。

证据七–9

名称：介绍信010号

主要内容：

介绍陈某赴某市中级法院领取申请人的撤销仲裁裁决申请书（加盖某国

际信托投资公司公章）。

证据七-10

名称：某市中级人民法院致被申请人送达回证

主要内容：

陈某代表某国际信托投资公司领取某市中院送达的撤销仲裁裁决申请书。

证明事项：

一、被申请人在仲裁过程中继续盗用申请人公章伪造申请人介绍信，直接佐证被申请人持有并盗用申请人公章，伪造成为《裁决书》根据的《协议书》。

二、被申请人派出己方人员，持伪造介绍信，冒充申请人应仲裁人员，领取应送达申请人的全部仲裁材料，进行彻头彻尾的虚假仲裁，间接佐证被申请人采取虚假仲裁手段的目的是为了使伪造的证据——《协议书》和《和解协议书》成为《裁决书》的根据。

三、被申请人方人员陈某在仲裁程序中冒充申请人方人员，在本案中又代表被申请人领取诉讼文书，故被申请人在本案应诉之处就露出虚假仲裁的尾巴。

证据八（补充）

名称：土地评估申请书

主要内容：

在某国际信托投资公司致仲裁委的《土地评估申请书》上，朱某签署意见："同意由某省某会计师事务所对某旅游区开发有限公司500亩土地（某房［1998］第×号）进行评估"。并加盖某旅游区开发有限公司公章。

证明事项：

一、被申请人在仲裁过程中继续盗用申请人公章伪造申请人确定鉴定机构的意见，直接佐证被申请人持有并盗用申请人公章，伪造成为《裁决书》根据的《协议书》；

二、被申请人方法定代表人朱某冒充申请人方应仲裁人员，进行虚假仲裁，间接佐证被申请人采取虚假仲裁手段的目的是为了使伪造的证据——《协议书》和《和解协议书》成为《裁决书》的根据。

证据九-1

名称：被申请人方人员假冒申请人应仲裁人员向仲裁委提交的，盖有工商局2001年年检章的《企业法人营业执照》副本复印件

证据九-2

名称：申请人在本案中提交的，盖有工商局2002年年检章的《企业法人营业执照》副本

证明事项：

一、被申请人在仲裁之初继续盗用申请人公章，加盖在申请人过期的营业执照副本复印件上，直接佐证被申请人持有并盗用申请人公章，伪造成为《裁决书》根据的《协议书》；

二、被申请人使用申请人过期营业执照副本复印件，假冒申请人的法人身份，进行虚假仲裁，间接佐证被申请人采取虚假仲裁手段的目的是为了使伪造的证据——《协议书》和《和解协议书》成为《裁决书》的根据。

旁白

生效的裁判文书是最坚固的堡垒，想要攻克它，让子弹飞——指出裁判文书的种种错误，是不行的。最有效的办法，是用密集的炮火炸毁它——证据群就是密集的炮火。

有板有眼的归纳

背景

某市中级人民法院就某旅游区开发公司提起之申请撤销仲裁裁决一案，召开听证会。我作为某旅游区开发公司首席代理人，出席了听证会并陈述了《撤销仲裁裁决申请书补充意见》，发表了下列代理词。

正文

代 理 词

尊敬的审判长、审判员：

今天，在审判长公正而严谨地主持下，双方当事人和代理人就我方申请撤销仲裁裁决一案进行了认真的举证、质证。现我方代理人以经双方质证的证据为根据，以有关法律为依据，发表如下代理意见。

一、关于申请人法定代表人代表申请人提起撤仲程序的问题

被申请人以申请人不持有公章、不能使用公章签署有关撤仲申请文件为由，认为申请人法定代表人无权代表申请人提起申请撤仲程序，这一主张无视基本事实，不能成立。

1.申请人公章被被申请人借用公安人员的身份，以办理刑事案件需要为名，非法强行收取，这是我方用大量证据证明的事实。故申请人现不持有公章，不可能使用公章提起撤仲程序。

2.被申请人为进行虚假仲裁而提交仲裁委的申请人企业法人营业执照副本复印件是过期无效的，而申请人提起撤仲程序向法院提交的是有效的营业执照副本原件。在公章被非法收取无法使用的情况下，营业执照副本原件就是申请人法定代表人的证明文件。申请人法定代表人有权代表申请人提起撤仲程序。

3.工商局工商登记档案所记载的申请人法定代表人当然是谢先生，这是被申请人无法提出异议的。再者，在被申请人9月伪造《协议书》前夕的8月，赴京参加由法定代表人谢先生主持的股东会议，证明被申请人原本对谢先生的申请人法定代表人资格并无异议。

4.假如被申请人的《协议书》是真实、有效的，假如仲裁是真实、合法的，被申请人根本没有必要否定撤仲程序的提起，相反应当理直气壮地让法院审查仲裁裁决。

综上，依据《民事诉讼法》第49条第二款关于“法人由其法定代表人进行诉讼。”[1]的规定及最高人民法院《关于适用〈中华人民共和国民事诉

[1] 该法于1991年4月9日施行。2013年1月1日实施的《民事诉讼法》中该条款序号变更为第48条第二款。

讼法〉若干问题的意见》第38条关于“法人的正职负责人是法人的法定代表人……设有董事会的法人，以董事长为法定代表人”的规定，申请人法定代表人有权代表申请人提起撤仲程序。

二、我方证据质量分析

简单地说，证据的质指证据是否确实，也就是是否客观、真实；证据的量指证据是否充分，也就是是否足以证明被证事项。这就是通常所说的是否确实、充分。

（一）我方证据的质

我们认为我方的证据确实无疑。被申请人方代理人在庭上明确表示，对我方所举所有证据的真实性均无异议。

1.我方各个证据本身具有客观性。

首先，我方的第一部分（证据一至证据六）证据群（直接或间接证明《裁决书》所根据的《协议书》系伪造），均是客观、真实的书证，对于每一份书证，被申请人都无法举出反证否定其真实性。在我方的这部分证据中，没有我方为此次撤仲申请而形成的书证，也无我方的证人证言。

其次，我方的第二部分（证据七至证据九）证据（证明虚假仲裁从而印证《协议书》系伪造），计三种十三份，全部是被申请人提交仲裁委的介绍信、确定鉴定机构意见、企业法人营业执照副本和仲裁委送达回证，以及被申请人提交法院的介绍信和法院的送达回证。一句话，都是被申请人、仲裁委和法院出具的，从证据形式上看，都是客观的、真实的。这些证据均证明了虚假仲裁的真相，被申请人无法举出反证否定。

2.我方各个证据之间互相印证其客观性。

首先，第一部分中的授权委托书，被朱某等被申请人方人员非法从赵某手中收章的收据所印证，省公安厅查封土地公函又印证收条中记载的土地使用证，这就印证了收章时公安人员参与的事实。双方往来函印证了会议纪要的真实性，被申请人关于指派新董事的通知，又印证了收条中所载许某、陈某确为被申请人方人员。

其次，第二部分证据之间互相印证其真实性则更加清楚。

一句话，在我方所举出的所有证据中，无一件证据是孤证。

（二）我方证据的量

我们认为，我方证据已达到充分。

我方两大部分证据在数量上达到九种二十一件。

更重要的是，我方的这两个证据群中的各个证据之间互相连接，形成证据链，全部证据之间并无脱节，并无缺口，已达到充分地证明《协议书》系伪造和虚假仲裁。

总之，我方的两部分九种二十一件证据已形成了一个相互印证无矛盾，相互连接无缺口的证据体系，这一证据体系确实、充分地证明，《裁决书》所根据的《协议书》、《和解协议书》是伪造的，申请人与被申请人之间没有仲裁协议。

旁 白

律师们以往在大学读书时，都或多或少学了些证据理论，然而在实际办案时，在证据运用上却往往只会就事论事，缺乏高度——在法律规定并不完备的证据问题上，证据理论尤显重要。

三、关于某国际信托投资公司工作组、被申请人、申请人之间法律关系问题

1.根据中国人民银行公告（2001年11月22日《某日报》），人民银行处理被申请人某国际信托投资公司的性质为停业整顿。某银行风险处置领导小组某国际信托投资公司工作组作为被申请人上级主管单位派出的工作组，其对被申请人的职能是监督管理。因此，这里必须划清以下法律界限：一、某国际信托投资公司的法人身份并未丧失，人行对它的处理仅仅是停业整顿；二、某国际信托投资公司工作组是某国际信托投资公司公司上级主管单位派出的、行使监督管理职能的临时性机构，无法人身份，当然更不能对外代表某国际信托投资公司；三、某国际信托投资公司并未被清算，某国际信托投资公司工作组依法不具有该公司清算组的权利和义务。

2.因此，认为某国际信托投资公司工作组实际上代表某国际信托投资公司，朱某因其为申请人总经理而代表申请人某旅游区开发公司，故《协议书》是某国际信托投资公司与某旅游区开发公司之间签订的，这种主张显然违反有关法律规定，与客观事实不符。

3.申请人方举出的大量证据证明，申请人的公章被被申请人非法收取并盗用伪造了《协议书》。如果某国际信托投资公司工作组参与甚至操纵了非法收章，伪造协议和虚假仲裁，那么从法律上看，某国际信托投资公司工作组的行为就是被申请人某国际信托投资公司的行为。任何将某国际信托投资公司工作组作为一个独立法人主体的看法，都与法律相抵触。

4.申请人在补充申请意见中的举证和论证，结论非常清楚，依据《公司法》，朱某无权使用申请人公章与己方企业签约，因谢先生的明确授权和赵某的严格履行，朱某也不可能擅自使用印章。所以他才只能与其公司的其他人员一起，借公安人员的身份，以办理刑事案件的名义，强行非法收章，并用章伪造协议，故朱某等被申请人方人员非法收章，当然是代表被申请人，怎么可能代表申请人？被申请人使用非法收取的公章伪造协议，当然是盗用性质，怎么可能是朱某有权使用或擅自使用？

四、关于被申请人的债权问题

1.鉴于《仲裁法》规定的可申请撤销仲裁裁决的法定事由，除伪造证据和隐瞒重要证据之外，并不包括《裁决书》认定事实是否准确和适用法律是否正确的事由。因此，我方不专门阐述被申请人的债权问题。

2.鉴于被申请人在《答辩书》和今天的听证会上反复强调其债权，并指责申请人申请撤仲的目的是逃废金融债务。对此，我方的回答有二：其一，这种指责无的放矢，不符合《仲裁法》规定的撤仲审查范围，其实质就是试图以所谓债权的真实性、合法性来掩盖其伪造证据，进行虚假仲裁的真相。我们相信，被申请人的这一应对策略，不会误导法院脱离《仲裁法》规定的撤仲审查范围。其二，我方可以负责任地说，所谓被申请人的债权存在着大量的质和量的问题，如果像被申请人所称那样，其债权真实、合法，那么，被申请人就不会冒着伪证的法律风险，背着申请人，偷偷摸摸，伪造证据，进行虚假仲裁，而完全可以公开正常地与申请人交涉，或者公开合法地进行诉讼。

尊敬的各位法官：

作为本案申请人的代理人，为了研究本案所查仲裁，我们查找了最高人民法院所有申请撤销仲裁裁决案的案例，未发现涉及完全虚假仲裁的案例，经征询也未获得各地高级法院涉及完全虚假仲裁的案例。因此，我们初步认定，本案所查仲裁系全国罕见的重大虚假仲裁案例。鉴于此，我们恳请你们慎重审查和处理本案。虽然，被申请人伪造的证据经其虚假仲裁而顺利通过了仲裁程序，但是，我们相信，这一次，伪造的证据终将碰在法院审查的铁壁上。

旁 白

要设法给自己想要推翻的错案找到一个典型性、极端性的因素，以此刺激、激活法官早已麻木的神经。

我们委托人的法定代表人，全国政协委员谢先生因在“非典”暴发之国家危难之际，向国家捐赠人民币一千万元，前天在人民大会堂接受了国务院副总理回良玉代表国家颁发的证书和奖牌。本案所查之虚假仲裁，严重损害了谢先生在本地投资的合法权益。我们请求法院依法撤销以伪造的证据为裁决根据的《裁决书》，使申请人依法获得有效的司法救济。

上述代理意见请合议庭充分考虑。

谢谢！

旁白

在诉讼文书中一般是不应该说题外话的。不过，如果题外话真实、动人且贴近主题，还是有力量的。

取舍得当的裁定

裁定

撤销仲裁裁决裁定书

某市中级法院作出了撤销某仲裁委员会（2003）某仲裁字第×号《裁决书》的《民事裁定书》。

《民事裁定书》“本院认为”一节内容如下：

谢先生作为申请人某旅游区开发公司法定代表人，在该司公章实际由被申请人某国际信托投资公司法定代表人朱某控制的情况下，基于申请人公司自身利益需要而提起的撤销仲裁申请不违反法律规定，应予受理。朱某具有某国际信托投资公司的法定代表人和申请人某旅游区开发公司的总经理的双重身份，其未经某旅游区开发公司董事会授权，分别代表双方签署含有仲裁条款的《协议书》并非双方当事人真实意思的表示，且某旅游区开发公司未派人参加仲裁活动，应视为申请人与被申请人之间不存在仲裁协议，根据《中华人民共和国仲裁法》第58条第一款第（一）项、第二款之规定，裁定如下：

撤销某仲裁委员会（2003）某仲裁字第×号裁决书。

案件受理费100元，由被申请人某国际信托投资公司负担。

本裁定为终审裁定。

尾 声

有思想的律师应该能够预见案件的结果，这样才能知道应该做些什么，怎么做。

这句话克隆于伊索：世间有思想的人应当先想到事情的终局，随后着手去做。

思考

本来，我方某旅游区开发公司确实欠着对方某国际信托投资公司六千多万元的借款本金。然而，对方却不走正道地搞了一个终被法院撤销的仲裁裁决。到头来，不仅债权未及时实现，枉费了人力和时间，白花了六十多万元的仲裁费用，还差点招致法律上的伪证责任。

好了，这里咱们静下心来为对方想想在本案中是否还有出路。

我在《撤销仲裁裁决申请书补充意见》中称，《公司法》第61条第二款规定："董事、经理除公司章程规定或者股东会同意外，不得同本公司订立合同或者进行交易。"故朱某未经公司股东会同意，使用公司公章与己方企业签约，在法律上是无效的。

法院的《民事裁定书》认为："朱某具有某国际信托投资公司的法定代表人和申请人某旅游区开发公司的总经理的双重身份，其未经某旅游区开发公司董事会授权，分别代表双方签署含有仲裁条款的《协议书》并非双方当事人真实意思的表示。"

《公司法》明明规定董事、经理个人不得同本公司订立合同或者进行交易，我却"扩大解释"为董事、经理不得使己方企业同本公司订立合同或进行交易。纯属偷换概念！显然，法院裁定有受我误导之嫌。因而，我的这一主张是错的，法院裁定也是有误的。

假如对方认识到以上这一重大问题，并进而证明和主张以下两点：其一，公安人员收章是职务行为，有异议应向公安机关提出，因朱某为我方总经理，故公安机关将公章退还朱某；其二，虽然朱某派对方人员持我方介绍信领取了我方的仲裁材料，但这是朱某委派人员代我方领取的，事实上朱某代表我方亲自参与了仲裁程序（有其在《土地评估申请书》

上代表我方签署意见为证）。那么，对方的抗辩主张有无可能获得法院的支持？

课 题

论不服仲裁裁决的两种程序选择 论文

—— 申请撤销仲裁裁决与申请不予执行仲裁裁决

程序法上的空白 论文

——撤销仲裁裁决案件应有法定程序

律师真功夫——证据的收集与整合 文章

从个案看法官对律师意见的取舍 文章

个案警示：如何防范虚假仲裁 文章

从个案看总经理擅自使用公司印章行为的有效与无效 文章

不持有公司印章的法定代表人可否代表公司署名起诉 文章

心路

在酒店大堂迎接谢总时，看到他独自拖着拉杆箱，步态疲惫地走来，我瞬间想到，满世界飞着的亿万富翁，其实是非常辛苦的。他们操着常人操不了的心，受着常人受不了的累，担着常人担不了的险，当然也因此享着常人享不到的福……

要　　目

- 秋夜遥对南天
- 申请延期听证
- 形成证据体系
- 听证异常顺利
- 裁定彰显理性

仲裁裁决是一裁终局的，作出后即发生法律效力。但是，仲裁当事人除可依据《民事诉讼法》的规定，向法院申请不予执行外，亦可依据《仲裁法》关于申请撤销国内仲裁裁决的规定，或依据《民事诉讼法》关于申请撤销涉外仲裁裁决的规定，向法院申请撤销仲裁裁决。不过，法律并没有具体规定撤销仲裁裁决的程序，司法解释规定法院审理撤销仲裁裁决案件所作裁定为终审裁定，不得上诉。实践中， 法院审理申请撤销仲裁裁决案件采取召开听证会的方式，不正式开庭审理。

近几年，我办了几件申请撤销仲裁裁决案件，也了解到现在法院受理的此类案件越来越多。因此，本书选录了本案。

本案之典型不在于仲裁裁决之金额达1.5亿多元，更不在于我方（申请人）胜诉，而在于本案涉及了多项可申请撤销仲裁裁决的法定情形，尤其是我方申请主张与证据体系的确立具有一定典型意义。

在叙述办案心路之前，我会时而写一段与案件无关的短文。这些短文主题各异，显现着一个律师的生活和心态。至于我想表达什么，读者朋友自会明白。

秋夜遥对南天

2006年10月28日，周六。

晚饭后，我想看看凤凰台的新闻，然后写本章的“心路”。然而，霍英东先生逝世的消息，让我无心再看电视，也无心回到书桌旁，穿上外套，走出家门。

月夜如昼。本来，今年的晚秋很暖，但今夜我感觉晚风很凉。翘首南天，遥望那晴空中明亮的弯月。我默祷：霍老，仙鹤伴您行，走好。

回到家，我进书房从书柜顶上取下一个号码箱。这个薄薄的箱子里装满了东西，而所有东西都无一例外地把我这个普通人的名字与霍先生的伟名连接在一起。

一本大而厚的、红色缎面的霍英东教育基金会证书。一本霍英东教育基金会请柬，内容为“谨订于一九九四年十月二十一日上午十时在人民大会堂举行霍英东教育基金会第四届青年教师基金、青年教师奖颁奖大会。届时恭请光临”。一本霍英东先生的请柬，内容为“谨订于一九九四年十月二十一日上午十二时在人民大会堂宴会厅举行宴会，恭请光临”。十几本大小不一，包着铜角的本子，封面上方烫金字为“霍英东教育基金会”，下方烫金字为“李新建”（本人名）。

还有一些报纸。有1993年11月8日的《人民日报》。该报发布了“霍英东教育基金会第四届高等院校青年教师基金及青年教师奖获得者名单”。其中，青年教师奖（研究类）“序号：46。学科：法学。姓名：李新建。学校：中国政法大学”。有1994年10月22日的《法制日报》。该报头版刊登了题为“李新建获霍英东教育基金会奖”的消息。内容为：“十月二十一日上午，霍英东教育基金会第四届青年教师基金、青年教师奖颁奖大会在人民大会堂举行。中国政法大学副教授、年轻的博士李新建获得了法律专业唯一青年教师（研究类）奖……”

此刻，我又想起那天见到霍先生的情景。那天大会和宴会的场面、国家领导人的颁奖、合影等，在我记忆里早已模糊了，唯有一事我记忆犹新。

宴会进行中，与霍先生和雷洁琼副委员长合影后，雷老向霍老介绍我说：他是法学的获奖者。我赶忙鞠躬，伸手与霍老握手。霍老微笑着，点着头说：恭喜你。我又鞠一躬说：谢谢您！本想见面就这样结束了，他得回到席上陪那帮领导人，不曾想他离开前说：你的衣服很漂亮啊。我不知该说啥，愣在那傻笑。待他转身后，我一直呆呆地望着他的背影，那一身藏蓝色的西装，那已经磨偏了后跟的皮鞋……此前，我看过有关霍先生总穿金利来西服和金利来皮鞋的报道。而我今天特意穿的西装，则是法国原产的皮尔·卡丹套装。

霍先生奖的是美金，而且在那时几千美金不是个小数。作为亿万富翁的发奖者与作为普通青年教师的拿奖者，居然在穿戴上出现这种逆向反差，这使我感到羞愧难当。因而，这之后有几年我一直不愿再想起这事。不过，后来我开始用这事引导我们家族的晚辈。

当然，真正让我至今一直羞愧的并不是这件小事，而是自己愧对霍先生。霍英东教育基金会每两年奖励一次，法学专业研究类奖只有一个名额，居然让并无重大科研成果的我占了。而且，在获奖后的多年里，霍英东教育基金会一直通过中国政法大学关注我的情况，寄过很多刻着我名字的特殊本子，1997年时还寄过香港回归纪念册。其意当然是期待我有新的研究成果。而我，获奖后不久就离开了大学，放弃了科研。

先生，我拿什么报答您？我用什么证明自己？

目前，我只能潜心尽力写好这几卷书，以求出版后对大学师生和青年律师有用。先生，待书出版后，我会双手捧书，遥对南天，向您汇报。您会微笑着点头吗？

申请延期听证

晚上不睡，早晨不起的毛病，如同抽烟的毛病一样，我自上高中起养成，至今未能改掉。干律师这行，不同于以往在大学做研究（不用坐班），上午会有开庭或开会。故总是凌晨三四点才睡的我，上午庭后或会后会感到困倦。

这天，上午在顾问单位开完会，中午饭后我即关上房门，仰在沙发上小憩。须臾，秘书就敲起了门。刚有点怨气，马上想到肯定会有急事。拉开房门，见某国际企业中国公司的法务主管来了。

前段时间，某国际企业下属某香港公司在某省委托当地律师为公司办理一件再审案件不顺，法务主管紧急找到我办理，终促使法院依法撤销了原《民事调解书》，并裁定驳回了对方的起诉（本书第一卷收录了该案）。事后，法务主管在某国际企业中国公司董事长面前夸我是优秀消防队员，并称公司有重大诉讼案件时还会找我。这不，今天连电话都不打，匆匆上门，看来肯定又是火烧眉毛的事。

一进门，还未坐下，法务主管就生气地说：明明是错案，还非要说我们的撤销申请理由不充分。后天开听证会，法院这不明摆着要快速把我们驳了吗！我请她先坐下。她坐下后说：不行，我还要给审判长打电话，必须给我们延期。说着，拨起了手机。她在电话中态度强硬，甚至说出了要告人家的话。听得出，对方被她惹火了，挂断了电话。

法务主管以前曾做过法官，且多年主管企业法务，故虽然此时她情绪激动，但介绍起情况来，仍然条理清晰。

某香港公司（某国际企业在港直属企业）和某国际信托投资公司均为某旅游区开发公司的大股东。某香港公司董事长谢总是某旅游区开发公司的董事长，某国际信托投资公司总经理朱某为某旅游区开发公司总经理。1992年前后，某旅游区开发公司在某省某著名海洋旅游城市购得上千亩海边土地，以用于海景酒店、别墅以及潜水等项目的开发建设。其间，某旅游区开发公司向某国际信托投资公司借款六千多万元。1993年之后，某省由于房地产投资过热，炒卖土地严重，房地产市场泡沫终于破灭。最终导致某省省会城市和该海洋旅游城市出现了闻名全国的大量烂尾楼工程。其后十年间，某旅游区开发公司的土地除最初进行了一些基础设施建设外，一直无法开发而闲置。因而，一直也未偿还某国际信托投资公司的借款。2003年，某省房地产市场在沉寂了十年后，开始复苏，楼价开始上涨，特别是土地价格，尤其是海边土地价格大幅度上涨。正是在这一背景下，发生了本案所涉仲裁。

某国际信托投资公司申请仲裁前发生的三项事实很重要，需作介绍。一是2003年1月1日某旅游区开发公司董事长谢总给公司副总经理、留守人员赵某的《授权委托书》。该授权书载明，授权赵某管理公司各项印章，未经公司董事会同意，任何人或股东无权动用印章处理公司的资产。授权期限为2003年1月1日至2003年12月31日。二是2003年6月18日某国际信托投资公司总经理朱某等人在两名公安人员的陪同下，以刑事案件办案需要的名义，从管理印章的赵某处收走了某旅游区开发公司的公章、合同专用章和500亩的土地使用证。三是2003年8月15日某国际信托投资公司向某香港公司发函，提出拟将其对某旅游区开发公司的债权（借款）及其他所有权益以1.3亿元的价格出让，征询某香港公司的意见。同年8月18日某香港公司向某国际信托投资公司复函，提出异议。8月26日某旅游区开发公司的四方股东召开股东会，会议的唯一议题是各方股东商定某旅游区开发公司整体权益转让给第三方的方案。会议纪要第四项约定："各方同意某旅游区开发公司整体权益转让的方式包括各方将各自的股权和债权共同转让给第三方，或采用公司整体转让土地使用权的方式操作。"

然而，2003年10月17日某旅游区开发公司董事长谢总惊悉某国际信托投资公司已在某仲裁委员会，针对某旅游区开发公司提起仲裁申请。10月19日谢总派某国际企业中国公司法务主管及我的助理赶赴某省某市，向某仲裁委递交了书面异议。10月25日某旅游区开发公司在某省委托的刘律师到某仲裁委提交有关证据材料时，得知《仲裁裁决书》已经送达。

2003年11月27日，某旅游区开发公司委托的某省刘律师向某市中级法院提交了《撤销仲裁裁决申请书》，12月1日某市中级法院向某旅游区开发公司送达《受理案件通知书》。12月8日某国际信托投资公司向法院提交了《答辩状》。

前两天，本案审判长代表某市中级法院通知刘律师称，法院经研究认为某旅游区开发公司的撤销仲裁裁决的申请证据不足，理由不充分，希望刘律师通知公司撤回申请（形同诉讼案件原告撤诉），否则法院在举行听证会后会裁定驳回申请。今天上午刘律师接到法院定于后天举行本案听证会的通知。因此，刘律师诚恳地建议公司另行委托律师代理此案，并设法促使法院延期召开听证会。这正是法务主管匆匆找我，以及对审判长犯急的原因。

早在20天前（《仲裁裁决书》尚未送达），谢总指派法务主管负责此事后，她就匆匆找我征询意见。我与助理根据有限的两份证据，即谢总对公司印章管理人赵某的《授权委托书》和某国际信托投资公司总经理朱某等人收走公司印章和土地使用证的收条，写就了《关于某国际信托投资公司申请某旅游区开发公司借款纠纷仲裁案的意见》。主要内容为：一、我公司与某国际信托投资公司无仲裁协议。我公司与某国际信托投资公司之间签订的《借款合同》中根本未约定仲裁条款，事后至今也未签订有效的仲裁协议。我公司法定代表人谢某对公司印章管理人赵某有明确用印授权，规定未经公司董事会同意，任何人或股东无权动用印章处理公司的资产。含有仲裁条款的所谓《协议书》是某国际信托投资公司总经理朱某使用其掌控的我公司的印章签订的。某国际信托投资公司一手托两家，既为债权人身份，又掌控作为债务人的我公司的印章，故签订的仲裁协议应为无效。二、我公司未派任何人参与仲裁程序。我公司董事长谢某不知道仲裁案件，未授权任何人参加仲裁。所谓我公司的仲裁活动都是某国际信托投资公司使用我公司印章派人参与的。三、所谓某国际信托投资公司与我公司在仲裁程序中达成的和解协议无效。我公司既未派人参与仲裁，更未授权任何人在仲裁程序中签订和解协议。该和解协议是某国际信托投资公司使用其掌控的我公司印章签订的，当然无效。

法务主管是个非常直率的人，她当时就“丑话说到前头”。声明咨询、写材料，甚至要我派助理以公司委托的律师名义出差，向某仲裁委提交书面意见，进行交涉等，都是义务性的，即无偿帮忙。她认为公司应当在某省当地聘请律师，以实现“主场作战”。我表示一切由公司安排，义务服务没问题。不过，我开玩笑地说：可别像上次那样，做不下去了再来找我。她不假思索地表态：不会的（某国际企业下属某香港公司控股的某旅游区开发公司在该省委托律师办理一件申请再审案件，事前也咨询过我，但在该律师通报公司法院将驳回再审申请时，法务主管紧急找我办理）。

我的一句玩笑话居然应验了，我又得为公司做一次消防队员。此时，虽然我接受了法务主管让我代理此案的要求，但心里是不情愿的。打起仗来，就让我靠边站；仗打不下去了，要败了，就让我往前冲。况且，总是把高额的军饷发给以为能决胜的先头部队，待只能靠我这个预备队解决战斗时，为了节省战役开支，已没有多少军饷可发了。公司已经两次这样做了，我能没意见吗？不过，谁也没逼着我放弃大学研究所不用坐班、不用讲课的真正“自由职业”，来干这种名为“自由职业”，实则受制于委托人等多种因素而并不自由的律师职业。因而，既然做了律师，就当听命于委托人，无怨无悔。

整个下午，法务主管在我办公室不断给各方人士打电话，目的只有一个，以公司董事长正在日本开会为由，争取法院延期召开听证会。

我虽然只睡了4个小时，但自中午法务主管来后，就毫无倦意——多年来，每逢遇到新的案子，我就高度兴奋起来。看完法务主管带来的材料后，在两个多小时里，我一直陷入思索之中。

应该说，刘律师写的《撤销仲裁裁决申请书》是不错的，是我所见到的好的律师文书。但是，法院还是认为证据不足，理由不充分。因此，申请书的主要问题应该有二：一者尚未确立足以证明应撤销仲裁裁决的法定情形的证据体系；二者尚未依应撤销仲裁裁决的法定情形和证据体系，确立足以使法院下决心裁定撤销仲裁裁决的观点体系。

第一，关于证据体系问题。申请书所附证据仅五份。既未论证各个证据之间相互印证的关系，亦未将观点（申请主张）建立在这些证据的基础之上，更重要的是尚缺乏大量证据。因此，我要做的就是，首先，广泛收集证据，特别是收集应该能收集到的证明某国际信托投资公司派人冒充我方人员参与仲裁的证据，以证明《和解协议》是伪造的，同时佐证含有仲裁条款的《协议书》是伪造的，双方之间没有仲裁协议（如《协议书》是真实的，某国际信托投资公司无须费尽心思，不择手段，进行虚假仲裁）。其次，将所有证据分成相互印证的各个部分，同时论证各部分内各个证据的相互印证关系，从而确立足以证明应撤销仲裁裁决的法定情形的证据体系。

第二，关于观点体系问题。申请书并未紧扣应撤销仲裁裁决的法定情形以逐个展开观点，仅仅在文中提到《仲裁法》第58条规定的5个应撤销仲裁裁决的法定情形。第三项“仲裁庭组成或者仲裁的程序违反法定程序的”，因对方非常熟悉仲裁程序且操作熟练，加之仲裁程序远不如诉讼程序那样具体和严密，故尚不能找到仲裁庭的组成或仲裁程序违反法定程序的明显问题，因此应放弃这一观点（申请主张）。第五项“对方当事人隐瞒了足以影响公正裁决证据的”，因对方的主要问题在伪造《协议书》和《和解协议》上，故再主张对方隐瞒了其伪造的证据，属于一个事由套两个法定情形，应放弃。第六项“仲裁员在仲裁该案时有索贿受贿，徇私舞弊，枉法裁决行为的”，因并无证据，应放弃。因此，应将观点集中在第四项“裁决所根据的证据是伪造的”和第二项“没有仲裁协议的”这两个法定情形上，并应依这两个重点和证据体系，形成整个申请书的观点体系。

法务主管大体听明白了我的方案和建议。虽然，我强调我的方案取决于取证，而且即使此方案得以实施，法院也不一定完全接受并进而裁定撤销仲裁裁决（在中国大陆，案外因素常常决定案件命运）。不过，上次使公司案件“起死回生”的事例，已使法务主管对我有些盲目信赖了。她非常肯定地说：你上，这个案子一定能翻过去，我负责推迟开庭，协助你取证，你负责搞好文书和开庭。明天咱们就出差，万一推迟不了，后天你得出庭，如果推迟了，你正好在当地取证。

这天直到晚上11点，法务主管和我们都没吃饭。法务主管因我已拟定了详细的申请书补充意见的写作方案，且她也基本落实了推迟听证会的相关事宜，故心情很好。临别时，她笑着对我和助理们说：他们（指她的同事们）都说我是“事来疯”，我看你们是“人来疯”。咱们都是疯子，不吃饭不睡觉的疯子！

次日中午，法院通知听证会推迟一周举行。下午，按原计划，我和法务主管飞往某省。

形成证据体系

下了飞机，我们径直赶到刘律师的律师事务所。

刘律师40岁左右，大高个，精明强干。她过去曾在法院工作多年，现在是某省干得不错的律师。忙着给我们上茶后，她抢先说：对于这类案件（指本案）我不太熟，以前也没做过。现在公司已经请了李老师（法务主管从认识我就称我老师，刘律师也随着称呼），我想我还是撤出吧。不过，我可以请我省的一位大律师代替我，他在仲裁案件方面非常有名。这样就不存在与公司解除合同的问题了。

虽然我没有想到她的建议（来前曾以为当然是与她共同代理），但注意到法务主管在等我表态时，我不假思索地说：刘律师您多虑了。你不用撤，咱们一起做。我曾经和很多律师合作过，效果都很好，从来没有出现过同行相轻的事，您就放心吧。

看得出，法务主管对我的表态很满意——刘律师是她请的，能向谢总建议“临阵换将”吗？于是，我们开始一起制定工作计划。

我们很快就完成了取证工作。这些证据共十一份，是分别从某仲裁委的仲裁卷和受理本案的某市中级法院的卷宗中收集的，主要都是证明某国际信托投资公司虚假仲裁的证据。这次取证的经验再次证明，其实有些证据的收集并不困难，关键是要有系统的证明思路。否则，能轻易得到的证据却想不到收集，已经在手边的证据却不会运用。

返京后，我潜心研读所有书证。很快，我就将我方的证据组成了由两部分九种二十一件构成的证据体系，并进而使其形成相互印证无矛盾，相互连接无缺口的证据体系。

原申请书仅附五份证据，且未在文书中直接阐述这些证据的证明作用。新收集的证据为十一份，另有五份申请书未附的证据。这二十一份证据被我组成证据体系后，《撤销仲裁裁决申请书补充意见》的写作便有了坚实的基础。

返京后的第二天晚上，我用整整一个通宵的时间，完成了《补充意见》。这篇文书的写作风格与以往稍有不同。鉴于主要基于说理的原申请书，法院不予接受，故《补充意见》通篇把重点均放在了举证和对证据的论证上，使我方的两个观点（申请主张），即《裁决书》所根据的证据是伪造的，申请人与被申请人之间没有仲裁协议，完全基于确实而充分的证据。仅仅在文书的最后依据《公司法》的规定，论述了“申请人公章是盗用的，不存在朱某有权使用或擅自使用的问题”（详见《补充意见》）。

上午，整宿没睡的我校对完《补充意见》和证据体系（证据目录和每份书证证明内容说明）后，刚趴到桌子上，法务主管就来了。

用了一个多小时，向法务主管说完《补充意见》和证据体系后，她立即给已从日本东京回国的谢总打电话说：李老师的补充意见写得非常好，案子肯定能翻过来，请您务必抽空参加听证会（既然以谢总在日本为由申请延期听证，那么谢总一定得参加听证会）。我说：你怎么能说肯定的话？她答：没事儿，我相信你写的东西。

当天下午，仰在办公室沙发上小睡了一觉后，我接着写《代理词》。

《代理词》旨在补充和加强《补充意见》，故比起《补充意见》，论理的成分多。主要写了四个方面的内容：一、关于申请人法定代表人代表申请人提起撤仲程序的问题（我方申请书和补充意见只有谢总的签字，没有盖章——公司公章在某国际信托投资公司手里）；二、我方证据质量分析；三、关于某工作组、被申请人、申请人之间法律关系问题；四、关于被申请人的债权问题。在该文书的最后，我写了两段文字。一段是：“作为本案申请人的代理人，为了研究本案所查仲裁，我们查找了最高人民法院所有申请撤销仲裁裁决案的案例，未发现涉及完全虚假仲裁的案例，经征询也未获得各地高级法院涉及完全虚假仲裁的案例。因此，我们初步认定，本案所查仲裁系全国罕见的重大虚假仲裁案件。鉴于此，我们恳请你们慎重审查和处理本案。”另一段是：“我们委托人的法定代表人、全国政协委员谢先生因在“非典”暴发之国家危难之际，向国家捐赠人民币1000万元，前天在人民大会堂接受了国务院副总理回良玉代表国家颁发的证书和奖牌。本案所查之虚假仲裁，严重损害了谢先生在某省投资的合法权益。”

写完《代理词》后，我又接着写了三份致法院的申请书。即《调查收集证据申请书》（申请法院调取某国际信托投资公司人员陈某和殷某冒充我方人员所持介绍信的底联），《证人出庭作证申请书》（申请法院通知陈某和殷某出庭证明其真实身份）以及《鉴定申请书》（申请法院鉴定《土地评估申请》上所谓我方人员所签同意意见实属某国际信托投资公司总经理朱某笔迹）。

转眼已是深夜三点多了，明天（12月16日）还要赶飞机去某省。好在该写的文书都已完成，今晚无论如何要睡睡觉了。

听证异常顺利

12月16日下午，法务主管、我及助理住进了某省一家五星级酒店（中美撞机事件发生后，美方代表团曾住该酒店）。傍晚，谢总也从香港赶到了某省。

在酒店大堂迎接谢总时，看到他独自拖着拉杆箱，步态疲惫地走来，我瞬间想到，满世界飞着的亿万富翁，其实是非常辛苦的。他们操着常人操不了的心，受着常人受不了的累，担着常人担不了的险，当然也因此享着常人享不到的福……

晚上，在谢总入住的酒店行政层套间，让他签署完《补充意见》和致法院的三份申请书以及给我的授权委托书后，我给他通俗地讲了案件的主要情况（这之前尚未就本案与他交谈）。首先，我谈了对本案命运的基本看法。我说：我相信，咱们新的申请意见和证据体系能够改变法院的看法。撇开案外因素不说，从证据和法律上说，我认为法院应该接受咱们的主张，撤销仲裁裁决。其次，我谈了我的代理策略。我主要谈了以下三个方面的策略：其一，虽然法院最终可能不会认定《裁决书》所根据的证据是伪造的——这会引起追究相关人员法律责任的问题，而会认定双方之间没有仲裁协议，但作为策略，我方必须用大量证据（也就是证据体系）来证明对方伪造证据的事实和情节，而将双方之间没有仲裁协议作为证明的结论，不是证明对象，只有这样才能突出强调仲裁裁决错误的严重性，以坚定法院予以撤销的决心；其二，虽然我方证据已经确实和充分，法院不会接受我方关于法院调取证据和委托鉴定以及证人出庭作证的申请，但作为策略，我方必须当庭提出此三项申请，以宣示我方对我方证据的十足信心，以彰显我方坚信仲裁虚假的信念；其三，我们将用我方详细而有力的《补充意见》、证据体系和《代理词》占据听证会的大部分时间，以争取听证的主动权和优势地位，这对于合议庭的合议是有相当重要的影响作用的。

谢总虽然没有受过高等教育，但或许是因为多年在香港及国外经商的历练以及多年潜心养鸽、赛鸽的陶冶（谢总的信鸽多次在国际大赛中取胜），他内心平和，举止文雅。站在律师的角度看，他是个典型的香港或国外的老板，不同于国内的许多老板们——他完全没有心思去搞明白他所涉案件的相关法律问题。因此，这次跟上次我为他代理案件一样，他静静地听完我的讲述，不插一句话，不提一个问题，最后操着他那表达极为简单的广东白话说：谢谢你！法律我搞不懂，那我相信你。最后，我让他看了看《代理词》的最后一段，即回良玉副总理在人民大会堂给他授奖的那一段，并询问他是否合适。他当然一看就明白，连声说：你很聪明，这个好，很好，我同意。那是昨天的事，你写了前天，要不要改过来？我答：明天开庭时说，就是前天的事了。他笑着说：那就对了，是我搞错了。

回到房间已十点钟，我立即着手准备听证会预案，即《补充意见》和《代理词》所述问题之外，对方明天可能的主张与我方的对策。这一准备是必要和重要的，能够使我方在听证会的第二轮辩论中应对自如。我设计出对方可能提出的几个主要观点和问题，并逐个写出我方的答辩观点和理由（纲要性的）。我写完一页，助理用笔记本电脑打一页（明天下午召开听证会，上午助理就可以在酒店商务中心打印出来）。深夜近四点了，才完成了这项预案工作。

12月17日上午，谢总应我的建议，召集法务主管、我及助理、刘律师及助理开会，主要由我谈下午听证会的有关事项。我主要谈了三个建议，希望大家统一认识。我说：第一，谢总作为法定代表人出庭，我作为特别授权的代理人出庭，在法律上地位相同，因此，如审判长问以谁的意见为准，谢总应该说以我的意见为准。谢总您同意吗？谢总答同意。我说：谢总您最好不发言。他说：那我不说话。我接着说：第二，咱们前有《申请书》，后有《补充意见》。因此，如审判长问以哪个申请文书为准，我建议答复他以《补充意见》为准。大家的意见呢？刘律师答：我同意。法务主管说这个问题清楚了。我接着说：第三，我建议由刘律师宣读《申请书》的前半部分，就是事实部分，后半部申请理由就不要念了，由我宣读《补充意见》。调查阶段，我来举证和对对方证据质证，刘律师补充。辩论阶段，我发表《代理词》和负责第二轮的辩论，刘律师补充。大家的意见呢？见大家都表示同意，我解释道：证据体系是我搞的，今天刘律师才见到，所以只得由我举证。《代理词》是我写的，发表起来比较自如。至于对对方证据的质证和第二轮辩论，我已准备好了书面预案。大家就其他不太重要的问题交流了几句后，会议很快就结束了。

下午一点半，听证会准时召开。

果不然，刚开庭核实了双方的身份后，庭审经验丰富的审判长就向我方问了两个我们已有准备的问题，即谢总和我，以谁的意见为准以及《申请书》

和《补充意见》，以哪个文书为准。

刘律师和我分别发表完《申请书》前半部和《补充意见》后，某国际信托投资公司的代理律师发表了《答辩书》。其答辩意见完全是针对原《申请书》的，而原《申请书》除事实部分外，申请理由全面为《补充意见》所取代。估计因对方律师当庭才看到我方的《补充意见》，尚不能当庭组织答辩意见，故只能毫无针对性地对我方已变更的申请主张进行答辩（申请撤销仲裁裁决程序并没有答辩期的规定。在诉讼中，如变更诉讼请求，应给予对方新的答辩期，但如果仅仅是当庭变更诉讼主张，则同样可以不给予对方新的答辩期。在后一种情况下，如何答辩就取决于对方律师的专业水平和诉讼经验了）。

在调查阶段开始前，我举手征得审判长同意后，向合议庭正式提出了法院调取证据、委托鉴定、传证人出庭作证三项申请。审判长未对此表态。

调查阶段一开始，审判长就要求我方首先举出证明申请人与被申请人之间没有仲裁协议的证据，而我方的原举证计划是系统全面地举出我方的证据体系。凭着多年的诉讼经验，我立即沉着地答复审判长，我方证明双方之间没有仲裁协议的证据共有五种计七件。接着，我一一举出了我方的证据。证据一，谢先生对赵某的授权书，证明我方印章有专人管理，且授权范围明确，不存在管理不善，被人擅自使用的问题。证据二，朱某等人签署的印章等收条，证明2003年6月18日被申请人方朱某等人在公安人员的陪同下，以办理刑事案件为名，收走了申请人的印章和土地使用证，申请人的公章至今一直为被申请人非法持有，故申请人不可能于2003年9月8日与被申请人签订含有仲裁条款的《协议书》。证据三，某省公安厅出函，内容为查封申请人土地，而该土地使用证正是被申请人方朱某等人在收走印章的同时拿走的，佐证被申请人收取申请人公章的事实，同时佐证被申请人使用申请人公章伪造《协议书》的事实。证据四，被申请人致申请人外方股东某香港公司的两份传真和某香港公司致被申请人的回函，证明双方在2003年9月8日虚假的《协议书》出笼之前，8月15日至19日协商被申请人贷款之债权对外转让事宜，并无该贷款应由申请人偿还的意思表示，与虚假的《协议书》所谓申请人于1个月之内偿还全部贷款的约定直接矛盾，佐证《协议书》是伪造的，双方并无仲裁协议。证据五，2003年8月26日会议纪要，内容为申请人所有四方股东关于将申请人整体权益含各方股权和债权共同转让第三方的决议，证明在2003年9月8日虚假的《协议书》出笼前夕，申请人与被申请人并无偿还贷款的意思表示，而共同商定含被申请人贷款债权在内的申请人权益对外转让，佐证《协议书》是伪造的，双方并无仲裁协议。

审判长的举证要求，使我方一开始便用证据证明了双方没有仲裁协议的事实。这貌似“突然袭击”的要求，反而给我们提供了有利机会。而被申请人方代理人则并不能对我方的这部分证据提出有力的质疑。

接着，我举手经审判长同意后，便开始了我方的第二部分证据的举证。这部分证据主要是我方新收集的，证明被申请人虚假仲裁，佐证被申请人伪造仲裁证据，双方并无仲裁协议的证据。当举证证明被申请人方司机殷某受被申请人指使，在仲裁程序中冒充我方人员到仲裁委领取仲裁《裁决书》，而在本案中又代表被申请人在法院领取我方的《申请书》时，我看到审判长在侧目注视被申请人的代理人（她正是仲裁申请人的代理人）。对于我方的这部分证据，被申请人的代理人没有提出质疑意见，而被申请人方的举证，不仅很少，且对本案毫无针对性，很容易应对。

审判长宣布双方开始辩论后，我首先发表了我方的《代理词》。当注意到已经四点了，为节省时间，以备第二轮辩论，我尽量少脱稿，并加快了语速。但是，令人十分意外的情况发生了。当我首轮辩论发言后，审判长示意被申请人代理人发言，她却说没有了，竟放弃了辩论机会。于是，审判长宣布休庭，双方在庭审笔录上签名。

望着摊在台前的庭审预案，我迟疑地坐着。转瞬，我自问：怎么？没有了第二轮本应精彩的辩论，失落了？这不是天大的好事吗？这不意味着我方必将胜诉吗？我忙站起来，点头向正准备退庭的审判长示意，接着低头小声对旁边的谢总说：他们放弃了辩论，咱们赢定了！他点着头说：我知道，这很好。

双方审阅笔录时，对方的代理律师走过来对我说：咱们商量一下行吗？我立即叫过谢总说：您跟谢总谈吧。她说：其实这事咱们可以调解解决。谢总说：那得听我律师的。我说：撤仲案件是针对仲裁裁决的，没有调解程序，所以双方没法调解。不过，待法院裁定撤销仲裁裁决后，双方可以坐下来商量。她说：这事儿（应该指贷款）拖得太久，我们也是没办法。我说：你们有关人员（指策划仲裁的人）都可以放心，我们是对事不对人。只要仲裁裁决撤销了，这事对我们来说也就完了。

待对方人员都走后，大家都显露出兴奋的神情。刘律师的助理刚开口夸我，就被我拦住了。

晚上大家一起吃饭时，刘律师接听手机后对我说：对方的律师想跟你通话。我说：跟我说什么话，不说。你跟她说，我说这不符合规则，不合适。刘律师通完话后说：在我们这儿，这是常有的事。说就说呗，反正不接受她的建议就行了。我说：这我可不能入乡随俗。我注意到谢总默默地望着我们，就笑着说：谢总，你说他们找我想干什么？他说：他们想收买你。我问：你担心吗？他答：担心不担心都没用，关键看你怎样做人啦。

已连续多天没有好好睡觉的我，当天晚上原想早点休息，但一看上HBO（美国家庭电影频道，在京如有空看电视，我通常只看HBO），便又到夜里三点多才睡。

裁定彰显理性

返京一周后（12月25日），刘律师电话通知某市中级法院的《民事裁定书》下来了。毫无悬念，裁定结论当然是撤销某市仲裁委的《裁决书》。

法院的裁定书非常理性，仅仅认定申请人与被申请人之间不存在仲裁协议。其理由也仅仅是朱某具有被申请人某国际信托投资公司法定代表人和申请人某旅游区开发公司总经理双重身份，其未经申请人董事会授权，分别代表双方签署含有仲裁条款的《协议书》并非双方当事人真实意思表示（应为并非申请人真实意思表示——我注），且申请人未派人参加仲裁活动。

这一认定和理由，我是有预见的，且已事先告知了谢总和法务主管。我突出强调伪造证据，旨在改变法院起初对此案的看法，使其认识到仲裁裁决错误的严重性，从而依法纠正。说心里话，我并不追求有关伪造证据的认定——

法院通常也不会认定。做律师多年来，凡遇到此类情况，我总是这样——依法努力达成自己的诉讼目标，不过问对方为达目的而采取的手段应否承担何种责任。

听证会结束的当天傍晚，我按约定下楼到大堂等大家一起出去吃饭，看到谢总在大堂边走边打手机。他看见我便走了过来，听到他在电话里询问他的法律顾问的服务期限。通完话，他对我说：我前面的（意指原来的）法律顾问马上就到期了，我想让你做我的法律顾问，你有没有意见？我答：能为您服务，我当然愿意。

也许，有读者会问：这案子是胜诉了，但意义大吗？某国际信托投资公司败诉后完全可以另行起诉，某旅游区开发公司欠的贷款早晚也得还吧！我正面回答这一问题：这个案子的胜诉对于谢先生及其某香港公司的利益，意义非常重大。其一，某旅游区开发公司借某国际信托投资公司的本金实为6483万元，而《裁决书》却裁为8518万元（将其他公司的借款也算到某旅游区开发公司头上）。故撤销仲裁裁决，某旅游区开发公司便减少了两千多万元的损失，这对于该公司40%股权持有者的某香港公司来说，当然是重要的。其二，更重要的是，某旅游区开发公司的500亩海边土地被《裁决书》作价一亿多元抵给了某国际信托投资公司，其实，由于某省房地产市场复苏，土地升值，该土地在本案之后已价值四亿多元。故撤销仲裁裁决，收回土地，对于某旅游区开发公司及其控股股东某香港公司，当然意义重大。其三，某国际信托投资公司在本案败诉后并未另行起诉，而是与谢总的某香港公司等股东坐下了商谈某旅游区开发公司全部股权及其债权债务的对外转让事宜。经过了一年多的努力，最终的结果是，包括谢总的某香港公司在内的四方股东分别与某地产集团签订股权转让合同，各方股东收到了股权转让款，退出了某旅游区开发公司。谢总采取的股权转让方式是，将某香港公司的全部股权转让给某地产集团（该集团由此控股某旅游区开发公司），从而收回了投资并获得了可观的收益。故如果没有本案的胜诉，某旅游区开发公司的500亩海边土地被某国际信托投资公司划走，且尚要偿还其四千多万元贷款利息，则谢总不可能达到通过股权转让方式成功从某旅游区开发公司退出并收益的目的。因而，本案胜诉对我的委托人谢总当然意义非常重大！

这个案子胜诉后不久，谢总就把某旅游区开发公司的系列诉讼案件及有关非讼法律事务全部委托给我所（签订了“打包”合同），后又正式聘请我为某国际企业中国公司的法律顾问。

这几年，在某国际企业中国公司每年举行的年度酒会上以及圣诞酒会上，我总是被安排在谢总身边就坐。他们是家族企业，与谢家人及公司副总们坐在一桌，我始终微笑着，表面上很平和，其实有些拘谨，而且时而思绪纷繁，时而大脑一片空白……

杂咏

志趣

开卷伴月色，
搁笔迎曙光。
讼事何劳此？
惟求好文章。

第二章

案件的细节与案件的命运

——金融借款合同纠纷中的诉讼时效与债务代偿

美国著名律师哈罗德·伯曼说：真正伟大的律师必须是一个明智的顾问，当各种各样的人由于各种各样的生活危机而迫切需要听取法律方面的意见时，他能为这些人提供冷静的分析与建议。

本案债权人经多方咨询律师后，准备放弃本案债权。在我主动要求下，才让我试试能否“死马当作活马医”。原因很简单，债权到期已五年了，债权人既未向债务人主张权利，也未起诉，而债务人亦未承诺还款或实际还款——已过诉讼时效。我经研读案件材料，在债务人致债权人的函件中发现了一句话。正是这一细节，让我形成了本案诉讼时效在数年中多次中断的主张，也正是这一细节，彻底改变了本案的命运。

正如哈罗德·伯曼所说，各种各样的人会把各种各样的危机交给律师处理。在本案中，我与其他律师不同的仅仅是发现了解决危机的细节。但是，发现细节，并运用细节改变案件命运，是不易的。

讼途

导言

1.本案合同名称为《合作投资合同书》，但并无投资经营的实际内容，而是一方给另一方借款。合同名实不符，应据实确定合同性质或法律关系。因此，类似本案这种情况，如出借方具有对外发放贷款的经营权，则借款合同有效；否则，则为企业之间借贷。

2.债权人转让债权，通知债务人即可；债务人转移债务，则须经债权人同意。本案中债务人欲将债务转移给第三人（即借款的实际用资人），但债权人并未在债务人与第三人制作的转移协议上盖章签字。

3.在本案诉讼时效期间，债权人无证据证明曾向债务人主张过权利，也未起诉。诉讼时效届满后，债务人曾向债权人发函称此项资金逾期后，其与债权人方人员共同配合，多次通过各种方式向实际用资人催款，而债权人起诉债务人的时间距债务人发函的时间不足两年。债权人能否根据债务人的函件主张，其在诉讼时效期间多次向债务人主张权利，故诉讼时效多次中断，其起诉未超过因债务人发函而中断后重新起算的诉讼时效期间，具有胜诉权？

4.实际用资人使用了本案借款合同的1000万元借款，同时，其又作为债务人另外借了债权人2000万元。实际用资人曾代债务人向债权人偿还了本案借款合同中的两笔利息，另外又向债权人偿还了1000万元（双方的还款凭证未注明该款是代债务人偿还本案1000万元借款本金，还是偿还实际用资人作为债务人另外向债权人所借2000万元借款中的1000万元）。而在其后债务人和实际用资人致债权人的函件中，均认可本案借款未还。但是，在诉讼中，实际用资人出证证明该1000万元是其代债务人偿还本案借款的，债务人据此主张其债务已清偿。在此情形下，法院应如何认定和判决？

5.本案保证人的保证责任问题，如适用《担保法》及其司法解释，根据本案事实，则保证人应负责。但是，在修改本章时，我突然发现本案不应适用《担保法》及其司法解释。因而，对本案保证人的保证责任问题应重新认识。

要　　目

- 貌似普通案件
- 其实大有说头
- 当然有备而来
- 细节决定命运
- 咬住细节不放
- 抗辩彰显力道
- 定局无法改变

序曲

注重案件细节，不是说注意案件的每一个细节——复杂案件的那么多细节是注意不过来的，而是说注意案件基本事实尤其是主要事实中的细节。搞清楚细节与其他事实、情节的关系，特别是细节在整个案件中的地位、作用，一般情况下你就可以运用细节阐述主张和反驳对方，特殊情况下你甚至可以凭借细节一举改变案件命运。

某信托投资公司因与某经济发展公司、某房地产公司发生借款合同纠纷及借款担保合同纠纷，委托我作为其原告代理人。

貌似普通案件

正文

民事诉状

原告：某信托投资公司

被告：某经济发展公司

被告：某房地产公司

案由：借款合同纠纷

诉讼请求：

1.判令被告返还借款本金1000万元；

2.判令被告支付逾期还款罚息7,319,870元；

3.判令被告承担本案全部诉讼费用。

事实与理由：

1994年1月20日，原告与第一被告签订了科投9407号《合作投资合同书》（证据一，《合作投资合同书》科投9407）。合同约定原告向第一被告贷款人民币1000万元，借款期限自1994年1月25日至1994年4月25日，到期本息合计为1054万元。同时，第二被告向原告出具《合作投资担保书》（证据二，《合作投资担保书》科投9407），承诺为第一被告的上述借款行为提供担保，保证方式是连带责任担保。合同签订之后，原告按照第一被告的书面指令（证据三，划款要求），于1994年1月25日将1000万元汇入指定账户（证据四，1994年1月25日人行电汇凭证）。1994年4月25日贷款期限届满后，被告未按期还本付息。经原告多次催告，1994年7月29日某实业公司代第一被告向原告支付利息54万元整，1994年12月17日向原告支付235,850美元，折合人民币1,985,130元。此后，原告多次派人向被告催讨所欠贷款本金及逾期罚息，但第一被告一直拖延返还，并于1997年6月25日向原告发函，声称由于用资人某实业公司投资规模较大，故未能有效地向其收回该笔款项，要求原告同意其将该债务转移给某实业公司（证据五，第一被告致原告的函件），原告当然拒绝。

原告系中国人民银行批准设立的非银行金融机构，具有对外发放贷款的经营权。原告与第一被告签订的合作投资合同之性质为借款合同，其内容符合《借款合同条例》的规定，合法有效。第二被告出具的担保书形式合法，担保人承担连带责任的意思表示真实，符合有关法律和司法解释的精神，内容合法有效。根据《借款合同条例》第16条之规定[1]，第一被告未按合同约定偿还贷款及利息的行为属违约行为，应承担违约责任。第二被告作为担保方应承担连

[1] 该条例于2001年10月6日被废止，该条文与《合同法》第206条、第207条的规定基本一致。

带责任。故恳请贵院查明本案事实，依法判令两被告返还贷款本金及逾期罚息，维护国家的金融秩序，保护原告的合法权益。

具状人：某信托投资公司

旁白

沉住气，先布局，再围攻，最后绞杀——诉讼律师要学习围棋棋手的那种镇定和冷静。

其实大有说头

背景

某经济发展公司的主要答辩意见

1.自1994年4月25日合同到期至原告某信托投资公司1999年6月起诉，长达5年期间，原告从未向我公司主张过债权，故本案已超过诉讼时效期间，法院应依法驳回原告的诉讼请求。

2.我公司有证据证明，1995年12月7日，某实业公司委托某国际信托投资公司付款给原告某信托投资公司1000万元。某实业公司明确告知我公司，该1000万元还款是某实业公司代我公司返还所欠原告某信托投资公司的贷款。因此，我公司已返还原告某信托投资公司贷款本金1000万元及利息二百五十万余元，原告的起诉属无理缠讼，法院应根据事实驳回其诉讼请求。

某房地产公司（担保人）的答辩意见与某经济发展公司基本相同，即认为本案已超过诉讼时效期间，另外，某实业公司已代某经济发展公司还款，故我公司不应再承担保证责任。

旁白

没有虚张声势，没有花拳绣腿，上来就出致命手——遇到这样的对手，千万得小心，一招没防好，便会被击倒。

——某经济发展公司的上述两个答辩意见，如有一个成立，便足以胜诉。

当然有备而来

正文

代理词（一审）

尊敬的审判长、审判员：

作为本案原告某信托投资公司的代理人，根据庭审查明的事实，依据相关法律和司法解释，提出如下代理意见。

一、本案诉讼时效应认定中断

《民法通则》第140条规定："诉讼时效因提起诉讼、当事人一方提出要求或者同意履行义务而中断。从中断时起，诉讼时效期间重新计算。"

我方所举证据五某经济发展公司于1997年6月25日致我公司的函第三节称："此项资金逾期后，我公司与贵公司有关人员共同配合，多次通过各种方式催收，但由于某实业公司投资规模较大且战线较长，至今仍未能还款。"我方与某实业公司在此项贷款上无任何合同关系，故我方不可能直接向某经济发展公司声称的该款实际使用人某实业公司催款。上述函件证明，我方多次向某经济发展公司提出还款要求，某经济发展公司与我方"共同配合，多次通过各种方式催收。"根据《民法通则》第140条的规定，因我方在借款到期后，多次向某经济发展公司催款，使诉讼时效多次中断。且从1997年6月25日某经济发展公司发函承认我方催款的事实时至我方1999年6月10日起诉收到某中级法院《受理案件通知书》止，期间不满两年，未超过诉讼时效期间，我方拥有胜诉权。

旁白

在复杂、疑难案件中，案件的相关事实正好符合法律的相关规定的情况是少见的，否则就不应该存在复杂或疑难问题了。所以，只要相关事实基本能够靠上相关规定，那就应该毫不迟疑地大胆主张，满怀信心地坚持到底。

——“诉讼时效多次中断”的主张，缺乏证明中断、起算、再次中断、再次起算的具体时间的证据，故并不完全符合法律关于诉讼时效的规定。但是，被告某经济发展公司称“多次催收”的函件书证，还是能够基本靠上时效中断的规定的。

二、借款合同合法、有效

本案合同名实不符，即合同的名称与内容不符，名称为合作投资合同书，内容则为借款合同。在认定上，应看其实，不看其名，根据合同的内容，应认定为借款合同。我公司持有企业法人营业执照及金融机构法人许可证，经营范围中亦有办理贷款的经营权。我公司与第二被告签订的担保合同亦明确约定为借款，我方所举证据三第一被告某经济发展公司的划款要求中也明确称“流动资金贷款1000万元”，且在庭审过程中，两被告均认为本案合同为借款合同，并无异议。故本案合同作为借款合同是有效的。

三、第一被告某经济发展公司应承担违约责任

我方所举证据三划款要求证明，第一被告某经济发展公司指定我方将其所借1000万元划入某实业公司账户。我方证据四电汇凭证证明，我方按某经济发展公司要求，将1000万元贷款汇入某实业公司。至此，我方按期如数完成了拨款义务，完全履行了借款合同项下我方的全部义务，无任何违约行为。而第一被告某经济发展公司在贷款期限届满后未能按期还本付息，给我公司造成巨大经济损失。

某经济发展公司不按约归还本息之理由不能成立。虽然在贷款期限届满后，某经济发展公司曾多次要求该笔贷款由某实业公司归还，且某实业公司也同意代为归还，但我方并未与某经济发展公司、某实业公司签订三方的补充协议。我方与某实业公司在此笔贷款上并无任何合同关系，款入某实业公司，是依据某经济发展公司的要求和指定。至于某经济发展公司与某实业公司如何使用该款，与我方无关，亦与本案纠纷无关。某经济发展公司在庭审中主张某实业公司已代其归还全部本息缺乏基本的事实根据，纯属主观臆断。我方已向法庭提供了大量某经济发展公司、某实业公司致我公司的函件及我公司与某实业公司的借款合同、还款凭证等书面证据，充分证明某经济发展公司根据科投9407合同向我公司借贷的1000万元至今尚未归还，某实业公司除了代某经济发展公司支付过54万元的利息和235,850美元利息之外，再未代某经济发展公司偿还科投9407合同项下的任何本金或利息。因此，第一被告某经济发展公司拒绝承担还款义务的理由不能成立，应承担违约责任。

旁白

在生活中，如果有人睁眼说瞎话——那是蛮不讲理，你当然可以气愤。但是在诉讼中，如果有人睁眼说瞎话——那是诉讼策略，你当然不能气愤，而应该平静地驳斥。

四、第二被告某房地产公司作为担保人，应承担连带责任

第二被告某房地产公司出具的《合作投资担保书》为法律上的保证合同。从其内容看，第三节约定："本保证责任是连续的，只要借款方与贵公司（指我方——我注）存有任何债务——本担保书下未清偿债务，我方均承担全部的偿还责任。"应当说，这属于没有约定保证责任期限的保证合同。最高人民法院《关于审理经济合同纠纷案件有关保证的若干问题的规定》（法发［1994］8号）第11条规定："保证合同中没有约定保证责任期限或者约定不明确的，保证人应当在被保证人承担责任的期限内承担保证责任。”第29条规定：“保证合同未约定保证责任期限的，主债务的诉讼时效中断，保证债务的诉讼时效亦中断。”据此应当认定，某房地产公司的保证合同属没有约定保证责任期限，依法应当在某经济发展公司承担债务责任的期限内承担保证责任。某经济发展公司的债务因我方多次向某经济发展公司主张权利而多次中断，至今我方仍有诉权追究其债务责任，而某房地产公司保证债务的诉讼时效随某经济发展公司的主债务诉讼时效的中断而中断，故某房地产公司依法应当承担连带保证责任。

综上，第一被告某经济发展公司未按合同约定偿还贷款的行为系严重违约，依法应承担违约责任，其主张某实业公司已代其偿还全部本息的说法缺乏相关证据，相信不会得到法庭的支持。第二被告某房地产公司的担保责任清楚明确，依法应承担连带责任。恳请合议庭查明本案事实，慎重认定有关证据，依法判令两被告返还贷款本息及逾期罚息，维护国家的正常金融秩序，保护原告的合法权益。

谢谢！

旁白

其实，衡量一个诉讼律师水平的高低，标准也很简单，那就是：他所设计的诉讼主张最终能否被法院接受，能被法院接受多少。

细节决定命运

判决

一审判决

某中级人民法院作出一审《民事判决书》。该判决“经审理查明”一节内容如下：

1994年1月20日，原告某信托投资公司与被告某经济发展公司签订“合作投资合同书”，约定：由原告某信托投资公司出资1000万元给被告某经济发展公司用于购买计算机，“合作”期限自1994年1月25日至1994年4月25日，被告某经济发展公司到期归还原告某信托投资公司本金及投资收益1054万元。如被告某经济发展公司逾期还款，则按日1‰支付罚息等条款。同日，某房地产公司为上述合同出具担保书，约定：某房地产公司对上述合同投资本金、投资收益及由此产生的经济损失承担连带责任。保证期限自担保书签字盖章之日至担保书义务全部履行完止。1994年1月20日，被告某经济发展公司给原告某信托投资公司发出指令，要求某信托投资公司将1000万元付给某实业公司，1994年1月25日，原告某信托投资公司按被告某经济发展公司指令付款1000万元给某实业公司。某实业公司分别于1994年7月29日、1994年12月17日代被告某经济发展公司支付利息54万元、235,850美元，其余款项未付。1995年12月7日，某实业公司委托某国际信托投资公司付款给原告某信托投资公司1000万元。1999年7月20日，某实业公司给某经济发展公司发函，称上述还款是代某经济发展公司返还所欠原告某信托投资公司的贷款。另查明，原告某信托投资公司曾于1994年1月贷款给某实业公司2000万元。1997年6月25日，某经济发展公司给原告某信托投资公司发函称，其与某信托投资公司所签合同项下款项全部由某实业公司使用，此项资金逾期后，其与某信托投资公司有关人员共同配合，多次通过各种方式催款，某实业公司至今未能还款，其将与某信托投资公司配合，争取早日收回该款。1999年五六月，某实业公司分别致函某信托投资公司，确认某信托投资公司与某经济发展公司所签合同项下款项由其使用，其愿意偿还某信托投资公司上述款项。另查明，某信托投资公司具有贷款的经营范围。

上述事实有某信托投资公司与某经济发展公司签订的合同、某房地产公司出具的担保书、付款凭证、营业执照等材料在案佐证。

该判决“本院认为”一节及判决主文内容如下：

某信托投资公司与某经济发展公司所签合同并无投资经营的实际内容，经本院开庭质证，双方当事人对所签合同性质为借款合同无异议。某信托投资公司具有贷款的经营范围，其与某经济发展公司签订的借款合同除双方约定的利率及罚息高于人民银行有关规定无效外，其余条款符合法律规定有效。某房地产公司为上述合同出具的担保书亦有效。某经济发展公司应按期返还某信托投资公司本息，并对逾期部分按人民银行规定支付逾期利息。某房地产公司亦应按合同约定承担保证责任。1994年7月29日、1994年12月17日某实业公司曾两次代某经济发展公司还息，此外，某经济发展公司在其1997年6月25日给某信托投资公司的函件中再次确认上述债务，并对某信托投资公司多次追索上述债务的事实予以认可，本案诉讼时效多次中断。故某经济发展公司关于本案已超过法定诉讼时效期间的主张，本院不予支持。某房地产公司在其出具的担保书中明确约定了保证责任期限，原告未提供其在诉讼时效期间内向某房地产公司主张权利的证据，按照有关法律规定，其对某房地产公司已失去胜诉权。某经济发展公司所称某实业公司已代其返还某信托投资公司本金1000万元，因其将债务转让给某实业公司未经债权人某信托投资公司同意，且某实业公司与某信托投资公司还有其他债务关系，故某实业公司于1995年12月7日还给某信托投资公司的1000万元，不能作为某经济发展公司还款。依照《中华人民共和国经济合同法》第6条，第7条第一款第一项、第二款，第40条第二项，最高人民法院《关于审理经济合同纠纷案件有关保证的若干问题的规定》第4条、第28条，《中华人民共和国民法通则》第135条的规定，判决如下：

一、原告某信托投资公司与被告某经济发展公司签订的借款合同部分有效。

二、被告某房地产公司为上述借款合同出具的担保书有效。

三、被告某经济发展公司返还原告某信托投资公司本金1000万元（于本判决生效后10日内给付）。

四、被告某经济发展公司偿付原告某信托投资公司利息（自1994年1月25日起至1994年4月25日，以1000万本金计，按中国人民银行同期贷款规定执行。自1994年4月26日起到款项付清之日止，以1000万本金计，按中国人民银行逾期付息规定执行。扣除已付利息54万人民币及235,850美元，计息按1994年12月17日中国银行汇率折合成人民币，于本判决生效后10日内给付）。

五、驳回原告某信托投资公司对被告某房地产公司的诉讼请求。

案件受理费96,610元，由被告某经济发展公司承担。

旁白

诉讼律师的最高境界是：自己的代理意见化作了法院的判决意见。

咬住细节不放

背景

某经济发展公司上诉意见

某经济发展公司不服一审判决，提起上诉。其上诉请求为：1. 撤销原判，驳回原审原告（第一被上诉人）之诉讼请求；2. 一、二审诉讼费用由第一被上诉人承担。其主要上诉理由如下：

一、原审判决认定事实不清，证据不足。

1994年1月20日，第一被上诉人某信托投资公司与上诉人某经济发展公司签订“合作投资合同书”，此合同实为借款合同，合同签订后，某信托投资公司依某经济发展公司指令将款项1000万元付给某实业公司。某实业公司分别于1994年7月29日、1994年12月17日代某经济发展公司支付利息人民币54万元、美元235,850元；1995年12月7日，某实业公司委托某国际信托投资公司代某经济发展公司还本金1000万元人民币。至此，上诉人某经济发展公司认为已还清某信托投资公司的借款，在此后长达四年时间里，某信托投资公司一直与某实业公司联系还款事宜，但原审判决仅因某实业公司与某信托投资公司另有债务关系，未将1000万元还款认定为某经济发展公司还款。上诉人某经济发展公司认为这是与事实不符，关于这一点，原审中某经济发展公司明确指出某实业公司与某信托投资公司间系房产抵押借款，且数额是2000万元，时间亦在某经济发展公司借款之后。如果上述1000万元是某实业公司自己还款，则某信托投资公司应返还某实业公司抵押物（房产证），但实际上某信托投资公司并未这样做，由此不难认定上述1000万元应为某经济发展公司还款，只是由于某信托投资公司具体经办人于某的原因，在某信托投资公司自己账面上未能将某经济发展公司债务销账。对此，某实业公司亦进行了详细说明。

二、关于本案诉讼时效。

上诉人某经济发展公司认为：自1994年4月25日至今，在长达五年的时间里被上诉人某信托投资公司未向某经济发展公司主张过债权，本案已超诉讼时效。原审判决依据某经济发展公司1997年6月25日给某信托投资公司的函件认定诉讼时效中断是不妥当的。因为该函件中，某经济发展公司既未认可任何债务，亦未承诺任何还款，虽曾提及某信托投资公司催款，但从函中可明确该催款行为是对某实业公司，而非某经济发展公司。故该函根本无法证实某信托投资公司向某经济发展公司主张债权，却可佐证某信托投资公司向某实业公司主张过债权。因此，原审认定诉讼时效中断证据不充分。

综上，由于原审法院认定事实不清，证据不足，从而造成适用法律错误。在此恳请贵院依法撤销原判，予以改判，保护上诉人合法权益。

旁白

我就佩服这样的对手：我掩饰什么，他就能揭破什么。只是遗憾这样的对手太少了。

——某经济发展公司的律师揭示了该公司于1997年6月25日致我方函件的实质内容，这正是我所担心和掩饰的。

抗辩彰显力道

正文

民事答辩状（二审）

答辩人：某信托投资公司

答辩人就上诉人某经济发展公司之《民事上诉状》提出如下答辩意见：

答辩人认为，某市中级人民法院（1999）某中初字第×号《民事判决书》认定事实清楚，适用法律准确。上诉人的上诉请求缺乏事实根据及法律依据，故答辩人请求二审法院依法驳回上诉人的上诉请求，维持原判。

一、本案诉讼时效应认定中断

上诉人认为答辩人自1994年4月25日借款合同履行期限届满后至今，“在长达五年的时间里未向某经济发展公司主张过债权”，因此认为本案已超过诉讼时效。

《民法通则》第140条规定：“诉讼时效因提起诉讼、当事人一方提出要求或者同意履行义务而中断。从中断时起，诉讼时效期间重新计算。”

答辩人与某实业公司在此项贷款上无任何合同关系，某经济发展公司作为借款人，系与答辩人有民事法律关系的债务人，我方当然也只能向某经济发展公司催款，至于某经济发展公司将此笔借款转借给任何第三人使用，答辩人与该第三人均无民事权利义务关系，无权直接与该第三人交涉催讨。答辩人一审中举出的上诉人于1997年6月25日致答辩人的函中第三节称：“此项资金逾期后，我公司与贵公司有关人员共同配合，多次通过各种方式催收，但由于某实业公司投资规模较大且战线较长，至今仍未能还款。”该函证明，我方多次向上诉人提出还款要求，上诉人与我方“共同配合，多次通过各种方式催收”。

如像上诉人所称“该函件中，某经济发展公司既未认可任何债务，亦未承诺任何还款”，“该催款行为是对某实业公司，而非某经济发展公司”，答辩人既然从未向某经济发展公司主张过权利，一直针对某实业公司交涉，上诉人何必主动向答辩人发函？假如上诉人从未认可债务，又岂能与答辩人“共同配合”，“多次”催收？退一步讲，即使上诉人未认可债务，至少证明，答辩人多次向上诉人催讨，即《民法通则》规定的向债务人主张权利。根据《民法通则》第140条的规定，答辩人在借款到期后，多次向上诉人主张权利，使诉讼时效持续多次中断。且从1997年6月25日某经济发展公司发函承认我方催款的事实起至我方1999年6月10日起诉收到某中级法院《受理案件通知书》止，期间不满两年，未过诉讼时效，答辩人拥有胜诉权。一审判决书根据上述事实，作出的本案诉讼时效多次中断的认定是正确的，上诉人根本不能举出任何反证，却试图推翻自己已书面认可的事实，故其主张不能成立。

二、一审判决书认定上诉人应承担还款责任事实清楚，证据充分

上诉人认为1995年12月7日某国际信托投资公司代某实业公司向答辩人返还的1000万元人民币系本案借款合同项下的本金，故主张与答辩人已无债权债务关系，不承担还款责任。

答辩人认为，上诉人的上述主张与本案证据严重不符，且自相矛盾。

1.上诉人在一审庭审中举出某实业公司于1999年7月20日致上诉人的函，该函称上述1000万元还款系代某经济发展公司支付。但答辩人举出的某实业公司于1999年5月、6月致答辩人的来函中均确认本案合同项下的借款由其使用，并明确表示，希望与答辩人就偿还该笔款项事宜进行协商。

2.答辩人已向一审法院提交了答辩人与某实业公司于1994年1月签订的借款合同科教投字第（9405）号及科教投字第（9406）号，借款金额总计2000万元。某实业公司于1995年12月7日委托某国际信托投资公司向答辩人返还的1000万元本金系上述两笔借款的部分本金。确如上诉人所言，答辩人与某实业公司确实存在房产抵押关系，但某实业公司虽已返还本金，但至今尚欠答辩人逾期利息近四百万元，目前答辩人与某实业公司正在交涉还款问题，答辩人已做好诉讼准备。因此，答辩人与某实业公司并未办理解除抵押手续。

3.上诉人于1997年6月25日致答辩人的函中明确指出本案合同项下借款资金“早已过期”，并确认“至今仍未能还款”。试问，如上诉人所说，某实业公司早已于1995年12月即已代其还清该笔借款，如何到1997年6月，上诉人还自己发函向答辩人确认该笔债务呢?

4.上诉人在一审庭审过程中，还声称与答辩人及某实业公司三方于1997年初共同协商过还款事宜（一审庭审笔录中有明确记载），虽未签订新的协议，但至少能够证明，某实业公司并未代上诉人偿还借款本金，且上诉人对此也很明确。

上诉人推卸还款责任的理由前后矛盾，不能提供相关证据支持其主张。反之，答辩人有充分的证据证明，上诉人一直未向答辩人偿还借款本金。故上诉人的主张因无证据支持而不能成立，一审判决书判决上诉人承担还款责任有充分的事实根据。

综上，由于上诉人的上诉主张仍然囿于形同一审的言词抗辩，并无新证据、新理由，故答辩人认为上诉人的上诉请求仍然缺乏事实根据及法律依据，不应得到二审法院的支持。上诉人占用答辩人的巨额资金已达四年半之久，已给答辩人造成严重经济损失，恳请二审法院查明本案事实，依法驳回上诉人上诉请求，维持原判，保护答辩人的合法权益。

此呈

某市高级人民法院

答辩人：某信托投资公司

旁 白

当你胜了一审，而对方的上诉不足以撼动原判决时，二审便和一审差不太多，显得重复。这时，你也不能因此懈怠，神经还得紧绷着。

正文

关于诉讼时效的代理意见（二审）

尊敬的审判长、审判员：

作为被上诉人某信托投资公司的代理人，根据庭审查明的事实及双方举证、质证，就本案的诉讼时效问题发表如下代理意见。

我方认为，本案诉讼时效应认定多次中断。

上诉人认为我方自本案借款合同期限届满后从未向其主张过债权，其从未承诺过偿还该笔欠款，故本案已过诉讼时效。我方认为，上诉人的主张不能成立。《民法通则》第140条明确规定诉讼时效因权利人提出要求而中断。本案诉讼时效因我方向上诉人催收、上诉人与我方共同向用款人某实业公司催收、上诉人委托他人向我方支付利息及上诉人发函认可债务及承诺还款而多次中断。

1.上诉人1997年6月25日致我方的函第三节称此项资金到期后，其与我方人员“共同配合，多次通过各种方式催收”，证明我方多次向上诉人提出过还款要求，多次向上诉人催讨，且上诉人也认可此笔债务，积极与某实业公司商议还款事宜。如果依上诉人的主张，我方从未向其主张过债权，上诉人又何必主动与我方人员“共同配合，多次通过各种方式催收”呢？上诉人又何必主动向我方发函呢？因此本案时效因我方多次向上诉人提出权利主张而多次中断。

2.上诉人在该函第四节称：“我公司将继续与贵公司密切配合，力争尽早收回该笔资金。”上诉人在该函第三节中陈明其未能还款的原因（即其业务伙伴、实际用款人某实业公司未向其偿还）后，表示继续与我方配合，力争尽早收回借款。此意思表示应视为其对偿还该笔借款的承诺，即上诉人同意履行还款义务，而且承诺“力争尽早收回”。故上诉人的还款承诺当然引起诉讼时效的中断。

3.上诉人法定代表人朱某在庭审辩论中称该笔借款“1994年到期开始，与某信托投资公司就此事谈过无数次”，又在第二轮辩论中对上述陈述补充说：“我们与某实业公司一起谈，包括一审判决后，我们还一起去某市找某实业公司”。上诉人法定代表人的上述言词属当事人陈述，是上诉人对我方多次向其主张权利的事实的自认，系直接证据，无需其他证据印证，即可单独证明待证事实。故当事人陈述证明我方多次向上诉人主张权利的事实。

4.某实业公司于1999年5月致我方的《关于1000万元资金情况的说明》证明该笔借款到期后，三方曾多次就此事进行协商。该份书证与其他证据互相印证，证明我方主张的事实——我方多次向某经济发展公司主张权利。

以上证据证明了一个铁的事实，即该项借款到期后，我方曾多次与上诉人协商，向上诉人催讨，证明我方多次向上诉人主张权利。法律并未规定权利人主张权利必须以书面方式，只要权利人能够证明在诉讼时效期间内向债务人主张过权利即可引起时效中断。

退一步说，即使按上诉人主张，上诉人于1997年6月25日致我方的函系诉讼时效过后所为，我方仍拥有胜诉权。根据最高人民法院《关于超过诉讼时效期间借款人在催款通知单上签字或者盖章的法律效力问题的批复》（法释[1999]7号）之规定，对于超过诉讼时效期间，债务人在催款通知单上签字或者盖章的，应当视为对原债务的重新确认，该债权债务关系应受法律保护。本案中，1997年6月25日的函虽非我方向上诉人方所发的催款通知，却是上诉人主动向我方所发的确认欠款的函，且由上诉人加盖公章，其内容明确，不但对欠款进行确认，还承诺尽早还款。依据上述司法解释所确立的原则，该函应视为对原债务的重新确认，故双方的债权债务关系应受法律保护。

综上，一审判决书对本案诉讼时效多次中断的认定是正确的，本案的诉讼时效尚未届满，我方与上诉人的债权债务关系受法律保护。故恳请合议庭依法驳回上诉，维持原判，保护我方的合法权益。

谢谢！

旁白

如果支持你主张的证据是孤证，且对方对这一孤证的质疑是有道理的，那么，你得设法改变这种孤立甚至可能动摇的境况——用其他相关的证据来印证孤证，以使孤证不孤。

定局无法改变

判决

二审判决

某高级人民法院作出终审《民事判决书》。该判决“经审理查明”一节内容如下：

1994年1月20日，某信托投资公司与某经济发展公司签订一份“合作投资合同书”，约定：由某信托投资公司出资1000万元给某经济发展公司用于购买计算机，“合作”期限3个月，自1994年1月25日至同年4月25日，某经济发展公司到期归还某信托投资公司本金及投资收益1054万元。如某经济发展公司逾期还款，则按日1‰支付罚息。合同还约定有保证等其他条款。同日，某房地产公司为该合同出具担保书，约定：某房地产公司对上述合同投资本金、投资收益及由此产生的经济损失承担连带责任。保证期限自担保书签字盖章之日至担保义务全部履行完止。1994年1月20日，某经济发展公司给某信托投资公司发出指令，要求某信托投资公司将1000万元付给某实业公司，1994年1月25日，某信托投资公司按某经济发展公司指令付款1000万元给某实业公司。某实业公司分别于1994年7月29日、同年12月17日代被告某经济发展公司支付利息人民币54万元和235,850美元，其余款项未付。1995年12月7日，某实业公司委托某国际信托投资公司付款给原告某信托投资公司1000万元。1999年7月20日，某实业公司给某经济发展公司发函，称上述还款是代某经济发展公司返还所欠某信托投资公司的贷款。另查，某信托投资公司曾于1994年1月贷款给某实业公司2000万元。1997年6月25日，某经济发展公司给某信托投资公司发函称，其与某信托投资公司所签合同项下款项全部由某实业公司使用，此项资金逾期后，其与某信托投资公司有关人员共同配合，多次通过各种方式催款，某实业公司至今未能还款，其将与某信托投资公司配合，争取早日收回该款。1999年5月、6月，某实业公司分别致函某信托投资公司，确认某信托投资公司与某经济发展公司所签合同项下款项由其使用，其愿意偿还某信托投资公司上述款项，但三方协议（某经济发展公司将债务转给某实业公司）某信托投资公司未签字。再查，某信托投资公司具有贷款的经营范围。

上述事实有某信托投资公司与某经济发展公司签订的合同、某房地产公司出具的担保书、付款凭证、营业执照、往来函件等和当事人陈述意见在案佐证。

该判决“本院认为”一节及判决主文内容如下：

1994年1月20日，上诉人某经济发展公司与某信托投资公司签订的名为合作投资合同，其权利义务内容实为借款合同性质，对此，当事人均予以确认。某信托投资公司具有贷款经营范围，签约主体合格，意思表示真实，除约定利率和罚息过高部分条款无效外，其余条款符合法律规定，应认定为有效。某房地产公司为该合同出具的担保书亦属有效。某信托投资公司依约履行了贷款1000万元的义务，某经济发展公司收款后未按合同约定还本付息。除某实业公司代某经济发展公司偿还两笔利息外，其余1000万元本金及利息未还，已构成违约，应承担偿还本金1000万元及利息责任。上诉人某经济发展公司关于借款1000万元已由某实业公司代还和诉讼时效已过的上诉理由，缺乏事实依据。某实业公司关于1000万元资金情况的说明和某经济发展公司给某信托投资公司的函均能证明：因三方协议未签字债权债务没有转移；1000万元借款尚未偿还；某信托投资公司多次向债务人追索欠款，诉讼时效已中断。综上，某经济发展公司关于撤销原审判决，驳回某信托投资公司的诉讼请求的上诉主张，不能成立，本院不予支持。

综上，原审法院认定事实清楚，证据确凿，适用法律正确，判决并无不当，应予维持。据此，依照《中华人民共和国民事诉讼法》第153条第一款第（一）项之规定，判决如下：

驳回上诉，维持原判。

一、二审案件受理费各96,610元，均由上诉人某经济发展公司负担（二审案件受理费已交纳）。

本判决为终审判决。

尾声

诉讼律师应该具有超过常人的耐心。

安格尔说：所有坚忍不拔的努力迟早会取得报酬的。

思考

1.虽然，某中级法院和某高级法院都支持了我的“本案诉讼时效多次中断”的主张，但这一主张和两级法院的认定并非正确无疑。故此问题仍有思考余地：

其一，这是一件借款期限届满5年后债权人才起诉的案子。在这5年中，除实际用资人代债务人偿还两笔利息外，债权人并无证据证明其曾在诉讼时效期间内向债务人主张权利，也未提起诉讼，且无其他诉讼时效中断的事由。这一事实当然能够反映出债权人对自己权利的漠视。那么，仅仅根据债务人在诉讼时效期间届满后给债权人发的一份函件，便得出债权人曾多次向债务人主张权利，因而诉讼时效多次中断的结论，是否有违民事诉讼时效制度的基本精神和司法解释关于诉讼时效问题的一系列限制性规定?

其二，诉讼时效的中断当然必须是在诉讼时效期间，当然必须有确定的中断时间。但是，在本案中，债务人致债权人函件中所体现出的债权人“多次催款”，是否发生在诉讼时效期间，具体是什么时间，则都是不确定的。

其三，债务人某经济发展公司在二审《上诉状》中称：“原审判决依据某经济发展公司1997年6月25日给某信托投资公司的函件认定诉讼时效中断是不妥当的。因为该函件中，某经济发展公司既未认可任何债务，亦未承诺任何还款，虽曾提及某信托投资公司催款，但从函中可明确该催款行为是对某实业公司，而非某经济发展公司。故该函根本无法证实某信托投资公司向某经济发展公司主张债权，却可佐证某信托投资公司向某实业公司主张过债权。”这一上诉意见基本客观地概括了该函件的实质内容，是否从书证内容上否定了我方的证明主张?

2.关于本案保证责任问题。在修改本章时，我突然发现，我对本案保证责任的认识可能错了！本案担保函是1994年1月20日订立的，而《担保法》是1995年10月1日起实施的，故《担保法》对本案担保函应无法律溯及力，即本案应不适用《担保法》及其司法解释。最高法院《关于审理经济合同纠纷案件有关保证的若干问题的规定》是1994年4月15日发布的。该规定第31条规定："本院以前关于保证问题的司法解释与本规定不一致的，以本规定为准，但已审结的案件，不得适用本规定进行再审。"司法解释一般是有溯及力的，如该规定能够适用于本案，则依据该规定第11条和第29条的规定，保证人某房地产公司应承担保证责任（我正是适用这两条规定主张保证人应承担保证责任，但未明确指出不应适用《担保法》）。

请思考这一问题。

课 题

论具体时间并不确定的"诉讼时效多次中断" 论文

—— 以一件借款合同纠纷案为背景

论债务人转移债务 论文

—— 从一件借款合同纠纷案说起

"债务代偿"玄机 文章

—— 一件借款合同纠纷案的启示

从个案看代理律师在保证责任上的得失 文章

（说明：请参见本章"心路"）

心路

次日是周六，在郊外度假。我心情很好——发现一个细节，救活一个1000万元的案子，酷哉！爽哉！傍晚，沏一杯红茶，拿一本新书，在阳台上闲坐。看看庭前花草，望望天际彩云，忘了喝茶，忘了翻书，想起明代洪应明《菜根谭》里的两句名联的后半句“闲看庭前花开花落，漫观天外云卷云舒”（应该是齐白石把“漫随”改成了“漫观”，更妙了）。

要　　目

- 反向“慕名”
- 又见“死马”
- 发现“良药”
- 对方够狠
- “良药”见效
- 该舍得舍
- 没有遗憾

本案与本书中其他借款合同纠纷案有什么不同？当然有，否则就没有选录价值了。

本案涉及合同的名与实不符问题，如何认定诉讼时效的多次中断问题，委托付息与债务代偿问题，以及保证期间与保证责任的免除问题。

另外，律师面对“死案”的“起死回生”经验，也是值得一提的。

反向“慕名”

早就听说，某信托投资公司是一家具有十多亿元注册资本的非银行金融机构，且因对外放贷中的种种问题，致使大量贷款不能按期收回，故陆续起诉了不少借款人和担保人。这类借款合同纠纷案，银行或非银行金融机构通常确定的律师代理费都很低，但诉讼标的额度较大，而且如律师与其合作顺利往往可能同时接几单或先后接几单，而这对律师来说，效益也是不错的。因而，我早有与某信托投资公司合作的愿望，但一直苦于没有结识该公司的机会。

自1995年从中国政法大学出来做律师至今，我始终把拓展新业务作为我律师工作的要务。

作为诉讼律师，应当具备两大竞争能力。一是展业能力——获取案源的能力；二是专业能力——代理案件的法律专业水平和诉讼经验。我以为，展业能力为诉讼律师的核心竞争能力。道理很简单，没有案子可做，如何在诉讼中提高专业水平？

翻翻中外律师们写的记录诉讼辩护或代理历程的书，就会发现，大律师或名律师们似乎总是被动地接受当事人的委托。也就是说，是当事人慕名请求大律师或名律师们接受委托，而不是大律师或名律师们设法获得当事人的委托。比如，哈佛大学法学院教授、著名律师亚伦·德萧维奇先生在其《最好的辩护》一书中记录的10个案例，几乎都是当事人慕名请求他做辩护人，甚至不少案件都是他几经顾虑才接受委托的。再比如，国内律师们在他们的办案历程书中，也常常会描述当事人慕名请求代理的、令我十分羡慕的情形。

我不是大律师，更不是名律师，仅仅是个普通律师。因而，虽说我也有几经顾虑接受委托或不接受委托的经历，但是，我所办理的凡专业含量较高且经济效益不错的案件，几乎都是我想方设法主动争取来的，几乎没有当事人“慕名”找我的——因为我没名气。而我争取代理的基本途径，一是主动争取参加竞聘的机会，通过竞聘成功获得代理权；二是广泛拓展人脉，通过熟人的介绍和自己的努力以及当事人的考察获得代理权。当然，还有很多案件是因为曾为当事人打赢官司，已打下良好的合作基础而连续代理的。

我以为，像亚伦·德萧维奇那样，记录律师面对当事人的辩护请求而再三顾虑，是必要的，这能够使读者由此获得律师接受或不接受委托的经验。除此之外，中外律师们在书中大谈或小谈当事人如何慕名请求辩护或代理，撇开作者的“宣扬性”心理和“广告性”目的不说，对读者是有害无益的。因为，让青年学子或律师读这种隐含自负和炫耀意味的文字，难免使人产生只有名气大的律师才能获得好的诉讼业务的误解，使有些青年学子对自己选择律师职业或青年律师对自己从事律师工作缺乏信心，以为做律师只有熬出名气来才会有接大案的机会。

这样说来，我也有了自我炫耀的嫌疑。因为，在本书的各卷中写了不少我参加当事人组织的竞聘或接受当事人当面考察而最终成功获得代理权的经历。而且，在这些详尽的记录或描写中，常常流露出我成功的得意。但是，我坚信我的文字对青年读者是有益的——事实上我总是做考生，总是被人考试、考察、考验，而将要选择或已经选择律师职业的青年读者必将面对我曾经面对和仍将继续面对的这一切。

在还没有接手本案之前，我就“慕名”某信托投资公司。因此可以说，那些大律师、名律师们总是被当事人“慕名”，而作为普通律师的我则总是“慕名”当事人。

又见“死马”

经过我好几个月的“七托八托”，终于托上了认识某信托投资公司法律部经理的人。

小陈是我中国政法大学的校友，我读博士时，她读硕士。虽不过是点头之交，但毕竟认识，且她愿意帮忙牵线。她的原话是：我只能帮你打个电话，介绍一下你，人家要是不想见，我也没办法。我的原话是：不成我也要感谢你，成了我肯定会报答你。

小陈回话是“中性”的：人家（法律部经理）不想见，但也可以见。原因是人家目前与几家律师事务所合作，要打的官司都已经委托出去了，所以现在没有与其他律师（包括我）合作的条件和必要。不过，有一单借款合同纠纷，债务人的诉讼时效过了，担保人的保证期间也过了。因此，其他几家律师事务所的律师都说没法打，一直搁着。如我愿意看看，可以到公司见面，但前提是只谈这件事。

虽说又遇见“死马”，但我还是挺兴奋，于是让小陈尽快安排见面。为什么？虽然，对于试图达成合作的初识企业，我从不接我认准的“死马当作活马医”的案子，因为“死马”通常是“救不活”的。但是，依我个人的经验，在当事人和其他律师认定的“死马”中，几乎有一半是“误诊”，即有一半并不是真的“将要死的马”，而是“疑似死马”，是“有希望救活的马”。

某信托投资公司法律部经理姓王，都称他王总。年龄四十左右，体态微胖，态度诚恳，不善言辞。跟他见面握手时，有一细节让我至今未忘。这就是，虽然5月初夏时节并不是很热，但他手掌中尽是汗（他的体质应该是有问题的），握手后使我的手也湿漉漉的，却又不能当他的面用纸巾擦手。

提到这一细节，旨在顺便提示一下社交礼仪。在对我所10位青年律师进行专业培训中，应他们要求，我经过专门准备，对他们进行了社交礼仪的讲解、示范和训练。其中，就有握手的礼仪，而手掌干爽则是握手礼仪中的一项。要做到手掌干爽是很简单的，重要的是要有意识和作为。即，在每次见面前，尤其是夏季，要想到这一点，要抽空用纸巾擦拭手掌。如因时间太紧，或因有人随行而不便专门用纸巾擦手，则可将纸巾放在裤兜里擦手，或者干脆用裤兜擦手。如见面前需要去洗手间，则一定要将手烘干。

记得我曾与我所的一位青年律师在夏季去拜访客户，在下车前，我看到他用纸巾擦手，感到欣慰。然而，就是这位律师在同我的一位合伙人为委托人工作后，委托方的负责人请他们吃饭，建议一起吃火锅时，他却摇头说他不喜欢吃火锅。唉！礼仪是千头万绪的，可以有意识地去学习一些，但更重要的是要随时用善心去悟什么合适，什么不合适。

王总很坦诚地说：咱们务实一点，你也不需要介绍你们律所和自我介绍了。就这么个案子，能办就试试，不能办就算了。我给你准备了一套材料，你回去抽空看看。今天咱们就是交接个材料，就不谈案子了。你觉得能做就打电话，不能做也就不用联系了。

我除了刚进门时说了几句客套话，几分钟见面就结束了。

发现“良药”

回到办公室，我就迫不及待地翻阅本案材料。

很快，我便明白，其他几家律师事务所都不接本案是有道理的，本案在债务人的诉讼时效和担保人的保证期间这两个根本性的问题上，几乎已走进绝路。

先说诉讼时效问题。

本案《合作投资合同书》即实际上的借款合同约定的借款期限是1994年1月25日至1994年4月25日（3个月），故诉讼时效期间应自1994年4月26日起算，至1996年4月26日届满（2年）。在这期间，1994年7月29日某实业公司代某经济发展公司向某信托投资公司偿还利息54万元，诉讼时效至此中断，1994年7月30日重新起算。1994年12月17日某实业公司代某经济发展公司向某信托投资公司偿还利息235,850美元，诉讼时效自此第二次中断，1994年12月18日重新起算。因而，本案诉讼时效期间应至1996年12月18日届满。然而，在1994年12月18日至1996年12月18日的2年诉讼时效期间内，某信托投资公司没有证据证明其向某经济发展公司主张过权利，而且没有其他诉讼时效中断的事由。因此，严格地说，某信托投资公司如提起诉讼，则将丧失胜诉权，法院应依法驳回其诉讼请求。

再说担保人某房地产公司的保证期间问题。

《合作投资担保书》约定，保证人某房地产公司的保证方式是连带责任保证，未约定保证期间。自1994年4月25日主债务履行期（借款期限）届满后至今（1999年5月），长达5年时间，某信托投资公司没有证据证明其曾要求某房地产公司承担保证责任。《担保法》第26条第一款规定："连带责任保证的保证人与债权人未约定保证期间的，债权人有权自主债务履行期届满之日起六个月内要求保证人承担保证责任。"该条第二款规定："在合同约定的保证期间和前款规定的保证期间，债权人未要求保证人承担保证责任的，保证人免除保证责任。"因此，如某信托投资公司对某房地产公司提起诉讼，法院应以某信托投资公司在法定保证期间未要求某房地产公司承担保证责任为由，驳回某信托投资公司的诉讼请求。

我放下材料，点上一支烟，端起茶杯，发现一口没喝的茶已经完全凉了。于是，走出我的办公室，在开放办公区倒掉凉茶，加上开水。助理们见我神情黯然，以为案子真的没法做了，想要安慰我，我举手止住说：让我安静想想。

很快，我的全部注意力都集中在了1997年6月25日某经济发展公司致某信托投资公司的函件上。这份诉讼时效期间届满1年6个月之后的函件貌似与诉讼时效问题已没有关系，但其中有我需要的重要内容。即，该函件第三节称："此项资金逾期后，我公司与贵公司有关人员共同配合，多次通过各种方式催收，但由于某实业公司投资规模较大且战线较长，至今仍未能还款。"

"多次通过各种方式催收"，太好了！这不正是债务人自己承认的、债权人某信托投资公司在诉讼时效期间多次向债务人提出还款要求的证据吗？！这不是正好证明本案诉讼时效曾多次中断吗？！

由此函同时还可以认定，1997年6月25日诉讼时效再次中断，至1999年6

月25日届满。现在是1999年5月下旬，立即起诉完全来得及！

这份函件真可谓“一剂良药”！有了这个“救命药”，本案“这匹死马”应该能够救活！况且，这可不是个小案，一千多万元呢！

我兴奋地走出办公室，向助理们宣布我的发现。

助理中法律悟性最高的吴律师先是连声说妙，接着便冷静地问：法院会不会认为这份函件是诉讼时效届满后的，而且不能证明诉讼时效中断的具体时间，而不支持你的主张？

我点头答道：完全可能。不过，债务人方明确表示“此项资金逾期后”，“多次通过各种方式催收”，因此法院通常会重视这种重要的证明内容的。再者，在诉讼时效问题上，法院是非常慎重的，而且倾向性在债权人这一边。只要债权人拿出基本成立的证据，法院一般是不会苛求的。

另一位助理问：其他几家律师事务所也审查过本案的材料，他们应该也注意到这份函件，那么他们为什么要放弃呢？

我说：放弃的原因或许是刚才吴律师提的问题，就是，第一过了诉讼时效期间，第二并不能证明诉讼时效中断的具体时间。

吴律师又问：对担保人某房地产公司，有办法诉吗？

我笑笑说：我还没想出招，这就接着想。

回到办公室，琢磨担保人的保证责任问题。《担保法》把路堵死了，还有其他路子吗？我突然想到《担保法》施行后并未失效的最高法院《关于审理经济合同纠纷案件有关保证的若干问题的规定》。该司法解释第11条规定：“保证合同中没有约定保证责任期限或者约定不明确的，保证人应当在被保证人承担责任的期限内承担保证责任。”第29条规定：“保证合同未约定保证责任期限的，主债务的诉讼时效中断，保证债务的诉讼时效亦中断。”在本案中，因上述函件证明主债务的诉讼时效多次中断，债务人（被保证人）仍处在应承担责任的诉讼时效期间，故保证人某房地产公司的保证债务的诉讼时效也随之中断，至今仍应承担保证责任。

不过，想出这个招后，我可一点也兴奋不起来。因为我知道，这是个损招，法院应该能识破。

虽然，《担保法》施行后该司法解释并未失效，但是，该司法解释关于保证合同未约定保证期间保证人如何承担保证责任的规定，显然是与《担保法》在此问题上的规定冲突的。《担保法》规定如债权人在主债务履行期届满之日起6个月内未要求保证人承担保证责任的，则保证人免除保证责任。而该司法解释则规定保证人在债务人承担责任的期限内承担保证责任。也就是说，只要债务人应承担责任，那么保证人也应承担保证责任。在本案中，借款期限届满至今已5年了，某信托投资公司没有证据证明曾要求保证人某房地产公司承担保证责任，故避开《担保法》，钻空子适用《担保法》之前的司法解释，是难以得逞的。

好在某信托投资公司法律部王总后来表示，借款人某经济发展公司有偿还债务能力，只要能抓住该公司，执行就有保障。因此，在保证人某房地产公司的保证责任问题上，即使诉讼失手也无碍大局。

在其他律师丢弃的所谓死案中找到"起死回生"的证据的事例，又一次雄辩地证明，注重和研究案件的细节，是诉讼制胜的法宝之一。

次日是周六，在郊外度假。我心情很好——发现一个细节，救活一个1000万元的案子，酷哉！爽哉！傍晚，沏一杯红茶，拿一本新书，在阳台上闲坐。看看庭前花草，望望天际彩云，忘了喝茶，忘了翻书，想起明代洪应明《菜根谭》里的两句名联的后半句"闲看庭前花开花落，漫观天外云卷云舒"（应该是齐白石把"漫随"改成了"漫观"，更妙了）。

对方够狠

不用说，某信托投资公司法律部王总当然同意我关于立即起诉的建议，于是，赶在5月底，我便向某中级人民法院提起了诉讼。

助理从法院取回某经济发展公司和某房地产公司的《答辩状》之后，没好气地说：某信托投资公司对律师真是区别对待，做得太过了吧！交一个过了诉讼时效的案子不说，连人家（指某经济发展公司）已经还钱的事实也不告诉咱们，这官司你有天大的本事也没法打了。这不，人家明确说了，人家有证据证明某实业公司早就代人家还清了1000万元。

我不语，拿过两份简单的《答辩状》看。某经济发展公司提出诉讼时效抗辩是意料之中的事，但在案件实体问题上声称早已还清债务，却着实让人感到意外。这么重大的情况，我们一点不知，难怪助理急呢。

我立即给王总打电话询问情况，可他只是说应该不会存在这种情况，而且对相关事实也不了解。再问某信托投资公司与某经济发展公司或某实业公司有无其他合作合同或借款合同，回答同样是不清楚。无奈，我只好立即赶往某信托投资公司，希望通过王总的协助，从业务部门和财务部门查明情况，收集有关证据材料。

查清的情况是这样的：1994年1月，某信托投资公司与某实业公司同时签订两份名为合作投资，实为借贷的合同，向某实业公司出借2000万元。1995年12月7日，某实业公司委托某国际信托投资公司向某信托投资公司还款1000万元。某经济发展公司敢于主张该1000万元是某实业公司代其还清本案借款本金，一是本案1000万元借款期限是1994年4月25日，已还的1000万元在时间上靠得上；二是某经济发展公司与某实业公司是非同寻常的合作伙伴，故某实业公司愿意配合某经济发展公司这样主张。

然而，在诉讼中，即在事后编造谎言往往与先前的事实矛盾，难以自圆其说。既然早在1995年已还清借款，某经济发展公司何以会在1997年向某信托投资公司发函确认借款未还的事实呢？所谓代还人某实业公司何以又会在1999年向某信托投资公司发函确认其实际使用本案借款的事实呢？显然，这种主张是容易被击破的。

这种“张冠李戴”的策略，在诉讼中并不少见。但是，想要蒙混过关，仅有“张李配合”的条件远远不够，重要的是要想明白与其他一系列相关事实是否协调一致。本案中某经济发展公司虽然挖空心思——在其后的诉讼中，某实业公司于1999年7月20日向某经济发展公司发函，确认其已还的1000万元是代某经济发展公司偿还的，某经济发展公司即向法院提交该函，但是，这一诉讼对策的设计和实施都是拙劣的，谈不上一点智慧，试图以此避债不过是一枕黄粱，肯定不能获得法院的支持。

因此，在诉讼中出招光狠不行，完全没有准头，就是瞎打了。

“良药”见效

在证据交换时，我将我方某信托投资公司与某实业公司的两份借款合同和1000万元的还款凭证作为补充证据，向法庭提交。

庭开得挺顺利。看得出，合议庭对于我关于本案诉讼时效多次中断的并不多见的主张基本是接受的；对于我对某经济发展公司所谓已还清借款主张的反驳也是认可的。不过，在保证人某房地产公司的保证责任问题上，对于我适用最高法院《关于审理经济合同纠纷案件有关保证的若干问题的规定》主张本案未约定保证期间，保证人应在债务人承担责任的期限内承担保证责任，以及主债务的诉讼时效中断，保证债务的诉讼时效亦中断，合议庭的态度是漠然的。

1999年10月，某中级法院作出了一审《民事判决书》。

法院完全接受了我的诉讼时效多次中断的主张。判决书认为：“某经济发展公司在其一九九七年六月二十五日给某信托投资公司的函件中再次确认上述债务，并对某信托投资公司多次追索上述债务的事实予以认可，本案诉讼时效多次中断。”

这一认定和判决对于我的执业价值和意义，绝不限于本案。这之后，我便将我的“诉讼时效多次中断”的“良药”作为“秘方”保留下来，而且多次使用，进而使我所的律师们都学会了使用。除了诉讼、仲裁业务外，我所的大量工作是为我所的法律顾问单位提供日常法律服务。有时就会碰到作为债权人的顾问单位因向债务人发函而债务人未签收或发传真尚不能证明已主张权利，且诉讼时效期间已过的情形。此时，在债务人根本不会签订还款协议的情况下（司法解释规定诉讼时效期间已过债权人与债务人达成还款协议仍受法律保护），我们便向顾问单位解说本案判决，建议其以上级检查或专项、年度审计需要等名义，设法让债务人签收含有“欠款到期后，双方虽多次协商还款事宜”内容的函件。债务人要么不知诉讼时效问题而签收，要么虽知债权已过诉讼时效但认为只要不签订还款协议就没事儿，因而签收。因此，我们的顾问单位重新获得了原已丧失的诉讼时效，因而对我们拥有诉讼经验很是赞赏，对于我们的建议挽救了单位的债权，很是满意。

随着非讼法律服务市场的不断发展，同时由于中国大陆式诉讼的关系因素已成为顽症，越来越多的律师投身于非讼法律服务领域，有些律师已不愿再沾诉讼。因而，常听到律师们说只做非讼，不做诉讼。审查合同和参与合同谈判是非讼业务中尤为重要的部分，律师从事这项业务的目的是填堵合同漏洞，防范法律风险。然而，如果不做诉讼或诉讼做得很少，不能在诉讼中逐步积累起丰富的诉讼经验和教训，是很难做好这项非讼业务的。缺乏诉讼经验的律师如在合同的谈判和订立中遇到诉讼经验老道的律师，他所代表的合同一方通常是吃了亏还不知道。

在上述我们建议顾问单位向债务人发隐含“诉讼时效多次中断”法律后果的函件的事例中，债务人方基本都有律师，但却因缺乏诉讼经验而未识破我方的意图。这一例证足以证明上述非讼业务与诉讼业务关系的结论。

好了，回过头来说一审判决。

关于某经济发展公司所谓已还清借款的主张，判决书认为：“某经济发展公司所称某实业公司已代其返还某信托投资公司本金一千万，因其将债务转让给某实业公司未经债权人某信托投资公司同意，且某实业公司与某信托投资公司还有其他债务关系，故某实业公司于1995年12月7日还给某信托投资公司的1000万元，不能作为某经济发展公司还款。”这一认定虽也在着力否定某经济发展公司所谓已还清借款的主张，但并未切中要害。本案借款未还的事实根据不仅仅是债务转让未经作为债权人的我方同意，也不仅仅是某实业公司与我方有其他债务关系，更重要的是，1000万元的还款发生在1995年12月，而这之后的1997年6月，债务人向我方发函确认借款未还；1999年5月和6月，某实业公司先后两次向我方发函确认本案借款由其实际使用，且愿意偿还借款。判决书在“经审理查明”一节中认定了这些事实，但在“本院认为”一节却未能充分运用这些事实，以准确阐明判决意见。

我发现的“良药”被合议庭充分肯定且未经“调整配方”，而直接使用，还真的救活了本案“这匹疑似死马”。

该舍得舍

关于保证人某房地产公司的保证责任问题，一审判决认为："某房地产公司在其出具的担保书中明确约定了保证责任期限，原告未提供其在诉讼时效期间内向某房地产公司主张权利的证据，按照有关法律规定，其对某房地产公司已失去胜诉权。"据此，驳回了我方对某房地产公司的诉讼请求。这一判决结论是正确的，但判决理由则显然是错误的。

认定担保书"明确约定了保证责任期限"有误。《合作投资担保书》约定："我方（即某房地产公司——我注）保证在接到贵公司（即某信托投资公司——我注）的债权通知后（以汇出邮戳为准）的七日内，无条件地将未偿还的全部款项汇入贵公司指定的账户上，届时贵公司与借款方的全部债权、债务关系将转到我方。"这一约定正是判决书认定的"明确约定了保证责任期限"的条款。而这一约定肯定不能视为保证期间。因为，这一约定并未确定保证期间的起止时间或截止时间。所谓债权人发出通知7日内，实质上是一个不确定的时间。也就是说，这种所谓期限是个活的期限，债权人何时通知，何时才产生7日的期限；债权人如不通知，则7日的期限便不能产生。假如将此约定作为保证期间，那么是不是应该认定因我方至今尚未通知，那么7日期限尚未起算？因此，这种约定因债权人通知时间的不确定性和保证人承担保证责任的7日期限的不确定性，故不能成为保证期间。

至于判决书所谓"……原告未提供其在诉讼时效期间内向某房地产公司主张权利的证据……"则是将保证期间和诉讼时效期间混为一谈的认定。债权人如在保证期间向保证人提出承担保证责任的要求，则保证期间因债权人的要求而消灭，保证债务由此进入诉讼时效期间。因此，既然判决书认为债权人与保证人约定了保证期间，就应该继而认定债权人在保证期间未要求保证人承担保证责任，故保证人免责，而不能跨过保证期间，直接认定债权人在诉讼时效期间未要求保证人承担保证责任，因而保证人免责。

另外，判决书认为我方对某房地产公司已失去胜诉权，也是不准确的。债权人在保证期间未要求保证人承担保证责任，则保证人免责。在这里，并不说债权人丧失胜诉权。如诉讼时效期间无任何中断事由而届满，则债权人对保证人所提起的诉讼，丧失胜诉权。在这里，不说保证人免责。

由上述分析可以清楚地看出，本案承办法官尚欠缺保证期间与诉讼时效期间、保证人免责与丧失胜诉权的相关基本知识。

然而，判决书虽然在认定保证人免责的理由上有误，但判决结论，即保证人某房地产公司不承担保证责任，则是正确的。上文已经说到的《担保法》第26条关于未约定保证期间，保证期间为自主债务履行期间届满之日起6个月的规定，正是法官未论及的判决结论的依据。而我所主张适用的最高法院《关于审理经济合同纠纷案件有关保证的若干问题的规定》第11条、第29条规定，则因与《担保法》第26条的规定抵触，不能成立。

我专门向王总解释了我的上述意见，并建议接受一审判决关于某房地产公司不承担保证责任的判决，即不对此提起上诉，以在二审中集中精力努力确保二审法院维持对某经济发展公司的判决。王总经向公司领导汇报，接受了我的意见和建议。

关于本案保证人的保证责任问题，这里还须补充说明。2000年9月，亦即《担保法》施行5年后，最高法院终于作出了《关于适用〈中华人民共和国担保法〉若干问题的解释》。该司法解释对于《担保法》规定的保证期间没有约定的情形，又细分出保证期间约定不明的情形。即，第32条第二款规定："保证合同约定保证人承担保证责任直至主债务本息还清时为止等类似内容的，视为约定不明，保证期间为主债务履行期届满之日起二年。"

本案《合作投资担保书》约定："本担保责任是连续性的，只要借款方与贵公司（即债权人某信托投资公司——我注）存有任何债务——本担保书下未清偿债务，我方均承担全部偿还责任。"虽然，该约定与《担保法》司法解释所列举的约定不明的情形在表述上有差异，但实质内容相同。即只要主债务未清偿，保证人就承担还款责任，与"保证人承担保证责任直至主债务本息还清时为止"，不过是同一种意思的不同表述。因此，依司法解释，本案保证期间属约定不明，保证期间为1994年4月25日还款期限届满后2年，即至1996年4月25日保证期间届满。可是，别说1996年4月25日之前了，直至1999年5月我方起诉前，从未要求保证人房地产公司承担保证责任。

因此，无论是按《担保法》规定的保证期间没有约定的6个月保证期间，还是按《担保法》司法解释规定的保证期间约定不明的2年保证期间，某房地产公司都应免责。故我建议放弃对某房地产公司判决的上诉，属该舍得舍，不得不舍。

（补记：在修改本文时，我突然发现，我对本案保证责任的认识可能错了。《担保法》是1995年10月1日施行的，而本案担保函即担保合同的订立时间是1994年1月20日，故不应适用《担保法》及其司法解释。最高人民法院《关于审理经济合同纠纷案件有关保证的若干问题的规定》是1994年4月15日发布的，能否适用？如能够适用，则依据该司法解释的规定，某房地产公司应承担保证责任。不过，上述文字记录的是我办案当时的认识，本着本书客观记录的原则，我不作修改或补充。这里，我将此问题留给读者思考，故不作深入论证——我的这一发现再次证明，对案件的认识有同于对其他事物的认识，往往是不能穷尽的。虽然，本案债务人某经济发展公司已偿还了某信托投资公司的欠款，但是，此刻我对自己如此大的失误非常不安，我要牢记这个教训，而且要让我所的青年律师们都知道这件事。）

没有遗憾

某经济发展公司在上诉期中更换了代理律师，其《民事上诉状》虽比一审《答辩状》具体而详细，但并无新意，仍然坚持原主张，即，借款已还和诉讼时效已过。

我针对某经济发展公司的上诉意见写了二审《答辩状》。关于诉讼时效问题，主要驳斥了其对1997年6月25日致我方函的辩解，即所谓“该函中，某经济发展公司既未认可任何债务，亦未承诺任何还款”。关于还款责任问题，主要揭示了在一审诉讼期间即1999年7月20日某实业公司致某经济发展公司函与本案大量书证的矛盾。

或许是因为本案诉讼时效问题确有一定疑难，某经济发展公司于1999年10月上诉，某高级人民法院直至2000年12月中旬才开庭审理本案。庭审后，因担心二审法院在诉讼时效问题上另有看法，我又专门写了《关于诉讼时效的代理意见》。

我方主张诉讼时效多次中断且起诉时并未超过诉讼时效期间的唯一证据就是1997年6月25日某房地产公司致我方的函。但是，这一函件的时间是诉讼时效期间届满后的，故为防止二审法院以此否定该函的证明效力，我在《关于诉讼时效的代理意见》最后一节写道："根据最高人民法院《关于超过诉讼时效期间借款人在催款通知单上签字或者盖章的法律效力问题的批复》（法释[1999]7号）之规定，对于超过诉讼时效期间，债务人在催款通知单上签字或者盖章的，应当视为对原债务的重新确认，该债权债务关系应受法律保护。本案中，1997年6月25日的函虽非我方向上诉人方所发的催款通知，却是上诉人主动向我方所发的确认欠款的函，且由上诉人加盖公章，其内容明确，不但对欠款进行确认，还承诺尽早还款。依据上述司法解释所确立的原则，该函应视为对原债务的重新确认，故双方的债权债务关系应受法律保护。"应该说，这一对司法解释进行参照适用或扩大解释适用的主张，是机智的。

二审法院终于作出了维持原判的终审判决。判决书"本院认为"一节这样认定欠款未还和诉讼时效未过："某实业公司关于1000万元资金情况的说明（即1999年5月和6月致我方的函，而非1999年7月20日致某经济发展公司的函——我注）和某经济发展公司给某信托投资公司的函均能证明：因三方协议未签字债权债务没有转移；1000万元借款尚未偿还；某信托投资公司多次向债务人追索欠款，诉讼时效已中断。"其中，"多次向债务人追索欠款"是有"学问"的。某经济发展公司在函中称多次通过各种方式向某实业公司催收，故不便说"多次向某经济发展公司追索欠款，"于是用"债务人"三字笼统说，便显得"顺了"。

这案子办完后不久，某信托投资公司就出事了。董事长因非法操纵证券交易价格被抓了，后被判了。公司因严重违规经营，被中国人民银行撤销。于是，我试图通过本案建立业绩，以求与该公司长期合作的设想，也随之泡汤了。

得知该公司的消息时，我深深叹了口气。不过，也就是叹口气而已，心中并无多大遗憾。做律师与做其他事一样，总得有梦。梦寐以求，有时梦想成真，有时则是梦幻泡影。我的一外是日语，日语里的"夢"字，翻译成中文除"梦想"的意思外，还有"理想"的意思……

杂咏

母 校

大都城头月，
小月河畔雪。
十载情未断，
一生梦不绝。

第三章

诉讼的风险与诉讼的经验

——金融借款合同纠纷中的合同效力与保证责任

美国庭审律师协会前主席约翰·戴维斯在为弗朗西斯·韦尔曼律师《舌战羊皮卷》第4版所作序言中说：唯有经验可以使律师产生第六感，告诉他什么时候到达危险区域，什么时候可以前进，什么时候又必须撤退，什么时候可以冒险地奋力一击。

接受委托之前，我就清醒地认识到，对我方来说，合同效力问题和保证责任问题是本案的两个危险区域。故在一审中，我在合同效力问题上着力抗辩（前进），而在保证责任问题上则刻意回避（撤退）。在打赢一审后的二审中，当对方紧紧抓住保证责任不放时，我方当事人意外举出了新的证据，而这最后的奋力一击，终达成了完胜。

我可没有约翰·戴维斯所说的“律师第六感”。不过，我非常在意诉讼经验的积累。因为，唯有经验能够使你规避诉讼风险。

导言

1.这是一件企业集团财务公司贷款纠纷案件。依据1996年9月27日中国人民银行发布施行的《企业集团财务公司管理暂行办法》，财务公司只能对其企业集团成员单位放贷，而企业集团成员单位包括母公司、母公司的全资子公司以及母、子公司持股25%以上的企业。本案借款合同签订于该规章施行之前，借款人某技术开发中心不具备该规章规定的企业集团成员单位的条件，而签约时的相关规章对企业集团成员单位的规定不尽相同。因此，被告某信托投资公司（担保人）主张借款合同无效，认为其不应承担担保责任，我代理原告某财务公司主张合同有效，一、二审法院最终认定借款合同有效。

2.1995年10月施行的《担保法》第26条第一款规定："连带责任保证的保证人与债权人未约定保证期间的，债权人有权自主债务履行期届满之日起六个月内要求保证人承担保证责任。"第二款规定："在合同约定的保证期间和前款规定的保证期间，债权人未要求保证人承担保证责任的，保证人免除保证责任。"本案借款合同签订于1996年7月，借款期限为10个月。其中，担保条款约定"本担保责任的有效期限自本贷款协议生效之日起，至全部债务清偿后终止"。贷款人某财务公司于1998年1月起诉。最高人民法院于2000年9月作出的《关于适用〈中华人民共和国担保法〉若干问题的解释》第32条第二款规定："保证合同约定保证人承担保证责任直至主债务本息还清时为止等类似内容的，视为约定不明，保证期间为主债务履行期届满之日起二年。"然而，在

《担保法》施行后，该司法解释出台前，法院在司法实践中通常都把此类保证期间约定不明的情形视同为没有约定，认定约定不明的情形适用法定6个月的保证期间。因此，被告某信托投资公司（保证人）主张原告某财务公司在本案借款期限届满之日起6个月内未向其要求承担保证责任，起诉时已超过6个月的法定保证期间，故其应免除保证责任。但在二审中，原告某财务公司突然拿出了其曾在法定6个月的保证期间内向被告要求承担保证责任的催款函，二审法院据此认定被告某信托投资公司应承担保证责任，故驳回上诉，维持原判。

3.在二审庭审中，被告某信托投资公司认为原告新举出的被告方人员签收的催款函是伪造的。二审法院并未对此作出认定，而是在程序上要求被告限期拿出反驳证据。被告在规定期限内未提出反驳证据，二审判决据此认定“某信托投资公司提出被上诉人在保证期间内未向其主张权利无证据，法院不予支持”。该判决避开了二审新证据的真伪认定问题，而是根据举证责任的转移和上诉人的举证不能，驳回了上诉人的上诉。

4.如果案件合同的效力问题涉及行政规章的不同规定，或涉及行政许可或行政批准备案等类似问题，受理法院会依职权向有关行政部门进行调查。本案合议庭就曾对本案贷款协议的效力问题向中国人民银行进行了调查。因此，作为代理律师，应事先对此有所估计，并告知委托人。至于委托人是否预先与有关行政部门进行沟通，进而是否预知了行政部门的意见，则是委托人的行为，与代理律师无关。

5.值得注意的是，本案原告某财务公司于1998年1月起诉，此时《合同法》尚未颁布实施。《合同法》实施之前，法院可依据行政规章认定合同无效；《合同法》实施后，则只能依据法律或行政法规的强制性规定，认定合同无效。

要　目

- 诉讼请求挺平凡
- 合同效力成焦点
- 谨慎求证再出判
- 谋求免责露利剑
- 提出证据却慎言
- 程序裁判智慧显

序曲

荷马说：智慧的标志是审时度势之后再择机行事。

智者就是伟大！这句话用在诉讼上是何等的贴切——说到底，诉讼的智慧就是见机行事。

某财务公司因与某信托投资公司、某技术开发中心发生借款合同纠纷诉至某中级人民法院，委托我作为某财务公司的代理人。在一、二审诉讼中，我先后向法院提交了下列“正文”中所列财产保全（诉前）申请书、《民事诉状》、《关于〈贷款协议〉效力问题的代理意见》（一审）、二审《答辩状》。

诉讼请求挺平凡

背景

某财务公司委托我所代理本案的前提条件是：在正式起诉前申请并成功实施财产保全，即先代理诉前财产保全，成功后方可签订《委托代理合同》。于是，我向某市中级人民法院申请诉前财产保全。

正文

财产保全（诉前）申请书

申 请 人：某财务公司

被申请人：某信托投资公司

某技术开发中心

保全对象：上述两被申请人资金

保全金额：21,375,360元

事实与理由：

1996年7月29日，申请人与两被申请人共同签订了金额为2000万元、期限为10个月、年利率10.692%的《人民币贷款协议》，合同编号为[96]财贷字第12号（证据一，《人民币贷款协议》）。协议约定，第二被申请人向申请人借款人民币2000万元，用作流动资金，每季度末付息一次。双方还明确约定了违约责任与逾期罚息。第一被申请人作为担保方同意承担该协议中约定的担保方的保证责任。三方均加盖了法人公章，并由法定代表人或其授权人员签字。协议生效后，申请人依约以转账方式将2000万元转入第二被申请人账户内（证据二，划款通知单、提款通知单）。在贷款期限内，第二被申请人尚能依协议基本按时支付每季度贷款利息。1997年5月20日，贷款期限届满之后，申请人即开始与两被申请人交涉，催还本金，但两被申请人却以种种理由拖延返还。因此，申请人于1997年8月14日及12月10日两次向第二被申请人发出催款通知，要求其尽快返还全部逾期贷款本金及利息（证据三，还本付息通知书）。被申请人接到该函后，仅支付两笔少量逾期利息，根本无任何诚意返还2000万元本金。

申请人与两被申请人签订的《人民币贷款协议》符合《贷款通则》和《担保法》的规定，合法有效。协议第11条“担保”一节中明确约定，第一被申请人的保证方式为《担保法》第18条规定的连带责任保证。鉴于第一被申请人有规避保证责任之嫌，而第二被申请人则可能无力还款，实属情况紧急，不立即申请财产保全将会使申请人的合法权益受到难以弥补的损害。故恳请法院根据申请人提供的债务证据，依据《民事诉讼法》第93条的规定，立即对两被申请人采取保全措施，以保障申请人诉后生效判决的执行，维护申请人的合法权益。

此呈

某市中级人民法院

申请人：某财务公司

裁定

诉前财产保全裁定

某市中级人民法院《民事裁定书》主要内容：

“经审查，本院认为，申请人的申请符合法律规定，依照《中华人民共和国民事诉讼法》第九十三条之规定，裁定如下：

查封，冻结被申请人某信托投资公司和某技术开发中心在银行的存款限额二千一百三十七万五千三百六十元或相应财产。

申请人应当在裁定书送达之日起十五日内向本院起诉，逾期不起诉的，本院将解除财产保全。

本裁定送达后立即执行。

如不服本裁定，可以向本院申请复议一次，复议期间不停止裁定的执行。”

说明：法院通过实施诉前财产保全，冻结某信托投资公司银行存款1300万元。

旁白

有些事儿，没有法律规定就办不了；有些事儿，有法律规定也办不了。

——《民事诉讼法》虽然规定了诉前财产保全，但在司法实践中，法院通常不接受这种申请。

正文

民事诉状

原告：某财务公司

被告：某信托投资公司

被告：某技术开发中心

案由：借款合同纠纷

诉讼请求：

1.判令被告返还借款本金人民币2000万元；

2.判令被告返还借款利息及罚息855,360元（2000万 × 10.629% × 1.2 ÷ 360 × 120天）；

3.判令被告赔偿原告经济损失52万元；

4.判令被告承担本案全部诉讼费用。

事实与理由：

1996年7月29日，原告与两被告共同签订了金额为2000万元、期限为10个月、年利率10.692%的《人民币贷款协议》，合同编号为［96］财贷字第 × 号（证据一，《人民币贷款协议》。以下简称《贷款协议》）。协议约定，第二被告向原告借款人民币2000万元，用作流动资金，每季度末付息一次。双方还明确约定了违约责任与逾期罚息。第一被告（某信托投资公司）作为担保方同意承担该协议中约定的担保方的连带保证责任。三方均加盖了法人公章，并由法定代表人或其授权人员签字。协议生效后，原告依约以转账方式将2000万元转入第二被告账户内（证据二，划款通知单、提款通知单）。在贷款期限内，第二被告尚能依协议基本按时支付每季度贷款利息。1997年5月20日，贷款期限届满之后，原告即开始与两被告交涉，催还本金及利息，但两被告却以种种理由拖延还款。因此，原告于1997年8月14日及12月10日两次向第二被告发出催款通知，要求其尽快偿还全部逾期贷款本金及利息（证据三，还本付息通知书）。被告接到该函后，仅支付两笔少量逾期利息，根本无意返还2000万元本金。

原、被告三方签订的《贷款协议》符合《贷款通则》和《担保法》的规定，合法有效。根据《贷款通则》第19条的规定，第二被告在贷款期限届满时，应返还贷款人本金和付清利息。根据《担保法》第18条的规定，第一被告应对债务承担连带责任。而被告拒不履行《贷款协议》明确约定的义务，致使原告方巨额资金被长期占用，从而遭受重大经济损失。故恳请贵院查明本案事实，依法判令两被告返还贷款本金、利息及逾期罚息，维护原告的合法权益。

此呈

某中级人民法院

具状人：某财务公司

旁白

作为原告，保全了被告的财产，将来的执行就有保障了。不过，如果官司没打赢，那可就麻烦了，被告就可能会对保全提出索赔了。

合同效力成焦点

背景

被告的答辩意见

两被告在答辩期内未作书面答辩。在庭审之初，两被告进行了当庭答辩。

第一被告某技术开发中心对原告计算的本金、利息的数额有异议。

第二被告某信托投资公司认为原告超范围经营，与某技术开发中心签订的借款合同无效，故保证合同无效，其作为保证人不应承担保证责任。

旁白

我一向老老实实地在答辩期提出书面答辩，从来不搞当庭答辩的所谓突然袭击的那一套。为什么？因为，虽然你想的是“袭击”对方律师，让他当庭来不及应对你的主张，但却同时“袭击”了法官，让他当庭来不及消化你的意见。

正文

关于《贷款协议》效力问题的代理意见（一审）

尊敬的审判长、审判员：

现就本案第一被告某信托投资公司提出的《贷款协议》无效的诉讼主张及举证，提出如下代理意见。

某信托投资公司的诉讼主张为，本案第二被告某技术开发中心不是原告上级主管单位某企业集团的成员单位，故原告与某技术开发中心所签《贷款协议》无效，某信托投资公司不承担担保责任。举出中国人民银行、国家计委、国家体改委、国务院经贸办《关于国家试点企业集团建立财务公司的实施办法》（银发［1992］273号）等文件，证明“成员单位系指国家有权部门核准的企业集团章程中所包括的企业或事业单位”。举出《关于某企业集团成员单位的补充说明》（1992年11月24日），证明某技术开发中心不是该集团的成员单位。

原告认为，第一被告上述主张和举证是不能成立的，《贷款协议》是有效的。

第一，在原告与第二被告签订《贷款协议》之前，某企业集团总公司就与第二被告签订了《合作协议书》，该协议明确约定，第二被告加入某企业集团，作为集团松散层企业。该协议在某企业集团正式备案（已向合议庭举证）。接纳第二被告为集团成员单位的文件依据是《国务院批转国家计委、国家体改委、国务院生产办公室关于选择一批大型企业集团进行试点请示的通知》（国发［1991］71号）。该文件第2条第（二）项规定，试点企业集团必须具备以下条件“……最好还要有半紧密层和松散层企业”（第一被告所举银发［1992］273号第3条第一款第（一）项规定执行国发［1991］71号）。

第二，第一被告所举《关于某企业集团成员单位的补充说明》，即集团成员名单，不能证明第二被告不是集团的松散层企业。该名单是1992年11月24日的，而某企业集团总公司与第二被告是在1996年6月签订《合作协议书》的，第二被告当然不可能在1992年的集团成员名单中。

第三，严格规范企业集团财务公司的行政规章是1996年9月27日生效的

《企业集团财务公司管理暂行办法》（银发［1996］355号），而原、被告签订《贷款协议》的时间则是在该办法生效前的1996年7月29日。该办法第3条规定，企业集团“成员单位包括母公司、母公司的全资子公司（以下简称子公司）、母、子公司持股25%以上的企业”。[1]这是以行政规章的形式第一次明确了企业集团成员单位的“硬件”，而在这之前，上文所述国发［1991］71号文件和银发［1992］273号文件，均未严格而明确地限定成为企业集团成员单位的“持股”条件和程序要求。故在上述行政规章出台前，企业集团与其他企业签订协议使其成为集团松散层成员单位，而后由企业集团下属财务公司与该成员单位签订《贷款协议》，是当时各大企业集团及其财务公司的普遍做法。依据法无溯及既往的效力的原则，认定本案《贷款协议》的效力的依据，只能是签订协议之前的行政法规或规章，而不是签订协议之后颁布的行政规章。在司法实践中，法院根据这种特定时期的客观情况，通常并不简单地以成员单位不正规为由认定贷款协议无效，而是认定协议有效，从而使判决符合以事实为根据的要求，同时有效地防止借款方和担保方以协议无效为借口，逃避还款责任和担保责任，维护国家金融秩序。

综上所述，恳请合议庭根据某企业集团与第二被告签有《合作协议书》的事实，原告与第二被告的借款事实，第一被告为第二被告担保的事实，考虑上述行政规章出台前的客观情况，认定《贷款协议》有效，依法裁判，维护原告的合法权益。

谢谢！

旁白

诉讼这门学科永远没有学成毕业的时候，学了十年、二十年，仍然会面对新的课程和新的考试。

---

[1] 该规章已于2000年6月30日废止，该条规定与2006年12月28日施行的《企业集团财务公司管理办法》第3条的规定基本一致，但母、子公司对成员单位的持股比例调整为20%。

谨慎求证再出判

判决

判决前，本案合议庭就本案《贷款协议》的效力问题向中国人民银行进行了调查，中国人民银行对《企业集团财务公司管理暂行办法》出台前财务公司向签约成员单位放贷是认可的。

一审判决

某中级人民法院查明，某财务公司于1996年7月29日与某技术开发中心和某信托投资公司签订借款合同，约定由某财务公司向某技术开发中心提供2000万元流动资金贷款，期限自1996年7月29日起至1997年5月20日止。借款方应于贷款到期日用人民币一次性偿清贷款本金、应付利息及其他应付的费用；对逾期部分，按实际逾期天数，加收罚息并计收复利。某信托投资公司作为保证人对本合同项下的一切债务承担连带责任。1996年7月31日某财务公司将2000万元划至某技术开发中心账户。某企业集团总公司与某技术开发中心在签订借款合同时签订了合作协议，某技术开发中心加入某企业集团总公司成为其集团成员公司。

法院认为，某财务公司与某技术开发中心签订的借款合同未违反国家有关法律规定，应属有效，某技术开发中心应属某企业集团的成员单位，某财务公司与某技术开发中心签订的贷款协议，因未超出其贷款的营业范围，应属有效，其中的保证条款亦属有效。某技术开发中心于1996年8月1日偿还的180万元应视为偿还的本金。依照《中华人民共和国经济合同法》第6条、第15条、第40条第（二）项的规定，判决：

一、某技术开发中心于本判决生效后10日内偿还某财务公司借款1820万元及合同期间的利息、复利及合同期满后的利息、罚息。

二、某信托投资公司对上述数额承担连带责任。

旁白

当一个案子的认定的处理，需要法院征求政府主管部门的意见时，政府主管部门的答复意见，通常就成为法院的判决意见。而且，这种案子一般很难推翻。

谋求免责露利剑

背景

某信托投资公司的上诉意见

某信托投资公司不服一审判决，向某高级人民法院上诉，请求依法改判其不承担保证责任。其理由是：

（一）认定事实上一审判决认定某技术开发中心属于某企业集团成员单位，严重错误

中国人民银行、国家计委、国家体改委、国务院经贸办1992年11月12日《关于国家试点企业集团建立财务公司的实施办法》第1条第一款规定：企业集团的“成员单位系指国家有权部门核准的企业集团章程中所包括的企业或事业单位。”企业集团的成员单位必须经国家有权部门核准，而不是由企业集团自行确认，更不能由企业集团的某一成员单位自行确认。

根据国家工商局的工商登记档案，某企业集团由某部核准并在国家工商局登记备案的成员单位共15家，某技术开发中心公司不在成员单位之列。

一审判决对上诉人提交的工商登记资料只字不提，仅依据由某企业集团的核心企业某公司与某技术开发中心签订的合作协议书就认定某技术开发中心属某企业集团的成员单位，这一认定的实质是认可企业集团的核心企业可以通过签订协议的方式任意扩大集团成员单位范围，无须有权部门批准，这与国家有关部门的规定相悖。

此外，一审判决依据的合作协议书是尚未生效的协议，因为该协议书第10条规定：“本协议由双方签字盖章并交齐管理费后生效。”而某技术开发中心并未向某企业集团交纳过管理费，故协议书并未生效。

（二）适用法律上的错误

上诉人在一审中指出即使借款合同有效，但由于借款合同中并未明确约定保证期间，根据《中华人民共和国担保法》第26条的规定，本案保证期间应为借款期限届满之日起6个月，即自1997年5月20日起至1997年11月20日止。某财务公司应在上述期间内要求上诉人承担保证责任。但是，无任何证据证明被上诉人在上述期间曾向上诉人主张过权利。因此，上诉人应免除保证责任。而且，一审中被上诉人对此也未反驳。一审法院不查明保证期间是否已过，在认定主合同有效的前提下直接判令上诉人承担保证责任，在适用法律上存在明显错误。

旁白

在我的众多诉讼对手中，少数律师的专业水平和诉讼功夫，是令我敬畏的。他们没能赢，原因仅仅在于案件本身。

提出证据却慎言

正文

民事答辩状（二审）

答辩人：某财务公司

答辩人就上诉人在《上诉状》中提出的上诉理由答辩如下。

答辩人认为，某中级人民法院（1998）某中经初字第×号《民事判决书》认定事实基本清楚，适用法律基本准确，判决结论公正。

一、判决书对本案合同效力问题的认定是正确的

上诉人在一审中举出中国人民银行、国家计委、国家体改委、国务院经贸办《关于国家试点企业集团建立财务公司的实施办法》（银发［1992］273号）等文件和《关于某企业集团成员单位的补充说明》（1992年11月24日），证明某技术开发中心不是某企业集团的成员单位，从而认定答辩人超经营范围贷款，导致答辩人与某技术开发中心之间的《贷款协议》无效，上诉人的担保行为无效，上诉人不承担担保责任。

答辩人认为，判决书关于《贷款协议》有效的认定是在查明事实和正确适用法律的基础上作出的。首先，在答辩人与某技术开发中心签订《贷款协议》之前，某企业集团就与某技术开发中心签订了《合作协议书》，该协议明确约定，某技术开发中心加入某企业集团，作为集团松散层企业。该协议在某企业集团正式备案。接纳某技术开发中心为集团成员单位的文件依据是《国务院批转国家计委、国家体改委、国务院生产办公室关于选择一批大型企业集团进行试点请示的通知》（国发［1991］71号）。该文件第2条第（二）项规定，试点企业集团必须具备以下条件“……最好还要有半紧密层和松散层企业”（上诉人一审所举银发［1992］273号文件第3条第一款第（一）项规定执行国发［1991］71号文件）；其次，上诉人所举《关于某企业集团成员单位的补充说明》，即集团成员名单，不能证明某技术开发中心不是某企业集团的松散层企业，该名单是1992年11月24日的，而某企业集团与某技术开发中心是在1996年6月签订《合作协议书》的，某技术开发中心当然不可能在1992年的集团成员名单中；最后，严格规范企业集团财务公司的行政规章是1996年9月19日生效的《企业集团财务公司管理暂行办法》（银发［1996］355号），而答辩人与某技术开发中心签订《贷款协议》则是在该办法生效前的1996年7月29日。该办法第3条规定，企业集团“成员单位包括母公司、母公司的全资子公司（以下简称子公司）、母、子公司持股25%以上的企业”。这是以行政规章的形式第一次明确了企业集团成员单位的“硬件”，而在这之前，上文所述国发［1991］71号文件和银发［1992］273号文件，均未严格而明确地限定成为企业集团成员单位的“持股”条件和程序要求。故在上述行政规章出台前，企业集团与其他企业签订协议使其成为集团松散层成员单位，而后由企业集团下属财务公司与该成员单位签订《贷款协议》，是当时各大企业集团及其财务公司的普遍做法。对于这种特定时期的客观情况，法院也向人行等有关单位进行过调查，并未简单地以成员单位不正规为由认定贷款协议无效，而是认定协议有效，从而使判决符合以事实为根据的要求，同时有效地防止了借款方和担保方以协议无效为借口，逃避还款责任和担保责任，维护了国家的金融秩序。因此，判决书对于本案《贷款协议》有效的判定是基于事实和法律而慎重作出的，并非像上诉人所说的“与国家有关部门的明文规定显然是相悖的”。

至于上诉人所提到的因某技术开发中心从未向某企业集团交纳过管理费，故该协议并未生效的说法更是不能成立。《合作协议书》双方均签字盖章，并报某企业集团备案，且双方的借贷行为也证明该协议为双方的真实意思表示，并已实际履行，至于收不收管理费是某企业集团的权利。据我们调查，当时某企业集团向所有的松散层成员单位均免收管理费，故双方在《合作协议书》中根本就未约定管理费的数额。

二、判决书判令上诉人承担连带清偿责任，在适用法律上并无错误

上诉人在一审中并未作书面答辩，在一审开庭时当庭所做答辩和辩论中，始终将借款合同无效及保证合同无效作为其主要抗辩理由，仅仅提及借款合同关于保证期间的约定不明确。因而，一审中双方争议的要点，且亦为合议庭审查的要点，均为借款合同的效力问题，而不是保证期间问题。故一审判决在此问题上并无适用法律错误的问题。现在，上诉人在二审中将保证期间作为争议要点提出，答辩人将向二审法院提交相关证据，证明即使在法定保证期间，答辩人亦向上诉人主张过权利，即要求上诉人承担保证责任。

三、被上诉人某技术开发中心擅自改变贷款用途，挤占挪用贷款

答辩人于《贷款协议》生效后的1996年7月31日将人民币2000万元转入借款人某技术开发中心在答辩人处开立的002117账户内，当日该账户余额为20,009,980元。8月1日，某技术开发中心将该账户内的1500万元支付给某房地产经营开发公司作为工程款，30万元支付给张某作为材料款，8月2日，将19万元支付某房产开发有限公司作为购房款，80万元支付广东省某公司驻某市办事处工程款（证据一，工行转账支票0734252、0734258、0734255、工行汇票委托书、002117账户对账单）。《借款合同条例》第9条规定“借款方必须按照借款合同规定的用途使用借款，不得挪作他用”，第15条规定“借款方不按合同规定的用途使用借款，贷款方有权收回部分或全部贷款，对违约使用的部分，按银行规定的利率加收罚息”；《贷款通则》第17条第四款规定“不得挪用贷款从事有价证券、期货买卖和房地产经营”。本案中某技术开发中心无房地产经营权，却将流动资金贷款用于房地产开发和房地产经营，违反了人行的行政规章，属挤占挪用贷款的严重违规行为，依照中国人民银行《关于降低金融机构存、贷款利率公告》（银发［1996］156号）的规定，挤占挪用贷款在挤占挪用期间按日利率万分之六计收利息，若既挪用又逾期应择其重。答辩人认为，借款人某技术开发中心并未取得房地产经营权，却将流动资金贷款以工程款、购房款、材料款等名目用于房地产开发和房地产经营，其行为显然已构成挪用贷款，自借款人1996年7月31日挪用贷款之日起至今，依法应按日利率万分之六计息。

综上所述，一审判决书对本案协议效力问题的认定是正确的。上诉人无视客观事实与证据，逃避担保责任的行为严重危害了答辩人的利益。恳请二审法院查明事实，依法维持原判，驳回上诉，维护答辩人的合法权益。

此呈

某高级人民法院

答辩人：某财务公司

旁 白

如果复杂案件让你似懂非懂，你要是学生的话，那是因为老师从来没有教过你这种知识；你要是律师的话，那是因为老板从来没有交给你这种案子。

程序裁判智慧显

判决

二审判决

某市高级人民法院经审理认为，某财务公司经营范围中包括对集团成员单位的存贷款，因某技术开发中心与某企业集团之间有合作协议，属松散型集团成员，故某财务公司与某技术开发中心签订的借款合同有效。集团成员单位是否在国家工商局登记备案后才有效，因无明文规定，故上诉人主张某技术开发中心非该企业集团成员单位无证据。因某财务公司提出其于1997年9月18日向某信托投资公司所发的催款函，某信托投资公司在法院规定的期限内未提供反驳证据，故某信托投资公司提出被上诉人在保证期间内未向其主张权利无证据，法院不予支持。综上，原审法院认定事实清楚，适用法律正确，上诉人的上诉理由不成立。依据《中华人民共和国民事诉讼法》第153条第一款第（一）项的规定，判决驳回上诉，维持原判。

尾 声

判决中的智慧火花，就像夜空中绽放的礼花，照红人的脸，点亮人的心。

思 考

假如法院依据中国人民银行、国家计委、国家体改委、国务院经贸办《关于国家试点企业集团建立财务公司的实施办法》关于“成员单位系指国家有权部门核准的企业集团章程中所包括的企业和事业单位”的规定，认定借款人某技术开发中心不是某企业集团的成员单位，从而认定本案贷款协议无效，那么，法院应如何处理本案？即，借款人某技术开发中心应如何承担民事责任？保证人某信托投资公司应否承担赔偿责任？

提示1.请参阅本书中企业之间借贷案例。

提示2.最高人民法院《关于适用〈中华人民共和国担保法〉若干问题的解释》第8条规定：“主合同无效而导致担保合同无效，担保人无过错的，担保人不承担民事责任；担保人有过错的，担保人承担民事责任的部分，不应超过债务人不能清偿部分的三分之一。”

课 题

论企业集团财务公司贷款范围 论文

法院对于证据真实性采取程序性裁判的智慧 文章

——一件借款合同纠纷案的启示

律师面对证据真伪问题当慎之又慎 文章

—— 以一件借款合同纠纷案为背景

（说明：上述第二、三课题，请参阅本章“心路”）

心路

本案二审期间，我应邀到母校中国政法大学办讲座，计划也顺便讲讲本案合同效力所涉法规适用问题和保证期间所涉举证责任问题。那天，走在校园的小路上，两旁高大的银杏树黄透了的叶子，在午后阳光的照耀下和深秋清风的吹拂下，像千万只玲珑剔透的金色蝴蝶振翅飞翔。我想起初唐诗人沈佺期的诗句：“芳春平仲绿，清夜子规啼”（平仲：银杏，又名白果。子规：杜鹃，又名布谷鸟）。于是改成了秋季：“凉秋平仲黄，清夜促织唱”（促织：蟋蟀，又名蛐蛐儿）。

要　　目

·面试	·一审
·保全	·二审

虽然，本案所涉事实因行政规章的演变而在法律评价（认定）上有所变化，但本案所涉财务公司的贷款范围及由此引起的借款合同的效力问题、保证期间及举证问题，特别是律师诉讼经验即诉讼策略问题，还是值得记录和思考的。

面试

1998年元月，雪后的早晨。我从居住的中国政法大学2号楼下楼（1995年做律师，1996年买了房子给从新疆来的父母住了，我仍赖在学校的筒子楼里），发动了车（热车），拿掸子清除车上厚厚的雪。

李老师，您早！我抬起头，看见雪后灿烂朝阳中的她，忙说您早。她是去年才留校的本科生，在1号楼蹭住（政法大学从1988年开始，除博士外，硕士、本科生如留校统统"发配"昌平新校，至九十年代中期博士也不能"幸免"）。她相貌平平，但颇有教养，自首次主动跟我打招呼后，我们见面总是客气地互相问候或寒暄几句。

今天，她没有像往常那样打完招呼就走，而是停下来，说某财务公司有一个案子，正在选律师，问我有没有兴趣试试。我笑着说：谢谢了，我当然很想试试。没想到她居然是急性子，问我今天有没有空，我说可以。接着她便用我的手机联系，几分钟后就定下来了——上午我就去公司谈，她不去了，得上班。

公司离政法大学很近，就在北太平庄北面。公司副总经理王先生接待了我。王总三十出头，北京人，体态较胖，圆脸，显得挺憨厚，但目光机警，能说会道。他叼着烟，毫不掩饰地上下打量我一番后，便问：你对金融案件熟吗？我答：不太熟，仅仅打过几个官司。再问：打过财务公司的金融案子吗？我答：没有（宁可失去竞聘机会，也必须在这种问题上说实话——我所一位年轻律师在被问及是否打过某种案子时，明明没有打过却回答人家打过。当人家要求传真判决书时，只好如实告诉人家，所里打过，他本人没有打过，传去了我做代理人的判决书）。

王总显然对我不满意。他出去了一会儿回来说：我们的案子两千多万，是公司成立以来最大的官司，所以我们请的律师必须是金融法律方面的专家，而且必须是打过财务公司借款合同案子的资深律师。你虽然是博士，但学的是程序法，不沾金融法律的边儿，况且你也承认不熟悉金融案件，没打过财务公司的案件，所以我们老总认为你不太适合代理我们的案子。今天只能这样了，谢谢了。

见他已起身要送客，我稳坐着说：王总，你看这样行吗？你就不用说案情了，就提几个你认为对案子来说很重要的金融法律问题，考考我。答不对耽误你几分钟时间，答对了你仍然可以不用我，我就想学习学习。

他又出去了——这回我知道是找老总汇报去了。这次回来，他拿着材料（应该是案件材料），并且还带来两人。

王总问的第一个问题是，财务公司与工商档案中没有登记为企业集团成员单位的企业签订贷款协议，是否有效。

这还真不是个简单的问题！我理了理思路，决定先“将”王总他们“一军”。我慢条斯理地说：这个问题我没法回答。你们得先告诉我贷款协议是什么时候签的，是1996年9月前，还是9月后，这涉及行政规章的变化问题，当然也就决定着贷款协议的效力问题。

王总与其他两位互相看了看，翻着材料说贷款协议是1996年7月29日签的。王总接着说：借我们款的单位在借款前与我们集团签了合作协议，是我们集团的松散层企业。

这就好办了，我说，中国人民银行是在1996年9月（我当时记不清具体日期了）发布《企业集团财务公司管理暂行办法》的（我在审查顾问单位与财务公司拟签的借款合同时，知道了这个规定），你们的协议是这之前的7月签订的。这样的话，你们的贷款协议的效力问题就有救了。你们应该知道，人行的暂行办法对企业集团的成员单位规定了硬性的标准，这就是母、子公司持股25%以上的企业，才能够成为企业集团的成员单位。如果按这个规定，你们的贷款协议肯定无效。因为你们仅仅与借款单位签了一个合作协议，没有达到25%的持股条件。而财务公司给非企业集团的成员单位放贷，贷款协议当然无效。但是，你们的贷款协议是在人行的规定出台之前签的，不适用这个规定。这个道理很简单，就是法无溯及既往的效力。人行的规定出台之前，也就是你们签贷款协议时的规定，我记不清了。但是据我过去查阅，规定是不规范的，比较乱的，既有应该是企业集团章程中包括的企业的规定，又有还包括松散型合作关系的企业的规定。而就松散型合作关系的企业而言，有可能并不在企业集团的章程中，当然也就没有进行工商登记。况且，在人行的规定出台之前，财务公司像你们公司这样先签协议后放贷的做法，是很普遍的。而法院对于在法律界限不明，且没有禁止性规定的情况下签订的合同，通常是不会认定其无效的。所以，我虽然没有看案件材料，但在你们贷款协议的效力问题上，我可以负责任地说，你们在法律上处于优势，对方处于劣势。

王总问那两位：记下来了吗？他们答：说得太快了，记不全。应王总的要求，我又把刚才说的要点重复了一遍。随后王总给我递上烟说：你是人谦虚呢？还是城府深呢？这不是说得头头是道吗？为什么说你不熟悉金融法律？我答：我有什么城府？在你们金融机构的专业人士面前，我也就知道点皮毛，哪敢卖弄啊！

王总提的第二个问题显然比较“低级”了。他说：据我们了解，现在向法院申请财产保全很麻烦，要求人。而且风险挺大，比如法院的人跟对方勾结，你提供了账号，他就告诉对方了，等去保全时，户头里的钱已经转空了。所以，我们选代理律师，当然要看他在法院有没有可靠的关系，能不能确保保全成功。如果没有关系，说得再好我们也不敢考虑。

这是中国式的当事人常问中国式的律师的中国式的问题！

而我，从来不正面回答这个问题，但是我的回答通常都基本符合当事人的要求。我说：你们了解的情况我没遇到过。对这个问题作正面回答，不具有可操作性，我把法院说成就像我家开的一样，你们信吗？具有可操作性的是，我可以建议，如果让我做代理人，保全没有成功之前不签委托代理合同。当然，这需要解释一下，保全成功意思是第一，法院没拖就办了；第二，你们提供的账号里的钱在我申请保全期间并没有转走。如果这两条我做不到，你们就不跟我签合同，算我白干。但是，如果法院及时保全了，银行对账单上就是没有钱，或钱很少，你们就不能说我没有保全成功。因为问题出在你们提供给我的账号里没什么钱。

我说完后，王总想了想，又要起身出去。这回，我拦住了他，说：王总，你先别急着去找头儿。我连案件材料还没看呢，你看是不是让我看看材料，大体谈谈看法后你再去汇报。王总说：这个案子就两个问题，一个是贷款协议的效力问题，一个是针对担保人的财产保全问题，你不是都说了吗？他话虽这么说，可还是让其他人把材料给了我。根据我这几年代理借款合同纠纷案的经验，这类案子的问题通常并不在借款合同上（本案除外），而在担保合同上。而担保合同的问题通常就是担保合同的效力和保证期间的问题。于是，我把主要注意力集中在贷款合同中的保证条款上。虽然，《担保法》早在1995年就实施了，但这些年代理的借款合同纠纷案的合同通常都是1995年前后签订的，因而常遇到保证期间约定不规范的问题。在本案贷款协议的保证条款中，我又一次发现了这方面的问题。

我问王总：是不是债务人某技术开发中心资产状况不好，你们想针对担保人某信托投资公司进行财产保全？他答是的。我说：这样的话，某信托投资公司为了免除保证责任，除打贷款协议无效，进而以其无过错为由要求免责外，肯定会抓住贷款协议对保证期间约定不明的问题。《担保法》规定，未约定保证期间的，法定保证期间为自主债务也就是贷款协议还款期限届满之日起6个月。本案贷款协议约定的保证期间是：本担保责任的有效期限自本贷款协议生效之日起，至全部债务清偿后终止。这种约定肯定不是《担保法》规定的未约定，但又不是明确约定，应该是约定不明。《担保法》规定的6个月法定保证期间是针对未约定情形的，不是针对约定不明情形的。因此，法律尚未考虑到保证期间约定不明的情形，换句话说就是这种情形目前在法律上是空白问题（这之后最高人民法院于2000年作出的关于《担保法》的司法解释规定这种情形的法定保证期间为2年）。但是，在司法实践中，自1995年实施《担保法》以后，法院的通常做法是把约定不明视同为没有约定，认定约定不明的情形适用法定6个月的保证期间。因此，本案的保证期间问题，法院也有可能这么认定。这样的话，这个问题就非常重要了，你们得有在贷款协议还款期限届满之日起6个月之内，你们向某信托投资公司主张过权利的证据，比如该公司签收的催款通知。否则，他们的律师有可能促使法院作出他们免责的认定，如果某技术开发中心没有钱还，这官司实质上就败了。现在我只看到你们给某技术中心的催收函，没有看到给某信托投资公司的，你们有这方面的证据吗？

他们的问题没能考住我，而我提的问题却把他们考住了。王总显然有些慌乱了，他向我要走所有材料，翻到贷款协议说：不可能吧？你看，我们约定的担保是不可撤销和无条件的，法院怎么敢随便就判他们（指担保人）免责呢？这玩笑可开大了。我不假思索地说：不可撤销和无条件这类约定在《担保法》上，在司法实践中，任何法律意义也没有，跟没约定完全一样。王总急着问：如果没有证据，这事儿你能不能想法儿在法院摆平？我答：约定不明的问题毕竟不同于没有约定，所以如果对方的律师不强调，法院也没重视，这事儿有可能就混过去了。如果对方律师强调，法院也重视，而我方最终拿不出证据，我肯定没法儿摆平这事儿。

王总什么也没说，拿着材料走了。约摸十多分钟后，他回来就说了一句：我们老板说让你回去等通知，便送我走人。

保全

两天后，王总通知我，某财务公司决定聘请我代理本案，条件是我先代理公司申请诉前财产保全（要求诉前保全为了防止被告方知悉我方起诉后抽逃资金），保全成功后正式签订《委托代理合同》。

我申请的诉前财产保全获得了某市中级人民法院的批准（法院对诉前保全很慎重，一般都要求申请诉前保全的当事人进行诉讼保全），不过，我心里明白，仅仅冻结银行账户，如账上没有什么钱，某财务公司就有可能不跟我签《委托代理合同》。在并不了解被申请人账户上是否有钱的情况下进行冻结，当然属于碰运气的事儿。小官司冻上一点钱，就不错，像本案这种标的大的官司，冻上一点没什么意义。

民诉法规定，对于诉前保全，法院应于48小时内实施。因而，办完保全申请手续的第二天，我便开车接法官赴某信托投资公司的开户银行（法官赴外地送达、保全、执行等发生的差旅费通常由当事人承担，法官在本市送达、保全、执行等，当事人或律师出车接送，这都既不违法也不违规——这也属于中国式诉讼）。

运气好得出奇！某信托投资公司在银行账户上的存款居然有将近一千三百万元！然而，意外的问题出现了。某财务公司提供的、写在《协助执行通知书》上的账号居然少了一位数，银行因此不能按法院的裁定和协执协助冻结。经我提议，法官立即乘王总的车赶回法院，重新填写协执并找立案庭庭长和主管副院长签字，而我则焦急地等在银行柜台前。我估计法官如路上不堵车，至少也得用半个小时以上的时间才能返回，但假如银行有人此时通知了某信托投资公司，别说半小时，仅用几分钟该公司便可将账户内的资金转走，且法院拿他们也没有办法。我注视着柜台内主任室的门，想着主任会不会给对方打电话。看到柜台内银行人员拿起电话，心里就一阵紧张……

四十多分钟后，法官赶回来了。递进保全手续后，他说的第一句话是钱还在吗？当听到主任说还在时，我捅了王总一拳，说：走，出去抽烟。他不去，两眼盯着正在办理冻结手续的法官。我摇摇头，放心地出去了。

一审

两被告在答辩期内未作书面答辩。这是诉讼策略之举，旨在意图使原告在开庭前无从知晓其抗辩主张和理由，但任何策略当然都有其利弊。此举之弊处在于法官在开庭前亦无法知悉被告方的诉讼主张和理由，难免先入为主地仅了解原告方的主张和理由（除非被告方与法官另有私下沟通）。因此，我一向认为此举乃下策，在做被告方代理人时从来都是及时作书面答辩。

不出所料，第一被告某信托投资公司的代理律师在开庭时的答辩和辩论中，果然将贷款协议无效作为其主要抗辩主张，认为第二被告某技术开发中心不是我方上级主管单位某企业集团的成员单位，故我方与某技术开发中心所签贷款协议无效，因而其不应承担担保责任。

对此，我当然早有准备，因而当庭进行了充分而有力的辩论，庭后便向法官提交了《关于〈贷款协议〉效力问题的代理意见》。

其实，我最心虚的是贷款协议约定的保证期间问题。好在某信托投资公司的代理律师仅仅提到了这个问题，并未作为其主要抗辩主张。因而，在辩论和庭后提交的代理意见中，我有意回避了这个问题。

3月18日开庭，5月法庭就本案贷款协议的效力问题向中国人民银行进行了调查。法院以这种调查结果仅作为办案参考为由，不向原、被告出示调查笔录或人行的函件，更不进行质证。

7月，一审判决出来了，完全支持了我方的诉讼请求。由此我确信，中国人民银行给法院的答复应该是《企业集团财务公司管理暂行办法》出台前财务公司签订的贷款协议，原则上有效。因此，我告诉王总，对方如上诉，二审应该能保住贷款协议的效力，但因对方有可能调整诉讼主张而使我方不得不面对保证期间的问题。

二审

本案二审期间，我应邀到母校中国政法大学办讲座，计划也顺便讲讲本案合同效力所涉法规适用问题和保证期间所涉举证责任问题。那天，走在校园的小路上，两旁高大的银杏树黄透了的叶子，在午后阳光的照耀下和深秋清风的吹拂下，像千万只玲珑剔透的金色蝴蝶振翅飞翔。我想起初唐诗人沈佺期的诗句："芳春平仲绿，清夜子规啼。"（平仲：银杏，又名白果。子规：杜鹃，又名布谷鸟）于是改成了秋季："凉秋平仲黄，清夜促织唱。"（促织：蟋蟀，又名蛐蛐儿）

某信托投资公司当然是上诉了。其代理律师在《上诉状》中，虽仍然将贷款协议的效力问题作为其首要上诉主张，但同时也将保证期间问题作为其主要上诉主张。

王总看完我送来的对方的《上诉状》后，告诉我据他们公司财务部门说，曾经给某信托投资公司发过催收函，而且就是在贷款协议到期后6个月内，现在正在查找。

某市高级人民法院二审开庭之前，我仍未见到催收函。于是，我只好做没有此证的辩论准备。即，本案保证期间有约定，不是没约定，因而不能适用《担保法》针对未约定保证期间而规定的6个月保证期间。本案这种保证期间约定不明确的情形，属于《担保法》未规定的法律空白问题。而这种约定并不违反法律的规定，因而在最高人民法院对《担保法》空白法律问题作出司法解释之前，当然只能依约定，即认定保证期间未过，某信托投资公司应承担保证责任。

二审开庭时，王总带来了由某信托投资公司副总裁签收的《逾期贷款催收函回执》，并当庭提交法庭。某信托投资公司的代理律师即提出签收人已离开公司，该函是该人与某财务公司的人员恶意串通伪造的，并当庭申请法院传该人出庭作证。审判长规定了证人出庭作证的期限。但是，在该期限内某信托投资公司未使该人出庭作证（我方已完成书证的举证责任，证人出庭作证的申请是对方提出的，负有举证责任）。

这里需要提示的是，对于这种涉及案件主要事实的证据，如本案的催收函，代理律师应保持清醒头脑。第一，不要要求当事人拿出证据，而只询问有没有证据即可，以避“授意”之嫌；第二，不要过问当事人如何找证据的过程，以避“参与”之嫌；第三，只按照当事人的要求提交和说明证据即可，不要去跟当事人探究证据的真伪问题，以避“明知”之嫌。

1999年2月，二审法院作出了终审判决，维持原判。其中，针对某信托投资公司关于贷款协议无效的上诉主张，认为“集团成员单位是否在国家工商局登记后才有效，因无明文规定，故上诉人主张某技术开发中心非该企业集团成员单位无证据”，是相当有法律功力、有思辨和有经验的。在本案这一点上，法官比我高明。特别是二审法院对于某财务公司在二审中提交的催款函，并不直接认定其真伪，而是认定“某信托投资公司在法院规定的期限内未提供反驳证据，故某信托投资公司提出被上诉人在保证期间内未向其主张权利无证据，法院不予支持。”不是通过实体性裁判，而是用程序性裁判间接地认定了某财务公司所举新证的证明效力。这种可称为法律智慧的认定，让我当时沉思良久，至今仍印象深刻……

我常常反复纠正新来所的年轻律师们贬低法官专业水平和诉讼经验的错误认识。我一向以为，虽然因为法官的责任心问题和办案繁忙因素，在有的个案中法律功底好和诉讼经验多的律师因重视程度高和钻研深入，会比法官高明，但是，就一般而言，撇开有的法官故意错判不谈，中国法官法律水平的平均值当然高过中国的律师。原因很简单：其一，法官的学习机会比律师多得多。比如不断地看律师们的文书，不断地听律师们的辩论；其二，法官的实践机会比律师多得多，一个法官一年中所办的案件数量，是任何一个律师都没法儿比的；其三，法官的写作机会比律师多得多，一个法官一年所写判决书的数量比律师所写文书数量多，而且“兼听”的判决书一般要比“偏听”的律师文书难写。

本案的执行不难。冻结的账户上有近一千三百多万元，后来居然在冻结期间又进来了五百多万元，达到一千八百多万元，离诉讼请求的两千多万元很近了。然而，在我申请强制执行，且法院裁定将冻结款全部发还某财务公司后，王总仅说公司来了个退休法官负责公司法务，便不再与我联系了。之后，我主动联系，王总说这事你就不用管了。

律师代理诉讼的全部目的就是达成胜诉，完成执行。做得到的律师通常便造就了与当事人继续合作的基础。但本案却与常规相反，我达成了胜诉，两千多万元的诉讼请求已完成了一千八百多万元，但是，还没办完执行却莫名其妙地被公司开了。

我清楚地记得，在那个天灰灰、风萧萧的京城初春的黄昏，跟王总通完最后一次话后，我靠边停车了。推开车门，站在风中，我茫然地呆望着昏黄的西天。直到感觉眼里进了沙子，才回到车里，真有点不想再往前开这车了……

杂咏

自警

朝出喜鹊迎，
暮归乌鸦鸣。
当识天地事，
莫为宠辱惊。

第四章

客户的意愿与法律的评价

——企业借贷纠纷中的管辖异议与法律关系

美国耶鲁法学院系主任安索尼·T.克罗曼在其《迷失的律师——法律职业理想的衰落》一书中说：律师只是简单地问客户在经再三思考之后是否坚持他原来的决定，是不够的，因为客户对这一问题的回答可能与其决定本身一样冲动……他不能按照表面价值接受客户的答案，他必须用独立的手段评价它。

在本案中，和我方同为出借方的某研究所与我方约定，我方的借款由该所下属某工贸公司使用和偿还，该公司实际使用了借款且部分偿还了借款。故我方要求某研究所与某工贸公司对我方的借款偿还承担连带责任，在法律上是勉强的。然而，我方鉴于某研究所还债能力较强，要求我们律师同时起诉他们。我们煞费苦心，虽赢了一审，但二审却改判由某工贸公司承担还款责任。

按照克罗曼的论断，不能独立评价客户决定的律师，当然也属于迷失的律师。不过，通过本案看看律师的迷途，还是有价值的。

讼途

导言

1.借款合同纠纷，无论是有效的借款合同纠纷，还是非法的企业借贷纠纷，在案件管辖上与其他合同纠纷均不同。《民事诉讼法》规定，合同纠纷案由被告住所地或者合同履行地人民法院管辖。被告住所地法院管辖，即所谓原告就被告原则，而合同履行地则既可能是原告或者被告住所地，亦可能是原、被告住所地之外的第三地。但是，依最高人民法院司法解释，在借款合同纠纷的管辖上，“应确定贷款方所在地为合同履行地”，即贷款方（出借方）如起诉借款方（借入方），则可在自己的所在地立案——被告就原告。

2.合同法律关系或称合同性质的变更，在合同实践中并不少见。本案合同的法律关系原为联营，后为合同各方当事人一致变更为借款。《合同法》第五章“合同的变更和转让”虽然未规定合同法律关系的变更，但在司法实践中，法院依事实认定合同法律关系的变更，并进而依法律裁判变更后的法律关系，并非难事。故在本案中，借款人某研究所某工贸公司虽主张本案为联营关系，但法院不予支持。

3.企业借贷纠纷为金融案件常见纠纷类型。最高人民法院曾先后公布施行多个司法解释，对此类纠纷的处理作出逐步深入、全面的规定。概括地说，有如下五个方面：其一，企业借贷合同违反有关金融法规，属无效合同；其二，借款方应返还借款本金（出借方不得取得约定利息或法定利息，其实也是对出借方的一种违法惩罚）；其三，收缴双方约定的借款利息，出借方已收取利息的，从其处收缴，借款方未支付利息的，从其处收缴（从出借方放款之日起计算至生效判决作出之日止）；其四，对借款方处以相当于银行利息的罚款（与上述收缴约定利息并罚）；其五，借款方未按判决归还出借方本金的，依1991年4月9日公布施行的《民事诉讼法》第232条的规定，应向出借方加倍支付迟延履行期间的利息。

4.在通常情况下，合同各方当事人为参与合同订立的各方法人或自然人，但是，合同实践中也会出现并未参与合同订立的法人或自然人因实际履行他人订立的合同，因而成为合同当事人的情形。本案被告某研究所下属某工贸公司既未参与联营合同的订立，也未参与将联营变更为借款的协议的签订，但其因实际接收了借款，且实际部分归还借款，而不仅成为合同一方当事人，而且被判决承担返还借款的民事责任。

5.某研究所在与我方某通信公司、某研究院订立的联营合同中约定，三方先以借款方式出资250万元给某研究所下属某工贸公司，且某研究所以其下属某工贸公司的资产作为其联营投资，后在三方解除联营合同的协议中约定借款由某工贸公司偿还。我方某通信公司要求我们律师在起诉某工贸公司的同时，起诉某研究所——该所的还债能力比某工贸公司强得多。为使某研究所承担还款责任，我们遂基于上述事实，主张某研究所应与借款的实际使用人某工贸公司承担连带还款责任。一审判决认为某研究所不仅代表某工贸公司，还将某工贸公司资产作为自己的股份参与联营，从而将联营投资变成了借款，并最终因联营不成，形成了某通信公司与某工贸公司之间的借款。对此，某研究所有过错，故判令其对借款承担连带补偿责任。二审判决认为某研究所亦为借款的出借方，故原判决其对借款承担连带补偿责任不妥。因此，对原判部分改判，判决某工贸公司返还某通信公司的借款，驳回某通信公司对某研究所的诉讼请求。

某研究所是否承担连带补偿（清偿）责任的问题，为本案的主要争议焦点。

要　目

· 勉强的起诉
· 管辖的较量
· 强硬的抗辩
· 艰难的应对
· 侥幸的全胜
· 疲惫的对阵
· 失望的终局

序曲

在诉讼的舞台上，律师有时演着自己选定的角色，有时演着别人指定的角色。

——代理本案诉讼，起诉要求某研究所与某工贸公司对借款偿还承担连带责任，均是我基于与某通信公司总经理之个人交情而被动所为的。

我与助理代理某通信公司起诉某研究所和某研究所下属某工贸公司。

勉强的起诉

正文

民事诉状

原告：某通信公司

被告：某研究所

被告：某研究所下属某工贸公司

案由：借款纠纷

诉讼请求：

1.判令二被告立即归还原告的借款950,000.00元；

2.判令二被告承担本案诉讼费用。

事实与理由：

1994年7月16日，原告与某研究所及某研究院，为组建主营信息安全保密技术设备的某信息安全产品有限责任公司（下称合营公司），由三方负责人签署了“组建某信息安全产品有限责任公司合同书”（证据一，合同书）。三方约定原告、被告某研究所及某研究院为合营公司的发起单位，共同投资筹备组建合营公司，同时约定在1994年7月底前，三方以借贷方式投资250万元人民币给被告某研究所下属某工贸公司，年息按10%计，其中原告投资150万元。原告按照约定，于1994年7月30日委托某研究院代为将150万元人民币汇入被告某研究所下属某工贸公司下属服务部（证据二，工商银行电汇凭证）。被告某研究所下属某工贸公司于1994年11月15日向原告开具了收据（证据三，收据）。后某研究院就接受原告委托汇款事宜予以确认（证据四，确认函）。

1995年5月9日，三方就成立合营公司事宜召开会议，因三方在被告某研究所的投资评估数额等问题上不能达成一致，故协商决定终止组建合营公司的合作。1995年6月至9月的利息以年息14%计，某研究所承诺其下属某工贸公司于1995年9月30日之前归还本息（证据五，会议纪要）。后被告某研究所下属某工贸公司分别于1995年10月31日，1997年9月9日及1997年10月5日共计返还原告借款55万元（证据六，三张电汇凭证），尚余95万元，经原告一再向二被告催要至今，二被告以种种理由拖欠不还。

综上，原告与被告某研究所及某研究院共同投资筹建合营公司，为此向二被告借款150万元。后三方合作不成，根据“会议纪要”的约定，被告某研究所及其下属某工贸公司理应如数归还原告的借款。二被告至今拖欠95万元借款不还，无偿占用原告资金达4年之久，严重损害了原告的合法权益。故原告请求法院依法判令二被告立即返还95万元借款余额，并承担诉讼费用，以维护法律的尊严及原告的合法权益。

此呈

某区人民法院

具状人：某通信公司

旁白

准确把握案件的法律关系、法律关系的变更、多重法律关系，是诉讼律师的基本功。因此，也可以据此衡量一个律师在诉讼上到底入门了没有。

——本案法律关系原为联营，后来合同各方当事人一致变更为借款。

管辖的较量

背景

某研究所与某工贸公司的管辖权异议

某研究所与某研究所下属某工贸公司在答辩期内提出案件管辖权异议申请（向法院提交《管辖异议函》，系名称不规范文书，应为《管辖权异议申请书》）。

其理由为，根据《民事诉讼法》第24条规定："因合同纠纷提起诉讼，由被告所在地或者合同履行地人民法院管辖。"贵院管辖此案不符合法律规定，应由某省某市某区人民法院管辖为宜（说明：该地为被告住所地和合营公司设立地即联营合同履行地）。

正文

管辖权异议答辩意见（一审）

某区人民法院：

贵院受理之我公司诉某研究所和某研究所下属某工贸公司借款纠纷一案，现两被告向贵院提出管辖权异议。我公司认为：本案案由为借款纠纷，最高人民法院《关于如何确定借款合同履行地问题的批复》（法复[1993]10号）规定："除当事人另有约定外，应确定贷款方所在地为合同履行地。"本案中我公司为贷款方，我公司所在地为某区某路某大厦（贵院辖区），故贵院对此案有管辖权，受理此案并无不当。因此，请贵院依法驳回上述两被告的管辖权异议，继续审理本案。

答辩人：某通信公司

裁定

管辖权异议裁定

某区人民法院对管辖权异议作出一审《民事裁定书》，内容如下：

本院受理原告某通信公司与被告某研究所及被告某研究所下属某工贸公司借款合同纠纷一案后，某研究所及某研究所下属某工贸公司在提交答辩状期间对管辖权提出异议，认为双方住所地系某省某市某区，应由某省某市某区人民法院审理。

经审查，此笔借款的划拨银行为工商银行某分理处，系本院辖区，且某通信公司的住所地亦属本院辖区。据此，本院依据最高人民法院关于如何确定借款合同履行地问题的相关规定及《中华人民共和国民事诉讼法》第24条之规定，裁定如下：

驳回被告某研究所及某研究所下属某工贸公司提出的管辖异议。

如不服本裁定，可在裁定书送达之日起10日内，向本院递交上诉状，并按对方当事人的人数提出副本，上诉于本市某中级人民法院。

背景

某研究所及某工贸公司管辖权异议裁定的上诉意见

某研究所及某研究所下属某工贸公司均不服一审法院的裁定，同时提起上诉。

某研究所的主要上诉理由是，其也是贷款人，不是借款人，与某通信公司并无借贷关系。因此，本案不是借款合同纠纷，不应适用最高法院的司法解释，对其的诉讼应由其住所地和联营合同履行地，即某省某市某区法院管辖。

某研究所下属某工贸公司的主要上诉理由如下：

事实上，上诉人与被上诉人之间并无借款合同，被上诉人视为借款证据的《会议纪要》，也是明确无误的载明被上诉人、某研究所、某研究院三个投资人，准备将以前投资于上诉人的股金转为借款的约定，这种约定并没征得作为独立企业法人的上诉人同意，是三个投资人单方面的意思表示，并不能证明当时上诉人同意了三个投资人的约定。而裁定书认定上诉人与被上诉人之间有借款150万元的合同，这显然是审查不严。

同时，裁定书还称："此笔借款的划拨银行为工商银行某分理处"。据被上诉人在民事诉状中举证的证据二的电汇凭证上明明白白写着"还款"上诉人下属经营部，根本无所谓"借款"字样，裁定书把"还款"视为"借款"，是典型的事实不清。

故此，上诉人与被上诉人之间根本无借贷关系，只有投资关系，而裁定书据此认定该案适用最高人民法院关于如何确定借款合同履行地问题的相关规定，应由某区法院管辖是不恰当的。没有借款合同而运用有关"借款合同"的司法解释，这是明显的适用法律错误。

裁定

管辖权异议二审裁定

某中级人民法院对管辖权异议上诉案作出二审《民事裁定书》，内容如下：

上诉人某研究所不服本市某区人民法院（1999）某经初字第×号民事裁定，向本院提起上诉，其上诉理由是：当事人之间无借款合同，依《会议纪要》的约定，上诉人与被上诉人系投资组建新公司的关系，故一审法院认定事实不清，裁定其对本案有管辖权不妥。

本院经审查认为，某通信公司与某研究所及某研究所下属某工贸公司之间实属借款关系，出借方某通信公司住所地在某区，且此笔借款划拨银行工商银行某分理处亦在某区，故一审法院对本案具有管辖权。依照最高人民法院关于借款合同履行地为出借方所在地的规定及《中华人民共和国民事诉讼法》第24条、第154条之规定，裁定如下：

驳回上诉，维持原裁定。

旁白

有时，特定的案由，即案件法律关系的性质，决定着特定的案件管辖。因此，如果这时搞错了案由，就有可能搞错管辖。

强硬的抗辩

背景

某研究所及某工贸公司的答辩意见

某研究所关于本案实体问题的主要答辩意见如下：

一、在本案中某研究所与原告法律地位相同

合营公司合同书第2条规定：某研究所与原告同为筹备组三个法人成员之一。合同书还约定了某研究所的出资义务，因此某研究所也与原告一样在合同约定的1994年7月底之前，如期将自己确认的52万元出资款转到了某工贸公司，享有三股东之一的地位。

在三方会议纪要中，也确认了原告、某研究院，某研究所以借款方式向某工贸公司投入资金，由某工贸公司归还。

这充分证明在组建合营公司中，某研究所与原告均是股东，如果原告可以随意把股权转为债权的话，某研究所也应享有同样的权利。

二、某工贸公司是享有独立民事权利义务的企业法人

在本案中，某工贸公司是一个在合同和会议纪要中没有出场而事实上充分存在的当事人，即是具体运作250万元股金为确保新公司信息安全产品的研制、生产、运营的经营方。虽然某工贸公司是某研究所投资组建的公司，但在同时也是国家行政管理部门注册登记的企业法人。应依法享有独立的企业法人的全部民事权利义务。

三、某研究所从未承诺某工贸公司限期还债

原告举证以会议纪要证明某研究所承诺其下属某工贸公司于1995年9月30日之前归还本息。查遍会议纪要，根本无此表述。

会议纪要最后一段确实讲到：经协商三方同意，某通信公司、某研究院和某研究所以借款方式已投入的资金，由某研究所下属某工贸公司在1995年9月30日之前分别归还本息。

在这里，某研究所也同样是以债权人身份与另两方债权人达成的协议，是要维护自己的权利。至于这种投资人背着经营者达成的股转债是否合法，以及股转债的三方债权人自己规定的要求债务人还款期限的协议有无法律效力，相信法院会依法裁定的。但某研究所从未承诺某工贸公司限期还款却是不争的事实。

某研究所下属某工贸公司关于实体问题的主要答辩意见如下:

一、证据指向是投资而非借款关系

在庭审中，原告向法院出示的全部证据，均不能证明答辩人借贷了原告150万元人民币，相反只能证明原告与答辩人之间的法律关系是投资关系。

经双方质证后法庭认可的由答辩人出具给原告的150万元收据以及出具给某研究所的收据，都是注明收筹建合营公司资本金，而且原告以及某研究所都是在1994年7月底以前转给答辩人的。为什么呢，因为合同第5条规定，超过这个期限，就视为放弃了对合营公司投资入股成为股东单位的资格。原告当年投入这笔钱就是为投资入股，现在又怎么能说成1994年7月底以前转入答辩人账上的资金是借款呢？投资就是投资，借款就是借款，熊掌和鱼不可兼得。在合作愉快时就是股金，合作不成功就变成借款，为原告筹建新公司研发新产品投资还要答辩人承担债务，这种完全损害答辩人利益的协议符合我国法律公平原则吗？

二、单方面规定合同以外第三方只履行义务不享受权利的协议不合法

相信法庭已充分注意到，在本案关键的三份文件中（1994年7月7日关于组建合营公司有关问题的协议，1994年7月16日组建合营公司合同书，1995年5月9日会议纪录）从来都是将答辩人排斥在外的，无论是原告等三方决定组建股份制有限责任公司，还是原告等三方决定投资250万元让答辩人为合营公司研发新产品，还是最后又决定把投资转为借款，从来都是原告等三方签订了协议就算数，从不征求答辩人的意见，也不让答辩人有半点在协议上明确自己权利义务的条款，甚至连协议上最后签名的位置都没留。到现在，说要收回投资款了，就想起了答辩人，这合理吗？合法吗？公平吗？

三、原告有不可推卸的赔偿责任

答辩人正是原告等三方签署的合同书中事实上的当事人，具体运作250万

元股金作为新公司确保信息安全保密产品的研制、生产、运营的经营方，在原告等三方投资资金已经到位的情况下，在这三百多天里，250万元货币资本已经转换为生产资本和潜在无形资产，队伍已具规模，生产能力已经基本形成，市场开发已大量投入力量并初步显示良好前景的情况下，原告等三方突然作出终止合同书这一重大决策时，完全忽视了答辩人已经落实合同书的客观现实，在没有给答辩人任何赔偿，也没有答辩人法定代表人签字认可的前提下，即以《会议纪录》的方式武断地决定于1995年9月30日以前撤出全部原定为投入的出资款转为借款资金及利息，有悖于现行法规。而且突然地撤出全部资金，也有违科研、生产、营销的正常规律，必然给答辩人造成重大经济损失。

合同书是一个有法律效力的文件。原告等三方并没有遇到不可抗力，在答辩人法定代表人没有参与的情况下单方终止是不合法的。原告等三方在新公司组建前一年的筹备期间中发生的对外民事行为，如果新公司注册登记了，自然应新公司负责。现在由于原告三方合作不成功，筹备组解散了，这个民事责任就应该由原告等来承担。答辩人认为，原告等三方对突然终止合同书给答辩人造成的损失，在公平合理的范围内给答辩人以一定数额赔偿，是符合我国法律的。

旁白

有经验、有毅力的律师在正确的道路上能走得很远，但是，往往在错误的道路上也会走得很远。

——上述答辩中，关于某研究所的答辩意见靠谱，关于某工贸公司的答辩离谱。

艰难的应对

正文

代理词（一审）

尊敬的审判长、审判员：

我们作为本案原告某通信公司的代理人，在认真阅读本案案卷材料，参加本案庭审的基础上，就原告诉某研究所及某研究所下属某工贸公司借款合同纠纷一案，提出如下代理意见：

一、原告与被告之间的法律关系为企业借贷合同关系

本案涉及的原告与被告某研究所之间的合同有两份，一为我方提供之证据一《组建合营公司合同书》（以下简称《合同书》），二为我方提供之证据五《会议纪要》。两份合同的内容虽然都涉及原告、被告某研究所及某研究院合作组建合营公司的有关事宜，但两份合同的法律性质却截然不同。

1.《合同书》为联营协议，确定了原告、被告及某研究院之间的联营合同关系。在《合同书》中，原告与某研究院及被告某研究所约定共同出资组成新的经济实体，即合营公司，三方合作的性质为法人型联营，所达成的联营协议是合法有效的。在《合同书》的形式要件方面，虽然《合同书》仅有三方法人代表签字，未加盖公章，但依据最高人民法院法（经）发［1987］20号《关于在审理经济合同纠纷案件中具体适用〈经济合同法〉的若干问题的解答》第1条第（三）项规定："合同签订人未持委托单位出具的任何授权委托证明签订合同的，如果委托单位未予盖章，合同不能成立，责任由签订人自负；如果委托单位已经开始履行，应视为对合同签订人的行为已予追认，因而对该项合同应当承担责任，需要继续履行的应当补办盖章等手续。”[1] 三方签订《合同书》后，按照《合同书》的约定开始履行约定的合同义务，如提供活动经费，草拟组建新公司所需的相关文件，委托会计师事务所进行资产评估，以及提供借贷资金等，故三方对其法人代表签订的此份合同已予追认，三方对《合同书》应当承担责任。

必须指出的是，《合同书》虽然合法有效，但该合同书中关于三方向被告某研究所下属某工贸公司借款的约定，则违反了企业间不得相互借贷的有关金融法规，属无效条款，不受法律保护。

2.《会议纪要》终止了三方的联营关系，为企业之间的借贷合同。在《会议纪要》中，三方约定终止联营，被告某研究所承诺由其所属之某工贸公司偿还本息，同时明确约定了借款利息和还款期限。《会议纪要》实质上将三方的联营关系变更为企业借贷关系，其性质为企业借贷合同。至于《会议纪要》在合同形式要件方面的欠缺，即未加盖公章而仅由法人代表签字，则与《合同书》的情形相同，因已实际履行，故根据前述司法解释之规定，三方应对这份企业借贷合同承担责任。

根据最高人民法院法复［1996］15号《关于对企业借贷合同借款方逾期不归还借款的应如何处理的批复》，“企业借贷合同违反有关金融法规，属无效合同。对于合同期限届满后，借款方逾期不归还本金，当事人起诉到人民法院的，人民法院除应按照最高人民法院法（经）发［1990］27号《关于审理联营合同纠纷案件若干问题的解答》第4条第二项的有关规定判决（即判令借款人返还本金，对出资方已经取得或者约定取得的利息应予收缴，对另一方应处以相当于银行利息的罚款）外，对自双方当事人约定的还款期满之日起，至法院判决确定借款人返还本金期满期间内的利息，应当收缴，该利息按借贷双方原约定的利率计算”，“借款人未按判决确定的期限归还本金的应当按照《中华人民共和国民事诉讼法》第232条的规定加倍支付迟延履行期间的利息。”[2] 因此，《会议纪要》约定了违法的企业借贷行为，是无效合同。被告应立即向原

---

[1] 随着《合同法》的公布实施，该司法解释已被最高人民法院废止，但该司法解释规定的内容，与《合同法》有关“合同被追认”之内容是相同的，且比《合同法》更为具体、明确。

[2] 该法于1991年4月9日施行。2013年1月1日施行的新修正的《民事诉讼法》将该条序号变更为第253条。

告返还借款本金，并接受法院向其收缴约定利息和罚款的法律制裁。

由此可见，原告与某研究院、被告某研究所于1994年7月间曾联营筹建合营公司，《合同书》为三方之间合法的联营协议，但其中约定了违法的企业间借贷的内容：后《会议纪要》终止了三方的联营，确定了三方的借贷关系，为企业借贷合同，这一合同是违法的无效合同。根据这一借贷合同，原告为出借方，对于原告出借的资金而言，被告某研究所为借入方，原告与被告某研究所之间的法律关系为企业借贷合同关系，原告给付两被告的150万元为借款。同时，被告在返还部分本金的证据中亦清楚地注明其还借款的性质，始终认可与原告的借贷关系。故根据有关企业借贷的法律规定，被告应立即向原告返还借款本金的余款95万元，并接受法律规定的处罚。

二、两被告共同负有向原告返还借款本金的义务

1.被告某研究所是企业借贷合同中原告借贷资金的借入方，应负还款义务。从原、被告之间的企业借贷合同——《会议纪要》中来看，该合同并未写明谁是出借方，谁是借入方。谁为这份企业借贷合同的主体，应结合《合同书》确定的联营事实来分析。在某研究所与原告及某研究院的联营中，联营的三方各有投入：原告和某研究院以共200万元借款取得股东资格；某研究所以其下属某工贸公司的“经鉴定的四项产品及相关技术作为无形资产投入”，同时“在资金方面认投50万元”（即在《合同书》中约定的50万元借款），而“某研究所下属某工贸公司仍然独立存在”（引自《会议纪要》）。联营的三方是原告、某研究院及某研究所，某研究所下属某工贸公司不是联营的主体。由于某研究所是以其下属某工贸公司的产品及相关技术作为无形资产投入，联营体原准备建立在某工贸公司所有的资产基础上，故原告和某研究院才同意将共200万元资金借贷给某研究所下属某工贸公司。可见原告的150万元及某研究院的50万元借款虽然划入某研究所下属某工贸公司账户，实际上却是两方为了联营而借贷给被告某研究所的。在由联营转为借款的企业借贷合同关系中，被告某研究所对于出借资金的原告及某研究院来说，是借入方。三方在《会议纪要》中之所以同意由某研究所下属某工贸公司还款，仅因为三方的借款已入某工贸公司账户。因此某研究所同意由其下属某工贸公司负责还款，实际上是某研究所对返还原告与某研究院出借的资金的承诺。因此在《会议纪要》终结了三方的联营关系后，某研究所作为原联营的一方，对于出借资金的原告而言，当然是借贷资金的借入方，当然负有向原告返还借款本金的义务。至于被告某研究所自己为联营而借款给其下属某工贸公司，则与本案中原告为联营而出借的资金的返还问题无关。不能因某研究所也曾出借资金划入下属某工贸公司账户，就免除某研究所作为原联营的一方返还另两方为联营而出借的资金的义务。

反过来说，依两被告辩称，原告的借款没有入被告某研究所的账户，某研究所也是借贷资金的出借方，对原告不负有还款义务；而某研究所下属某工贸公司不是联营的一方，不是企业借贷合同的主体，在借款事实中，只是提供账户实际接受借贷资金的一方，某工贸公司与原告没有借贷合同关系，某工贸公司向原告返还借款没有合同依据。结合被告的上述理由可以推出这样的结论：本案虽为借款合同纠纷，但在企业借贷合同关系中，只有出借方，没有借入方，没有人应当承担还款义务。这样的结论岂不荒谬？那么，究竟谁是企业借贷合同的借入方呢？某工贸公司吗？当然不是。虽然联营的三方在《会议纪要》中都同意由某研究所下属某工贸公司还款，但在三方的合同中对其他方义务的约定是无效的。某研究所与其下属某工贸公司虽为行政隶属关系，但却是两个独立的经济实体。某研究所下属某工贸公司为企业法人，独立承担其民事责任。因此某研究所无权在与原告和某研究院的联营及借贷协议中承诺由某研究所下属某工贸公司还款，如果没有某研究所工贸公司事后与原告及某研究院重新达成由某研究所下属某工贸公司承担还款义务的协议，某研究所关于某研究所下属某工贸公司还款的承诺是无效的，对某研究所下属某工贸公司没有约束力。某研究所下属某工贸公司事后向原告返还了55万元借款，虽可视为某工贸公司对《会议纪要》的部分追认，但某研究所下属某工贸公司从未明确承诺返还全部借款，因此被告某研究所不能因某工贸公司已向原告返还部分借款而认为其还款义务已转由某工贸公司承担。被告某研究所仍是直接的还款义务人。

另一方面，虽然被告某研究所准备以某工贸公司所有的无形资产作为联营的投入，但不能将某研究所下属某工贸公司看作实际参加联营的一方。因为某研究所下属某工贸公司并未与三方签订联营协议，未在三方的联营中独立承担任何权利义务，组建合营公司的联营主体是三方而非四方。故作为独立承担民事责任的企业法人，某研究所下属某工贸公司并不是联营协议及企业借贷合同的主体。

可见，被告某研究所是联营的一方，是企业借贷合同的主体，对于原告借贷的资金而言，是实际的借入方，因而，被告某研究所是原告首要的、直接的还款义务人。

2.被告某研究所下属某工贸公司因出借账户和使用借贷资金，同样负有还款义务。

被告某研究所下属某工贸公司作为某研究所出资成立的下属公司，虽然不是企业借贷合同的主体，但原告与某研究院的借款均划入其账户，由其实际接收，为借款的实际使用人，并且某研究所在《会议纪要》中亦承诺由某工贸公司偿还借款本息，而某工贸公司也曾向原告偿还部分借款本金，因此某研究所下属某工贸公司亦为本案被告之一，并负有同样的还款义务。

三、原告给付被告的借款不是投资款，不存在资金已被投入使用的问题

被告在庭审中辩称，原告在《合同书》签订后给付的150万元名为借款，实为投资款，该笔投资款连同某研究院、某研究所投资的共250万元资金，已部分用于联营组建新公司的筹备工作，因此各方应承担其投资风险，不能要求被告返还全部借款本金。我们认为，被告的这种观点是违背事实，并且自相矛盾的。

首先，原告给付两被告的资金是借款，而非投资款，因而不存在实际支出和投资风险的问题。《合同书》虽为三方的联营协议，但并未确定三方的投资数额、股份比例等，故其约定三方借贷的250万元并不是三方的出资。不可否认，如联营成立了新公司，三方借贷的这部分资金会转为各自的出资，但在三方签订《合同书》时，一方面因无法确定三方各自的投资数额及比例，另一方面既要出资取得股东地位，又担心若联营不成投入的资金无法收回，故约定暂向被告借款，并约定还款利息。由此可见《合同书》中约定联营三方付出的资金性质为借款，非投资款。这一借款后因联营未成，被《会议纪要》再次确认为企业借贷资金，其借款性质并未发生变化。

其次，由于联营协议实际未得以完全履行，联营体并未设立，亦没有任何经营活动，三方在《合同书》对筹备组建新公司所需的活动经费另有约定，故不存在三方借贷的资金被实际使用的问题。依前所述，某研究所下属某工贸公司亦只负责接受借款，而无权使用该笔借款。如果两被告有证据表明借贷资金被实际使用，则恰恰说明两被告有无视联营协议的约定，未经三方认可，擅自挪用借贷资金的侵权行为。

最后，退一步而言，即使三方按照联营协议借贷的250万元为投资款，三方在经历了近一年的筹备工作后，以《会议纪要》终止了联营，然而《会议纪要》约定偿还的借贷本金与《合同书》中约定的借款数额完全一致，这就从反面证明了三方为联营而划入某工贸公司的资金是企业间的借款，而且三方所进行的联营筹备工作并未实际使用这250万元。否则，又怎会约定返还全部借款，并且还提高还款利息呢？被告某研究所下属某工贸公司一方面称其不是联营的任何一方，三方的联营与其没有任何关系，其不是企业借贷合同的主体，另一方面又提出其为实际参与联营者，“是一个在合同和会议纪要中没有出场，而事实上充分存在的当事人，即是具体运作250万元股金作为确保新公司信息安全产品的研制、生产、运营的经营方”（引自被告某研究所下属某工贸公司之答辩状），从而主张其已实际使用250万元的“投资”，不能向原告返还剩余的借款本金。被告某研究所下属某工贸公司的辩解前后矛盾，目的无非是曲解事实，妄图逃避还款责任。其观点毫无事实根据，是根本站不住脚的。

四、原告向被告出借的150万元为原告所有之财产，某研究院为原告委托之付款单位

因原告之证据二表明付款系由某研究院账上划出，故被告在庭审中指出原告之借款并非由原告所有，而属于某研究院，我们认为，这是罔顾事实的胡搅蛮缠。

1.从原告方列举之证据四可以看出，某研究院接受原告委托，代原告向被告某研究所下属某工贸公司电汇150万元。因某研究院亦承诺借款50万元，因此某研究院将200万元一并电汇至被告某工贸公司账户。某研究院的这份《确认函》清楚地表明了原告与某研究院之间的委托付款的关系，表明了原告委托某研究院代付的150万元属原告所有。

2.从原告列举之证据三收据可以看出，被告某研究所下属某工贸公司收到某研究院电汇的200万元借款后，向原告开具了收据，标明收到原告150万元的借款。因当时原告尚未取得营业执照，被告某研究所下属某工贸公司因而在收据上注明付款方为“某通信公司”。被告某研究所下属某工贸公司据此在庭审质证中提出此收据与本案无关。但在其答辩状中，又承认“双方转款的收款方均是某工贸公司某服务部”。可见某研究所下属某工贸公司认可收到原告150万元借款之事实。另外，从被告的还款情况来看，根据证据六，被告某研究所下属某工贸公司从1995年10月31日以来的三次还款均是将还款划入原告之账户。由此可以看出，被告始终认可150万元借款属于原告所有。

由此可见，原告向被告出借的150万元属于原告所有之资金，被告亦始终认可这一事实。如果被告认为这150万元借款不属于原告所有，又为何向原告开具证明已收款的收据，为何向原告还款呢？可见被告所称原告的150万元借款并非原告所有的答辩是完全违背事实的，其目的在于拖延时间，抵赖欠款不还。

综上所述，原告与被告某研究所之间为企业借贷合同关系。企业借贷合同违反有关金融法规，为无效合同。依照有关法律、法规及司法解释的规定，被告某研究所及被告某研究所下属某工贸公司应立即返还拖欠原告的借款本金95万元，自行承担法院对违法的企业借贷行为的处罚后果，并承担全部诉讼费用。请法庭查明事实，依法作出公正的判决，以维护原告的合法权益。

谢谢！

旁白

诉讼文书中最难写的，莫过于某个诉讼主张因缺乏证据和法律支持，而只能靠说理进行展开。经验不足的律师会为自己的说理沾沾自喜，经验丰富的律师则会为自己的说理惴惴不安。

正文

补充代理意见（一审）

尊敬的审判长、审判员：

我们已当庭提交了某市工商局的有关本案两被告之间隶属关系的工商档案材料。现我们在已提交的《代理词》的基础上补充提出下列代理意见：

一、被告某研究所下属某工贸公司因实际使用借款及还款而为本案借款人

本案中被告某研究所下属某工贸公司虽未参加组建新公司的联营，但联营三方（即原告、某研究院和被告某研究所，以下简称“三方”）约定的借款实际打入某工贸公司账户，某工贸公司收到三方的借款后以自己的名义向原告开具了收据；后某工贸公司又依照《会议纪要》的规定向某研究院及某研究所返还借款，向原告返还了部分借款，实际承担返还借款的责任，故某研究所下属某工贸公司虽未出现在联营及借款协议中，但亦应为本案实际的借款人，理应承担还款义务。

二、被告某研究所应承担偿还借款的连带责任

（一）关于连带责任的认定问题

关于连带责任的判定，目前审判实践中存在这样一种观点：认为连带责任的判定仅仅来自于法律、法规的明确规定。这其实是一种误解。一方面，从法律规定本身来看，并未有任何法律法规指明连带责任必须基于明确的法律法规规定才能认定；另一方面，从司法实践来看，法律法规未明确规定，而在法院审理和判决中依据事实认定连带责任的情况比比皆是。现实生活中的法律关系错综复杂，法律没必要也不可能详尽列举连带责任的各种情况，而法院在审理具体案件中根据事实认定当事人之间是否承担连带责任，恰恰是法院代表国家行使司法权的体现。

（二）关于某研究所承担连带还款责任的事实根据

首先，从某工贸公司取得借款的根据方面来看，某工贸公司并不是借贷合同的主体，未与任何一方签订借贷合同，某工贸公司取得这笔来自于三方的借款并非不当得利，而是有依据的。某工贸公司取得借款的依据有两方面：其一，某工贸公司是某研究所报经有关主管部门批准，自己出资开办的全民所有制企业，某工贸公司隶属于某研究所（我方于本次庭上提供的某研究所下属某工贸公司的工商档案材料中清楚地表明了这一点）；其二，某研究所在与原告、某研究院的联营中，以某工贸公司所有的资产（即“经鉴定的四项产品及相关技术”）作为某研究所的联营投入。这一点，在被告提供给法庭的证据《关于组建合营公司有关问题的协议》中表述得非常清楚：“四、三方一致同意按《企业法》成立股份制有限责任公司……某研究所投入资金50万元，同时以其分所的固定资产（含仪器、设备，但不包含在某市的房地产）、部分人员、经鉴定的四个产品及相关技术入股，其股份经合法的资产评估部门评估并认证后确定。”在这份证据中，某研究所刘所长特别在文后批注认为上述表述“是确切的”。以这份证据内容对照《会议纪要》的相关内容，这一事实则更加清楚。同时我们从《会议纪要》中可以看出，恰恰是因为原告及某研究院认为某研究所这部分的投入估价太高，三方达不成一致意见才导致联营半途而废。可见，某工贸公司之所以会取得借款，皆因它是联营一方某研究所的下属公司，皆因它的资产被某研究所作为参与联营的主要投入。这两方面因素密切联系，缺一不可。也正是基于这两个原因，原告和某研究院才会按照没有某研究所下属某工贸公司参加的《合同书》约定将资金打入某工贸公司的账户。

其次，从还款的根据上来看，既然某工贸公司未签订借款协议，其当然没有还款的理由，而事实上，某研究所下属某工贸公司实际返还了某研究院及某研究所的借款，并且向原告部分还款。不可否认，某工贸公司虽未在约定还款内容的《会议纪要》上盖章确认，却实际按照《会议纪要》的约定履行了部分还款义务。试想如果没有《会议纪要》，某工贸公司何必还款？除非是出于“良心发现”，但某工贸公司一向认为这些资金不是借款而是投资款，又怎么会产生这种“良心发现”呢？无疑，《会议纪要》是某工贸公司还款的依据，但某工贸公司既然未出现在《会议纪要》上，又为什么要依据这份表面看来与己无关的纪要来还款呢？还不是因为某工贸公司作为某研究所的下属单位，其资产作为某研究所的出资准备参加联营，并且某工贸公司实际获得了三方的借款吗？因此某研究所与其他两家约定还款，某工贸公司就开始还款了。某研究所在《会议纪要》中的约定，无论是在原告与某研究院，还是在某工贸公司看来，都是对某工贸公司承担还款义务的一种确认。因此，我们说，某研究所事实上在《会议纪要》中承诺由某工贸公司承担还款义务。

值得一提的是，从工商档案上看，某工贸公司成立于1988年，其性质为全民所有制企业，非有限责任公司，至今仍未进行公司化改制。某工贸公司由某研究所向有关部门报批后设立，其资金来源是某研究所的自有资金，注册地的办公场所为某研究所出资购买，人员均由某研究所派出。在当时的计划经济体制下，这类由国家行政事业性单位经有关部门审批设立的全民所有制企业并无真正的经营自主权，经营活动基本上受制于其隶属的上级主管单位。本案中某研究所与其下属某工贸公司的关系，正是这类隶属关系的体现。某研究所与某工贸公司各有其独立的法律地位，而事实上二者是整体与部分的关系。从被告方提供的证据《关于组建合营公司有关问题的协议》中将某工贸公司说成"某研究所分所"，到《会议纪要》中"某研究所在资金方面认投50万元，同时以经鉴定的四项产品及相关技术作为无形资产投入"，从这样的表述中即可看出某研究所自己也将某工贸公司看作它的组成部分。故此，原告和某研究院才会将某研究所和某工贸公司看成一家，并且在没有某工贸公司参加的情况下与某研究所签订相关协议，约定借款给某工贸公司及某工贸公司还款事宜。

由此可见，如果没有某研究所与原告及某研究院的联营，如果某工贸公司没有与某研究所的这种隶属关系，如果某研究所没有将某工贸公司的资产作为自己的联营投入，某工贸公司怎么可能取得借款？如果某研究所没有与原告及某研究院签订《会议纪要》，某工贸公司又怎么可能部分还款？某工贸公司获得的250万元借款并非不当得利，不是凭空而来，某工贸公司亦不会无缘无故地承担了还款责任。因此，某研究所对于这笔借款的产生及偿还当然负有不可推卸的责任，当然应对某工贸公司还款承担连带责任。

综上所述，被告某研究所下属某工贸公司作为本案的借款人，理应承担还款义务，而被告某研究所应就此借款承担连带还款责任。请法院查明本案事实，依法作出公正判决，以维护原告的合法权益。

谢谢！

旁白

不用心的律师所走的诉讼之路都是差不多的。有多少用心的律师，就可能有多少条诉讼之路。

侥幸的全胜

判决

一审判决

某区法院对本案作出一审《民事判决书》。

该判决“经审理查明”一节内容如下:

1994年7月16日某通信公司、某研究所和某研究院三方签订了《组建合营公司合同书》。该合同书主要内容为：由三方组建成立合营公司；设立新公司前由三方派员成立筹备组；三方为筹办工作各支付活动经费2万元，专款专用；三方均为发起单位；三方认股资金到位后，资金最大的股东为董事长，公司总经理由董事长聘任。该合同第五款约定：为保证合营公司组建前的需要，三方决定在1994年7月底前借贷250万元资金给某研究所下属某工贸公司，年息按10%计，其中某通信公司出借150万元、某研究院出借50万元、某研究所本部出借50万元（某研究所下属某工贸公司自筹100万元）。该批资金于1994年7月底前到位，若不能如期到位，视为放弃股东单位资格。该合同还约定，以实物资产、无形资产（固定资产、技术成果、工业产权等）作为股份的部分，应由经三方共同认可的具有资格的会计师事务所进行评估、折价。资产评估工作应在1994年8月底前完成，评估所需开支由该资产认股单位支付。此协议由三方代表人或法人代表签名。该事实有合同书证明。

1994年7月7日，某研究所原所长刘某在《关于组建合营公司有关问题的协议》文件中批示：某研究所投入资金50万元，同时以其分所的仪器、设备和已经鉴定的四个产品及相关技术入股，其价值（股份）经合法的资产评估部门评估并认证后确定。此事实有该文件证明。

合同签订后，某通信公司、某研究院和某研究所三方均按约定先后将各自投资款汇至某工贸公司的账户上。该事实有某研究院1994年7月30日电汇200万元（该笔款项中含某通信公司的150万元）的电汇凭证、某研究院于1998年12月30日确认函以及某工贸公司1994年11月15日收到某通信公司150万元款项的收据等证明。

1995年5月9日由组建新公司三方发起人参加的协商会议形成的《会议纪要》，主要决定了以下几项内容：1. 会议再次确认三方发起人的投入资金分别是：某通信公司150万元、某研究院50万元和某研究所50万元。2. 由某研究所组织对某工贸公司研制的四项保密机产品的资产评估工作业已完成，经评估定价为238万元。3. 因某研究所要求其投资50万元同时再以某工贸公司研制的四项保密机产品作为无形资产投入，且某工贸公司仍然独立存在。对此，某通信公司与某研究院有异议，故会议决定，三方合作暂告一段落。4. 该次会议还决定：三方以借款方式所投入的资金由某工贸公司在1995年9月30日前分别归还本息，利息分别为1994年8月至1995年按年息10%计算；1995年6月至1995年9月按年息14%计算。

该次会议后，某工贸公司分别归还了某研究所、某研究院的借款。至1997年10月5日某工贸公司仅归还某通信公司借款55万元（即1995年10月31日还30万元、1997年9月9日还20万元、同年10月5日还5万元。三笔款共计55万元），现仍欠95万元未付。该事实有某工贸公司电汇付款凭证佐证。

庭审中，某工贸公司未向法庭提交其占有并使用该笔款项是投资款的证据材料。

另查明，某工贸公司是由某研究所于1988年6月20日向某市工商行政管理局申请设立。该公司主管部门为某研究所。该公司的投资资金来源为某研究所自有资金。该公司性质为全民所有制。该公司的公司章程中约定：公司停办后由某研究所派出清算小组，对公司的财产、资金、债权等进行全面清算。此事实有某省某市工商行政管理局工商档案材料证明。

上述证据均经开庭举证、质证，本案三方当事人对此无异议。上述事实还有本院开庭笔录证明。

该判决“本院认为”一节及判决主文内容如下：

根据某通信公司与某研究所、某研究院三方经协商约定的将组建法人型联营的出资款出借给某工贸公司；以及此后又在终止组建法人型联营协议时再次确认该出资款属借款的事实，应认定本案属借款关系。

在该借款关系中，上述三方发起人虽均为出借方，但因涉及本案款项所有权属某通信公司，故本案借款关系的出借方应为某通信公司。由于某通信公司不具备经营借贷业务的资格。该出借行为违反了国家有关金融法律规定，扰乱了金融市场秩序，应认定无效。且对该违法借款行为，本院还将依照国家有关法律规定予以制裁（制裁决定书另行制作）。需要指出的是，本案某工贸公司虽未直接借款，但根据其实际取得并使用了该笔款项，且在事后又自动履行了偿还部分借款的行为，应视为是其对借款人地位的默认。且庭审中也未能提供出其占有、使用该笔款项属投资款的证据。故某工贸公司应作为本案借款关系中的借款人承担还款责任。庭审中，某工贸公司以本案是投资关系而非借贷关系的辩称，本院不予采纳。

从本案发生纠纷的事实看，导致本案借款纠纷发生主要是由于某研究所不仅代表某工贸公司，还将某工贸公司的资产作为自己的投资股份参与联营，从而将联营投资款变成了借款，并最终因联营不成，形成了某通信公司与某工贸公司之间的借款纠纷。对此，某研究所有过错，其应承担相应的法律责任。尽管某通信公司在将投资款汇入到某工贸公司本身也应负有一定责任，但某研究所对形成本案借款关系应负主要责任。依上述事实，故某研究所以其与原告从无借贷关系属无理纠诉的辩称，本院不予采纳。

综上所述，依照《中华人民共和国民法通则》第106条，原《中华人民共和国经济合同法》第7条第一款第一项、第二款，第29条第一款之规定，判决如下：

一、某研究所下属某工贸公司给付某通信公司欠款95万元，于本判决生效后10日内付清；

二、某研究所对上述给付该笔货款承担连带补偿责任。

另外，某区法院依据有关司法解释，对借款人某研究所下属某工贸公司作出《民事制裁决定书》。

旁白

不少法官看不起律师，说律师“老扯那些没用的”，“总扯不到点上”。确实，律师坐在两边、下边，法官坐在中间、上边。法官长年累月地听一拨又一拨律师“胡扯”，应该比律师高明。

疲惫的对阵

背景

某研究所的上诉意见

某研究所不服一审判决，提出上诉，其主要上诉理由如下：

一审判决称：“导致本案借款纠纷发生主要是由于某研究所不仅代表某工贸公司，还将某工贸公司资产作为自己的投资股份参与联营，从而将联营投资款变成了借款，并最终因联营不成，形成了某通信公司与某工贸公司之间借款纠纷。”

这完全不是事实，即便根据1994年7月16日的合同书第5条规定：“三方研究决定，在1994年7月底前借贷250万元资金给某研究所下属某工贸公司，年息按10%。其中某通信公司出借150万元、某研究院出借50万元、某研究所本部出借50万元。”该款从合同一开始就明确是借款，并不存在投资款就变成了借款，上诉人一直是出借人之一。

其次，上诉人从没有代表并把属于独立法人的某工贸公司的资产作为自己投资股份参与联营的行为，无任何过错可言。庭审时原告也没有任何证据证明这一点。

最后，判决书也承认：“本案某工贸公司虽未直接借款。根据其实际取得并使用了该笔款项，且在事后又自动履行了偿还部分借款的行为，应视为是其对借款人地位的默认。”某工贸公司是工商行政管理机关依法批准成立的独立法人，应独立对外承担民事责任。上诉人作为开办方履行了投入实际注册资本的义务。现在要求上诉人承担某工贸公司对外连带责任，没有法律依据。

同时，一审法院严重超审限，损害了法律的尊严。

以上事实和理由，请二审法院依法审理，以维护上诉人合法权利。

旁白

打完一审后，明白的律师便知道哪条路可走，哪条路不通；不明白的律师还是一条路走到黑。

——某工贸公司接受了一审判决，这是明智的；某研究所提出上诉，也是正确的。

正文

代理词（二审）

尊敬的审判长、审判员：

我们作为被上诉人某通信公司的代理人，在原审提出的代理意见的基础上，针对二审中上诉人的上诉请求和理由，提出如下代理意见：

一、原审认定事实清楚，定性准确

1.上诉人参与联营的事实及联营三方达成的《合同书》、《会议纪要》是某工贸公司取得借款和偿还借款的依据。本案的借款关系是以上诉人、被上诉人及某研究院三方的联营关系为基础的，正是由于三方在筹备联营之初担心联营不成才将拟定的投资款约定为借款，又在联营破裂时约定按期偿还借款并付利息，才产生了本案企业的借贷法律关系。没有最初的联营关系就没有本案引发的借款纠纷。某工贸公司虽未以独立法人身份参与联营，但上诉人因某工贸公司为其投资开设的全资子公司，遂以某工贸公司所有的四项保密机等无形资产作为其参加联营的投入。正是基于这两个基本事实，被上诉人、某研究院以及上诉人自己才会将款项划入非联营主体的某工贸公司账户，也正是基于同样的事实，三方在终止联营的《会议纪要》中，也才会约定由某工贸公司还款付息，而某工贸公司也才会依据《会议纪要》向被上诉人偿还了部分借款。由此可见，本案的借款关系不是孤立存在的，上诉人对于其下属的某工贸公司取得借款负有直接的责任。上诉人诉称其不是借款人，因而与借款关系无关，是不能成立的。

2.上诉人确以某工贸公司所有的资产作为自己的出资参与三方联营。庭审中，上诉人提出原判决认定的上诉人拟投入联营的无形资产（即某工贸公司研制的并经鉴定的四项保密机）属于上诉人的“分所”所有，而不属于某工贸公司所有，并进而提出“上诉人从没有代表并把属于独立法人的某工贸公司的资产作为自己投资股份参与联营的行为”。我们姑且不论有没有这个所谓的“分所”，也姑且不去妄加猜测所谓的“分所”其实就是某工贸公司，仅从我方提供并在一审时已经上诉人认可的《会议纪要》，以及本次庭审中提交的某资产评估事务所出具的《无形资产评估报告书》，便可清楚地看出，这两份书证都有力地证实了上诉人将属于某工贸公司所有的无形资产作为自己的投资参与联营。至于该无形资产是否同时也属于所谓的“分所”所有，以及是否存在这个“分所”，都与本案无关。可见原审判决对于这一问题的表述是经相关证据证明并符合事实的准确认定。

二、原审适用法律正确

我们认为，原审判决认定上诉人有过错，是在前述的准确认定事实基础上的正确定性，上诉人依法应当依其过错责任承担相应的民事责任。故原判决根据《民法通则》和原《经济合同法》之相关规定判令上诉人对某工贸公司向我方返还借款承担连带补偿责任并无不当，原判决适用法律正确。

另外，对于原审超过审限的问题，我们认为本案不同于一般的企业借贷纠纷，法律关系较为复杂。庭审中双方诉讼主张亦有变动，并不断补充证据，故原审从简易程序变更为普通程序。原审法庭不厌其烦，多次开庭查证事实及听取双方论辩，是为查明事实以能够作出正确的裁决。因而我们认为原审未能在审限内结案是基于本案的特殊情况，在程序上并无不当。

综上，原审判决认定事实清楚，适用法律正确，上诉人的上诉理由缺乏事实及法律依据。故恳请二审法院依法驳回上诉，维持原判，以维护法律的尊严及被上诉人的合法权益。

谢谢！

旁 白

诉讼是痛苦的，或在痛苦中获胜，或在痛苦中落败。各个律师仅仅在体验痛苦的程度上有所不同。

失望的终局

判决

二审判决

某中级法院对本案作出二审《民事判决书》。

因该判决“经审理查明”一节与一审判决基本相同，故这里不作引述。

该判决认为，某研究所下属某工贸公司虽未参与《组建合营公司的合同书》与《会议纪要》的签订，但其实际接收了借款，且已部分返还了借款，故为借款人，依法应承担返还借款的民事责任。某研究所亦为借款的出借方，故原判决其对借款承担连带补偿责任不妥。因此，对原判部分改判。判决某研究所下属某工贸公司返还某通信公司借款95万元，驳回某通信公司对某研究所的诉讼请求。

尾 声

有的故事是编不出好剧本的，因此也就演不出好戏。

有的案子是写不出好文书的，因此也就打不出漂亮的官司。

思考

我们律师按照委托人某通信公司的意愿，主张某研究所应与其下属某工贸公司承担连带还款责任（某研究所的资产状况比某工贸公司好，执行其更有保障）。但是，这一主张虽曾获得一审法院支持，但二审最终还是落空了。客观地说，针对某研究所主张连带责任或连带清偿责任，无疑都是勉强的。当然，这有本案在《合同法》实施前不能适用《合同法》之因素。

那么，在本案中，难道真的拿某研究所没办法吗?

这里，从探讨起见，提一设想：《合同法》第65条规定："当事人约定由第三人向债权人履行债务的，第三人不履行债务或者履行债务不符合约定，债务人应当向债权人承担违约责任。"可否据此主张，三方合同当事人在解除联营合同，确定还款责任的协议中约定，由某研究所下属某工贸公司（第三人，借款的实际使用人）向我方某通信公司（债权人）还款，因某工贸公司未还清全部债款（履行债务不符合约定），故某研究所应当承担还款责任（合同之外的第三人并无义务按他人的合同履行，故某工贸公司不承担还款责任）？

当然，这一主张的最大问题是，能否根据本案事实认定某研究所应对我方某通信公司的借款承担责任，即其是否为借款协议的债务人。

课题

论企业之间的借贷 论文

谈借款合同纠纷案件的管辖 文章

从个案看合同法律关系的变更 文章

连带责任与补充赔偿责任 文章

律师不可跟着委托人走 文章

—— 个案所反映出的律师的艰辛和迷失

心路

会后，赶赴北海公园，参加所里年轻同事们策划已久的夕阳下、水岸边的聚餐。刚坐下不久，我便被西天云蒸霞蔚的壮美景观惊呆了，忘却了下午才接的这个让人犯难的案子。我们和白塔、亭台、柳岸、湖水一起，恬静地沐浴着、享受着七彩霞光，仿佛在接受神圣的宗教洗礼……

要　　目

- “主题先行”
- 初识对手
- 解析答辩
- 勉强应对
- 画龙点睛
- 对错有疑

我执业十余年间仅办理了三件基层法院受理的小案，本案就是其中一件。

鉴于与某通信公司密切的合作关系，特别是我与该公司法定代表人郭总的私交，我答应了郭总，参与了本案的办理。不过，我方的法律文书基本都是由我当时的助理刘律师执笔的，我负责形成观点和理由，并口述给她，成文后我再修改定稿。

我办过不少企业借贷纠纷案件，诸如名为联营，实为借贷；名为合作，实为借贷；名为合建，实为借贷；以存单为表现形式的借贷；以委托理财为表现形式的借贷等。在本书中选录本案是因为案件虽小，但却不仅涉及联营关系与借贷关系的界定问题——某研究所下属某工贸公司主张是联营，不是借贷，而且涉及债务人与民事责任的认定问题——某研究所主张其并不是债务人，不应承担还款责任，另外还涉及律师代理案件的“主题先行”的问题——因某研究所有执行能力而诉其承担连带责任，虽获一审支持，但终被二审法院改判。

“主题先行”

1999年盛夏。某电子大厦10层，某通信公司郭总的办公室。

郭总神情轻松而热情地与刚进门的我和刘律师握手，好像不是约我们来公司谈案子，而是约我们到他家做客似的。今天他面容有些红润，稀疏的头发梳理得很整齐，简直一丝不苟。看来，他是刚睡完午觉，这种规律的生活方式应该是过去多年坐机关养成的。

郭总是从某部军工司司长的位子上下来管企业的（正局级未变）。已近六十的他既不像机关领导，也不像企业领导，倒很像大学或研究机构的专家型领导。我跟他几乎一见如故，与他领导的企业三年多的合作也非常顺利和愉快。

今天，他跟往常一样，先是微笑着说：谢谢光临！我们这点小case还要劳你们大驾。待我们坐定后，他的开场白则总是近期国内、国际重大经济新闻和他的看法。每次我都听得很入神，这往往让他说得更起劲，直到他的法务人员笑着提醒他该说正事了，他才会说：好了，不说了，咱们小老百姓忧国忧民也不管用。

听完情况介绍和看完本案的主要材料，我照例点上一支烟（某电子大厦禁烟，郭总对我这种厚脸皮网开一面），等待郭总的指示——每次跟我们见面前，郭总总是会通过公司内部会议，已确定了对律师的基本要求。

郭总笑着说：博士啊，这次我可是要强人所难了，你这次得给我个面子。公司已经对这个案子形成了意见。第一是一定要打赢。这个案子的特点是签合同的没拿钱（指某研究所），拿钱的没签合同（指某研究所下属某工贸公司）。但是，不管怎么样，他们两家总得有一家还钱。第二是一定要拿上钱。咱们虽然是国企，但也不要法院的“白条”（指不能执行的判决）。某研究所比它的某工贸公司有钱，最好让某研究所还钱。第三是你得亲自上这个案子。我们估计，因为当时签合同、签会议纪要的失误，打起官司来他们两家肯定会胡搅蛮缠。所以你如果写材料和出庭，我们就放心多了。只是我们都觉得这案子太小了。好了，我们的要求就是这些。

我先表态，同意参与这个案子的办理。接着，我谈了对案子的三点基本看法。

一是案件性质问题。本案具有双重属性，即，既有联营合同的一面，又有企业之间借贷合同的一面。就联营而言，联营的三方签订了组建合营公司的合同（联营合同），并已开始履行（各方提供了组建工作的活动经费，草拟了组建新公司所需的相关文件，委托会计师事务所进行了资产评估等）。但是，联营的三方又通过签署会议纪要解除了组建合营公司的合同，即终止了联营关系。就借贷而言，联营的三方在联营合同中，明确约定三方的出资以借贷的方式转入某研究所下属某工贸公司，并约定了利息。对该约定的实际履行就是，三方的借款均进入某研究所下属某工贸公司的账户。后三方在会议纪要中约定该借款由某研究所下属某工贸公司返还，同时也约定了利息。对会议纪要的实际履行就是，某研究所下属某工贸公司实际返还了我方（某通信公司）的部分借款。这就是本案的双重性质。不过，联营仅仅是本案纠纷的背景，本案纠纷的实质是企业之间的借贷（我所述最高人民法院关于处理企业之间借贷的司法解释的规定，此略）。

二是某研究所下属某工贸公司在本案中的法律地位和民事责任问题。可以肯定地说，某研究所下属某工贸公司是本案的借款人，应承担返还借款的民事责任。理由很简单，某工贸公司虽未参与联营合同和会议纪要的签订，但却实际履行了合同——接收了联营三方的款项，实际履行了会议纪要——部分返还了我方的借款。依据有关司法解释和司法实践经验，某工贸公司的实际履行行为在法律上是对其为联营合同中借款人的约定和会议纪要还款责任的追认，即已与联营三方成立法律上的借款关系。因此，我方必须将某工贸公司作为借款人来诉，以确保胜诉，以保障某研究所和某工贸公司必须有一家还钱的基本诉讼目的的实现。

三是某研究所在本案中的法律地位问题。某研究所是联营的一方。在联营合同中，某研究所与我方一样，按约定应将出资款以借款方式转入某工贸公司。从实际履行上看，某研究所依据联营合同向某工贸公司出借了款项，且依会议纪要从某工贸公司收回了借款。与我方不同的是，其一，某研究所是某工贸公司的上级主管单位；其二，按会议纪要约定，其将下属某工贸公司的产品及相关技术作为自己的投资投入合营公司。因此，从某研究所与我方的相同点看，其也是款项的出借方，不是借入方；从其与我方的不同点看，不能因其与借款人某工贸公司有上下级隶属关系而得出其也是借款人的结论；也不能因其将下属某工贸公司的资产作为自己的资产投入合营公司而认为其与某工贸公司实为一家，都应承担我方借款的还款责任。

我说完后，办公室静了下来。某通信公司的业务人员和法务人员都在遗憾地摇头，我的助理刘律师不易察觉地观察着郭总的反映。而郭总则低着头，一边用铅笔在纸上划着，一边在思考。

半晌，郭总才抬起头来说：虽说某工贸公司也不至于穷得连九十多万元都拿不出来，不过我们还是想把某研究所也告上。这事坏就坏在某研究所身上。给某工贸公司借钱，让某工贸公司还款，全是他们的主意。他们有实力，某工贸公司不过是他们的好多下属单位之一，我们能不信他们吗？现在看来，我们还真的钻进了某研究所设的套里了。我看这样吧，有某工贸公司托底，咱们也不用怕败诉，干脆咱们就在某研究所问题上做一篇“文革”时期的“主题先行”的文章吧。他们年轻人可能不懂，博士你应该懂点。这就是先确定告某研究所这个主题，然后你们来凑材料，想办法做这个诉讼文章。你们尽量去做，做成了，咱们执行就更有保障了，做不成我也不会怨你们，毕竟做文章和打官司不是一回事儿。

我笑着说：郭总，有你这话垫底，我们哪有不做之理！

当夏日午后渐渐西斜的阳光变得越来越柔和时，我们的话题已经从案件转到了经济和历史上……

会后，赶赴北海公园，参加所里年轻同事们策划已久的夕阳下、水岸边的聚餐。刚坐下不久，我便被西天云蒸霞蔚的壮美景观惊呆了，忘却了下午才接的这个让人犯难的案子。我们和白塔、亭台、柳岸、湖水一起，恬静地沐浴着、享受着七彩霞光，仿佛在接受神圣的宗教洗礼……

初识对手

很快，我们便将“主题先行”的《民事诉状》提交某区法院，并完成立案手续。

刘律师从法院拿回某研究所和某工贸公司致法院的《管辖异议函》，说：他们没请律师，代理人是某研究所所长的助理，提管辖权异议就拿出个民诉法的规定，都不知道最高院的司法解释。这种异议肯定就是为了拖延诉讼周期。

那天与郭总见面时，我就说了本案的管辖问题。即，依据最高人民法院司法解释，借款合同的履行地为贷款方（出借方）所在地。因此，我方可在本市某区法院起诉，而不必赴某省“客场作战”。郭总对此很满意，可以说这也是他决心打“主题先行”官司的因素之一。

诸如借款合同履行地这样的知识或经验，虽然很小，但有时在诉讼中却往往挺重要，故律师理当重视，且需在司法实践中不断积累。否则，如不了解和掌握这些小知识或小经验，则可能会因此而耽误诉讼。如委托人知悉律师的失误，则势必影响乃至损坏双方的合作关系。

这里举一例。前几年，我所的一位年龄比我大的律师就有这方面的教训。他代理的顾问单位的一件案件，案情与本案相似，也是顾问单位在外省投资设立公司，因故中途终止合作，约定将投资款作为借款借给对方使用半年，但对方到期未还。他老兄于是赴某省起诉对方，因对方认账且愿意还利息，故双方签订还款协议，对方先付了120万元借款本金中的20万元，他代理顾问单位撤回了起诉（如继续在法院诉讼，则法院对企业之间借贷案件，只能依法判决借入方向出借方返还本金）。还款协议的一年期限届满，对方却未按协议分期偿还100万元本金和利息。

他老兄在欲再次赴某省起诉之前，找我商谈案件。我指出他在小知识或小经验上的三个失误。即，其一，不知最高人民法院关于借款合同的履行地为贷款方（出借方）所在地的司法解释，本可在本市起诉，却大老远跑到某省去“原告就被告”；其二，不知最高人民法院关于公证机关可以做赋予法院强制执行效力的公证，未对还款协议做这种性质的公证，故协议到期后不能直接申请法院执行还款协议，而只能重新起诉；其三，不知还款协议应约定各期款项有一笔未付则该协议解除，出借方有权起诉对方，直到一年后才能起诉对方（如在协议期限内，对到期的部分债务提起诉讼，则难免不断地要在诉讼中增加诉讼请求，或不断地提起数个诉讼——如合同当事人没有特别约定，则法院不能受理对未到期债务的起诉）。

虽然，委托人并不知悉他在办案中的失误，因而不仅没有对他不满，而且对他在本市再次提起诉讼很是满意，但是，他客观上延误了委托人债权的实现。况且，不少委托人在案件出现困难时，会咨询其他律师或法律界人士，如因此知悉律师的失误，轻者会对律师不满，影响双方的合作关系；重者委托人则可能因此终止双方的合作关系，另行委托他认为明白的律师。

好了，回到本案上。

某区法院裁定驳回了某研究所及其下属某工贸公司的管辖权异议，裁定的依据正是我们提出的最高法院司法解释。

某研究所及其下属某工贸公司不服一审裁定，同时提起上诉。某研究所以其也是贷款方，与我方（某通信公司）并无借款关系，故本案不是借款合同纠纷，而是联营合同纠纷为由，主张本案应由其住所地（被告所在地）或联营体（合营公司）拟设立地（联营合同履行地），即某省某市某区法院管辖。

某研究所下属某工贸公司的上诉理由也不含糊。其完全回避其实际接收借款和已实际偿还部分借款的事实，认为，三个投资人通过签署会议纪要将股金转为借款，未征得作为独立企业法人的某工贸公司同意，且其下属经营部收取我方150万元款项的电汇凭证上写的是“还款”，不是“借款”（我方财务人员为下账方便，将出资用途写为还款）。由此认为其与我方只有投资关系，故本案是联营合同纠纷，应由某省某市某区法院管辖。

从某研究所所长助理写的两份上诉状中，我清楚地看出，他的法律知识和诉讼经验并不比一般律师差。而且是个“硬着脖子，瞪着双眼”打官司的代理人——有理一定要占上风，无理也要干到底。

虽然，二审法院很快就驳回了上诉，但我对刘律师说，对方代理人可是个明白人，咱们这回遇到对手了，“主题先行”的打法估计难了。

解析答辩

某研究所的实体答辩是有水平和分量的。其三条答辩意见，即在本案中某研究所与原告法律地位相同、某工贸公司是享有独立民事权利义务的企业法人、某研究所从未承诺某工贸公司限期还债，是经缜密思考所做出的正确结论。这充分反映出其代理人不错的法律功底和有理一定要占上风的风格。当然，其答辩中试图附带为某工贸公司解脱债务的意见，却又反映出在诉讼中的小聪明，客观上多少影响了答辩状的质量。

某研究所下属某工贸公司的实体答辩则属于“强说强打”性质的意见，反映出其代理人无理也要干到底的风格。首先，强硬地认为我方入到某工贸公司下属营业部的150万元不是借款，而是投资款。“原告当年投入这笔钱就是为了投资入股，现在又怎么说成1994年7月底以前转入答辩人账上的资金是借款呢？投资就是投资，借款就是借款，熊掌和鱼不可兼得。在合作愉快时就是股金，合作不成功就变成借款，为原告筹建新公司研发新产品投资还要答辩人承担债务，这种完全损害答辩人利益的协议符合我国法律公平原则吗？”其次，认为联营合同和会议纪要不合法。“无论是原告等三方决定组建股份制有限责任公司，还是原告等三方决定投资250万元让答辩人为合营公司研发新产品，还是最后又决定把投资转为借款，从来都是原告等三方签订了协议算数，从不征求答辩人的意见，也不让答辩人有半点在协议上明确自己权利义务的条款，甚至连协议上最后签名的位置都没留。到现在，说要收回投资款了，就想起了答辩人，这合理吗？合法吗？公平吗？”再次，认为原告有不可推卸的赔偿责任。“250万元货币资本已经转换为生产资本和潜在无形资产，队伍已具规模，生产能力已经基本形成，市场开发已大量投入力量并初步显示良好前景的情况下，原告等三方突然作出终止合同书这一重大决策时，完全忽视了答辩人已经落实合同书的客观现实，在没有给答辩人任何赔偿，也没有答辩人法定代表人签字认可的前提下，即以《会议纪要》方式武断地决定于1995年9月30日以前撤出全部原定为投入的出资转为借款资金及利息，有悖于现行法规。”“原告等三方对突然终止合同给答辩人造成的损失，在公平合理的范围内给答辩人以一定数额赔偿，是符合我国法律的。”

应该说，某研究所的答辩意见是专业化的，而某工贸公司的答辩意见则过于业余化了。本案有五项铁的事实证明某工贸公司是借款人，应承担还款责任。这就是，第一，联营合同明确约定联营三方的资金作为借款入某工贸公司账户；第二，某工贸公司接收借款，未提任何异议；第三，联营三方另外向某工贸公司支付2万元，作为新公司筹备工作的活动经费，事实上除了起草有关文件和进行了某研究所欲投入产品的评估（联营合同和会议纪要分别确认）外，合营公司筹备组什么也没做，何谈产品的研发和市场的开发？何谈250万元借款已转化为生产资本和无形资产？第四，会议纪要解除了联营合同，约定由某工贸公司偿还借款；第五，某工贸公司并未对会议纪要提出异议，且实际偿还了某研究所、某研究院的全部借款和我方的部分借款。

因此，所谓联营合同和会议纪要不合法的主张是毫无法律依据的——不合法即为无效，何种法律或法规禁止在合同中约定第三人的权利（在本案中为某工贸公司使用借款）和义务（某工贸公司偿还借款）？况且第三人实际履行了合同（某工贸公司实际接收借款和部分偿还借款）！所谓借款已经转化为生产资本和无形资产，联营三方应赔偿某工贸公司损失的主张是毫无事实根据的——无任何约定凭证和履行凭证的诉讼主张是毫无诉讼意义的。

当然，不敢在答辩中明确提出联营合同和会议纪要无效，不敢提出反诉要求索赔，也反映出某工贸公司代理人心虚的一面。

应该指出，这种无视合同约定，无视履行事实，无视法律规定的诉讼主张，即使作为一种诉讼策略，也是不可取的。因为这样做不仅无益，而且可能有害。如律师这样做，不仅不能获得法院的支持（无益），而且通常会使法官对律师有负面评估（有害），当然，这样说的意思并不是非律师代理人就可以做。在本案中，某工贸公司代理人的这种做法就不仅没有获得法院的支持，而且引起了法官的反感（后述），当然也是有害无益的。

勉强应对

因管辖权异议的一审和二审，2000年3月，即我方立案半年后本案才正式开庭审理。

在开庭前的一个多月里，刘律师几次找我商谈本案，终因当时我太忙未抽出时间。开庭前一周，才得以静下心来琢磨本案。

欲使某研究所承担还款责任之“主题先行”诉讼，因遇到明白的对手，似难以为继。但既已诉讼，已无退路，只得勉强一试。好在某工贸公司无以摆脱责任，且郭总有言在先，故亦无后顾之忧。

经思考，我向刘律师口述了代理意见。她整理成文后，我清楚地看出，第一节“原告与被告之间的法律关系为企业之间借贷合同关系”、第三节“原告给付被告借款不是投资款，不存在资金已投入使用的问题”以及第四节“原告向被告出借的150万元为原告所有之财产，某研究院为原告委托之付款单位”，论点明确，论据充分，论证顺畅。唯有第二节“两被告共同负有向原告返还借款本金的义务”，因缺乏论据（证据），致论证别扭，结论勉强。

虽然，从客观事实上看，如果没有某工贸公司属某研究所全资子公司的事实，如果没有某研究所以其下属某工贸公司的产品及技术作为无形资产投入，且联营体原准备建立在某工贸公司所有的资产基础上的事实，我方和某研究院是不可能同意将资金借给某工贸公司的。但是，某工贸公司为独立的企业法人的事实，联营合同和会议纪要约定某研究所也是借款的出借方和其已从某工贸公司收回借款的事实，以及某研究所并未在联营合同和会议纪要中明确承诺某工贸公司还款的事实，则成为我方关于某研究所为我方借款的实际借入方主张的几乎无法逾越的事实障碍。因此，我方的这一主张虽说在情理上似乎靠谱，但在证据和法律上是不通的。

在开庭中，我方把举证和辩论的重点放在了某研究所应与某工贸公司共同承担还款责任上。另外，我在第二轮辩论中针对对方代理人关于我方有过错的指责，提出了一项《代理词》并未专项阐述的事由。即，会议纪要明确陈述了因某研究所拟投入的某工贸公司产品的评估价格太高，终导致联营合同的解除的事实，故某研究所是联营不成，借款不还的过错方（不承想，此意见后来被一审判决重视，后述）。

某研究所及其下属某工贸公司的代理人则一再强调本案借款的性质是投资款，已投入到合营公司的产品研发和市场开发之中；我方与其他联营方未经某工贸公司认可便终止联营合同，应赔偿某工贸公司的经济损失（仍未提起反诉）。

就双方上述争议要点而言，我方过于勉强，对方则不靠谱。

审判长年龄40岁左右，稳健且显得有点憨厚，这种性格或表现在法官群体中是极少见的。他几乎不做任何指导或提示地倾听双方的质证和辩论，直到双方都称没有新意见为止。

开庭结束后，一直气鼓鼓的对方代理人似乎按捺不住对我方起诉的气愤，很厉害地对我说：回去告诉你们郭总，再打下去小心别把他自己打进去。我以前领教过这种毫无规则意识的“业余选手”做法，故只是听听而已，毫无心思应对。倒是助理刘律师问：怎么个进去法？他答：他（指郭总）要出事的，不信走着瞧。我知道刘律师会继续问出什么事，便摇头制止了她，然后转身离去。

我告诉刘律师别把这事儿告诉郭总，以免无谓地给郭总制造烦恼，可以跟某通信公司法务人员了解一下，但要注意对郭总暂时保密。经了解，郭总在此次合作中根本什么事也没有——当然，我早就确信郭总是并不多见的清廉的国有企业领导。

可以说，对方代理人的这种做法不仅仅是不应该的，而且是危险的。如果他针对的不是我们，而是其他人，则有可能使自己的行为招致侵犯名誉权的诉讼——在法庭内说他人要出事，而且要进去，而他人并无违法犯罪的问题，是构成诽谤的。

开庭后，我又忙于其他事务。几个月后，迟迟不见法院作出判决，我意识到我方关于某研究所及其下属某工贸公司共同承担还款责任的主张，可能给法官出了难题。于是，再一次思考这一问题，并向刘律师口述了某工贸公司为本案借款人，某研究所应承担偿还借款的连带责任的新意见。因此，经刘律师文字整理和我修改，我方又向法院提交了《补充代理意见》。变更了我方原来的某研究所为实际借款人，某工贸公司因接收、使用和部分偿还借款，而应共同承担还款责任的主张。似比原主张顺了，但在连带责任问题上，仍然勉强。

画龙点睛

或许是因为法官认为某研究所作为某工贸公司的上级主管单位，在本案纠纷的形成和借款不还问题上负有不可推卸的责任，或许是因为法官理解并同情我方的起诉，或许是因为对方代理人的强硬态度对法官起了反作用，当然，或许是这些因素的集合，总之，一审判决以某研究所有过错为由，判决某工贸公司还款，某研究所承担连带补偿责任（即连带清偿责任——某工贸公司不能偿还的部分，由某研究所清偿）。

某研究所的连带责任或连带清偿责任正是我方的诉求，但以某研究所有过错为由进行判决，则比我们在《补充代理意见》中的主张高明。

我们在《补充代理意见》中指出：如果没有某研究所与原告及某研究院的联营，如果某工贸公司没有与某研究所的这种隶属关系，如果某研究所没有将某工贸公司的资产作为自己的联营投入，某工贸公司怎么可能取得借款？如果某研究所没有与原告及某研究院签订《会议纪要》，某工贸公司又怎么可能部分还款？某工贸公司获得250万元借款并非不当得利，不是凭空而来，某工贸公司亦不会无缘无故地承担了还款责任。因此，某研究所对于这笔借款的产生及偿还当然负有不可推卸的责任，当然应对某工贸公司还款承担连带责任。

一审判决认为：从本案发生纠纷的事实看，导致本案借款纠纷发生主要是由于某研究所不仅代表某工贸公司，还将某工贸公司的资产作为自己的投资股份参与联营，从而将联营投资款变成了借款，并最终因联营不成，形成了某通信公司与某工贸公司之间的借款纠纷。对此，某研究所有过错，其应承担相应的法律责任。

通过以上比较，可以清楚地看出，一审判决不仅对我方的上述主张进行了高度概括，更重要的是做出了我们没能做出的过错结论，真可谓“画龙点睛”之笔（如上文所述，我仅仅在开庭第二轮辩论中提出过某研究所的过错问题）。

判决书判决某研究所承担连带补偿（清偿）责任，也当然比我们主张的连带责任高明。连带责任在司法实践中往往被理解为只能基于约定或法定来认定（本案既无此种约定也无法定），而连带清偿责任则是法院可以根据当事人的过错酌情认定和判决的。

刘律师从法院取回判决书后，异常高兴。我虽然也挺兴奋——不仅是一审赢了，而且我从判词中又一次获得了学习提高的机会，但很快便冷静下来了。

在与郭总见面时，我不得不说：判决书比我们的意见更靠谱了，但争取二审维持原判，仍然是很难的。

对错有疑

终审判决虽然维持了一审判决对某工贸公司还款责任的判决，但对一审判决对某研究所连带补偿责任的判决予以改判，驳回了我方对某研究所的诉讼请求。其理由很简单，就是某研究所亦为借款的出借方，其实质是否定了原判对某研究所的过错认定。

在某研究所是否具有过错的问题上，一审判决与二审判决、我方主张与对方主张孰对孰错？我想把这一问题留给读者思考。

这里需要做一个专业外的提示。撇开本案的争议性不谈，仅从诉讼效果上说，如果委托人不是郭总这种言必信的人，对于这种案件，通常是不宜打“主题先行”的官司的。因为，委托人往往最初确实是抱着“死马当活马医”

的心态，明确告知律师只要尽力就行，但官司打着打着，委托人的心态就会有所变化。如果律师一时占了上风，特别是打赢了一审，则委托人心态可能发生根本性转变。故一旦最终败了，委托人难免对律师失望，轻者影响双方来日的合作，重者甚或因此终止双方的合作。

因郭总在某通信公司主持工作，这之后我们继续与该公司合作，又代理了其他几单案件。后来，他退休了，合作关系也就结束了（律师与公司合作关系的终结通常基于两种情形，一者打败了官司，二者公司老总走了）。

退休后的郭总和夫人因购买分时度假酒店产权，认为被对方蒙骗，想解除合同讨回预付款，于是找我帮忙。我对他在遇到麻烦时想到我而感到荣幸，立即安排我所律师免费代理他的案件。见面时，他显得比以前客气，而我当然比以前更热情……

刘律师出国定居了。在代理本案之前，我曾与硕士学历的她代理了一件建设工程施工合同纠纷中的停工、窝工索赔仲裁案件（收录于本书第一卷《房地产纠纷选录》中）。那时，她尚难以应对复杂案件。但在本案中，她已经磨练得相当成熟了。我相信，她如果继续在国内做，肯定会成为优秀律师。前不久，我突然接到她从国外打来的电话，她谈了想从事居住国与国内法律事务合作的打算。但愿我能帮上她。

杂咏

乡愁

庭前灯影碎，
月下人憔悴。
天山诸狂朋，
今夜几人醉？

第五章

诉讼的攻势与诉讼的趋势

——银行投资非金融性公司与投资非自用不动产

美国当代最伟大的律师、哈佛法学院刑法教授、曾为克林顿、辛普森、泰森作过辩护的亚伦·德萧维奇在其《最好的辩护》一书导言中说：在法庭上就和体育比赛一样，最好的辩护是主动进攻。

在本案中，某银行早在10年前就向我方大厦投资二千多万元，却一直未获收益，故将投资及相关权利义务转让给某实业公司。该公司要求我方立即预分大厦经营收益，否则将诉诸法律。然而，让对方意想不到的是，我代理我方率先向某银行提起了诉讼，请求法院确认本案合同无效，并取得了一审胜诉。更重要的是，在二审中我针对某银行的上诉主张，提出了强有力的答辩，终迫使某银行主动与我方和解结案。

亚伦·德萧维奇的话被英美律师界作为名言广泛引用，本案也证明着他的论断的正确性。然而，真理永远是相对的，诉讼中主动进攻者最终惨败也是屡见不鲜的。因此，进攻者能否始终保持其攻势，才是决定其胜负的关键。

讼途

导言

1.本案涉及的主要问题是商业银行的对外投资的“禁区”问题，具体体现为银行投资非金融性公司或企业以及投资非自用不动产的禁止性问题。在认定该问题时又涉及认定合同无效适用行政规章的问题。另外，还涉及合同权利义务概括转让后，在诉讼中应如何确定诉讼当事人的问题。

2.本案是一件典型的法律适用案件。最高人民法院《关于适用〈中华人民共和国合同法〉若干问题的解释（一）》第4条规定：“合同法实施以后，人民法院确认合同无效，应当以全国人大及其常委会制定的法律和国务院制定的行政法规为依据，不得以地方性法规、行政规章为依据。”不过，最高人民法院原副院长李国光在2000年10月28日全国民事审判工作会议上的讲话《当前民事审判工作中亟待明确的法律政策问题》中指出：“……对于国务院有关主管部门颁布的行政规章中的强制性规定（例如有关外汇、外贸管理方面的规定），在上升为法律或行政法规之前，还要依据有关司法解释予以适用。”我代理某经贸公司主张本案《共同投资合作经营“某大厦”合同书》无效，正是依据这一会议精神，将合同签订前中国人民银行颁布的金融行政规章作为认定合同无效的依据。

3.本案的法律适用问题，不仅涉及金融法律、法规和规章，还涉及房地产法规和规章。一审法院支持了我方的主张，以本案合同违反了其后上升为法律和行政法规的行政规章的强制性规定为由，认定合同无效。被告某银行在上诉中主张合同签订前中国人民银行的行政规章仅禁止银行投资非金融性公司或企业，法律、法规和规章并无禁止银行投资非自用不动产的规定，而某银行是向某大厦项目投资，而不是向原告某经贸公司投资。对此，我在二审《答辩状》中提出了合同签订前国务院《城镇国有土地使用权出让和转让暂行条例》，主张某银行未经批准和办理土地使用权出让手续，即投资于划拨土地之上的基建项目，故依据国务院行政法规，即使认定某银行投资非自用不动产，本案合同亦属无效。某银行在二审进退无路的情况下，提议与我方调解。

4.本案还涉及合同权利义务概括转让后，让与人与受让人谁应进入诉讼，成为诉讼当事人的问题。

5.《合同法》施行后，最高人民法院对企业超越经营范围从事经营活动的效力问题的司法解释，与《合同法》施行前的司法解释有所不同。本案双方当事人对新的司法解释在本案中的适用亦有争议。

要　　目

序曲

诉讼律师应当具备两个基本素质，一是法律智慧，二是诉讼胆略。光有智慧，缺乏胆略，便像一介书生，干不成大事；光有胆略，缺乏智慧，则像一介武夫，也干不成大事。

迫在眉睫

背景

某经贸公司与某银行《合作经营合同书》的约定及履行

1992年6月8日，某经贸公司与某银行签订了《共同投资合作经营“某大厦”合同书》（下称《合作经营合同书》），主要内容为，双方共同投资经营某大厦，某银行投资3000万元，按37.5%的比例拥有股权和收益权，并按该比例参加董事会，参与经营与管理，投资单位共同经营共享利润，共担风险。股权转让时，双方都有优先购买对方和其他投资单位股份的权利。《合作经营合同书》签订后，某银行实际投资共2079.2万元。1998年3月17日，某银行致函某经贸公司，说明其向某大厦所划款项，已做投资科目处理，请某经贸公司按投资办法规定处理。2001年9月4日某经贸公司致函某银行，内容为：“贵行曾征询我司是否愿意回购在某大厦中的全部投资，经研究决定不回购，请贵行自行处置。”2001年9月30日，某银行与某实业公司签订《协议书》，主要内容为：“某银行将其在某大厦投资的2079.2万元相对应的投资份额以2300万元的价格转让给某实业公司。”2001年10月12日，某银行通知某经贸公司，称其已将2079.2万元投资及其相应的权利义务转让给某实业公司。2001年10月23 日，某实业公司致函某经贸公司，要求立即预分某大厦经营利润，否则将通过法律途径解决。某经贸公司新任领导为维护国有资产安全，拒绝了某实业公司的要求，并委托我代理某经贸公司提起诉讼。我在提起诉讼之前，先向某经贸公司提交了下列《案件分析报告》。

旁白

“危机就是机遇”，这句话多少有点抽象。然而将其套用于诉讼，便显得具体了——当事人的危机，正是律师的机遇。于是，关键要看律师能不能抓住机遇了。

运筹帷幄

正文

案件分析报告

某经贸公司：

我所根据贵公司提供的有关合资开发与合作经营某大厦的所有资料，研究了有关政策、规章、行政法规的演变过程和现行法律、法规的立法精神及具体规定，对贵公司拟起诉某银行之合资开发与合作经营房地产合同纠纷一案，提出如下案件分析报告。

贵公司拟提起之诉讼，在法律上应为确认之诉，即确认合同无效和确认合同权利、义务转让行为无效。因此，在拟提交法院的《民事诉状》中，诉讼请求应为三项：一、请求判决确认原、被告所签《共同投资合作经营“某大厦”合同书》无效；二、请求判决确认被告将该合同书的全部权利、义务转让给某实业公司的行为无效；三、判令被告承担本案全部诉讼费用。

因此，本案的关键点在于合同的效力和转让行为的效力问题，故本分析报告将围绕这两个重心展开论证，并分析某银行可能的抗辩理由和我方的诉讼对策，且提出我所的法律建议。

一、本案合同书的效力问题

本案合同书的效力问题，直接涉及《合同法》实施前后法律和司法解释的演变问题，因此需要说明。

《合同法》实施前，法院在合同效力认定上，依据《民法通则》和《经济合同法》及有关司法解释的规定，既可以合同违反有关法律、行政法规为由，认定合同无效，也可以合同违反有关部委规章、地方性法规、地方性规章为由认定合同无效。

《合同法》实施后，为严格贯彻《合同法》鼓励市场交易，尊重当事人意思自治原则，最高人民法院在《关于适用〈中华人民共和国合同法〉若干问题的解释（一）》第4条中规定：“合同法实施以后，人民法院确认合同无效，应当以全国人大及其常委会制定的法律和国务院制定的行政法规为依据，不得以地方性法规、行政规章为依据。”（附件一，最高人民法院关于《合同法》的司法解释）。依据此司法解释，结合该司法解释第三部分“合同效力”的规定，法院在认定合同效力问题上，只有在合同违反了法律、行政法规的强制性规定的情形下，才能认定合同无效。

需要补充说明的是，只能依据法律、行政法规的强制性（禁止性）规定认定合同无效，这是原则，但在司法实践中亦有例外。最高人民法院原副院长李国光在2000年10月28日全国民事审判工作会议上的讲话《当前民事审判工作中亟待明确的法律政策问题》中指出：“……除了依据法律和行政法规禁止性的规定认定为合同无效外，不能依据地方法规确认合同无效。但是，对于国务院有关主管部门颁布的行政规章中的强制性规定（例如，有关外汇、外贸管理方面的规定），在未上升为法律或行政法规之前，还要依据有关司法解释予以适用。”

（附件二，李国光副院长的讲话）。这一讲话当然对司法实践具有指导意义。

依据以上《合同法》及司法解释的规定，我们认为，贵公司与某银行签订的合同违反了国家法律、行政法规的强制性（禁止性）规定，应认定无效。以下为法律、行政法规和行政规章的强制性（禁止性）规定依据：

1.1992年4月7日（本案《合作经营合同书》签订之前），国家工商行政管理局局和中国人民银行《关于各专业银行所属公司重新登记注册和所属企业换发证照工作有关问题的通知》。

该行政规章规定："各专业银行不得开办商业、外贸、生产、饮食、旅游、实物租赁等公司，也不得向各种非金融性公司或企业投资。"[1]

2.1993年2月11日中国人民银行《关于进一步加强固定资产贷款管理的通知》。

第6条规定："各级银行不得搞投资、入股，不能持有企业债券，严禁挪用流动资金和同业拆借资金搞固定资产贷款，不得用银行贷款垫补自筹资金缺口，不得用信贷资金从事房地产经营和股票炒买炒卖活动。"（附件三，中国人民银行通知）。

3.1995年5月10日第八届全国人大常委会第十三次会议通过的《中华人民共和国商业银行法》。

第43条第一款规定："商业银行在中华人民共和国境内不得从事信托投资和股票业务，不得投资于非自用不动产"。

第74条规定："商业银行有下列情形之一，由中国人民银行责令改正，有违法所得的，没收违法所得，并处以违法所得一倍以上五倍以下罚款，没有违法所得的，处以10万元以上50万元以下罚款；情节特别严重或者逾期不改正的，中国人民银行可以责令停业整顿或者吊销其经营许可证；构成犯罪的，依法追究刑事责任：……（三）在境内从事信托投资和股票业务或者投资于非自用不动产的；（四）向境内非银行金融机构和企业投资的；"（附件四，《商业银行法》）。[2]

---

[1] 该规章于2004年8月31日被废止，该规定与《商业银行法》第43条的规定基本一致。

[2] 上述规定与2003年12月27日修正的《商业银行法》的规定基本一致。

4.1999年2月22日中华人民共和国国务院令（第260号）《金融违法行为处罚办法》。

第18条第一款规定：“金融机构不得违反国家规定从事证券、期货或者其他衍生金融工具交易，不得为证券、期货或者其他衍生金融工具交易提供信贷资金或者担保，不得违反国家规定从事非自用不动产、股权、实业等投资活动”。

第18条第二款规定：“金融机构违反前款规定的，给予警告，没收违法所得，并处违法所得一倍以上五倍以下的罚款，没有违法所得的，处10万元以上50万元以下的罚款；对该金融机构直接负责的高级管理人员给予开除的纪律处分，对其他直接负责的主管人员和直接责任人员给予撤职直至开除的纪律处分；情节严重的，责令该金融机构停业整顿或者吊销经营金融业务许可证；构成非法经营罪、违法发放贷款罪或者其他罪的，依法追究刑事责任。”（附件五，《金融违法行为处罚办法》）。

综上，在本案合同签订之前，中国人民银行已经发布行政规章，明令禁止银行向非金融性公司或企业投资，之后又明令禁止银行用信贷资金从事房地产经营，且此行政规章中的强制性规定在本案合同履行中上升为法律《商业银行法》和行政法规（《金融违法行为处罚办法》），故根据李国光副院长的讲话精神，依据本案合同签订之前行政规章中的强制性规定，结合该种强制性规定上升为法律和行政法规的情况，认定本案《合作经营合同书》无效是有依据的，是能够成立的。

旁白

法学院的老师和学子们肯定会认为，法院怎么能够依照高层领导人的讲话精神办案，这简直扯淡！不过，抨击归抨击，现实归现实，任何人目前也无法改变这种具有中国特色的做法。中国的司法和政治一样，召开了全国性会议，领导人讲了话，会后是要传达的，传达的目的是要贯彻执行的。否则，会不是白开了？话不是白讲了？

二、关于转让行为的效力问题

我们认为，本案合同的效力问题是纲，转让行为的效力问题是目。认定本案合同在法律上的无效性，即决定了转让行为的无效性。当然，这里也需对转让行为的无效性进行正面论证。

1.《民法通则》第58条第二款规定："无效的民事行为，从行为开始起就没有法律约束力。"（附件六，《民法通则》相关规定）。据此，完全可以认定，无效的合同约定的权利、义务关系，从签订合同的开始起对合同的双方就没有法律约束力，在合同的履行期间也始终没有法律约束力，在这期间，任何对合同权利、义务的转让行为，都不能改变该合同的无效性质，使之转化为有效。故某银行与某实业公司试图通过转让协议将无效的合同转化为有效合同，其实质就是试图将法律禁止的非法行为合法化，这在法律上是不能得逞的。

2.《合同法》第82条规定："债务人接到债权转让通知后，债务人对让与人的抗辩，可以向受让人主张。"（附件七，《合同法》相关规定）。依据该规定，凡债务人（贵公司）对抗让与人（某银行）的抗辩权（合同无效），不因合同权利的转让而受影响，仍然可以向新的债权人即受让人（某实业公司）主张，以原有抗辩权（合同无效）对抗受让人（某实业公司）。故某实业公司虽然不是金融机构，可以参与房地产的合资开发与合作经营，但我方仍然能够以原合同无效为抗辩理由，主张转让协议无效。法院在此问题上的认定，因有明确而具体的《合同法》规定，应当依法支持我方，认定转让协议无效。

三、某银行可能的抗辩理由和我方的诉讼对策

（一）关于合同效力问题

1.某银行可能的主张。认为双方的合同签订于1992年，而禁止金融机构从事非自用不动产投资的法律（《商业银行法》）是于1995年才实施的，在1992年之前，金融机构参与房地产的开发、经营，在全国范围内是非常普遍的。而当时的法律、行政法规乃至行政规章并不禁止金融机构从事非自用不动产的投资和经营。《立法法》第84条的规定："法律、行政法规、地方性法规、自治条例和单行条例、规章不溯及既往。"故不能依据1995年的《商业银行法》认定1992年所签合同无效，而应当依据1992年之前并不禁止金融机构从事非自用不动产的投资

和经营的法律、行政法规，认定本案合同有效，以维护某银行的合法权益。

2.我方的诉讼对策。某银行的上述主张无法律依据。1992年前，虽然在全国范围内，特别是在海口、三亚等沿海城市，确有一些金融机构参与地皮炒买炒卖，或参与房地产的开发、经营。但是，这并不意味着金融机构的这种行为合法、有效。这种行为即使依据当时的行政法规，仍然要被认定为无效。1986年国务院颁发的《中华人民共和国银行管理暂行条例》（行政法规）第14条分项明确规定了专业银行（后改称商业银行）的经营范围，在十项经营范围内，根本没有可从事非自用不动产的经营范围（附件八，《银行管理暂行条例》）。对于这种超越经营范围的行为，最高法院1990年9月10日曾作出认定该行为无效的司法解释。最高人民法院经济审判庭《关于如何认定企业是否超越经营范围问题的复函》（法经［1990］第101号）规定："企业的经营范围，必须是以工商行政管理机关核准登记的经营范围为准。企业超越经营范围所从事的经营活动，其行为应当认定无效。"（附件九，最高法院司法解释）。因此，完全可以认定，金融机构从事非自用不动产的投资和经营的行为，依据1992年以前的行政法规和司法解释，同样能够认定为无效民事行为。

（二）关于转让行为的效力问题

1.某银行可能的主张。

（1）因政策、法规和法律的变化，原本有效的合同在1995年后的履行过程中，与新的法律规定发生了抵触。为了维护国家法律的尊严，某银行并未根据合同的约定，向贵公司提出分配利润的要求。为了防止合同约定的权利、义务关系一直处于不确定状态，才将合同项下的权利、义务转让给某实业公司。这种转让，既尊重了国家法律，也维护了各方的利益，且并不违反国家利益和社会公共利益，故应当受到法律的保护。

（2）虽然合同并未约定转让合同权利、义务须经另一方同意，但基于对贵公司的尊重和对法律的尊重，某银行还是在与某实业公司签订转让协议之前，依据《民法通则》第91条关于转让合同权利、义务应取得合同另一方的同意的规定，正式发函征求贵公司是否愿意回购的意见，贵公司复函表明同意某银行自行处置后，才与某实业公司签订转让协议，故某银行的转让行为在形式上也是合法的。

2.我方的诉讼对策。

（1）某银行的第一项主张，我们在上文中已作论证，即1992年签订合同时，就违反了当时的行政法规，为无效合同，1995年后该合同被国家法律和行政法规列为严重金融违法的合同行为，并予以处罚。故该合同从一开始就无法律约束力，不可能经转让而有效和合法。同时，《合同法》明确规定我方对该合同的无效抗辩权可以针对某实业公司提出，这证明合同主体的转变，不能改变合同的无效性质。至于某银行的所谓不违反国家利益和社会公共利益的主张，也完全不能成立。转让协议规避法律，直接损害了国家利益。

（2）某银行的第二项主张亦不能成立。我方复函同意某银行自行处置，并非同意其转让合同权利、义务，而是同意其依照法律规定处置，处置方法包括转投资为贷款，或作为无效合同的款项由我方向其返回。我方不同意回购，是因为回购款不仅包括投资本金，而且包括投资利益，这是法律明令禁止且要对非法所得予以没收并予以罚款的，我方当然不能违法操作。退一步讲，假设我方明确同意某银行转让，再假设在转让后我方又与某实业公司重新签订了共同投资与合作经营“某大厦”合同书，这些合同形式上的合法性，仍然不能改变合同实质上的违法性。一旦我方向某实业公司提起诉讼，主张新签合同书无效，该合同形式上的合法性仍然无法掩盖实质上的非法性，仍然会被法院认定为无效。

旁白

《案件分析报告》中最吸引当事人的内容就是诉讼预案，即对方可能的抗辩主张与我方的诉讼对策。也正是这部分内容，才能充分展示律师的法律智慧和诉讼才华。

四、法律建议

1.贵公司拟提起之诉讼，打的不是事实认定战，而是法律适用战。谁全面而系统地掌握法律并准确而灵活地适用和解释法律，谁就能赢得这场战役。经过对本案所涉及的有关政策、规章、法规、法律、司法解释的研究，我们可以负责任地说，在这场官司中，法律站在我方这一边。

2.本案诉讼的主要争议——合同的效力和转让协议的效力问题，涉及诸多政策、规章、法规、法律、司法解释。因我国法律、法规、规章体系和司法解释体系庞杂，且有一些相互抵触和冲突的规定，故不能排除某银行律师拿出对我方不利的规定的可能性，加之，对方对有关规定的解释亦可能对我方不利。因此，本案诉讼有一定风险。但是，作为国家法律的《商业银行法》和作为行政法规的《金融违法行为处罚办法》的禁止性规定，是不容置疑的，不可撼动的。况且，我方将全面、准确而灵活地运用法律解释战术，定能不断缩小诉讼风险，最终赢得这场战役。

3.贵公司与某银行签订合同书至今已近十年，特别是去年10月某实业公司通过转让的介入，以及今后某实业公司可能的再次转让，难免给我方增加不利变数。而无效合同这一贵公司身上的“恶性肿瘤”，现在不仅没有好转，反而在恶化，甚至继续恶化。既然是恶性的，早晚应予切除，故我们建议宜早不宜迟，应立即实施外科手术（诉讼），一了百了。

4.有关诉讼策略，我们将与贵公司研究决定。随着我们继续深入研究本案的法律适用问题，会有新的认识，届时将及时书面报告贵公司。

本《案件分析报告》属应予严格保密的法律文件，请勿复印，注意保存。

顺致敬意！

北京市航舵律师事务所

旁白

律师的激情、勇气、信念，在多数情况下是能够感染、鼓动、引导当事人的。

先发制人

正 文

民事诉状

原告：某经贸公司

被告：某银行

案由：联营纠纷

诉讼请求：

1.判决确认原、被告所签《共同投资合作经营“某大厦”合同书》无效，并依照法律有关无效合同的规定判决处理本案；

2.判令被告承担本案全部诉讼费用。

事实与理由：

1992年6月18日，原告与被告下属房地产信贷部签订《共同投资合作经营“某大厦”合同书》（证据一，合作经营合同书）。约定被告向原告建设的某大厦投资3000万元，双方共同经营管理，共担风险。原、被告按62.5%比37.5%的比例分享双方共同经营部分的利润。合同签订后，被告分三次投入资金共计20,792,000元（证据二，入资凭证）。1998年3月17日，被告致函原告，告知原告其已将上述资金作投资科目处理（证据三该函件）。

原告认为，依据国家有关法律和行政法规的规定，原、被告双方所签《共同投资合作经营“某大厦”合同书》无效。恳请贵院查明本案事实，依法判决，维护法律尊严，保护原告的合法权益。

此呈

某中级人民法院

具状人：某经贸公司

旁白

有时，律师应当按规则出牌，否则可能招致不利；有时，律师可以不按规则出牌，否则难以达成奇效。

——在本案合同权利义务概括转让后，我代理某经贸公司起诉作为让与人的某银行，而不起诉作为受让人的某实业公司，属于不按规则出牌。

游刃有余

背景

某银行代理人当庭发表的主要答辩意见

被告请求驳回原告的诉讼请求，其理由是：

（一）被告与原告签订的《关于共同投资合作经营“某大厦”合同书》（下称《合作经营合同书》）合法有效。理由是：

1.《合作经营合同书》是双方协商一致签订的，并已实际履行。

2.原告主张合同无效无法律依据。

被告是向某大厦项目投资，而不是向原告——某经贸公司投资。被告投资时，法律尚无商业银行不得投资于非自用不动产的禁止性规定。

原告所依据的1992年4月7日国家工商局、中国人民银行《关于各专业银行所属公司重新登记注册和所属企业换发证照工作有关问题的通知》（下称《通知》）和《中华人民共和国商业银行法》、《金融违法行为处罚办法》等法律、法规不适用于本案。因为，(1) 该《通知》关于“各专业银行不得开办商业、外贸、生产、饮食、旅游、实物租赁等公司，也不得向各种非金融性公司或企业投资”的规定所限制的是专业银行向非金融性公司或企业投资，并未禁止专业银行向非自用不动产项目投资；(2)《中华人民共和国商业银行法》、《金融违法行为处罚办法》等法律、法规是在《合作经营合同书》签订后颁布施行的，无溯及既往的效力。

（二）被告主张《合作经营合同书》合法有效的事实清楚，法律依据充分。裁决《合作经营合同书》有效有利于稳定金融秩序和保全国有资产。

1.被告的投资事实发生在1992年6月18日，直到2001年9月4日原告向被告发函时，原告一直对此不持异议。直至《中华人民共和国商业银行法》颁布施行，商业银行投资非自用不动产方为法律所禁止，故之前的投资行为应为有效。

2.中国人民银行中央党政机关金融类企业脱钩工作小组《关于金融机构与所办经济实体脱钩有关问题的紧急通知》规定：金融机构“对于所办的房地产类实体和投资的房地产项目，在落实债权债务、完善有关法律手续、保全资产的基础上，可以采取出售、托管等办法分别处理。凡能够以合理价格出售的房地产公司或项目，可以出售，用所得价款归还金融机构的投资。”该规定颁布于《商业银行法》施行之后，可见，该紧急通知对当时各商业银行的房地产类投资的合法性是认可的。

3.尽管被告的投资超越了商业银行的经营范围，但依据《合同法》司法解释“当事人超越经营范围订立合同，人民法院不因此认定合同无效。但违反国家限制经营、特许经营以及法律、行政法规禁止经营规定的除外”的规定，投资行为发生时，法律尚无禁止性规定，故人民法院不得因此认定《合作经营合同》无效。

4.被告的投资行为有特定的历史背景。在邓小平同志南巡以后，为深化改革开放，各商业银行普遍开办各类公司经营证券、房地产以及投资等业务。针对金融秩序在这一时期的不规范的现象，国家在1993年7月以后制定了一些政策和法规，治理整顿。但对于此前的投资并未一概否定。

（三）被告与某实业公司签订的转让协议合法有效，理由是：

1.该转让行为是按中国人民银行的规定实施的清收行为，有法律依据；

2.在转让之前，被告征询了原告的意见，原告同意被告自行处置；转让之后，被告按《合同法》的规定及时履行了告知义务。

旁白

为了胜诉，我骨子里当然不希望碰到强大的对手。但是，凡看到或听到对方律师精彩的抗辩意见，我便打心眼里佩服。于是，又庆幸自己遇到了对手，案子更有打头了。

说明：鉴于一审《代理词》内容与《案件分析报告》，尤其是二审《答辩状》内容有所重复，且不如二审《答辩状》深入和完备，故此处不收录，拟在“心路”中详述一审庭审辩论。

旗开得胜

背景

一审判决

某中级人民法院经审理认为：

（一）原告与被告签订的《合作经营合同书》无效，理由是：

1.我国的法律和政策一直严格禁止商业银行从事金融业务之外的投资经营活动。1992年4月7日《关于各专业银行所属公司重新登记注册和所属企业换发证照工作有关问题的通知》规定：“各专业银行不得开办商业、外贸、生产、饮食、旅游、实物租赁等公司，也不得向各种非金融性公司或企业投资。”1993年2月11日中国人民银行《关于进一步加强固定资产贷款管理的通知》第6条规定：“各级银行不得搞投资、入股……不得用信贷资金从事房地产经营和股票炒买炒卖活动。”1995年7月1日《商业银行法》和1999年2月22日《金融违法行为处罚办法》也都明确规定，商业银行不得投资于非自用不动产。根据2000年全国民事审判工作会议确定的原则——“国务院有关主管部门颁布的行政规章中的强制性规定，在未上升为法律或行政法规之前，还要依据有关司法解释予以适用”，前述法律和行政法规中的强制性规定均应作为本案的定案依据。

2.被告的投资无论从形式还是从内容上均为明显的共同投资、共同经营性质，违背金融业务和非金融业务严格分开的原则，参与风险性的投资经营活动，特别是参与到资金占用量大，风险高的房地产投资，对银行金融业务的正常开展乃至对整个社会经济秩序的稳定都将产生极为不良的影响，应依法予以坚决制止。

3.在20世纪90年代初的特定时期，确有一些商业银行参与房地产投资经营活动，在一些地方还比较突出，但人民法院不应因顾及违法行为的数量大而在审判工作中将其视为合法。

（二）被告作为商业银行，违反强制性规定，特别是在1992年4月7日《关于各专业银行所属公司重新登记注册和所属企业换发证照工作有关问题的通知》颁布仅仅两个月后，即参与房地产项目投资。在《商业银行法》生效后，不仅未及时回收投资，反而于1998年3月17日通知原告将其向原告所划的款项继续作投资科目处理，对《合作经营合同书》的无效应负主要责任。

（三）关于《合作经营合同书》确认无效后的法律后果，该院认为：

1.无效合同自始即无法律拘束力，故被告并不能依《合作经营合同书》取得某大厦项目中的任何股权，原告2001年9月4日致被告的函建立在“被告拥有因投资某大厦而取得的股权”的错误认识上，不具有实际法律意义。

2.中国人民银行中央党政机关金融类机关企业脱钩工作小组《关于金融机构与所办经济实体脱钩有关问题的紧急通知》是中国人民银行内部工作小组所发，并非法律或行政法规，其部分内容与其颁布前后的法律法规相抵触，故不能作为定案法律依据。被告所举财政部的文件仅是对投资实际损失发生之后财务处理问题所提出的意见，与本案实体处理问题无关，由此也不能得出“国家认可特殊时期特殊情况下商业银行投资非金融性公司或企业和非自用不动产行为”的结论。

3.本案实体应按无效合同处理，原告应返还被告以投资名义向原告支付的2079万元。鉴于《中华人民共和国商业银行法》1995年6月30日实施之前，虽然有明令禁止商业银行向非金融性公司或企业投资，但并无没收非法所得的处罚规定，因此原告应支付该期间的相应利息；鉴于《中华人民共和国商业银行法》1995年6月30日实施之后，法律有没收违法所得的严厉处罚规定，被告无权获得利息。

因此，依据《中华人民共和国民法通则》第58条第一款第五项、第58条第二款的规定，判决原告与被告签订的《合作经营合同书》无效，原告向被告返还投资款并支付利息至1995年6月30日。

旁白

看到一审判决全面接受了自己的代理意见，我是喜忧参半的。喜就不用说了，忧的是这种一边倒的判决能否经得起二审或再审的考验。

卷土重来

背景

某银行的主要上诉意见

某银行不服一审判决，向某高级人民法院提起上诉，请求撤销一审判决，改判《合作经营合同书》有效。其理由是：

1.一审判决对部分事实未查清。上诉人是向某大厦投资，而非向被上诉人公司投资。向某大厦投资属于向非自用不动产投资，而向被上诉人公司投资属于向非金融性公司或企业投资。一审判决仅认定上诉人对外投资，而未查明属于哪类投资。

2.一审法院适用法律错误。一审法院依据1992年4月7日工商企字［1992］67号文件认定上诉人的行为违规，但该文禁止的是各专业银行向各种非金融性公司或企业投资，并没有对各专业银行向房地产项目（自用或非自用不动产）

项目投资作出规范。中国人民银行1993年2月11日文件规定的是“不得用信贷资金从事房地产经营”，上诉人的投资行为发生在该文发布之前，且投资款是信贷基金而非信贷资金。《商业银行法》与《金融违法行为处罚办法》均是投资合同成立以后才颁布实施的法律法规，依照法不溯及既往的原则，也不能作为审理本案的法律依据。综上，一审法院审理本案所依据的法律依据均不适用于本案。

3.银发［1998］562号文件应作为本案审理的法律依据，尽管该文是中国人民银行中央党政机关金融类企业脱钩工作小组所发布，但冠以银发［1998］562的文号，故该文属于行政法规，且该文与《商业银行法》的规定并不抵触。

4.审理本案应适用《合同法》及其司法解释，认定双方合同有效。

旁白

有时，律师离主导诉讼就差那么一点。如果信念和勇气再强一点，智慧和技巧再多一点，或许情况就会改变。

左右逢源

正文

民事答辩状（二审）

答辩人：某经贸公司

答辩人就上诉人某银行不服某中级人民法院（2002）某中民初字第×号《民事判决书》所提《上诉状》之上诉请求及事实与理由，提出如下答辩。

答辩人认为，上诉人所称原判决对本案部分事实未能查清及原判决适用法律错误两节均不能成立。原判认定事实清楚，适用法律正确，审判程序合法，判决结论公正。

一、投资非金融性公司和投资非自用不动产性质相同，都是违背金融业务与非金融业务严格分开的原则的投资行为，上诉人的投资方式是投资非金融性公司

上诉人认为原判对本案部分事实未能查清的根据是，“上诉人是向‘某大厦’投资，而非是向某经贸公司投资。向‘某大厦’投资属于向非自用不动产投资，而向某经贸公司投资则属于向非金融性公司或企业投资。这二者实际上是有本质区别的，同时，法律法规对这二者的处理也是不同的。”这一主张不符合法律、法规和规章的规定，不符合本案的事实。

（一）两种投资性质相同，方式不同

商业银行投资非金融性公司和投资非自用不动产（另外包括投资证券、期货和从事信托投资）都是违反金融业务与非金融业务严格分开原则的、法律和法规及规章明令禁止的投资行为，故投资非金融性公司和投资非自用不动产性质相同，所不同的仅仅是投资方式不同，并无上诉人所称的“本质区别”。

答辩人主张本案合同无效的依据之一是国家工商行政管理局、中国人民银行于本案合同签订前的1992年4月7日发布的工商企字[1992]67号《关于各专业银行所属公司重新登记注册和所属企业换发证照工作有关问题的通知》（答辩人一审附件二）。该通知在禁止各专业银行向各种非金融性公司或企业投资的同时，明确规定：“工商行政管理机关在核定上述公司、企业的经营范围时，应按照金融业务与非金融业务严格分开的原则核定，不得同时经营。从事金融业务的公司、企业可以兼营与金融业务有关的咨询和信息服务。”该条表明，银行和非银行金融机构不能同时经营金融业务和非金融业务，二者必须严格分开，银行和非银行金融机构除从事金融业务外，只允许兼营与金融业务有关的咨询和信息服务。可见，该通知虽然没有列举出投资非自用不动产的行为，但从该条的规定看，这一投资行为当然不属于银行的专营金融业务和允许兼营业务，当然违反了金融业务与非金融业务严格分开的原则，当然也在禁止之列。进一步讲，投资非自用不动产，预期利润大但可能的风险同样大，与投资非金融性公司相比，其对金融业务和金融秩序的不良影响甚至损害当然更严重。故既然投资非金融性公司都在禁止之列，风险比其更甚的投资非自用不动产当然也在禁止之列。

上述两种性质相同而方式不同的投资，在法律、法规中都是作为同种金融违法行为进行同等行政处罚的。比如，1. 1993年2月11日中国人民银行《关于进一步加强固定资产贷款管理的通知》第6条同时禁止银行投资、入股和用信贷资金从事房地产经营（答辩人一审附件三）；2.《商业银行法》第74条规定的同等处罚的八项金融违法行为中，第三项列举了投资非自用不动产，第四项列举了向境内非银行金融机构和企业投资（答辩人一审附件四）；3.国务院《金融违法行为处罚办法》第18条第一款规定“……不得违反国家规定从事非自用不动产、股权、实业等投资活动”。第二款规定了同等的处罚（答辩人一审附件五）。因此，法律、法规、规章明确将这两种方式的投资作为性质相同的金融违法行为，并处以同等的处罚，上诉人所谓“法律法规对这二者的处理也是不同的”的理由，不仅毫无法律法规依据，而且与法律法规的明文规定完全不符。

（二）从大厦批准文件和本案合同上看，上诉人的投资方式是投资非金融性公司，而非投资非自用不动产

1.某大厦的土地性质属国有划拨土地，市政府和土地管理部门批准答辩人和某住宅建设开发公司（以下简称某住宅公司）为该划拨土地的共同使用人。该土地的划拨土地性质至今未变。因此，在政府立项批复、《建设用地许可证》、《建设工程许可证》、《工程开工审批表》中，建设单位为某大厦筹建处，即答辩人与某住宅公司，也就是说只有这两个合建人（二审证据一，立项批复、《建设用地许可证》、《建设工程许可证》、《工程开工审批表》）。在上诉人投资后的1993年9月14日的某市规划建设委员会办公室和某市计划委员会《关于调整某大厦工程概算总投资的批复》中（[93]规字第×号，二审证据二），合建单位仍然是答辩人与某住宅公司。后因某住宅公司退出项目，该划拨土地的使用人仅为答辩人。另因某进出口总公司等单位经政府批准参与合

建，以从大厦取得自用业务办公用房，而成为答辩人的合建方（具体事实和批文后叙）。而上诉人当然不是合建单位，是向答辩人投资并从答辩人所有的面积经营所得取得约定利润。故上诉人的投资方式不是作为合建方投资于大厦，而是投资于答辩人。

2.双方所签合同貌似合建合同，即投资房地产，其实是法人型联营合同，即投资于答辩人。根据如下：

（1）上诉人的投资为入股资金，也就是说该投资到位后变成股权。合同书第8条“乙方（上诉人—答辩人注）权利和义务”第二款约定：“乙方在工程竣工后按本合同第六章及下列各条款有关规定的合作范围享有入股资金的一切权利。”第8条第二款第一项、第10条、第13条、第14条等条款都具体约定了上诉人的股权。某大厦仅仅是个项目，至今没有项目法人（或称项目公司，即未成立诸如某大厦有限责任公司这样的项目法人），而上诉人的投资又是入股资金，上诉人的身份是股东，没有项目法人，上诉人何以向项目入股？何以作为项目的股东？因此，上诉人当然是投资于答辩人（公司），是作为答辩人的股东。换句话说，上诉人的入股资金和股东身份只有答辩人（公司）这个“载体”。

还须说明，上诉人的投资按约定入到了答辩人的账户，由答辩人向上诉人出具资金往来发票，而未入某大厦筹备处（答辩人与某住宅公司设立的合建筹备机构）。

（2）上诉人按合同约定的比例，享有股权和分红。合同书第8条第二款第一项和第10条等条款约定，答辩人与上诉人的股权和分红比例为答辩人62.5%，上诉人37.5%。结合合同书的其他内容，双方都明确，上诉人的股权收益或称应得红利，只能从答辩人（公司）取得，而不能从大厦中取得，因为只有答辩人和其他经政府批准出资获得自用办公用房的单位才能直接从大厦中取得约定面积，而上诉人是从答辩人取得的面积并通过经营获得的收益中得到分红。

（3）合同书第9条约定：“乙方按投资比例参加董事会，并参与经营和管理。”自上诉人签订合同并出资时起，大厦项目经1985年批准立项并办理各种报建手续，经1988年开工，期间缓建、复工，已建设多年，一直未申请设立项目法人，无项目法人，大厦当然不存在董事会。故上述约定，当然是上诉人进入答辩人董事会，只是双方未按合同书第17条约定，待大厦建成后，商定上诉人进入答辩人董事会和共同经营的事宜。

上述合同书关于上诉人投资为入股资金，具有股东身份，享有股权，上诉人按约定比例从答辩人（公司）取得分红，上诉人按投资比例参加董事会，并参与经营和管理的约定，均证明上诉人的投资方式是投资公司，不是投资非自用不动产。

旁白

当案件的细节对你有利，甚至能够驳倒对方概括性的说法时，你一定得紧抠细节，让一个个细节构成案件铁的事实。

（三）从行政法规上看，上诉人的投资方式是投资非金融性公司，而非投资非自用不动产

在双方1992年6月18日签订合同书前的1990年5月19日，国务院令第55号《城镇国有土地使用权出让和转让暂行条例》（至今有效，且为城镇国有土地使用权出让和转让重要法规。二审证据三）第44条规定：“划拨土地使用权，除本条例第四十五条规定的情况外，不得转让、出租、抵押。”第45条规定了四项转让条件，第四项为“（四）依照本条例第二章的规定签订土地使用权出让合同，向当地市、县人民政府补交土地使用权出让金或者以转让、出租、抵押所获收益抵交土地使用权出让金。”第46条规定：“对未经批准擅自转让、出租、抵押划拨土地使用权的单位和个人，市、县人民政府土地管理部门应当没收其非法收入，并根据情节处以罚款。”

双方签约前的1992年3月8日，国家土地管理局令（1992）第1号《划拨土地使用权管理暂行办法》（至今有效。二审证据四）第5条规定：“未经市、

县人民政府土地管理部门批准并办理土地使用权出让手续，交付土地使用权出让金的土地使用者，不得转让、出租、抵押土地使用权。”第32条规定：“土地使用权转让、出租、抵押，当事人不办理土地登记手续的，其行为无效，不受法律保护。”

双方签约时，某大厦的土地性质是划拨土地，使用权人是答辩人和某住宅公司（后仅为答辩人）。依照上述行政法规和行政规章中的强制性规定，该土地使用权人未经政府与土地管理部门批准并办理土地使用权出让手续，未交付土地使用权出让金，其土地使用权不得转让，违者，要受到行政处罚，且转让行为无效，不受法律保护。划拨土地使用权人与非使用权人签订合建合同，使非使用权人通过合建取得了划拨土地的部分使用权，这正是上述行政法规和行政规章明令禁止的擅自转让划拨土地使用权的行为之一，故此种合建合同无效，不受法律保护。

在双方签约时，上述国务院《条例》已施行两年多。如按上诉人所称是投资非自用不动产，当时如双方将上诉人作为大厦合建一方报请政府变更立项批复（增加建设单位），在大厦土地未经政府土地管理部门批准并办理土地使用权出让手续和交付土地使用权出让金的情况下，政府计划委员会是不可能批准的。因此，本案合同书约定上诉人投资答辩人（公司），而非大厦房地产项目。

需说明的是，除答辩人和某住宅公司两个土地使用权人（后只有答辩人）外，某进出口总公司、某会计师事务所、某人防开发公司等单位虽然不是原批准的土地使用人和原合建人，但政府计委批准这些单位参与大厦建设，建成后按约定取得自用的办公用房面积和招待所性质的住宿用房面积，其实质是政府批准这些单位部分取得了划拨土地的使用权（二审证据五，国家计委《关于某大厦主楼工程恢复建设的批复》计投资[1991]×号），这些单位在大厦中的面积只能自用，如转让、出租、抵押则必须经政府土地管理部门批准，并办理土地使用权出让手续和交付土地使用权出让金。这些单位的投资有两个完全不同于上诉人投资的性质：一是经政府批准取得了部分划拨土地使用权，二是投资所取得的大厦面积只能自用。因此，通过与其他投资单位比较，可以清楚地看出，既未获得政府批准使用划拨土地，又不是投资取得自用的大厦面积的上诉人，当然不是投资于大厦项目。

虽然，上诉人主张其投资是非自用不动产，依据行政法规和行政规章中的强制性规定，非使用权人在划拨土地上投资非自用不动产，属擅自转让划拨土地使用权的行为，故合同无效，不受法律保护。

旁白

最凶狠的抗辩不是论证对方的主张不成立，而是阐明即使对方的主张成立，也得败诉——断了对方的后路！

综上，投资非金融性公司和投资非自用不动产，对于银行来说，性质相同，方式不同，无本质区别；大厦批准文件和本案合同内容证明，上诉人的投资方式是投资非金融性公司；行政法规和行政规章早在双方签约前已禁止通过房地产合建转让划拨土地使用权，双方未约定也未实际将上诉人报请政府批准，且上诉人无意取得自用面积，证明上诉人不是投资非自用不动产，而是投资非金融性公司。

二、原判适用法律正确

上诉人认为原判确定的定案依据是错误的，国家工商行政管理局、中国人民银行1992年4月7日发布的工商企字[1992]67号《关于各专业银行所属公司重新登记注册和所属企业换发证照工作有关问题的通知》（以下称1992年《通知》）规定的禁止情形与本案无关，1993年2月11日中国人民银行《关于进一步加强固定资产贷款管理的通知》（以下称1993年《通知》）、《商业银行法》、《金融违法行为处罚办法》均是在双方签订合同后才施行，依法无溯及既往的效力，不能成为本案定案依据。这一对原判适用法律的指称不能成立。

（一）1992年《通知》为原判认定本案合同无效的定案依据

1.该《通知》施行于双方签订合同的时间之前，正如《上诉状》所述：

"从时间上符合适用的条件。"

2.该《通知》明令禁止专业银行（现商业银行）向各种非金融性公司或企业投资。上述第一节的阐述结论为，上诉人的投资方式是投资非金融性公司，故属于该《通知》的禁止之列。同时，该《通知》关于金融业务与非金融业务严格分开的原则和禁止同时经营金融业务和非金融业务的规定，以及允许兼营的范围的规定，也体现出禁止上诉人经营非金融业务的精神。

3.该《通知》虽为行政规章，但符合最高人民法院2000年全国民事审判工作会议确定的适用原则，为认定本案合同无效的定案依据。

（二）原判引用其他法律、法规及规章并无适用法律错误的问题

原判引用了1992年《通知》、《商业银行法》及《金融违法行为处罚办法》，其主旨在于：1.说明1992年《通知》符合最高人民法院确定的行政规章适用原则，即在该《通知》施行后上升为国家法律和行政法规；2.得出银行投资非金融性公司或投资非自用不动产性质相同，都是法律、法规和规章禁止的非金融业务性质的投资的结论，即原判所述："可见，我国的政策、法律均一直严格禁止商业银行（包括原专业银行）从事金融业务之外的投资经营活动。"

综上，原判适用法律正确、严谨，并无错误之嫌。

三、银发[1998]562号文件不能作为本案的定案依据

1.中国人民银行《关于金融机构与所办经济实体脱钩有关问题的紧急通知》（银发[1998]562号）为行政规章，非行政法规（只有国务院制定并发布的规范性文件才是行政法规）。上诉人所谓："……所以该文件应当是属于行政法规"属不了解我国法律体系的常识性认识错误。

2.该文件规定的是金融机构"所办的房地产类实体和投资的房地产项目"，而上诉人的投资方式是投资非金融性公司。故该文件不能适用于本案。

3.该文件第3条第（一）项的规定"对于所办的房地产类实体和投资的房地产项目，在落实债权债务、完善有关法律手续、保全资产的基础上，可以采取出售、托管等办法分别处理。"上诉人称其投资性质为投资非自用不动产，依此文件，其投资行为是合法有效的，故其将股权直接转让于属民营企业性质

的某实业公司的行为亦属合法有效。退一步讲，假设上诉人的投资方式为投资非自用不动产，适用该文件，其投资行为也是无效的。因为，在上诉人转让股权之前和之后，均未经政府土地管理部门批准，并未办理土地使用权出让手续和未交付土地使用权出让金，即未按该文件规定“完善有关法律手续”。同时，假使上诉人完成了上述法律手续，也不得擅自转让属国有商业银行所有的股权，还必须报请国有资产管理部门批准和按照国务院行政法规《国有资产评估管理办法》进行评估，即该文件规定的“保全资产的基础上”，才能转让。因此，上诉人的投资和出售行为并不符合该文件规定的出售、托管的前提条件。即使依据该文件，也能认定上诉人投资行为和转让行为的无效性。

4. 1995年的《商业银行法》明令禁止商业银行投资非自用不动产，并将这种投资行为作为严重金融违法行为予以严厉处罚，证明该种投资行为在民事法律上属无效民事行为无疑。但是，1998年的该文件却规定完善了法律手续和资产保全手续后，这种违法、无效的投资行为便成为合法、有效的行为，故该文件这一规定显然与国家法律抵触，有人民银行在法外保护所属商业银行利益之嫌。

5.该文件为孤立的行政规章，发布后不仅未上升为国家法律或行政法规，而且与其发布后不到一年的1999年2月22日施行的行政法规《金融违法行为处罚办法》更为抵触（该行政法规与《商业银行法》相比，对商业银行投资非自用不动产的金融违法行为加重了处罚）。

综合以上各点，完全可以认定，该文件不能成为本案的定案依据。

旁白

我的一些代理思路原本是不通的，但经我写成文字后，看上去却好像挺通畅的。这种文字把戏（不能称为文字功夫），或许“得益于”做律师前我曾在大学研究所专门做研究工作。

——《紧急通知》是处理金融机构对外投资的专门性行政规章。某银行主张合同有效，无须举出法律或行政法规，举出行政规章亦可，且并不存在上升为法律或行政法规的问题。

四、适用《合同法》及其司法解释，同样得出本案合同无效的认定结论

上诉人以最高人民法院《关于适用〈中华人民共和国合同法〉若干问题的解释（一）》第10条和第3条为依据，主张上诉人的投资行为“的确是超越了经营范围”，但依据《合同法》及其司法解释则应为有效。这一主张同样不能成立。

1.应当全面理解上述《合同法》司法解释。《合同法》施行前，最高人民法院曾对企业超越经营范围所从事的经营活动做出过该行为应当认定无效的司法解释（如最高人民法院经济审判庭《关于如何认定企业是否超越经营范围问题的复函》法经[1990]第101号）。《合同法》司法解释并非全面否定了以前的司法解释，而是将超越经营范围订立的合同分为一般超越经营范围和严重超越经营范围（违反国家限制经营、特许经营以及法律、行政法规禁止经营的），在认定合同效力上区别对待。即，一般超越经营范围的，不因此认定合同无效，严重超越经营范围的，认定合同无效。上诉人投资非金融性公司，违反了行政规章中的强制性规定，违反了金融业务与非金融业务严格分开的原则，且行政规章中的强制性规定施行后上升为国家法律和行政法规而成为认定合同无效的依据，故上诉人的投资行为属严重超越经营范围的行为，即法律、法规禁止经营的行为。因此，依据《合同法》司法解释，同样能够得出本案合同无效的认定结论。

2.《合同法》司法解释第3条规定了旧法（《合同法》以前的法律、法规）和新法（《合同法》）在确认合同效力上的适用原则“从新原则”，即适用旧法无效而适用新法有效，则适用新法。上诉人据此认为“显然应当认定《投资合同》有效”。但是，新法司法解释并未规定一切超越经营范围的合同，法院都不因此认定合同无效，超越经营范围而违反了法律、行政法规禁止经营规定的，新法司法解释仍然规定合同无效。同时，《合同法》和《合同法》司法解释中怎么可能会有否定《商业银行法》和《金融违法行为处罚办法》、认定商业银行投资非金融性公司或投资非自用不动产的行为合法有效的规定。因此，即使上诉人主张适用《合同法》及其司法解释，却仍然不可能从中找到其投资的合法性、有效性规定。

综上所述，上诉人《上诉状》所称事实与理由，与本案事实完全不符，与法律、法规及行政规章中的强制性规定直接冲突；本案一审判决关于上诉人投资性质和投资方式的认定准确，适用法律并无不当，上诉人的上诉请求于法无据。故恳请贵院依法维持原判，驳回上诉，维护法律的尊严，保障国有资产的安全，保护答辩人的合法权益。

此呈

某市高级人民法院

答辩人：某经贸公司

旁白

大胆发动进攻的一方想要最终取胜，取决于能否保持攻势，能否在决战中实施致命打击。

城下之盟

调解

《民事调解书》内容

在二审期间，上诉人某银行主动向被上诉人某经贸公司提出和解协议，很快双方便达成调解协议，并得到某高级人民法院的确认：

1.被上诉人同意返还上诉人在某大厦投入的资金2079.2万元并支付补偿金570.8万元（说明：其实就是投资本金10年的利息），合计人民币2650万元。

2.被上诉人分三期付清2650万元人民币（略）。

3.在某高级人民法院《民事调解书》送达之日起解除《合作经营合同书》。

4.一审案件受理费由被上诉人负担，二审案件受理费由上诉人负担。

尾 声

打赢了本来就该赢的官司，就如同一个大人打败了一个孩子，那有什么可荣耀的？打赢了难赢甚至不该赢的官司，就如同打败了一个强手、高手，那才是值得荣耀的。

思考

从情理上说某银行确实够冤的。10年前投资两千多万元，10年后按一审判决居然只能拿回本金和3年的利息——巨额资金被人白使7年！

说情理，无非是基于生意，属“在商言商”。而生意上的是非一旦进入诉讼，就还得“在法言法”。因此，咱们在这里为某银行找找法律上的出路。

1.某银行在将其合同中的权利义务转让给某实业公司前，发函征求了某经贸公司的意见，该公司复函同意某银行自行处置；转让后某银行又通知了某经贸公司，该公司签收了通知函，未提异议。据此事实，能否认定该转让行为符合《合同法》第88条关于“当事人一方经对方同意，可以将自己在合同中的权利和义务一并转让给第三人。”的规定，属合法有效的转让?

2.如转让行为有效，一审法院应否以某银行已转让其在合同中的权利和义务，故已与原告某经贸公司无利害关系为由，劝某经贸公司撤回对某银行的起诉，进而在其不同意撤诉时裁定不予受理（审查起诉时）或裁定驳回起诉（受理后）?

3.依据《合同法》第82条关于“债务人接到债权转让通知后，债务人对让与人的抗辩，可以向受让人主张。”的规定，某经贸公司在重新起诉某实业公司后，仍可按原诉讼方案，主张本案合同无效。对此，某实业公司抗辩可否主要基于以下各点?

（1）适用行政规章认定合同无效不成立。理由是：依据李国光副院长的讲话，适用行政规章的条件之一是“……还要依据有关司法解释予以适用。”合同签订前后，并无禁止银行投资非金融性公司或企业，以及禁止投资非自用不动产的司法解释。

（2）中国人民银行中央党政

机关金融类企业脱钩工作小组《关于金融机构与所办经济实体脱钩有关问题的紧急通知》，以中国人民银行文号发文，属处理金融机构对外投资问题的专门性行政规章。该通知明确规定金融机构对于所办的房地产类实体和投资的房地产项目“凡能够以合理价格出售的房地产公司或项目，可以出售，用所得价款归还金融机构的投资。”因此，某银行转让其合同权利和义务（出售）有效，某实业公司取得的合同权利和义务亦有效。

（3）基于以上理由，某实业公司应请求法院驳回某经贸公司的诉讼请求，并可对某经贸公司提起反诉，要求按合同约定的比例分红，亦可另案起诉某经贸公司，要求分红。

课题

论商业银行对外投资禁区 论文

论适用行政规章认定合同无效问题 论文

合同权利义务概括转让后的诉讼主体问题 文章

法院领导人讲话精神何以改变案件命运 文章
—— 从一件银行投资纠纷案说起

诉讼中的“先发制人” 文章
—— 一件银行投资纠纷案的启示

心路

下午才谈判，上午没事儿。总经理要去看亲戚，问我干啥。我笑笑说：到了这个以茶馆和麻将闻名全国的闲散城市，况且心情好啊！还能干啥？泡茶馆呗！他疑惑：大清早？我显摆：有诗曰，入暮旋收市，凌晨即品茶，说的就是这里。于是，带上书冒雨去茶馆。靠在竹椅子里，端着茶船子（茶碗托），用茶盖轻轻拨开茶叶，还没上口，便觉茉莉花茶的香气比北京喝的浓多了……

要　目

- 接受委托——出人意料
- 一审判决——出人意料
- 二审和解——出人意料

这案子真有点戏剧性。双方十年前签约，银行投资后十年居然没得一个子儿。十年后接受投资的一方居然起诉了投资方，投资方居然打败了一审，二审中双方居然又握手言和了。这些个“居然”，多像戏剧情节那样曲折离奇、出人意料，多少也蕴含着戏剧故事中的恩怨情仇、悲欢离合。

为什么结果会是这样？那是因为双方的纠葛进入了诉讼这个“载体”，面对了法律的评判。

这是一个同时涉及了金融规章、法规、法律和房地产法规、规章的典型的法律适用案件。

接受委托——出人意料

10月的一天，我和几位不常见面的朋友一起吃饭时，其中一位突然一拍脑袋说：嗨！我怎么就忘了你在做律师，老觉得你应该还在大学。昨天吃饭时，一副总说起他们大厦的事，好像要打官司，要不我推荐一下你。我应声道：好啊！

几天后，他通知我争取尽快见面，之后就没了音信。大概一个月后，我想起这事儿，问他，他说没再联系，估计人家有律师了。

转过年的1月，一天下午我接到某经贸公司副总的电话，问我当天晚饭后是否有空见面。想到是大厦的纠纷，官司不小，我连谈什么事也没问就答应了。助理说：都三个多月了，不会是官司不好打了，又免费咨询吧（这种事我们确实经常碰到），而且连饭钱也省了。

某经贸公司的总经理和副总在办公室接待了我和助理。总经理年龄与当时的我相当，四十出头，正直坦诚。女副总岁数大些，精明强干。原来，他们还没打官司，今天是想听听我们对案子的看法。

听完总经理介绍的情况，看完有限的几份证据材料，我以为又像以往与客户初次见面那样，轮到我谈诉讼主张和理由了。不承想我还未说，副总先把今天的谈话定了调门。她说：由于受让某银行股权的某实业公司多次致函和上门，要求立即预分大厦的利润，公司压力很大。去年10月公司想起诉打官司，但由于公司法律顾问和其他律师对胜诉没有把握，这事儿就一直拖下来了，今年刚过元旦，某实业公司就又来了。公司已下决心诉讼，今天下午董事会开会本来计划最后决定此事，但想到我们知道的律师里面，还没见过你，所以想听听你的意见。我们的律师已合作多年了，这个案子也过问很长时间了。所以如果这次咱们合作不成，以后肯定会有合作机会。今天我们提几个我们为难的问题，看你能不能帮我们解决。

我表示完全理解，即使不方便合作，我也愿意交个朋友。

副总提的第一个问题是，公司想提起诉讼，打合同无效（某经贸公司与某银行所签《共同投资合作经营“某大厦”合同书》），但禁止银行投资公司和非自用不动产的最早的法律（《商业银行法》）是1995年出台的，而《合作经营合同书》是1992年签订的，无法适用。再者，《合同法》生效后，认定合同无效只能依据法律和行政法规，所以查找《合作经营合同书》签订前的行政规章也没有用。因此，要打合同无效，法律依据问题到底如何解决。

我回答：第一，《合同法》生效后，只能依据法律和行政法规的强制性规定认定合同无效，是原则，但并非没有例外，也就是说还有灵活性。最高人民法院副院长李国光在2000年全国民事审判工作会议上的讲话（我当时想不起讲话的题目，应为《当前民事审判工作中亟待明确的法律政策问题》）表明，行政规章中的强制性规定（当然包括禁止性规定），在未上升为法律或行政法规之前可以作为认定合同无效的依据。因此，应当立即查找1992年双方签约前的行政规章。依我的一般经验，虽然1992年小平南方谈话后，银行投资在全国比较普遍，但在规定上从未正式放开，所以签约前应当有禁止银行投资的行政规章（应当由中国人民银行作出）。副总说：仅仅是最高法院领导的讲话，不是司法解释，法院会照办吗？我说：领导在每年全国审判工作会议上的讲话，是会议文件之一，各级人民法院都非常重视，要组织学习，要遵照执行——

这就是具有中国特色的司法。第二，还应该查找签约后的行政规章。要主张合同无效，从诉讼策略上说，应当拿出一个法律、法规、规章体系。这个体系包括四个方面的依据，一是签约前的规章，二是签约后的规章，三是1995年《商业银行法》，四是1999年行政法规《金融违法行为处罚办法》。这一体系要发挥的功能有三：一者签约前的规章1995年上升为法律，符合李国光副院长提出的规章适用条件；二者国家始终禁止银行投资，从未允许，且逐步加大禁止和处罚力度；三者一旦法院认定合同无效，因1995年《商业银行法》有没收非法所得的规定，故在是否判付1995年以后的利息上法院一般不会无视规定。

副总提出的第二个问题是，某银行将《合作经营合同书》的权利义务转让给某实业公司，事先征求我们公司的意见，我们公司复函同意某银行自行处置（公司前任总经理所为），表明我们公司放弃了优先购买权，这符合《公司法》的规定。再者，某银行与某实业公司签订转让协议后即通知我们公司，我们也签收了通知函，这表明转让也符合《合同法》。那么，现在我们怎么主张转让行为无效。

我的答复是，第一，依据《民法通则》关于无效合同的规定，无效合同约定的权利、义务关系，从签订合同的开始起对合同的双方就没有法律约束力，在合同的履行期间也始终没有法律约束力，在这期间，任何对合同权利、义务转让行为，都不能改变该合同的无效性质，而转化为有效。第二，《合作经营合同》是因违反国家禁止性规章而无效，1995年的《商业银行法》和1999年的《金融违法行为处罚办法》将该合同的内容，即银行的投资作为金融违法行为来处罚。故如果认定转让行为有效，其实质就是通过转让这种所谓合法行为，将违法行为转化为合法行为，人民法院不应该忽视这一转让行为的本质。第三，依据《合同法》的规定，我们公司对某银行的合同无效的抗辩权，可以直接向受让方某实业公司主张。因此，关于此问题，我认为《合作经营合同书》的效力问题是纲，转让行为的效力问题是目，纲举目张。

副总还提出了一些其他相关问题，多数问题都是法律业内人士才能提出的问题（事后我才知道，她曾在法院工作过，在公司也过问过不少法律和诉讼问题，况且本案的问题多数应该是他们公司的法律顾问和其他律师提出的）。我一一作了答复。

最后，总经理和副总说了些夸赞我的话。我想今天也就这样了。谁想，当副总问总经理：怎么样？总经理点点头。副总说：那你说吧。总经理说：还是你说吧。于是，副总说出了令我和助理都意外的话。她说：我们决定委托你们做我们公司的代理人。用人不疑，疑人不用。这个官司我们的顾问和律师都不上，就由你们来打。

这是不是也有点戏剧性——像戏剧情节那样出人意料。

走出大厦，置身于射灯、霓虹灯的光彩之中，我不由自主地回头仰望高耸的大厦。清冷的夜风吹乱了我的头发，似乎也撩起了我的思绪。今夜，这座大厦在我心中有了生命，不再是过眼的物体。若干年后再看到这座大厦，我会想起今夜吗？……

一审判决——出人意料

原计划同时起诉某银行（第一被告）和某实业公司（第二被告），立案前，我毅然决定只起诉某银行。一者简化诉讼程序，减轻诉讼压力；二者打掉了《合作经营合同书》，即无效，转让协议对我方来说，也就成了废纸一张了。某经贸公司同意我的决定。

《起诉状》只主张《合作经营合同书》无效，而未陈述无效的依据和理由，故某银行几乎无法答辩——自说自话容易无的放矢，因此未作答辩。

某经贸公司真可谓“用人不疑”！开庭时居然未派人旁听——真够信任我的。某银行的两位律师，一位三十多岁（他说已执业7年），一位年轻点，两位都很有修养，开庭前我就与他们互致问候。由于双方均不知对方的诉讼依据和理由，故那位执业多年的律师问：你们依据什么打合同无效？我笑着说：有一些规定。应该说，双方都不“知彼”的庭审，对双方专业水平和诉讼经验都是种考验。

在开庭之初，审判长就提示双方，本案的第一个审理重点是法律适用问题，故双方在调查阶段，在举证、质证的同时，提出各自的法律依据；在辩论阶段，围绕本案合同的效力问题，重点在法律依据上，进行辩论。另外，审判长将某实业公司应否加入本案诉讼作为第二个审理重点（开庭前，某银行分别提交了某银行和某实业公司的两份《变更当事人申请》——申请将被告由某银行变更为某实业公司）。这种审理重点的提炼和概括，显示出审判长思路清晰，经验丰富。

在调查阶段举证、质证时，我方致某银行的、内容为我公司不同意回购（某银行的股权），同意某银行自行处置（其股权）的复函，成为某银行代理人主张合同有效，转让行为有效的主要证据。我对此的质证意见是，第一，我方不同意回购的原因是1995年《商业银行法》对商业银行投资公司和投资非自用不动产的行为规定了没收非法所得，故银行的这种投资获利是非法的，国家要没收的，所以我方不同意回购（审判长插问，你们所说的“回购”是什么含义，与银行获利有关系吗？我答，这里的“回购”的含义就是股权的股本——本金加溢价——收益，收益部分就是银行的获利。如果不含收益，是本金加利息，这其实就是投资转贷款，我们是同意的）。第二，我方同意某银行自行处置，当然是依法自行处置，如转投资为贷款，由我方还本付息；再如作为无效合同的款项由我方向其返还。而某银行的做法是转让，其实质是通过转让的合法形式，将法律、法规禁止的金融违法行为合法化。

在调查阶段双方举出法律依据时，我方举出了1986年国务院行政法规《中华人民共和国银行管理暂行条例》（证明某银行的行为违反该行政法规，属于超越经营范围的行为）、1992年4月7日（双方1992年6月8日签订合同书之前）国家工商行政管理局和中国人民银行发布的《关于各专业银行所属公司重新登记注册和所属企业换发证照工作有关问题的通知》（该《通知》禁止银行向各种非金融性公司或企业投资。以下称1992年《通知》）、1993年2月11日中国人民银行《关于进一步加强固定资产贷款管理的通知》（该《通知》禁止银行投资和经营房地产）、1995年7月1日《商业银行法》和1999年2月22日《金融违法行为处罚办法》。某银行举出了1998年中国人民银行中央党政机关金融类企业脱钩工作小组《关于金融机构与所办经济实体脱钩有关问题的紧急通知》。该《通知》规定：“对于所办的房地产实体和投资的房地产项目，在落实债权债务、完善有关手续、保全资产的基础上，可以采取出售、托管等办法分别处理。”（下称1998年人民银行通知）。某银行还举出了1998年3月27日财政部《关于商业银行呆坏账和投资损失核销有关问题的通知》。该通知规定，对《商业银行法》实施以前对外投资发生的损失，由总行按规定严格审核后，在投资风险准备金中核销，不足部分在成本中列支，并在年终会计决算中说明，由财政部审核认定（下称1998年财政部《通知》）。

关于第一个审理重点，即《合作经营合同书》的效力问题，双方主要围绕以下三个问题展开了辩论：

一是我方所举1992年《通知》能否作为定案依据问题。某银行代理人未对最高法院副院长讲话的适用问题提出异议（看来他们对具有“中国特色”的司法是熟悉的）。但是，他主张该《通知》仅禁止各专业银行向各种非金融性公司或企业投资，并未禁止投资房地产项目（或非自用不动产），而某银行的投资性质是投资房地产（大厦），不是投资某经贸公司，故该《通知》不能作为本案定案依据。我的抗辩理由是：第一，某银行投资的形式就是投资我公司，占我公司的股份，从我公司获利，而不是投资房地产（大厦），从大厦的合建中获利。我公司另有经政府批准备案的合建单位，如某银行是投资大厦，即要从大厦获利，我公司的其他几家合建单位必须参与本案诉讼。第二，投资公司和投资房地产，虽形式不同，但性质相同，都是违反1992年《通知》规定的金融业务与非金融业务严格分开的原则的行为，都是无效的。

二是我方所举的双方签订合同之后的行政规章（1993年《通知》）、法律（《商业银行法》）和行政法规（《金融违法行为处罚办法》）的适用问题。某银行主张这些均是投资合同成立以后才颁布实施的，依照法不溯及既往的原则，不能作为审理本案的法律依据。我的抗辩是：第一，为了证明本案适用行政规章的强制性规定符合“在未上升为法律或行政法规之前”的适用条件，我方应当举出相关法律和行政法规。第二，我方所举的行政规章、行政法规和法律的一系列强制性规定证明，无论双方签约前还是签约后，银行投资非金融业务始终是被国家禁止的，而且处罚力度逐步加大。

三是某银行举出的1998年人民银行《通知》的适用问题。我的抗辩意见是：第一，该《通知》的发布人为中国人民银行内部的一个小组，发布后不仅没有上升为法律或行政规章，而且与其发布前已实施的法律《商业银行法》，发布后实施的行政法规《金融违法行为处罚办法》直接抵触，故依据《立法法》的规定，这一中国人民银行内部工作小组所发文件因与其发布前的法律抵触，不能作为本案定案依据。第二，假设该《通知》为有效的规定，某银行的转让行为也不符合该《通知》规定的出售条件，即“完善有关法律手续”。既然某银行主张其投资是房地产，按该《通知》，就须完成合建报批手续和土地变更登记手续（从我方与其他合建单位已拥有的土地使用权中取得部分土地使用权——共同共有或按份共有）。如按我方主张是投资公司，按该《通知》，就须与我方共同在工商局办理我公司股东变更登记手续。因此，某银行什么也没办，就将其性质为违法的投资转让，当然并不符合该《通知》的规定。

另外，双方还就某银行所举的1998年财政部《通知》（我提出该《通知》并无涉及本案合同效力及处理的规定）以及小平南方谈话后银行的投资问题（我提出那时银行投资虽在各地不同程度地存在，但规章、法规及法律始终禁止，从未允许）进行了辩论。

关于第二个审理重点，即实业公司应否加入本案诉讼的问题，某银行坚持主张其在《合作经营合同书》中的权利义务已全部转让于某实业公司，故已与我方无权利义务关系，应由某实业公司与我方作为诉讼双方。我的抗辩理由有二：其一，某银行的所谓合同权利是被行政规章中的强制性规定和法律、法规禁止的，非法的，这种违法性决定了转让行为的无效性，因此，我方从不认可，从未接受这种转让，不能因这种非法的转让而认为我方与某实业公司具有了法律上的利害关系。其二，完整的转让签约程序是，先由出让方（某银行）与受让方（某实业公司）签订转让协议，后由受让方与合同另一方（我方）签订合作经营合同。但是，我方并未与某实业公司签订任何合同或协议。[1]因此，从法律关系上讲，我方与某银行的合作关系是一个法律关系，某银行与某实业公司的转让关系是另一个法律关系。因此，某实业公司不应进入本案诉讼，其与某银行的转让协议问题应由双方另行解决或另案处理。

---

[1] 《合同法》第88条规定：“当事人一方经对方同意，可以将自己在合同中的权利和义务一并转让给第三人。”故我基于诉讼策略而主张的“两次签约程序”，是不成立的。

庭审后，我主动走过去与某银行的两位律师握手。他们依然如开庭前那样平和，让我又一次感知了他们的修养（在针锋相对的庭审后，这种情形并不多见）。

在开车回所的路上，随我旁听案子的、刚招聘来所正在试用期的一位律师助理对我所其他律师说：他们（指某银行的律师）与咱们老师（说我）根本就不是一个重量级的。我问：何以见得？他说：多了。比如咱们举的依据和适用理由就站住了，他们举的依据就被您驳倒了。我问：真驳倒了吗？举个例子说说怎么驳倒的。他不假思索地说：比如，您说他们举的规章并没有上升为法律，他们就没话说了。我说：那是他们当庭没有反应过来，我也常有反应不过来的时候，这并不能说明我驳倒了他们。况且，我的说法根本无法驳倒他们。主张合同无效的一方，适用规章要考虑领导所说的上升为法律的问题，主张合同有效的一方，拿出规章就行了，并不受上升为法律的适用条件的限制，我其实是在诡辩，你还以为是雄辩。我觉得语气重了，抬头看后视镜，看到他脸都涨红了。忙接着说：这个问题你没有反应过来很正常，人家（指某银行律师）干了多年律师不是也没反应过来吗。所以干这行，我和你们一样，要不断学习，不断积累，这样才能不断地从反应不过来到反应过来。再看后视镜，他脸色正常了，微微点着头……

一个月以后送达的一审判决书出乎我所料。不是没想到胜诉，而是没想到我方的诉讼主张和理由几乎全面被一审法院接受。某经贸公司的总经理和副总很高兴，设宴请他们的上级主管单位（政府）的领导出来，与我们共同庆祝。总经理见我比较平静，且听到大家说案子就发呆，就说：别担心二审了。饭要一口一口地吃，仗要一场一场地打。起诉前，咱们在黑暗中摸索，现在已见到曙光了，不久，太阳就要升起来了！

二审和解——出人意料

某银行的《上诉状》是我执业多年并不多见的好文书。其观点直接明确，反论（论证一审判决认定事实错误和适用法律错误）和正论（维护己方所举规章和坚持《合同法》及其司法解释的适用）顺畅，且行文有序，结构稳定。除认为其所举1998年中国人民银行《通知》为行政法规有误外，自成一说，并无矛盾。当然，这是仅就某银行律师的专业水平和写作水平而言的，并不说明我同意《上诉状》的主张和理由。

《上诉状》抓住的一审判决书的主要“症结”为两点：一是一审判决对部分事实未查清（主张某银行是向某大厦投资，而不是向某经贸公司投资，一审判决仅认定某银行对外投资，而未查明属于哪类投资）；二是一审判决适用法律错误（某经贸公司所举1992年《通知》仅禁止银行向非金融性公司或企业投资，并未禁止银行投资房地产项目，故不应适用1992年《通知》）。两个主张互为因果，相互支持，从表面上看是有理有据的。且“下招挺狠”——抽去一审判决基石性的依据，即双方签订合同前唯一的行政规章，似乎一审判决的“整个大厦”就会坍塌。

接到《上诉状》的头一天，我抛开其他所有事务，一整天坐在桌旁，要么埋头于卷宗材料之中，要么长时间地枯坐。某银行当然不服，因为他们还有退路、出路、生路——主张他们是投资房地产项目。那么如何堵住他们的路子，让二审法院维护一审判决，最终让他们服呢？当然必须坚持他们的投资方式就是投资公司。可以首先主张这两种投资性质相同、方式不同，可以依1992年《通知》关于金融业务与非金融业务严格分开的原则，以及1993年《通知》、1995年《商业银行法》、1999年《金融违法行为处罚办法》关于同时禁止这两种方式的投资的规定来论证这一点（详见二审《答辩状》）。其次，可以通过详细分析《合作经营合同书》的具体约定，从大厦批准文件证明某银行不是大厦合建人，因并未设立大厦项目公司而某银行的入股资金和股东身份只有我方（公司）这个“载体”，某银行的分红只能从我方得到，而不能从大厦得到（不能与其他大厦合建方共同分红），以及某银行参加董事会只能参加我方的董事会（大厦无项目公司、无董事会）等各个方面，具体论证并得出合同书的约定和履行都证明某银行就是投资于我公司的结论（详见二审《答辩状》）。

形成上述较一审代理意见更深一步的思路后，我仍感不足。假如二审法院就是不接受我方的主张和理由，就是要认定某银行是投资大厦怎么办？唯一的对策就是主张即使是投资大厦（房地产），合同书也应依法认定无效！那么，无效的事实和无效的依据又是什么呢？

已经夜里三点多了，我知道自己已"只缘身在此山中"了，该回家睡觉了，今天是没有办法了。低头走在地下车库里，我不由地一下站住了，嘿！大厦是划拨土地，国土转让暂行条例（这是我平常的简易说法，就是国务院《城镇国有土地使用权出让和转让暂行条例》）不是禁止划拨土地转让吗？合同无效的事实根据（划拨土地）和法规依据（《条例》）不是都有了吗？！我立刻转身上电梯又回到了办公室（这才发现刚才走时连灯都忘了关），翻大厦的土地证照材料，查《条例》的相关规定，写《答辩状》这部分内容的提纲……

写到次日早晨，终于写完了二审《答辩状》。其中，关于某大厦批准文件和本案合同证明某银行是投资于我公司的论证，特别是关于假设某银行是投资某大厦亦因属擅自转让划拨土地使用权的行为而依法应认定无效的论证（详见二审《答辩状》），真正缓解了我的二审压力。当我向某经贸公司总经理、副总经理和他们的上级主管单位领导汇报我的二审答辩意见时，他们翻着老长的《答辩状》，听着我的解释，不住地点头……

二审法庭通知的开庭日的前两天，本案出现了戏剧性的变化。某银行正式通知某经贸公司，愿意调解结案，请某经贸公司的律师（我）通知法院暂不开庭审理。某经贸公司总经理问我，他们（某银行）提出的和解条件能不能答应，我说完全可以答应（他们的条件是，由我方促使二审法院在《民事调解书》上不涉及合同的效力问题）。

不久，我和某经贸公司总经理飞赴某省某银行，谈判和签订《调解协议》。

下午才谈判，上午没事儿。总经理要去看亲戚，问我干啥。我笑笑说：到了这个以茶馆和麻将闻名全国的闲散城市，况且心情好啊！还能干啥？泡茶馆呗！他疑惑：大清早？我显摆：有诗曰，入暮旋收市，凌晨即品茶，说的就是这里。于是，带上书冒雨去茶馆。靠在竹椅子里，端着茶船子（茶碗托），用茶盖轻轻拨开茶叶，还没上口，便觉茉莉花茶的香气比北京喝的浓多了……

那天走进某银行的会议室，寒暄后刚坐下，我和总经理就都看到某银行五位参与谈判人员（包括两位律师）面前的桌面上，都摆着厚厚一叠我写的二审《答辩状》（“答辩状”三个字非常显眼）。某银行副行长先说话了，大意是：这个案子从情理上怎么讲也是你们的不对，哪有拿人家的钱还告人家状的道理。但是，法律无情，实话实说，我们非常重视你们二审的答辩，专门开会研究过。看来你们这次是在法律上占到了便宜，对我们来说，官司再打下去也没意思了。不打不成交，既然你们也同意和解，那咱们就握手言和。

签完《调解协议》，走出某银行的大楼，我笑着看了一眼某经贸公司的总经理，唱到“太阳出来了！……”（革命现代芭蕾舞剧《白毛女》插曲）。他抬头望了望大阴天，迷惑地看我。我说：你忘了一审后你说的起诉前咱们在黑暗中摸索，现在已见到曙光了的话吗？他笑道，噢，都这会儿了你才……咱们的太阳早都升起来了。

他人很好，若不是大家总是各忙各的（他已调到其他公司任职了），或者他如果不是高干子弟，真想跟他交个长久的、并不是有事才见面的朋友。至于某经贸公司的副总，她已退休，在一家非常知名的国际企业任职，我们至今仍保持着良好的合作关系。只是跟她在一起，特别是一起出差，除了工作，她便无话可说了。

那座大厦就在西二环路边。跟家人或故乡人路过大厦时，我曾臭显：我给这个大厦做法律顾问（这次官司后我一直连续多年给这个大厦的所有人某经贸公司做常年法律顾问）。每次经过大厦，我总会侧目望望大厦……

杂咏

借扇

十年雾漫漫，
一朝风吹散。
何以借东风？
犹得诸葛扇。

第六章

诉讼的信念与诉讼的毅力

——存单纠纷所涉刑事案件与以存单为表现形式的借贷

具有律师和作家双重身份、曾为前菲律宾第一夫人伊梅尔达·马科斯作过辩护的美国当代著名律师盖瑞·史宾塞在其《最佳辩护》一书中说：经常有年轻人问我，在学校应学习哪些课程，将来才能成为成功的辩护律师？其实，更重要的问题是如何学做人。

我代理某石油公司起诉某银行某支行，要求其偿还存款及利息。然而，诉讼中却出现了意外情况——我方所持存单上的银行印章经鉴定是伪造的。法院遂以本案所涉事实属金融诈骗行为，不属民事纠纷案件为由，裁定驳回了我方的起诉。四年后，在某石油公司已将该存款做坏账处理，已无人愿意再管此事的情况下，我毅然以新的司法解释为依据，以与本案牵连的刑事判决为根据，先申诉，后干脆重新起诉，最终获胜，为某石油公司讨回八百万余元存款。

也许你会说我这样做是为了挣钱，不对！我就是为了在我脑屏上，把我的委托人最初败诉时那失望、责备的目光，变成胜诉时那欣慰、钦佩的目光！

SPENCE LAW FIRM

讼途

导言

1.本案属于以存单为表现形式的借贷纠纷。在存单纠纷案件中，凡是出资人（存款人，通常为单位即法人）向金融机构（如银行）交付资金（款项，通常为转账支票），金融机构向出资人出具存单，但资金未入银行出资人账户，而转至用资人（通常为法人），且由用资人向出资人支付利差（法定利息之外的高息部分）的，为以存单为表现形式的借贷纠纷。

2.本案涉及刑事犯罪嫌疑问题。银行下属分理处主任与用资人（民营企业法定代表人）串通，主任指使副主任用其私刻的公章或其保管的作废公章，使用其他分理处丢失的空白存单，伪造存单，骗取出资人（存款人）的资金，后主任与用资人携款出逃。在此犯罪嫌疑事由客观存在的情况下，银行对其下属分理处的主任、副主任的行为及其后果（存款人巨额存款的损失）是否应承担民事责任？

3.本案的处理涉及有关司法解释的适用问题。主要为，最高人民法院1997年12 月公布施行的《关于审理存单纠纷案件的若干规定》、1998年4月公布施行的《关于在审理经济纠纷案件中涉及经济犯罪嫌疑若干问题的规定》。

4.在《民事诉讼法》中，再审申请与申诉的区别。

5.我代理的某石油公司（出资人）在第一次起诉被法院裁定驳回起诉两年半之后，经向法院申诉未被受理后，再次就同一案件起诉。这是否违背“一事不再理”原则？

6.我方（某石油公司）第二次起诉是否存在诉讼时效问题?

7.本案涉及司法解释的溯及力问题。我方1997年4月起诉被法院裁定驳回，2001年再次起诉并将第一次起诉后公布施行的上述两个司法解释作为起诉依据。第二次起诉适用诉前公布施行的司法解释没有问题，但如申诉，适用驳回起诉裁定后公布施行的司法解释则有问题。

8.从有关司法解释的理解上看，私刻的公章与作废的公章有无本质区别?法院在认定和处理上应否区别对待?

9.在本案中，银行方的代理人有失误。即，一是未对我方的第二次起诉提出违反“一事不再理”原则的异议，未请求法院不予受理；二是未对我方在第二次起诉中称我方所持存单上的公章为作废的公章（公安鉴定部门的鉴定结论及银行下属分理处副主任刘某的供述证明为私刻的公章）提出异议，故法院亦认定为废章；三是错误计算了上诉期，失去了对本案的上诉机会。

10.在我方第二次起诉中，我所书《代理词》依据两个司法解释，阐明了本案所涉刑事犯罪问题和存单性质认定及处理问题，应为重点阅读文书。

要　目

- 讨要存款遭驳
- 毅然申诉无望
- 斗胆重新起诉
- 银行抗辩乏力
- 强力维护诉求
- 艰辛换得胜诉

序曲

诉讼律师应当准确了解当事人：他只求胜，除此之外，他什么也不在意，什么也不在乎。因而如果官司败了，即使是律师无法预见或无法控制的，在他眼里也是与律师的失误和无能一样的。这没什么错，没什么公平不公平。律师可以在内心体验悲壮与苍凉，但在行动上，只要还有机会，就得继续为他去拼。

我不管其他律师对当事人抱什么观念，我个人崇尚对当事人的愚忠——我的职业实践证明，只有极少数当事人辜负了我对他们的愚忠。

某石油公司因与某银行某支行及该支行某分理处之存单纠纷，委托我作为某石油公司的诉讼代理人。1997年4月我向法院递交了下列《民事诉状》。

讨要存款遭驳

正文

民事诉状

原　　告：某石油公司

第一被告：某银行某支行

第二被告：某银行某支行某分理处

案　　由：存单纠纷

诉讼请求：

1.判令被告支付原告存款本金1000万元；

2.判令被告支付原告存款利息109.8万元；

3.判令被告支付原告滞纳金10.54万元（1109.8×0.5‰×19天）；

4.判令被告承担本案全部诉讼费。

事实与理由：

1996年3月14日，原告经某银行某支行员工辛某介绍，决定将本单位资金以整存整取定期存款的形式存入第二被告处。遂派本单位财务科长魏某持本公司开出的一张金额为1000万元整、号码为NO.2066403、收款人一栏空白的某市城市信用社转账支票（附件一：某市城市信用社转账支票存根NO.2066403），与介绍人辛某一起至第二被告处办理存款手续。当日下午，魏某到第二被告办公楼上的主任室，见到被告副主任刘某，向刘某说明由于原告未在被告处开户，故未填写转账支票上收款人一栏。刘收取原告的转账支票后，开出一张户名为原告，金额1000万元整，期限1年，月利率为9.15‰的某银行某分行整存整取储蓄存款存单一张（附件二：某银行某分行整存整取储蓄存款存单一张NO.0288658），盖上公章后交魏某带走。

1997年3月14日，上述存单到期后，原告即派人到第二被告处取款。被告现任负责人称由于原副主任刘某已调离，其刚到任不久，对情况不了解，要求魏某写出书面情况报送某银行某支行。当日下午，魏与本公司财务副科长谢某及介绍人辛某到第一被告处交涉，其支行行长毛某以款项并未进入银行账内，而是体外循环为由拖延支付。在交涉过程中，原告才了解到，刘某收取原告转账支票后将该笔款项转账至某公司设立在其他银行的账户上（附件三：城市信用社转账支票NO.2066403）。原告与该公司素无任何业务往来，也从未接触过任何与该公司有关的人员，此转账行为完全是被告方行为。

原告按照有关存款规定，在某银行某支行某分理处正式办理储蓄存款手续，经办人为分理处负责人，与银行内部人员无任何私下交易，且原告所持存单内容真实、合法、有效。银行内部人员的违章操作属银行内部问题，与存款人无关，并不影响存单的有效性和存款行为的合法性，也不影响银行对存款人承担的支付本金和法定利息的法律责任。故被告理应依法在存单到期时，如期如数支付存款本金和利息。被告拖延支付的理由与原告存款之民事法律行为毫无关联，其行为系严重违反《经济合同法》违约行为。因此，恳请贵院查清本案事实，依照《经济合同法》第6条、第29条、第31条之规定[1]，追究被告民事责任，保护原告的合法权益。

此呈

某中级人民法院

具状人：某石油公司

附：书证三份

背景

在本案一审诉讼期间，被告某银行某支行向法院提交了公安机关鉴定部门的《文检鉴定书》，其鉴定结论为我方所持存款存单上加盖的公章与某分理处公章不具有同一性，即系私刻公章。

裁定

原一审裁定

某中级人民法院认为，因本案所涉及的事实属刘某（第二被告原副主任）金融诈骗行为，故本案不属民事纠纷案件，依据《中华人民共和国民事诉讼法》第140条第一款第（三）项的规定，裁定驳回原告的起诉。

[1] 该法已被1999年10月1日起施行的《合同法》废止，上述条文与《合同法》的规定基本一致。

毅然申诉无望

背景

2001年3月，亦即法院驳回某石油公司起诉裁定作出两年半之后，我根据法院对某分理处副主任刘某的刑事判决，依据驳回裁定作出之后最高人民法院公布实施的《关于审理存单纠纷案件的若干规定》，就本案向法院提出申诉（说明：依据《民事诉讼法》，不服生效判决的，判决生效后两年之内可申请再审，两年之后则可申诉）。

正文

民事申诉状

申 诉 人：某石油公司

被申诉人：某银行某支行

案　　由：存单纠纷

申诉请求：

1.依法撤销某中级人民法院（1998）某中经字第×号民事裁定书；

2.判令被申诉人支付申诉人存款本金900万元及银行同期存款利息；

3.判令被申诉人承担本案诉讼费用。

事实与理由：

一、本案基本事实

1996年3月14日，申诉人派本单位财务科长魏某持本公司开出的一张金额为1000万元整，号码为NO.2066403，收款人一栏空白的某城市信用社转账支票（附件一：某城市信用社转账支票存根NO.2066403）,至被申诉人下属某分理处办理存款手续。该处副主任刘某收取申诉人的转账支票后，开出一张户名为申诉人，金额1000万元整，期限1年，月利率为9.15‰的某银行整存整取储蓄存款存单一张（附件二：某银行整存整取储蓄存款存单NO.0288658），盖上公章后交魏某带回申诉人处。

1997年3月14日，上述存单到期后，申诉人即派人到被申诉人下属某分理处取款，被该处拒付。后在与被申诉人交涉过程中得知，刘某收取申诉人转账支票后将该笔款项转账至某公司账户上（附件三：城市信用社转账支票NO.2066403）。申诉人与该公司素无任何业务往来，也从未接触过与该公司有关的任何人员，此转账行为完全是被申诉人下属分理处人员所为。

二、诉讼情况

1997年4月9日，申诉人在某中级人民法院向被申诉人提起诉讼，请求法院依法判令被申诉人支付存单项下的本息及承担诉讼费用（附件四：《民事诉状》）。

1998年9月22日，某中级人民法院作出裁定，认定此案所涉及的事实属某银行某支行某分理处原副主任金融诈骗犯罪行为，不属民事纠纷案件，驳回了申诉人的起诉（附件五：《民事裁定书》）。

1998年6月22日，某中级人民法院对刘某作出刑事判决，认定其伪造金融票证罪，判处有期徒刑15年（附件六：《刑事判决书》）。

1999年9月10日，某公司被工商行政管理局某区分局吊销企业法人营业执照（附件七：工商登记证明）。

三、原裁定认定事实和适用法律错误

申诉人认为，原裁定因认定事实和适用法律错误，从而错误地驳回了申诉人的起诉，系典型错误裁定。理由如下：

1.本案事实符合最高人民法院《关于审理存单纠纷案件的若干规定》规定的、以存单为表现形式的借贷法律关系的特征（该规定第6条第二款第（一）项），刑事判决的诉讼主体、案件事实及法律关系与本案的存单纠纷并不相同，刘某个人承担刑事责任并不影响被申诉人承担偿还申诉人本息的民事责任。

2.刘某系被申诉人下属分理处的副主任，且其收取申诉人转账支票并开具存单的行为是受该分理处主任齐某的指使（《刑事判决书》已作认定），故刘某的行为应为职务行为，在法律上应为被申诉人的法人行为。

3.虽然刘某采取了使用丢失存单和使用废章或私刻印章的手段，伪造了存单，但申诉人对此不可能知情，故其伪造存单的行为属银行内部职员的过错行为，不能以此对抗出资人——申诉人的合法权利。

4.申诉人是在被申诉人下属分理处的经营场所办理的存款手续，且对刘某非法将存款转入某公司的行为完全不知情（《刑事判决书》已作认定），故依据上述最高法院司法解释，申诉人应承担偿还申诉人本息的民事责任。

5.因某公司已被工商行政管理部门吊销其企业法人营业执照，丧失法人资格，故依据上述最高法院司法解释，在用资人已不存在的情况下，即不存在金融机构与用资人对偿还出资人（申诉人）本息承担连带责任的问题，依法应由被申诉人承担偿还责任。

综上所述，原裁定在认定事实和适用法律上确有错误，被申诉人依法应承担偿还申诉人存款本息的民事责任。申诉人巨额资金长达5年之久不能收回，蒙受重大经济损失，且由于被申诉人方的过错行为，申诉人方有关人员虽无任何徇私嫌疑却被处分（离职或下岗），遭受经济和精神双重打击。故恳请贵院查明本案事实，依法纠正错案，支持申诉人的申诉请求。

此呈

某中级人民法院

具状人：某石油公司

旁白

官司因客观因素败了，这之后你会一直耿耿于怀吗？几年后，在当事人早已不理你了，也没有钱可挣的情况下，你会因为有了新规定，案子可能有救了，而求当事人给你授权，并义无反顾地把官司又打起来吗？我会！没人理算得了什么？不挣钱又算得了什么？只要事关荣誉，就值！

斗胆重新起诉

背景

上述《民事申诉状》递交法院后，法院3个月不作任何答复。后经了解，法院认为原《民事裁定书》并无大错，故对我方的申诉不作任何处理。无奈，我只得取下策——重新起诉。

正文

民事诉状（再次起诉）

原告：某石油公司

被告：某银行某支行

案由：存单纠纷

诉讼请求：

1.判令被告支付原告存款本金900万元；

2.判令被告支付原告存款利息77,1797.50元；

3.判令被告承担本案诉讼费用。

事实与理由：

1996年3月14日，原告派本单位财务科长魏某持本公司开出的一张金额为1000万元整，号码为NO.2066403，收款人一栏空白的城市信用社转账支票，至被告下属某分理处办理存款手续。该处副主任刘某收取原告的转账支票后，开出一张户名为原告，金额1000万元整，期限1年，月利率为9.15‰的某银行整存整取储蓄存单一张，盖上公章后交魏某带回原告处。

1997年3月14日，上述存单到期后，原告即派人到被告下属某分理处取款，被该处拒付。后在与被告交涉过程中得知，刘某收取原告转账支票后将该笔款项转至其他银行某公司的账户上。原告与该公司无任何业务往来，也从未接触过与该公司有关的任何人员，此转账行为完全是被告下属分理处人员所为。

原告认为，依据最高人民法院《关于审理存单纠纷案件的若干规定》第3条“存单纠纷案件的受理与中止”第二款关于“对于追究有关当事人的刑事责任不影响对存单纠纷案件审理的，人民法院应对存单纠纷案件有关的当事人是否承担民事责任以及承担民事责任的大小依法及时进行认定和处理”的规定，本案虽涉及刘某个人伪造存单的犯罪事实，但并不影响被告承担偿还原告本息的民事责任。本案事实符合该规定第6条规定的以存单为表现形式的借贷法律关系的特征。结合第6条第二款第（一）项的规定，本案基本事实与处理应为：出资人（原告）将款项或票据（以下统称资金，本案中为转账支票）交付给金融机构（被告下属某分理处），金融机构向出资人出具存单或进账单、对账单或与出资人签订存款合同（本案为存单），并将资金自行转给用资人（某公司）的，金融机构与用资人对偿还出资人本金及利息承担连带责任；利息按人民银行同期存款利率计算至给付之日（本案用资人某公司已被吊销。只能由金融机构——被告承担还本付息的民事责任）。虽然本案涉及刘某个人犯罪事实，但其身份为被告下属某分理处副主任，且其收取原告转账支票并开具存单的行为是受该分理处主任齐某的指使，故刘某的行为应为职务行为，在法律上应为被告的法人行为。刘某使用其保管的废章伪造存单，纯属被告内部人员的过错行为，不能成为被告不承担民事责任的理由。且原告是在被告下属某分理处经营场所办理的存款手续，对刘某使用废章开具存单和非法将原告款项转入某公司的行为完全不知情，作为企业的原告也无力查明。

综上所述，根据本案基本事实，依据法律和司法解释，被告应当对原告承担还本付息的民事责任。故恳请贵院慎重处理本案，依法支持原告的诉讼请求。

此呈

某中级人民法院

具状人：某石油公司

附书证三份：

1.城信社转账支票存根NO.2066403(复印件)；

2.某银行整存整取储蓄存款存单NO.0288658(复印件)；

3.城市信用社转账支票NO.2066403(复印件)。

旁白

利用法院、对方当事人及其律师的疏忽，采取某个不合规定的诉讼行为，这即使成功，也不过是小聪明、小把戏。所以，不可仿效，只可在个别情况下偶尔尝试，否则便可能聪明反被聪明误——闹出笑话，下不了台是轻的，重的是由此养成投机习惯，早晚会吃亏。

——在法院已做出裁判后，就同一案由、同一诉讼请求、同一法律事实再次起诉，是违反“一事不再理”原则的。

银行抗辩乏力

背景

某银行某支行的答辩意见

某银行某支行辩称，本案所涉及的存单是以存单为表现形式的委托贷款行为。在存款过程中，原告的经办人提出这笔存款想委托银行贷款，吃高息，这就证明原告存款前明知这笔存款不是存在银行里，而是通过银行给一个单位用，但不知具体是哪一个单位。依据最高法院有关存单案件的司法解释，应当追加用资人为本案的当事人。且刘某的犯罪行为是个人行为而不是职务行为，公安局在侦查刘某等人的犯罪行为时已发还给原告100万元，这就说明此存款与我方无关。故不同意兑付原告存款本息。

某银行某支行未对我方此次重新起诉，即有违“一事不再理”原则之嫌，提出异议，也未对我方的起诉提出诉讼时效的抗辩。

旁白

本应强大的对手，却表现得弱小——这种好运气在诉讼中是不多见的。因此，永远不能抱有这种指望。否则，侥幸心理会反过来让你表现得弱小，只要对手正常表现，就能击败你。

强力维护诉求

正文

代理词（一审）

尊敬的审判长、审判员：

作为某石油公司的委托代理人，我们就本案发表如下代理意见。

一、本案基本事实

本案基本事实清楚。庭审查明的事实是：1996年3月14日，我方派财务科长魏某持本公司开出的一张金额为1000万元，号码为NO.2066403，本市城市信用社转账支票，到被告下属某分理处办理存款手续。该处副主任刘某收取我方转账支票后，开具一张户名为我方，金额为1000万元，期限壹年，月利率为9.15‰的整存整取储蓄存单一张，盖上公章后交魏某带回我方。一年后即1997年3月14日，存单到期后，我方派人到某分理处取款，被该处拒付。后在与被告交涉过程中得知，刘某收取我方转账支票后将该笔款项转账至某公司账户上，我方与某公司素无任何业务往来，也从未接触过与该中心有关的人员，此转账行为完全是被告下属分理处人员所为。

二、法院受理本案的司法解释依据

1.本案属存单纠纷案件。最高人民法院《关于审理存单纠纷案件的若干规定》第1条“存单纠纷案件的范围”第（一）项为：“存单持有人以存单为重要证据向人民法院提起诉讼的纠纷案件；”第（四）项为：“以存单为表现形式的借贷纠纷案件。”

本案属于上述司法解释规定的存单纠纷案件的范围。其一，存单是我方提起诉讼的重要证据；其二，本案属于以存单为表现形式的借贷纠纷案件（理由后述）。

2.本案所涉刑事案件已不影响本案的审判。上述司法解释第3条“存单纠纷案件的受理与中止”第二款规定：“人民法院在受理存单纠纷案件后，如发现犯罪线索，应将犯罪线索及时书面告知公安或检察机关。如案件当事人因伪造、变造、虚开存单或涉嫌诈骗，有关国家机关已立案侦查，存单纠纷案件确须待刑事案件结案后才能审理的，人民法院应当中止审理。对于追究有关当事人的刑事责任不影响对存单纠纷案件审理的，人民法院应对存单纠纷案件有关当事人是否承担民事责任以及承担民事责任的大小依法及时进行认定和处理。”

本案所涉刑事案件，即某分理处副主任刘某涉嫌伪造金融票证罪案件，贵院刑庭已于1998年6月作出《刑事判决书》（刘某未上诉，一审判决生效）。因此，本案已不存在中止审理，等待刑事案件结案的问题，同时，亦不存在追究刘某刑事责任是否影响本案审理的问题。

三、被告应依法承担本案的民事责任

最高人民法院《关于在审理经济纠纷案件中涉及经济犯罪嫌疑若干问题的规定》第3条规定：“单位直接负责的主管人员和其他直接责任人员，以该单位的名义对外签订经济合同，将取得的财物部分或全部占为已有构成犯罪的，除依法追究行为人的刑事责任外，该单位对行为人因签订、履行该经济合同造成的后果，依法应当承担民事责任。”

某分理处主任齐某、副主任刘某为该分理处主管人员，刘某受齐某指使，在该分理处办公场所办理存款手续，接受存款，开具盖有该分理处公章的存单，这完全符合上述司法解释规定的情形。故被告依法应对齐某和刘某因办理存单所造成的后果承担民事责任。

需要强调的是，贵院对刘某的《刑事判决书》认定，刘某作为某分理处副主任，在该分理处主任齐某指使下，接受我方的存款，出具加盖该分理处业务公章的存单，并私自将款项转给某公司。故刘某的行为在法律上应视为被告的法人行为。至于《刑事判决书》认定的存单系丢失存单，公章系作废公章之情节，因作为企业的我方对此并不知情，也无力查明，且刘某使用其保管的废章伪造存单，实属银行内部人员的过错行为，故均不能成为被告不承担民事责任的理由。

另外，上述司法解释第5条第二款规定："行为人私刻单位公章或者擅自使用单位公章、业务介绍信、盖有公章的空白合同书以签订经济合同的方法进行的犯罪行为，单位有明显过错，且该过错行为与被害人的经济损失之间具有因果关系的，单位对该犯罪行为所造成的经济损失，依法应当承担赔偿责任。"

依据上述规定，从单位是否具有明显过错上看本案，亦能得出被告具有明显过错，应承担民事责任的结论。其一，被告在人员管理上过错明显。被告作为某分理处的上级，在本案中对其下级主任、副主任级的干部的管理完全失控。其二，被告对其分理处印章管理上过错明显。下级分理处作废的印章应依法交公安机关销毁，但作为上级的被告对此并未尽到管理和监督责任，任由刘某使用。其三，被告对其分理处营业场所管理上过错明显。刘某是在某分理处办公室办理存款手续的，作为上级的被告对其分理处营业场所的管理失控。

四、本案属于以存单为表现形式的借贷纠纷

最高人民法院关于存单纠纷案件的司法解释第6条第一款"认定"规定："在出资人直接将款项交与用资人使用，或通过金融机构将款项交与用资人使用，金融机构向出资人出具存单或进账单、对账单或与出资人签订存款合同，出资人从用资人或从金融机构取得或约定取得高额利差的行为中发生的存单纠纷案件，为以存单为表现形式的借贷纠纷案件。但符合本规定第七条所列委托贷款和信托贷款的除外。"

因此，存单纠纷案件只要具备两个情形，即资金为用资人使用和出资人取得或约定取得高额利差，则为以存单为表现形式的借贷纠纷。本案存款事实符合上述司法解释这一规定。

该司法解释第6条第二款“处理”第一项规定：“出资人将款项或票据（以下简称资金）交付给金融机构，金融机构给出资人出具存单或进账单、对账单或与出资人签订存款合同，并将资金自行转给用资人的，金融机构与用资人对偿还出资人本金及利息承担连带责任；利息按人民银行同期存款利率计算至给付之日。”

在本案中，我方将1000万元转账支票交付给某分理处，该分理处给我方出具了1000万元存单，并将资金自行转给某公司，故该分理处与某公司应对偿还我方本金及利息承担连带责任，利息按人民银行同期存款利率计算至给付之日。鉴于本案用资人某公司营业执照已被工商行政管理局吊销，因此，只能由被告承担还本付息的民事责任。

尊敬的审判长、审判员，本案从1997年3月至今已经四年多了，由于被告至今不偿还我方的巨额资金，使我方蒙受了重大经济损失，给企业生产和经营带来了重重困难。需要指出的是，我方的有关经办人为此受到上级的党纪和行政处分，这些同志精神上蒙受着沉重的负担，至今未能解脱。因此，我方请求人民法院根据本案基本事实，依据法律和司法解释，判决被告承担还本付息的民事责任，以保护我方的合法权益，使企业早日摆脱困境，为我国石油勘探开发事业再做贡献。

谢谢！

旁白

说一个律师的法律功底不行，并不是说他不掌握法律，而是说他不了解司法解释。对于法官和律师而言，比起原则性的法律，具体性的司法解释更为重要。所以，善于运用司法解释的律师肯定比不善此道的律师技高一筹。而要做到这一点也并不难，那就是要逐渐养成这样的习惯：经常性地收集、阅读与自己诉讼业务范围相关的司法解释。

——本案《代理词》诉讼主张的依据，就是文中引用的两个司法解释。

艰辛换得胜诉

判决

一审判决

一审判决概述的原、被告主张如下:

原告某石油公司诉称，1996年3月14日，我公司派本单位财务科长魏某持本公司开出的一张金额为1000万元，号码为NO.2066403，收款人一栏空白的某市城市信用社转账支票，至某银行某支行下属某分理处办理存款手续。该处副主任刘某收取转账支票后，开出一张户名为我公司，金额为1000万元，期限一年，月利率为9.15‰的某银行某分行整存整取储蓄存单一张，盖上公章后交魏某带回我公司，存单到期前，该分理处内部工作人员刑事犯罪活动被发现，存单被公安机关扣押。某银行某支行遂以此为由拒绝兑付。我公司认为，本案虽涉及刘某个人伪造存单的犯罪事实，但并不影响某银行某支行承担偿还本息的民事责任。依照最高人民法院有关存单的司法解释，刘某使用其保管的废章伪造存单，纯属某银行某支行内部人员的过错行为，不能成为其不承担民事责任的理由。公安局在侦查阶段已发还我公司案款100万元。故我公司诉至法院，请求判令某银行某支行偿还存款本金900万元及存款利息771,797.5元和本案诉讼费用。

被告某银行某支行辩称，本案所涉及的存单应当是以存单为表现形式的委托贷款行为。其理由是联系该笔存款的中间人李某等人均证明，在存款过程中，某石油公司的经办人说这一笔存款想委托银行贷款，吃点高息行不行。这就说明某石油公司在存款之前就明知这笔款不是存在我行里，而是通过银行给一个单位用，但不知道具体哪一个单位。依据最高人民法院的有关存单的司法解释，应当追加用资人为本案的当事人，即某公司。另辩称，刘某的犯罪行为是个人行为，而不是职务行为。且公安局在侦查刘某等人犯罪行为时已发还给某石油公司100万元，这就说明此存款与我行无关。故不同意兑付存款本息。

一审判决“经审理查明”一节内容如下：

经审理查明，1996年3月14日，某石油公司财务科长魏某持本公司开出的一张金额为1000万元的支票，至某银行某支行下属某分理处。该处副主任刘某收取转账支票后，开出了整存整取存单一张。存单上写明，期限1年，月利率为9.15‰。刘某将1000万元直接转入某公司，并于同日以某公司名义支付给某石油公司高息902,000元。

另查，1997年1月某分理处副主任刘某被公安机关以涉嫌金融诈骗罪逮捕。1998年6月22日，某市中级人民法院以（1998）某刑初字第×号刑事判决书认定：“刘某于1995年12月至1996年7月间，在对公存款业务中，受原所在的分理处主任齐某、某公司法定代表人张某（二人均在逃）指使，以给付高额利息引诱某军事单位财务结算中心、某石油公司等单位在该分理处存款，先后使用他人提供的某支行某分理处某代办所丢失的存单，填写金额，加盖私刻或已作废的银行签章后交给客户。齐某等人未将吸收的资金存入上述单位的存款账户，而是将资金全部非法转入某公司，用于其他经营活动。”此案所涉及的高息902,000元已被公安局扣押。公安局于1998年4月3日已将100万元存款返还给某石油公司。

又查，某公司于1999年9月10日被某市工商局某分局吊销营业执照，且未成立清算组织，亦无上级主管部门。

上述事实有整存整取储蓄存单、银行转账支票、我院（1998）某刑初字第×号刑事判决书、1998年1月9日某市公安局扣押物品清单、1998年4月3日某市公安局发还物品清单及当事人当庭陈述等证据在案佐证。

一审判决“本院认为”及判决主文如下：

本院认为，依据我院（1998）某刑初字第×号生效的刑事判决书中认定的事实，刘某作为某银行某支行某分理处副主任，为本案原告出具了加盖该分理处业务公章的存单，并私自将款项划至某公司。其上述行为是受该分理处主任齐某的指使，因此刘某的行为应视为被告某银行某支行的法人行为。虽然刑事判决书已证实本案存单系银行丢失存单，其上加盖的印章亦为作废的印章，但存款人对此并不知情。且作废的印章由刘某负责保管，其使用该存单、印章的行为属银行内部职员过错行为，不能以此对抗存款人的合法权利。本案事实符合以存单为表现形式的借贷法律关系的特征，某银行某支行和某公司均应偿还某石油公司的存款本息。因本案实际用款人某公司已被工商部门吊销，且未成立清算组织，亦无上级主管部门，已没有偿还此款的民事能力。故原告某石油公司要求某银行某支行支付尚欠的存款本息，理由成立。本院应予支持。原告某石油公司收取的高息应冲抵本金。因高息902,000元已被公安局扣押，原告某石油公司可持生效判决向公安局请求发还。被告某银行某支行辩称理由，没有充足的证据予以证明，本院无法采信。依照最高人民法院《关于审理存单纠纷案件的若干规定》第6条第二款第（一）项的规定，判决如下：

一、被告某银行某支行于判决生效之日起10日内偿还原告某石油公司存款本金八百零九万八千元及相应利息（存单期内的利息按存单约定的利率计算，逾期部分按中国人民银行同期存款利率计算，至款付清之日止）。

二、被告某银行某支行于判决生效之日起10日内偿还原告某石油公司存款本金一百万元的利息（存单期内的利息按存单约定的利率计算，逾期部分按中国人民银行同期存款利率计算，自一九九六年三月十四日至一九九八年四月三日止）。

诉讼费五万八千八百六十九元，由某银行某支行负担（于本判决生效之日起7日内交纳）。

终局

一审判决生效及执行和解

在本案一审判决的上诉期内，某银行某支行未提出上诉，故一审判决生效（据某银行某支行负责人称，未上诉系因该行诉讼代理人计算上诉期时间有误所致）。

某银行某支行未按一审判决支付存款本息。我代理某石油公司向法院申请强制执行。在执行中，鉴于法院不便对银行采取查封账户等强制执行措施，为防止案件久执不结，我向某石油公司建议力促和解。某石油公司对此并不在意，放权让我做主办理。最终双方达成执行和解，某石油公司放弃部分利息，某银行某支行支付了全部存款本金八百万余元及部分利息。

尾 声

无论是中外律师，只要他们写书，总会把律师写成社会正义与公平的守护神。然而，出完书回到现实里，他们肯定还得琢磨与当事人签约收费的营生事儿。为了正义，当然是正确的，想要挣钱，也没什么错。依我看，在天职与饭碗之外，还有一种东西值得律师追求，那就是精神层面的职业荣誉感——做不成事，即使无人指责，也会骂自己一顿；做成了事，即使无人请客，也会敬自己一杯。

思 考

1.在原则上，司法解释与法律一样，均无溯及既往的效力。通常，重要的司法解释都会在其正文后规定，该解释公布施行后尚在一审阶段的纠纷案件，适用该解释。

在本案中，我方于1997年4月第一次起诉，于2001年第二次起诉。因此，第二次起诉后适用最高人民法院1997年12月公布施行的《关于审理存单纠纷案件的若干规定》和1998年4月公布施行的《关于在审理经济案件中涉及经济犯罪嫌疑若干问题的规定》，在司法解释的溯及力上没有问题。但是问题是，我的第二次起诉系对与法院已审结案件为同一案由、同一诉讼请求、同一法律事实的案件再行起诉，故违反“一事不再理”原则，在程序上不成立。

那么，如果我坚持申诉，并将法院裁定驳回起诉后公布施行的司法解释作为申诉依据，是否成立？如果因溯及力问题不能适用上述两个司法解释，本案在程序、事实和处理依据上是否还有挽救出路？

2.在本案第一次起诉的审理过程中，我方所持存单上的某分理处公章被公安鉴定部门鉴定为私刻公章，而其他存款单位所持存单上的公章系某分理处副主任刘某保管的作废的公章。在第二次起诉时，我方笼统地将我方所持存单的公章也归为作废的公章，判决书亦认定本案存单上的公章系由刘某负责保管的作废公章。

那么，私刻的公章与作废的公章在性质上是否有不同？如我方在二次起诉时坦言私刻公章的情节，对判决的认定和处理是否有影响？

3.我方第二次起诉是否存在诉讼时效问题？

课题

第六章

诉讼的信念与诉讼的毅力

心路

在进学校大门时，我忽然想到梁实秋先生的散文《清华八年》，先生在该文中细腻描述了清华园“水木清华”的景致，详细记录了八年“如梦如烟”的学习和生活往事。那么，等我老了时，有没有能力也事无巨细地写写自己在政法大学的十年？

要　目

- 校园杂事片断
- 解说存单纠纷
- 案件出现意外
- 终于发现机遇
- 干脆再次起诉
- 最终打赢官司

本案是我从事律师职业初期办理的案子。着眼于本案的专业层面和律师执业层面的价值，本案是值得选录于本书的。

从专业上看，虽然这些年存单纠纷案比几年前少多了，但本案中以存单为表现形式的借贷法律关系是存单纠纷案中普遍而重要的问题。本书所选的另一件存单纠纷案件的专业知识点为单纯存款法律关系中的背书转让与款项交付问题，故这两案相配，则基本涵盖了最高人民法院关于存单纠纷案件的司法解释所规定的存单纠纷案的主要法律问题。再者，因本案涉及刑事犯罪问题，亦即涉及刑、民案件能否分别审理的问题和个人犯罪，单位应否承担民事责任的问题，故通过本案亦能了解到最高人民法院关于民事案件涉及犯罪嫌疑问题的司法解释和法院在司法实践中对这类案件的处理。

从律师执业上看，本案确实能够反映出我代理案件的良苦用心。虽然，因案件审理中出现了我方所持存单上的银行公章系伪造的意外情况，我方的起诉被法院驳回，但这之后数年里，我始终关注着本案所涉刑事案件的判决和涉及本案的新的司法解释，以及这起涉及多家企事业单位的存单大案的动向。当发现案件有转机希望时，即使在委托人已将原存款做坏账处理而已无心再行诉讼的情况下，本着对委托单位负责到底的执业态度，毅然先申诉，不成后再行起诉，最终打赢了官司，使作为国有企业的委托人收回了八百多万元的存款本金。

校园杂事片断

1997年3月下旬的一个午后，正在中山公园办公室的我接到了母校中国政法大学一位教授（兼职律师）的电话，问我了解不了解存款纠纷，我答昨天刚从广东回来，在那同时代理了三件存单纠纷案。于是他让我马上回学校到他的办公室，与他一起接待某石油公司的人员。

开车过了明光村路口向北，就上了元大都遗址东面的学院路。猛然发现，遗址边上成排的榆树已经泛绿了。从这路上看不到小月河，我想象河边柳树那随着清风缓缓摆动的枝条上，此时肯定已结上了密密、嫩嫩的绿芽——政法大学的东门外小月河边的这些柳树是我们85级硕士同学们在1986年初春栽下的。这之后在学校读书、工作的十年间，每年春、夏、秋三季，我常常在河边散步。我喜欢甚至留恋这小河两岸的垂柳，在我眼里，她们是高贵的树种。而且，可以毫不夸张地说，我是看着她们慢慢长大的。

在进学校大门时，我忽然想到梁实秋先生的散文《清华八年》，先生在该文中细腻描述了清华园“水木清华”的景致，详细记录了八年“如梦如烟”的学习和生活往事。那么，等我老了时，有没有能力也事无巨细地写写自己在政法大学的十年？

很长时间没见教授了。他人长得很精神、很特别，在外形上与任何教授都不同。那侧背的长发，那浓密的眉毛，那白皙的脸庞，尤其是那汉人所罕有的、比较夸张但却真实的大鬓角，让人感觉他不像教授，更跟法律不沾边，倒有几分艺术家的味道。

他的外貌与教授们格格不入，他的性情也与多数教授们不同。虽然对不熟悉的人他也会“拿着”，即有几分矜持，但很容易跟他熟悉，而一熟悉他就非常随和了。我和他早就熟悉了，且他一向不把我当学生对待。傍晚散步时碰到他和夫人，我常跟他两口子开玩笑。他的反应和言辞都不是很快，倒是他夫人总能刺我几句。

我博士论文答辩时，他是我论文的阅卷评委，即不是答辩委员会成员，仅就论文出具书面评语。记得他在评语里对我的论文评价非常高，而且有些段落写得很激情，比如他开篇写道：“我是怀着好奇的心情，一口气读完了李心鉴同学的博士学位论文《刑事诉讼构造论》的。”（他的评价虽然过高，但我凭着由该论文改写的同名专著，获得两年一度、法学只奖一人的霍英东教育基金会研究类奖，却也证明他具有伯乐的水平和眼光）。答辩结束，我和参加旁听的同学们在外等候论文评议结果时，博士生甲说：赶明儿我要写一篇让教授半口气就读完的博士学位论文。博士生乙说：我要写一篇让教授不出气就读完的博士学位论文。博士生甲又说：那可不行，不让出气把教授都憋死了，谁给咱们授学位啊？！

我不想说，说这等话是因为嫉妒，更不会说人家心理阴暗。比这更过分的事，在校园这种知识分子成堆的地方也会遇到。

……

好了，怎么从教授一下说到了师弟。也难怪，这校园里的事也太多了。不过，得马上说正题了。

解说存单纠纷

教授办公室里坐了不少人。教授、某石油公司综合处刘处长（本案负责人）、财务科魏科长（本案存单经办人）、公司专职法律顾问张律师，都在等我。看来，或许是因为教授坦言不熟悉存单纠纷案，他们的讨论尚未涉及案件的法律问题。

教授向大家介绍了我。开始还有几句正经的，什么没读大学就读硕士啦，什么博士学位论文获得霍英东基金会大奖啦。可没几句就开始胡说了，什么认钱不认人，有钱就不搭理他啦，什么辞职后吃香喝辣，美女如云啦。我只得打断他的话，让某石油公司的人先介绍一下情况。

刘处长和魏科长介绍了案件经过。大体情况是，某石油公司有闲置资金欲吃高息，经人介绍找到某银行某支行某分理处副主任刘某，在其办公室办理了1000万元的存款手续，取得了存单。存单到期后欲取款时，被该分理处新任主任以刘某已调离，需核实情况为由拖延支付。再次交涉时，被告知存单项下1000万元未进分理处大账，被刘某直接转入某公司的账户（某石油公司1000万元转账支票未填写收款人）。某石油公司以该公司与某公司无任何业务往来，钱入某公司系某分理处所为为由，要求某银行某支行兑付存款，被拒绝。现听说接收此款的某公司（民营企业）老板张某已逃匿，公安机关正在对某分理处副主任刘某进行侦查。

因案情简单，我一直沉静地听着，只询问了一下案件所涉犯罪嫌疑的有关情况。

该我说了，我却先拿出专门带来的、我正在广东代理的三件存单纠纷案的卷宗，给他们看——这样做不仅仅是要证明我在电话中所述，更重要的是让他们了解我在此类案件上的直接经验。而当事人对于其所面对的律师是否具有办理同类案件的经验，通常当然是很看重的。

我首先从客观上讲了讲存单纠纷案件。我说：近几年全国各地各大银行在各地的支行、分理处办理了大量单位存款业务，这类存款业务基本都是“高息揽储，体外循环”。这种类型的存款业务有三个基本特征：第一是违反储蓄仅对个人（自然人）的金融法规，给单位（法人）办理储蓄存款；第二是远远高过法定利息的高额利息；第三是存款即资金都未进银行大账，钱都进了有关企业（用资人）的账户，使该存款业务脱离了上级银行的监管，这是这类存款业务违规最严重的地方，也是这类存款业务的主要特征。这类存款业务的办理方式大体上可分为两种类型：一是银行交付型，即存款人的资金被银行转给了用资人，银行给存款人出具了存单（本案就是属于这种类型）；二是存款人交付型，即存款人将其资金转给了用资人，银行给存款人出具了存单（说明：其后出台的最高人民法院关于存单纠纷案件的司法解释将此类存款纠纷分为四种情形，其实与我的认识大同小异，不过是把我所说两种类型细分成银行交付型的两种情形和用资人交付型的两种情形）。

虽然，他们（包括教授）听得挺认真，那位企业法律顾问张律师还在记录，但我还是觉得自己不像在说案，倒像在讲课。于是，赶快把话题转到本案上来。

我说：本案与我在广东办的案子大体上相同，就像我刚才说的，都属于银行交付型存单纠纷案件。也就是说，用资人是银行找的，银行将存款人的资金直接交付给用资人，存款人并不认识用资人。具体说就是：第一，存款人向银行交付未填写收款人的转账支票，即交付资金；第二，银行向存款人出具存单；第三，银行将该转账支票转给用资人；第四，存款人在办理存款的同时，从银行收到用资人支付的高利，因而通常知道其存款被用资人使用。不过，本案与我在广东所办案件也有不同点，这就是本案涉及刑事犯罪嫌疑问题。因此，本案比我已办案件复杂，既有存单纠纷的问题，又有涉及犯罪嫌疑的问题。

从事刑事诉讼法教学和科研的教授说：我对存单问题没有做过研究，法律对这种案件是怎么规定的?

我答：本案的法律适用问题分为两部分：一是存单纠纷部分，一是涉及犯罪嫌疑部分。先说存单纠纷部分。由于近几年发生的存单纠纷与以往发生在银行和公民之间的储蓄存款纠纷截然不同，属于新的纠纷类型，所以目前法律、法规、规章以及司法解释对这类纠纷并没有明确、具体的规定。据了解，去年最高人民法院就在抓紧制定有关存单纠纷案件的司法解释，但到目前为止还没出台。所以，对于存单纠纷案的审判，可以说目前仍处于无法可依的状态。不过，据我了解，经过一年多的存单纠纷审判实践，各地法院对此类案件的审判也有了一定经验，而且判决结果差异不是太大。与本案无关的存单纠纷案的其他类型就不说了，像本案这样的银行向用资人转付资金并向存款人出具存单的案子，各地法院大体上都至少会判给存款人存款本金，本地的法院也不例外。只不过，有的法院在存款人只起诉银行时，追加用资人为共同被告，并判决银行和用资人对返还存款承担连带责任（后出台的司法解释就是这种处理意见）；有的法院则只判决银行偿还存款。有的法院认为这种存单纠纷案是名为存款，实为企业之间非法借贷，故依据有关企业之间非法借贷的司法解释，判决只返还存款本金；有的法院则虽然认定这种存款纠纷案的实质是企业之间非法借贷，但仍然既判决偿还存款本金，也判决偿还法定利息（后出台的司法解释就是这种意见，提法是“以存单为表现形式的借贷纠纷案件”）。因此，可以说，如某石油公司针对某银行某支行提起诉讼，法院虽可能会要求追加某公司为共同被告，虽可能认定本案为企业之间非法借贷，但是，通过判决取得存款本金是没有问题的，当然也有可能争取到法定利息。

刘处长点着头说：好，这我们就放心了。实话给你们说，这事现在是公司的大麻烦，能打官司讨回本金，我们就烧高香了。弄不回本金，这么大的数，肯定有人要受处分，搞不好还要被判刑。

教授得意地说：怎么样？我没有对你们吹牛吧？怪才就是怪才，专家就是专家。现在你们也看清了吧？让李博士和我一起给你们代理，你们能放心了吧？

一直没有说话的张律师说：李博士，你还没有说本案所涉刑事犯罪嫌疑的法律适用问题。

我点头称是，说：你们知道，这些年在经济纠纷案件涉及犯罪嫌疑问题上流行着一个提法，就是“先刑后民”，也就是说待刑事犯罪嫌疑问题由公安或检察机关查清后，或者法院判决后，经济纠纷案件才能审理。其实，这种观念或提法虽然在司法实践中大行其道，但并不完全符合司法解释的规定。1987年最高人民法院、最高人民检察院、公安部关于法院向公安、检察机关移送经济纠纷案件中的经济犯罪材料的司法解释（后查文件全称为《关于在审理经济纠纷案件中发现经济犯罪必须及时移送的通知》）就规定，法院在审理经济纠纷案件中发现经济犯罪时，一般应将经济犯罪与经济纠纷全案移送，但是，如果经济纠纷与经济犯罪必须分案处理的，法院可只向公安、检察机关移送经济犯罪部分，而继续审理经济纠纷（后查此内容为该司法解释第三条的规定，且与我所述基本相同）。所以，“先刑后民”并不能一概而论。在司法实践中，法院衡量案件是全案移送（“先刑后民”）还是只移送刑事部分（刑、民案分别审理）的标准是，经济纠纷案件事实的查明和纠纷的处理是否有赖于刑事案件有关事实的查明或犯罪嫌疑人是否构成犯罪的判决。就本案而言，只要三个基本事实能够铁定，也就是第一，某石油公司向某分理处交付了资金；第二，存单上的公章确为某分理处真章；第三，刘某的身份确为某分理处副主任，那么，即使刘某和用资人某公司法定代表人张某涉嫌或构成犯罪，也不影响法院做出某银行某支行承担民事责任的判决。所以，我认为法院不会在审理本案过程中，因知悉刘某或张某已被公安或检察机关刑事立案侦查而将本案全案移送，从而“先刑后民”。

刘处长在我说完后，迟迟没有从其记录本上抬起头。看得出，他在想问题，而且有疑问。好为人师的教授刚要说话，我不客气地抬手向下压，然后用下巴指指刘处长，意在别打断刘处长的思考。魏科长抿抿嘴角笑了——三十多岁的她，微笑起来，显得更漂亮了。

好一会儿，刘处长才抬起头，缓缓地说：我考虑咱们的案子有两个现实的问题。一是能不能打下去的问题，就是法院会不会“先刑后民”的问题；二是如果能打下去的话，能不能打赢的问题，就是法院会不会判决银行还钱的问题。刚才李博士先谈了第二个问题，后谈了第一个问题，我大体上听明白了。抱歉，最后我能不能再就这两个问题问几句话。没别的意见，主要是为了方便回去汇报。

我笑着说：刘处长太客气了。您随便问。

刘处长点着头问：你说你在广东代理的存单案子不涉及犯罪问题，那么，你在本市代理过涉及犯罪问题的经济案件没有？法院“先刑后民”了没有？

我一愣神，说：嗨！你不提我还真的没想起来，肯定是一头钻到存单案子里了。就是去年我就在本市某中级法院打了一单涉及犯罪嫌疑的工矿产品购销合同纠纷官司（现称买卖合同纠纷）。对方向法院提供了公安机关的刑事案件立案证明文件，要求中止案件的诉讼，移送公安机关。法院以刑事案件并不影响经济纠纷案件的审理和判决为由，未接受对方的申请，仅到公安机关进行调查取证后，便经开庭判决了案子。这样吧，明天我就派人把这个案子的卷宗送给张律师。

刘处长说：谢谢！第二个问题是，你刚才说你在广东代理的存单案件都还没判决，那么，你有没有可能搞到与咱们案子案情相同或相似的法院判决？当然这个判决是判咱们存款人赢、银行还钱的，而且最好是本市的。

我心里想，真是遇到了聪明人！于是说：一年前本市就有了存单纠纷案件，所以我肯定能搞到。这样吧，我争取一周内向你们提供。

刘处长不住点头说：好了，我没有问题了，大家还有什么问题？

张律师见刘处长在看他，便很直率地说：刘处，我拿律师证也好多年了，今天还是第一次让律师给我上了一课。我暂时没问题，还得回去消化消化。教授说吧。

教授说：我是专门研究刑事诉讼法学的，可能是卖什么吆喝什么吧。我以前一直坚持“先刑后民”的观点。今天听小李这么一说，我觉得确实有道理，所以我同意不能一概而论的观点。另外，对小李的其他观点我也表示赞同。

最后，刘处长说：感谢你们在百忙中专门抽出时间为我们的麻烦献计献策。我虽然还没有与我们另两位交换意见，但我看得出，他们跟我一样，希望你们能够为我们公司代理这个案子。不过，这事还得回去汇报，最终还得公司领导定。今天，我代表公司先请你们共进晚餐。

走出办公楼，望着路灯下匆匆行走的人们，我脑海里立即浮现出当年在这种时刻我匆匆从图书馆赶回宿舍，又匆匆赶到食堂的情景……

案件出现意外

这次见面后仅3天，我就向张律师提供了我已代理审结的涉及犯罪嫌疑的经济纠纷卷宗和我找到的本市某中级法院关于存单纠纷案件的案例。

很快，我便代表我所与某石油公司签订了《委托代理合同》，教授和我为该公司的代理人。接着，我便在本市某中级法院立了案。

开庭前，由于国有企业的做事风格，为准备本案的开庭先后开过多次会议。有的会是必要的，比如，为了证明某石油公司是在某分理处与该处副主任办理的存款手续（本案书证尚不能直接证明办理场所和办理人员），我安排由经办人魏科长出庭作证，故为此专门召开了会议。但不少会议都徒具形式，所议问题多非新问题。不过，对于初次合作的国有企业，律师是不便对没有必要召开的会议提出异议的。

庭开得挺顺利。某银行某支行及其某分理处的代理律师当庭作了口头答辩。主要抗辩理由是，本案是其分理处副主任个人与某公司法定代表人张某相互勾结而实施的犯罪行为，某石油公司为吃高息而上当受骗，故本案不是经济纠纷案件，而是刑事犯罪案件，法院不应受理和审判本案。在法庭调查阶段，我除了举出我方向某分理处交付资金的转账支票存根、存款存单和我方从公安机关获得的我方资金被某分理处转给某公司的转账支票外，按照原计划安排魏科长当庭作证。她外表虽然文静、单纯，但意志力超强，非常恰当、稳健地回答了对方律师和审判长的所有问题。在法庭辩论阶段，我首先针对对方的答辩主张，依据1987年最高法院、最高检察院和公安部的司法解释，结合本案刑、民两个不同事实，阐述了本案所涉犯罪嫌疑问题并不影响本案事实的查明和实体的处理的主张和理由，其次结合本案存款事实，提出了相同和相似案情的法院案例，阐明了某支行应承担还款责任的主张和理由。最后，审判长明确表示，本案与公安机关侦查的刑事案件具有不同的法律事实，故本案将继续审理并择日宣判。

然而，一周后审判长通知我到法院阅卷，并说案件出现了新的重大问题。到法院后，看到公安机关《文检鉴定书》，我几乎惊呆了：某石油公司所持存单上的某分理处的公章系伪造！最让人不解的是，在这涉及一个多亿的存单大案中，其他存款单位所持存单上的公章都是由某分理处副主任保管的过期作废的公章（也是真章），唯有我方存单上的公章是刘某私刻的。

在第一次与某石油公司人员见面时，我就提出存单上的公章为真章是本案能够成立经济纠纷案件的三个条件之一。在立案前，我还专门找有印章鉴定经验的人士查看过存单公章，并未看出该印章的异常。

我走出法院便给某石油公司刘处长打电话，告知这一新情况。他让我立即到公司开会研究对策。其实，我知道，打存单官司，所持存单上的公章系犯罪嫌疑人伪造，这官司在目前的状况下是打不下去了……

当天晚上我失眠了。做律师两年多了，我第一次感到钻心的自责，简直无颜再见某石油公司的人……

次日，对鉴定结论不甘心的我托人介绍，赶往某分理处所在区公安分局特行科（该科管理着该区的印章），找科长进一步核对我方存单上的公章，结论与鉴定结果相同。

教授通过我的助理知道我焦虑不堪后，打电话安慰我说：这事的责任又不在律师身上。存单是他们（某石油公司）提供的。当事人有义务向律师提供真实的证据材料，否则，律师有权解除合同，所收代理费不予退还，这是《委托代理合同》的明确约定。所以，你完全没有必要那么难受，那么紧张。

我知道他是好心，所以没说什么。虽然，委托代理合同通常都有这种约定，但是，我与绝大多数以契约为准的人尚有不同，这就是我内心深处还有一个道义标准！

不久，某中级法院以我方存单上公章系犯罪嫌疑人刘某伪造，本案所涉事实为刘某金融诈骗，不属民事纠纷案件为由，裁定驳回了我方的起诉。

到某石油公司送裁定书时，刘处长那失望中带着几分责备的目光，深深刻入我的脑海……

终于发现机遇

案子虽然打败了，但我却与某石油公司专职法律顾问张律师交上了朋友。中文、法律双学位的他岁数比我大些，但却经常谦虚地向我请教问题。因此，我们时常见面，谈完他咨询的事后，总是一起喝啤酒。有一次，我郑重地对他说：你知道，你们公司这个案子一直让我很难受，只要想起来就会焦躁不安，而且总不甘心就这么败了。所以，我想求你帮个忙。我太忙，抽不出太多时间，你能不能抽出时间时常关注一下这事。就是打探一下其他存款单位起诉了没有，结果怎么样。还有了解一下刘某刑事案件的进程，特别是将来法院对他的判决。而我呢，关注一下最高法院关于存单纠纷案的司法解释。我的意思是，这个案子我不想就这么放弃了，一旦有机会，应该想办法救活这个案子。他也觉得这个案子冤，于是点头称是。

这之后不久，公安机关在侦查刘某案件的过程中，以某石油公司所收90余万元高息为刑事案件案款（不是赃款）为由予以扣押，即要求某石油公司限期交出该款。1000万元的民事官司打败了，刑事案件的受害单位因用资人某公司老板携款出逃而连巨额存款本金都无法追回，现如今公安机关却扣押已收的高息，难道高息就不能做冲抵存款本金的处理？这事虽然不在我民事案件的代理范围，我也不是某石油公司的法律顾问，但是，我不能不管！于是，我要求刘处长给我和张律师授权（教授已退出诉讼），我们去和公安机关交涉，争取让他们重新发还已扣押的高息。就这样，我和张律师先后多次找公安机关交涉，经过几个月努力，终于讨回了100万元。

1997年12月，最高人民法院作出了《关于审理存单纠纷案件的若干规定》。该司法解释第6条“对以存单为表现形式的借贷纠纷案件的认定和处理”第（一）款“认定”规定：“在出资人直接将款项交与用资人使用，或通过金融机构将款项交与用资人使用，金融机构向出资人出具存单或进账单、对账单或与出资人签订存款合同，出资人从用资人或从金融机构取得或约定取得高额利差的行为中发生的存单纠纷案件，为以存单为表现形式的借贷纠纷案件。但符合本规定第7条所列委托贷款和信托贷款的除外。”第（二）款“处理”第一项规定：“出资人将款项或票据（以下统称资金）交付给金融机构，金融机构给出资人出具存单或进账单、对账单或与出资人签订存款合同，并将资金自行转给用资人的，金融机构与用资人对偿还出资人本金及利息承担连带责任；利息按人民银行同期存款利率计算至给付之日。”

本案在存单纠纷的处理上有了司法解释依据。

1998年4月，最高人民法院作出了《关于在审理经济纠纷案件中涉及经济犯罪嫌疑若干问题的规定》。该司法解释第3条规定：“单位直接负责的主管人员和其他直接责任人员，以该单位的名义对外签订经济合同，将取得的财物部分或全部占为己有构成犯罪的，除依法追究行为人的刑事责任外，该单位对行为人因签订、履行该经济合同造成的后果，依法应当承担民事责任。”第5条第二款规定：“行为人私刻单位公章或者擅自使用单位公章、业务介绍信、盖有公章的空白合同书以签订经济合同的方法进行的犯罪行为，单位有明显过错的，且该过错行为与被害人的经济损失之间具有因果关系的，单位对该犯罪行为所造成的经济损失，依法应当承担赔偿责任。”

本案在涉及犯罪嫌疑问题上有了司法解释依据。

1998年6月，某中级人民法院对某分理处副主任刘某作出了一审《刑事判决书》。判决书“经审理查明”一节认定：被告人刘某于1995年12月至1996年7月间，在对公存款业务中，受原其所在的分理处主任齐某、某公司法定代表人张某（均在逃）指使，私自为受齐某、张某以付给高额利息引诱而前来分理处存款的某物贸有限公司等10家单位，先后使用他人提供的某银行某支行某分理处代办所丢失的整存整取储蓄存款存单12张，填写总金额人民币一亿零五十万元，加盖私刻或已作废的银行签章后交给客户，齐某等人未将吸收资金存入上述单位的存款账户，而是将该一亿零五十万元资金全部非法转入张某所在的某公司账户内，用于其他经营活动。

该判决关于刘某受某分理处主任齐某指使的认定，对于在民事案件中认定刘某的行为是职务行为，即银行的法人行为，而不是个人行为，尤为重要。

之后，张律师了解到用资人某公司已被吊销企业法人营业执照。我即派律师前往工商局查询，查明某公司因未按期参加企业年检而被工商局于1999年9月吊销企业法人营业执照。

依据最高人民法院关于存单纠纷案件的司法解释，在本案这种金融机构将出资人资金自行转给用资人的情形下，金融机构与用资人对偿还出资人本金及利息承担连带责任。因此，在本案中，因用资人已被吊销营业执照，故应由金融机构承担偿还责任，这就有效地避免了在执行中金融机构和用资人互相推诿责任。

虽然，案子败了已两年多了，但两个司法解释的出台，刘某刑事判决的作出以及某公司被吊销营业执照的情况，让我处在间歇性兴奋和振奋之中。终于，我清楚地感到，翻案的条件有了！翻案的时机到了！

干脆再次起诉

对于驳回起诉的裁定，通常是提出再审申请。但是，本案裁定作出后已超过法定再审申请的两年期限，故我只好撰写了《民事申诉状》。

然而，张律师告知我的、某石油公司目前的情况和对翻案的态度，让我大失所望。该公司有关领导因本案败诉而被撤职和处分，本案款项经报批已做坏账处理，新任领导对于翻案没有兴趣，且称很忙没空见我。

不过，对本案已陷入痴迷状态的我，此刻已不受任何外在情况和自身情绪的影响，毅然决定只要公司给授权，给盖章就行，这个案子我是翻定了！我清楚地知道，我翻案的目的不是为了保护国有资产——银行的资金也是国有资产，而是为了自己的尊严和荣誉！——我脑海里依然清晰地保留着刘处长那失望中带着几分责备的目光。我不想让这目光一直刺伤着我，我要把这目光变成信赖和钦佩！让这目光一直抚慰着我。

《民事申诉状》递交法院后，我焦急地等待法院的答复意见，却迟迟不见任何动静。后经了解，法院有关人士认为，本案根据当时的事实，依据当时的有关规定，裁定驳回起诉并无大错。

我犯难了。在民事诉讼中，对于再审申请，无论是否立案，法院都会给申请人一个答复。但对于申诉，法院不作任何答复，就这么一直放着，也无任何违反程序之嫌。这就意味着本案的翻案没有出路了。

我的博士专业就是诉讼法学。我当然知道，案件被法院裁定驳回起诉后，是不能再就同一案由、同一诉讼请求、同一法律事实起诉的，因为那违反“一事不再理”原则。可是，本案既申诉不成，又不能再次起诉，难道只能放弃了吗？

在等待了3个月后，我毅然重新写了《民事诉状》，再次就本案向某中级法院提起诉讼。

在该诉状的诉讼理由部分，我依据1998年最高人民法院《关于在审理经济纠纷案件中涉及经济犯罪嫌疑若干问题的规定》关于单位直接负责的主管人员和其他直接责任人员以该单位名义对外签订合同构成犯罪，该单位应承担民事责任的规定；关于行为人私刻单位公章对外签订合同构成犯罪，单位有明显过错且该过错行为与被害人的经济损失之间具有因果关系的，单位应承担赔偿责任的规定；依据1997年12月最高人民法院《关于审理存单纠纷案件的若干规定》关于对于追究有关当事人的刑事责任不影响对存单纠纷案件审理的，人民法院应对存单纠纷案件有关当事人是否承担民事责任以及承担民事责任的大小依法及时进行认定和处理的规定；关于金融机构将出资人的资金自行转给用资人，金融机构与用资人对偿还出资人本金和利息承担连带责任的规定，着重阐述了本案虽涉及刘某个人伪造存单的犯罪事实，但该犯罪事由并不影响某银行某支行承担偿还某石油公司本金和利息的民事责任。

法院在立案时并未审查我方是否就本案曾经提起过诉讼，顺利让我方立案，这并不奇怪。奇怪的是某银行某支行居然在其答辩中只字未提我方曾经起诉的事由，更说不上主张我方的起诉违反“一事不再理”原则，法院依法不应受理的问题，而仅仅主张本案存款的性质是以存单为表现形式的委托贷款，本案的性质是刘某的个人犯罪行为，不是职务行为。我想，这或许是因为银行方的现负责人和现代理人未从档案中调出两年前的本案卷宗，故不知道我方曾起诉的事由，或许虽然知道，但未从"一事不再理"原则上考虑我方的再次起诉。应该说，前一种可能性更大。

张律师在法院拿到对方的《答辩状》后，兴冲冲地给我打电话，告诉对方对我方的起诉没提法院受理异议。然后他说：博士真是胆识过人，咱们居然真的成了。我说：你老兄先别高兴得太早，这事才刚开始呢。

当然，做专职律师已十多年的我，也就这么一次斗胆采取明知不当的诉讼行为。在对我所青年律师进行诉讼专业培训时，虽然本案被作为培训案例，但在此再次起诉问题上，我告诫他们，别学我的这种侥幸做法。因为在多数情况下，这种做法的后果是聪明反被聪明误——法院会劝撤诉或裁定不予受理，委托人会因此认为律师采取了一个错误的诉讼步骤。

接着，我便思考和写作《代理词》。因对本案的认识随着两个新的司法解释的出台逐步提高，故写起来思路非常通畅。应该说，该《代理词》虽不长，但适用司法解释的规定准确，说理简明而有力，是我当时比较满意的文书之一。

最终打赢官司

我方2001年6月起诉，7月法院开庭，8月法院便作出了一审判决。我方胜诉，且判决书全面接受了我方关于本案所涉刑事犯罪问题不影响本案民事纠纷的审判和本案为以存单为表现形式的借贷法律关系的两个基本主张和理由。

在这起存单大案中，其他存款单位所持存单上的公章均为刘某保管的作废公章，唯独我方即某石油公司所持存单上的公章为刘某私刻的。最高人民法院《关于在审理经济纠纷案件中涉及经济犯罪嫌疑若干问题的规定》第5条第一款规定："行为人盗窃、盗用单位公章、业务介绍信、盖有公章的空白合同书，或者私刻单位的公章签订经济合同，骗取财物归个人占有、使用、处分或者进行其他犯罪活动构成犯罪的，单位对行为人该犯罪行为所造成的经济损失不承担民事责任。”虽然，该条第二款也规定行为人私刻单位公章以签订经济合同的方法进行犯罪行为，单位有明显过错，且该过错行为与被害人的经济损失之间具有因果关系的，单位对该犯罪行为所造成的经济损失，依法应承担赔偿责任，但是，为了防止被告某支行以该条第一款抗辩和法院以私刻章与作废章的不同，来区别对待本案和这起存单大案中其他存款单位起诉的案件，我在《民事诉状》和《代理词》中，称我方所持存单上的公章是作废的公章。在我看来，这种说法虽然不实，但在法律上，私刻的章和作废的章性质相同，都是假章。

一审法院受我的误导，疏忽了这一情节，在判决书中认定本案存单上的公章为刘负责保管的作废的印章，特别是没有把公安机关的《文检鉴定书》作为本案证据，在判决书中引用。其原因应该是在我方再次起诉的本案卷宗中并没有《文检鉴定书》，该鉴定书应存于我方上次起诉被裁定驳回的卷宗中。

被告某支行未对我方的说法提出异议，其原因除未查阅我方上次起诉的卷宗中的《文检鉴定书》外，还有一个可能就是即使查阅了也没看明白——《文检鉴定书》通常并不复杂，但要看懂尚需一点文检专业知识。该鉴定书只做出送检材料（通常简称检材，即存单）与印章印样（银行方向鉴定机构提供的印章印模）不是一枚印章盖印的结论，并不直接说明是私刻的印章还是作废的印章（这是公安机关讯问犯罪嫌疑人或采取其他侦查、调查所需查明的）。

没想到的是，某银行某支行居然没有上诉，一审判决就这样生效了。在执行中某支行负责人对我和张律师抱怨地说，这是因为他们的代理人记错了上诉期，晚交上诉状被法院拒绝受理。

对银行的执行，法院通常是不便采取强制执行措施的。道理很简单，避免储户和开户单位因此发生误解，造成挤兑。本案的执行很顺利。经与某支行多次交涉，我和张律师征得某石油公司同意，以放弃部分存款利息的代价，换得双方签订《执行和解协议书》，某银行按约定返还了存款本金和部分利息。

在我准备再次起诉前，一直到执行完毕，我只见了某石油公司领导一面。开庭那天，进法庭前我上前跟该公司的行政领导和党委书记握了握手。庭审结束后，我客气地请他们稍等我一下，想跟他们说说庭审后的有关诉讼工作。但是，当我匆匆在庭审笔录上签完名后，他们却连个招呼也没打就走了。拿到某支行返还本息的转账支票时，张律师问我：你跟我一起去公司送支票吗？我反问：他们（指领导们）会不会没空见我？答：有可能。我于是一摇头说：算了。

也难怪！公家的钱，八九百万算什么？跟他们也没什么关系，而且已经是过去的事。我非要再打官司，打赢了官司，拿回了钱，已经处分过的原领导还得平反（处分的根据是丢掉了巨额国有资产）。这不是给现任领导添乱吗？对于我这种愣头青律师，烦都来不及呢，还见什么见！

我非常钦佩张律师在本案中表现出的执着、细心和机智。本案还没结束时，我就多次劝他买断工龄出来跟我一起做专职律师算了。本案结束后，他就到我所工作了，并成为我所的合伙人之一。五年多了，我们的合作不仅有成效，而且轻松愉快。在考虑将本案收录本书时，我征求了他的意见。他摇着头说：博士，你也太客气了。你不问我，我也举双手赞成。我说：这个案子是咱俩共同的成果，入我的书，当然得你同意。

本案第一次起诉败诉后，就再也没见过刘处长。不过，我脑海中他那冷冷的目光，早已随着本案的最终胜诉变成暖暖的了……

经过四年多艰苦努力，才打赢官司，这是值得喝酒庆贺的。没人请喝酒，那就自己喝。虽然只有张律师和我俩人，但喝得挺热闹，一点也不冷清……

杂咏

无怨

壮心收故土，
赤胆放征途。
不叹功名空，
笑饮酒一壶。

第 七 章

诉讼的追求与诉讼的障碍

——存单纠纷中的背书转让与款项交付

律师出身、1941年被罗斯福总统提名为美国联邦上诉法院法官的杰罗姆·弗兰克在其《初审法院》一书中说：不可否认，在法律诉讼中，对过去的客观事实要获得绝对可靠的认识，显然不是人力所能及的。然而，尽管这些事实只能最大限度地接近，但我们仍然应当尽可能地、最大限度地去努力争取获得这种近似值。

在本案中，一审法院根据我方所持对方出具的存单和还款承诺书，判令对方返还我方3000万元存款。二审时，最高法院却以该笔款已背书转让某建材商店，故存单系虚开为由，驳回了我方的诉讼请求。我接手本案后，我方收集到对方办事处主任和存款经办人在检察院的供述和证言，均证明某建材商店的账户实际由该办事处控制和使用。我遂向最高法院申请再审，并请求法院调取该商店的银行账目。然而，最高法院拒绝了我方的取证申请，驳回了我方的再审申请。

对于接近案件真相，作为法官的弗兰克当然是可能的，而作为律师的我，在法官不愿意接近时，则是不可能的。

讼途

导言

1.最高人民法院《关于审理存单纠纷案件的若干规定》将存单纠纷分为一般存单纠纷和以存单为表现形式的借贷两种。本案属于一般存单纠纷，法院审判的重心在于真实的存款凭证的持有人是否向金融机构交付存款凭证所记载的款项，即存款人与金融机构是否存在存款关系。

2.A银行某分行办理了收款人为其工作人员的3000万元的银行汇票，其工作人员在B银行某分行下属办事处人员带领下，办理了银行汇票的解付和背面转让某建材商店的手续，该款转入某建材商店在该办事处的存款账户。该办事处开具了存款人为A银行某分行、总金额为3000万元的5张整存整取定期储蓄存单和保证存款到期按时还本付息的《承诺书》。一审法院以存单和《承诺书》真实有效为由，判决该办事处返还存款，B银行某分行承担连带清偿责任。二审法院以A银行某分行的全部款项已通过汇票背书转让和转账支票转让与某建材商店，故存单系虚开，A银行某分行在该办理处并无存款事实，双方无存款关系为由，判决撤销原审判决，驳回A银行某分行的诉讼请求。

3.我代理A银行某分行申请再审。我方提出的新证据是某人民检察院对B银行某分行下属办事处主任侯某所作《讯问被告笔录》和对该办事处会计科科员、我方3000万元汇票背书转让及存款的经办人陈某某所作《询问笔录》。他们都承认侯某一手掌管着某建材商店的财会专章和商店负责人陈某的名章，使用该建材商店账户2号户收支办事处的正常费用和从事吸收之存款的转账。我方的3000万元正是存入该账户，并从该账户转给各个借款单位和个人的。据此我方主张收取我方3000万元的某建材商店账户2号户实为该办事处账户，我方人员按该办事处陈某某指令将款项存入某建材商户2号户，就是向该办事处交付存单上所记载的款项，故双方之间具有真实的存款关系。但是，法院回避了我方的新证据，仍以汇票转让事由驳回了我方的再审请求（该法院为最高人民法院——原二审法院，我方因此彻底丧失了继续申请再审的诉讼机会）。

4.我方在《再审申请书》中还提出了另一个次要的再审申请理由。《票据法》第30条规定："汇票以背书转让或者以背书将一定的汇票权利授予他人行使时，必须记载被背书人名称。"我方据此认为，我方人员应B银行某分行下属办事处的要求，未填写（记载）被背书人名称，而是仅签名或盖名章后，便将汇票交付该办事处，是该办事处人员加盖了其主任侯某掌管的某建材商店的财会专章和商店负责人陈某的名章。根据《票据法》有关规定，汇票原所有人将未填明被背书人（汇票受让人）的汇票交付金融机构，无论金融机构将该汇票如何解付，该金融机构均应对汇票原所有人承担汇票责任。这一主张成立吗？

5.为了彻查某建材商店的真实属性，我方申请法院依职权调取某建材商店账户的银行对账单、银行底单、该账户资金对外贷款的借款合同及拨款凭证，但法院拒绝了这一申请。最高人民法院《关于民事诉讼证据的若干规定》第15条规定："《民事诉讼法》第六十四条规定的'人民法院认为审理案件需要的证据'，是指以下情形：（一）涉及可能有损国家利益、社会公共利益或者他人合法权益的事实……"也就是说，如涉及可能有损当事人合法权益的事实，法院应依法根据当事人的申请调查收集证据。某建材商店账户的真实属性的事实，直接涉及我方3000万元存款本金的重大权益的安危，况且我方举出的新证据已初步证明某建材商店账户实为某办事处账户的事实，故在司法解释的明确规定和本案的事实面前，法院拒绝我方的调查取证申请合适吗？

要　　目

- 基于现象的认定
- 立足本质的评说
- 回避真相的结论

序曲

你拿起证据武器，试图展开一场证据较量、法律较量。然而，后来才明白，你挑战的是权力。你有能力进行这种较量吗?

A银行某分行与B银行某分行因存款合同发生纠纷，A银行某分行起诉B银行某分行一审胜诉，二审因最高人民法院改判而败诉，故委托我代理其向最高人民法院提出再审申请。我向法院提交了下述“正文”中所列《再审申请书》。

基于现象的认定

背景

一审情况

A银行某分行因与B银行某分行及该行下属某办事处发生存款合同纠纷，诉至某省高级人民法院。诉称，原告从1995年11月起，先后分五次将人民币共3000万元存入被告B银行某分行下属某办事处，该办事处分别给原告开具了5张存款单和保证存款到期按时还本付息的承诺函。1996年2月15日，被告B银行某分行来函，称五张存款单系其所属办事处原工作人员共同犯罪所致，并声明该存单无效。现存款均已到期，被告拒绝支付，故诉至法院，请求判令两被告连带赔偿原告存款3000万元及给付利息和延期付款的罚息，并赔偿原告损失50万元，承担诉讼费用。

B银行某分行及办事处辩称，原告没有在被告处存款的事实，该款已由原告转让给某建材商店。原告所持有的5张存单是通过向办事处侯某行贿取得的，故该存单无效，被告不应承担支付义务。现检察机关已立案侦查，请求法院中止审理。

法院在审理中查明，原告于1995年11月3日至1995年11月27日用四份银行汇票分5笔存入被告某办事处人民币3000万元，某办事处分别给原告开具了5张整存整取定期储蓄存单，存单上分别盖有“B银行某支行某办专柜”公章和存入时复核“孙某”及记账“孙某某”名章，同时该办事处还给原告出具了五份保证存款到期还本付息的《承诺书》，《承诺书》上均盖有“B银行某支行某办事处”公章并有该办事处原主任侯某的签名。两被告对该存款单及《承诺书》上盖有的公章没有异议，存单上复核孙某、记账员孙某某均系办事处的职员。现存款均已到期，被告拒绝还本付息。法院认为，存款自愿，取款自由的权利应受法律保护。原告持有的存单真实有效，被告某办事处拒不兑付是错误的，原告要求返本付息及给付延期付款的罚息，符合法律规定，应予支持。B银行某分行系办事处的上级主管单位，应当承担连带清偿责任。关于两被告提出的该款已由原告转让给某建材商店及原告所有的存单系通过行贿所得主张，因提供不出充足的证据，不予采信。至于某办事处原主任侯某因涉嫌经济犯罪已被检察机关立案侦查问题，因与本案不属于同一法律关系，故不影响本案的审理。关于原告要求赔偿其损失50万元问题，因证据不足，法院不予支持。依照《中华人民共和国民法通则》第84条的规定，判决被告B银行某分行下属办事处于本判决生效之日起10日内一次性返还原告存款人民币3000万元，支付利息、罚息，被告B银行某分行承担连带清偿责任。

二审情况

B银行某分行不服一审判决，向上级法院提起上诉，认为原审判决认定被上诉人在某办事处存入3000万元与事实不符。被上诉人从未在该办事处开设账户，并以自己为收款人签发银行汇票，通过银行转账将款项汇入自己的账户中，也未曾以其他形式在某办事处存款。其与被上诉人的唯一关系是作为某建材商店的开户行，为某建材商店代收了被上诉人签发汇票而由中国人民银行兑付款项。一审判决认定事实、适用法律错误。故请求二审法院查明事实依法改判。

二审法院经审理认定被上诉人签发了4张票款为人民币400万元、300万元、500万元、1800万元的银行汇票，兑付行为中国人民银行，兑付地点为B银行某分行所在地，收款人为于某、孙某、曲某。中国人民银行某分行受理了该四张汇票。其中票款金额为400万元、500万元、1800万元的3张汇票均由收款人于某、曲某背书转让给在某办事处开户的某建材商店；收款人为孙某，票款金额为300万元的汇票未作背书转让，系收款人孙某直接进账并由该行解付划入孙某在某办事处开立的834账户，当天，某办事处根据孙某签发的转账支票将此款转入某建材商店在该办事处的存款账户。某办事处向被上诉人分别开具了5张整存整取定期储蓄存单和保证存款到期返本付息的承诺函。据此，法院认为，被上诉人开具的3000万元汇票系以个人为收款人，汇票票款在办理解付时分别由收款人以汇票背书方式或通过银行转账全部转让给某建材商店。被上诉人在某办事处并无存款的事实，其主张其为汇票权利人于法无据，否认汇票已经背书转让与事实不符，其理由亦不能成立。存款合同系实践合同，仅具形式要件而无存款事实的存单属于虚开的存单。被上诉人依据虚开的存单要求兑付乃是就无效民事行为主张权利，故不予支持。依照《中华人民共和国民法通则》第4条、第58条第（七）项、《中华人民共和国民事诉讼法》第153条第一款第（二）项之规定，判决撤销原审判决，驳回被上诉人的诉讼请求。

旁白

既然你没有收人家钱，没人骗你、逼你，为何要给人家写收款凭证和还款承诺？你说不清这个问题，没人信你没收人家的钱——这等老百姓都明白的道理，法院不是不明白，但却可以不去理会。因此，律师通常不能用常理来推断法院的判决。

立足本质的评说

正文

再审申请书

申 请 人：A银行某分行

被申请人：B银行某分行

申请事由：某人民法院（1997）某民终字第×号《民事判决书》错误地认定了申请人诉被申请人偿还3000万元存款的存单纠纷案件的基本事实，未查明本案汇票背书转让之事实，未查明某建材商店账户的真实属性，否定申请人向被申请人交付款项的真实性和申请人与被申请人之间存款关系的真实性，进而错误地适用司法解释，作出驳回申请人诉讼请求的错误判决。

申请事项：

1.依审判监督程序再审本案；

2.裁定撤销某人民法院（1997）某民终字第×号《民事判决书》；

3.判令被申请人偿还申请人3000万元存款及存款利息。

事实与理由：

一、本案基本事实

（一）本案事实及诉讼过程概述

为便于了解后述之事实，这里先简述本案现象事实及诉讼过程：申请人A银行某分行先后开出3000万元的银行汇票，汇票收款人均为本行人员，本行人员持汇票前往被申请人B银行某分行下属某办事处（以下称办事处），将汇票交付办事处人员，办事处人员办理了汇票转让手续，汇票背书转让的受让人为某供销社建材商店（以下称某建材商店）（附件一，四张汇票复印件）。同时，办事处先后向申请人方人员开具存款人为申请人、金额为3000万元的五张整存整取定期储蓄存单（附件二，五张整存整取定期储蓄存单复印件），办事处同时向申请人出具了内容为各笔存款“与任何贷款无关，我行（办事处）保证存款到期按时还本付息”的承诺书（附件三，五份办事处出具的承诺书复印件）。存单到期后办事处拒付。申请人遂诉至法院（附件四，起诉书复印件），一审法院认定存单有效，判决被申请人及其办事处偿还申请人3000万元存款及利息、罚息（附件五，一审法院《民事判决书》）。被申请人不服，上诉于二审法院，二审法院认定存单属于虚开，判决驳回申请人的诉讼请求（附件六，二审法院《民事判决书》）。

（二）汇票背书转让之事实

附件一，四张汇票复印件显示：第一，收款人为于某的400万元汇票，在背书第一栏背书人栏中于某签名，但该栏上方的被背书人栏中并未填写被背书人（汇票受让人）名称（空白），而是盖有陈某（某建材商店负责人，下同）名章，在第二栏被背书人栏中盖有某建材商店财会专章。第二，收款人为于某的1800万元汇票，在背书第一栏背书人栏中盖有于某名章，该栏上方的被背书人栏也未填写被背书人名称；在第二栏被背书人栏中盖有陈某的名章；在第一栏和第二栏中间盖有某建材商店财会专章。第三，收款人为曲某的500万元汇票，在背书第一栏背书人栏中曲某签名并盖有曲某名章，但该栏上方的被背书人栏中也未填写被背书人名称，而是盖有办事处公章却又划上了十字以示划掉；第二栏被背书人栏无签章（空白），而在该栏外上方盖有建材商店财会专章。第四，收款人为孙某的300万元汇票，除在收款人盖章处孙某签名并盖名章外，第一栏背书人栏和第二栏被背书人栏均空白，该汇票系由孙某按办事处指令，通过转账方式入了某建材商店账户。

（三）某建材商店账户实为办事处账户之事实

申请人汇票转让的受让人均为某建材商店，但以下讯问被告人笔录、询问证人笔录证明，某建材商店账户（设在办事处）对外虽是一个账户，实际在办事处内部则分为两个账目，0511009为该户账号，也为某建材商店实际使用账号，05110009（多一个零）则为办事处实际使用账号（办事处内部称某建材商店2号户）。办事处主任侯某一手掌管该账户单位某建材商店的财会专章和商店负责人陈某的名章，使用该账户收支办事处的正常费用和从事吸收之存款的转账。申请人的3000万元正是存入该账户，并从该账户转给各个借款单位和个人的。故该账户实为办事处账户。

1.附件七《讯问被告人笔录》，被告人侯某，1996年3月14日，某市人民检察院。

被申请人下属办事处（接受申请人汇票，为申请人出具存单和承诺书）主任侯某因涉嫌受贿罪被逮捕、判刑。他供述了办事处与某建材商店的关系。

该笔录第6页，侯某供述某建材商店2号户为办事处内部以企业名义另立的账户，某建材商店预留银行的印鉴均在其手中，侯可以随时使用。申请人款项全部入该某建材商店2号户。

2.附件八《讯问被告人笔录》，被告人侯某，1996年3月6日，某市人民检察院(此件为抄录件，该检察院盖章确认)。

该笔录第5页，侯某供述平时与某建材商店关系不错，某建材商店将印鉴交给侯使用。

3.附件九《询问笔录》，证人陈某某，1996年2月9日，某市人民检察院。

陈某某系办事处会计科科员，为申请人汇票入账的经办人。她在向检察院的陈述中，证明了办事处与某建材商店的关系。

陈某某证明，侯某与某建材商店负责人陈某关系密切，陈某名章及某建材商店公章存放在侯某处，由侯某使用（第2页）。侯某利用05110009账户进出过多笔款项，其中包括办事处的正常费用，如电话费、房租等，另外还有多笔大额进出款项（第3页）。

4.附件十《询问笔录》，证人陈某某，1996年2月9日，某市人民检察院。

陈证明，某建材商店的正常账户为0511009，因侯某使用该企业账户，为区分某建材商店正常款项与办事处的款项，陈与办事处吴某商议设立05110009账号，记载办事处进出该账户的款项。“于某”、“孙某”、“曲某”（均为申请人方人员）之款项均记载在该账户下。

（四）办事处通过某建材商店账户将申请人款项转出的事实

以下讯问被告人笔录和询问证人笔录证明：申请人款项存入办事处以某

建材商店名义开设的账户后，由办事处主任侯某与借款单位签订贷款合同，指示会计科办理汇票，将款项转给数个借款单位及个人。侯某本人也从该账户提现。

1.附件十一《询问笔录》，证人陈某某，1996年2月9日，某市人民检察院。

陈某某证明侯某指示会计科人员办理汇票，将申请人存在办事处设立的某建材商店2号户的款项转给某公司刘某（第3页）、某服装厂王某（第4页）、某公司夏某、黎某（第5页、第6页）等人，侯本人还从该账户支取现金30万元（第6页）。某建材商店05110009账户（即某建材商店2号户）的所有往来业务均由办事处会计按侯某指示办理（第7页）。

2.前述附件七，侯某供述某公司刘某使用申请人的款项的票据，均由其本人通知会计办理（第6页）。

3.前述附件七，侯某供述办事处与某公司签订并履行了不正规的贷款合同，合同金额5000万元，合同加盖了借贷双方的公章、法定代表人名章或签字，某集团作为担保人加盖了公章及法定代表人名章。侯某于1996年1月28日将合同交某公司到某市公证处进行公证（第5页）。

旁 白

当民事纠纷涉及刑事犯罪时，或者民事案件的相关人员涉嫌与民案无关的刑事犯罪时，律师应该想到刑事案件中的证据是否可用于民案，并向当事人建议设法收集。

二、终审判决认定事实的错误

终审判决在“经审理查明”一节中认定，申请人签发的四张总金额为3000万元的银行汇票，“其中票款金额为400万元、500万元、1800万元的三张汇票均由收款人于某、曲某背书转让给在办事处开户的某建材商店；收款人为孙某、票款金额为300万元的汇票未作背书转让，系收款人直接进账并由该行解付划入孙在办事处开立的834（汇入汇款）账户，当天，办事处根据孙某签发的转账支票将此款转入该建材商店在该办事处的存款账户。中国人民银行某市分行证实，在1995年11月期间未曾受理过A银行某分行为收款人的银行汇票和其他票据”。

终审判决在“本院认为”一节中认为：“A银行某分行所开3000万元汇票系以个人为收款人，汇票票款在办理解付时分别由收款人以汇票背书方式或通过银行转账全部转让给某建材商店，该分行并无在办事处存款的事实”，“存款合同系实践合同，仅具形式要件而无存款事实的存单属于虚开的存单。A银行某分行依据虚开的存单要求兑付乃是就无效民事行为主张权利，本院不予支持。”

（一）上述认定，错在未查明汇票背书转让之事实

上述“汇票背书转让之事实”一节中所述汇票背书人栏和被背书人栏的真实记载证明，申请人工作人员仅仅在第一栏背书人栏或第二栏被背书人栏中签名或盖名章，均未在第一栏背书人栏上方的被背书人栏填写被背书人，被背书人某建材商店的财会专章和陈某的名章均由被申请人下属办事处加盖在第一栏背书人栏上方的被背书人栏或第二栏被背书人栏，或加盖在两栏中间甚至在栏外。

《票据法》第30条规定：“汇票以背书转让或者以背书将一定的汇票权利授予他人行使时，必须记载被背书人名称。”背书必须是记名背书，背书人必须记载被背书人名称，这是《票据法》的明确规定，也是票据常识。在本案四张银行汇票背面“注意事项”中，第3条也规定：“收款人如系个人，可以经背书转让给在银行开户的单位和个人，在背书人栏签字并填明被背书人的名称，被背书人签章后持往开户行办理结算”。但是，在本案中，申请人工作人员应被申请人下属办事处的要求，均未填写（记载）被背书人名称，而是仅签名或盖名章后，便将汇票交付办事处，办事处加盖其掌管的某建材商店的财会专章和陈某名章。根据《票据法》有关规定，汇票原所有人将未填明被背书人（汇票受让人）的汇票交付金融机构，无论金融机构将该汇票如何解付，该金融机构均应对汇票原所有人承担汇票责任。在本案中，申请人工作人员应办

事处的要求，将未填写被背书人的汇票交付被申请人下属办事处，根本不知道办事处会将汇票转让给办事处以外的第三人，故无论办事处将汇票转让何人，均不能证明申请人与第三人之间发生了汇票转让关系或事实。申请人将汇票交付给被申请人下属办事处，同时又得到该办事处出具的存单和承诺书，当然有权要求被申请人兑付存单。因此，终审判决关于申请人将3000万元汇票全部转让给某建材商店的认定是错误的，错在忽视了汇票背书并未记载背书人（汇票受让人）的名称，错在未查明和认定申请人向被申请人下属办事处交付汇票，汇票受让人系由办事处确定，故被申请人应对申请人承担汇票责任的事实。

（二）上述认定，错在并未查明某建材商店账户的真实属性

上述讯问被告人笔录和询问证人笔录确实、充分地证明，申请人下属办事处掌管某建材商店预留印鉴单独使用某建材商店账户2号户，不仅用于办事处存款和放贷，而且用于办事处正常费用的开支。某建材商店并不过问办事处对2号户的掌管和使用。因此，某建材商店2号户实为办事处账户。但是，上述认定并未查明某建材商店2号户的真实属性；仅仅根据某建材商店账户与办事处账户名称不同，便简单而错误地认定某建材商店账户与办事处无关，申请人的汇票背书转让给某建材商店，没有汇入办事处账户。

某建材商店2号户的真实属性，为认定本案事实的关键所在。终审判决在关键情节上的错误认定，导致其判决理由的错误。

（三）上述认定，错在以为申请人未向被申请人交付款项

申请人人员按照办事处的要求，将办事处代刻的名章加盖在汇票背书人栏后，向办事处人员交付汇票，办事处在被背书人栏加盖其掌管的某建材商店的预留印鉴，使申请人汇票背书转让给实属办事处所有的某建材商店2号户，之后，办事处自行支配该账户上申请人的款项。这一事实充分证明，申请人将所持有的存单所记载的3000万元款项全部交付给被申请人下属办事处。上述终审判决的所谓“A银行某分行并无在办事处存款的事实”，“存单属于虚开的存单”的认定，错在未查明、未认定某建材商店2号户属办事处所有的事实和申请人向被申请人交付款项的真实性。

当然，申请人向被申请人交付款项的事实，不同于一般存款中的交付。

但是，这一不同仅仅在形式上，绝不影响申请人向被申请人交付款项的真实性。这一真实性，决定了申请人与被申请人之间存款关系的真实性。至于被申请人下属办事处为何要求申请人采取这种交付方式，是为了办事处经费开支方便？是为了存、贷款方便？还是为了将存款进行“体外循环”？申请人既不知，更绝无参与，完全属于办事处合法经营或违规经营存款的行为，与申请人无关，更不影响申请人交付款项的真实性。

旁白

在军事进攻中，首轮打击应当使用强旅，以达强劲凶猛之效。诉讼反击也是一样，强旅——举证式论证，应当居于一线，弱旅——说理性评论，应当居于二线。

——上述关于终审判决“错在未查明汇票背书转让之事实”主张属于针对判决认定事实瑕疵的说理性评论，本应居于二线；关于终审判决“错在未查明某建材商店账户的真实属性”主张和终审判决“错在以为申请人未向被申请人交付款项”主张属于针对判决认定事实错误的举证式论证，本应居于一线。但是，我服从了委托人的要求，作了不适当的安排。

三、终审判决适用法律的错误

终审判决在认定事实和认定理由上的错误，导致其错误地适用最高人民法院《关于审理存单纠纷案件的若干规定》，作出了驳回申请人诉讼请求的错误判决。

终审判决之依据为该规定的第5条第二款第（一）项：“1.持有人以上述真实凭证为证据提起诉讼的，金融机构应当对持有人与金融机构之间是否存在存款关系负举证责任。如金融机构有充分证据证明持有人未向金融机构交付上述凭证所记载的款项的，人民法院应当认定持有人与金融机构之间不存在存款关系，并判决驳回原告的诉讼请求。”

该规定第5条第二款第（二）项规定："持有人以上述真实凭证为证据提起诉讼的，如金融机构不能提供证明存款关系不真实的证据，或仅以金融机构底单的记载内容与上述凭证记载内容不符为由进行抗辩的，人民法院应认定持有人与金融机构之间存款关系成立，金融机构应当承担兑付款项的义务。"

在一、二审中，被申请人以申请人汇票转让某建材商店的现象事实来证明其与申请人存款关系不真实。而上述申请人举出的被申请人下属办事处主任和会计（申请人汇、存款经办人）供述和证言，均证明了申请人和被申请人存款关系的真实性。作为对申请人所持有的存单负有举证责任的被申请人，不仅不能证明存款关系的不真实，反而证明了存款关系的真实性，人民法院应当据此事实，适用上述第二项关于"人民法院应认定持有人与金融机构之间存款关系成立，金融机构应当承担兑付款项的义务"的规定，依法纠正终审判决的错误认定和判决。

综上所述，终审判决未查明汇票背书转让之事实，未查明某建材商店账户的真实属性，否定了申请人向被申请人交付款项的真实性和申请人与被申请人间存款关系的真实性，系认定事实和适用法律确有错误的典型错判。故恳请贵院慎重审查本案，依照审判监督程序再审本案，撤销原终审判决，判令被申请人偿还申请人存款及利息，维护法律的尊严，保护申请人的合法权益。

此呈

最高人民法院

申请人：A银行某分行

旁 白

"以往的教训就在于轻敌呦"——这是国共内战后期，国民党将领们常说的一句话。他们总以为自己的对手是弱小的共军，其实是被共党发动起来的真正强大的百万民众。律师申请再审受挫的教训也在于轻敌——以为自己很强大，能够击败诉讼对手，其实对手不是诉讼对方，而是真正强大的法院。

回避真相的结论

背景

二审法院为审查再审申请是否符合立案条件，先后召开了两次听证会。为了彻查某建材商店账户的真实属性，我代表申请人A银行某分行申请法院依职权调取某建材商店银行对账单、银行底单，被法院拒绝。

裁定

再审结果

最高人民法院经审理认定，B银行某分行某办事处开具的五张整存整取定期储蓄存单是四张银行汇票解付之前开具的，表明A银行某分行与B银行某分行某办事处的存款关系是虚假的。解付行中国人民银行某市分行也证实汇票被背书人处已盖章，某建材商店与进账单上的户名相符，汇票的收款人当场在汇票的背书栏签字、盖章，背书人与汇票收款人名称相符。故将汇票上的款项转给该建材商店是于某等人的真实意愿。以孙某为收款人的300万元汇票在解付后由其直接转账给某建材商店更进一步证实3000万元汇票款项是给该建材商店使用而不是在办事处存款。05110009号账户是该建材商店在办事处开立的，3000万元款项在该账户中全部都有体现。故A银行某分行与B银行某分行某办事处存在真实存款关系的再审理由不成立，不符合中华人民共和国民事诉讼法第一百七十九条第一款规定的再审条件，予以驳回。

尾 声

作为青年律师，你应该去勇敢接案，大胆磨炼。但是，应该在一审、二审案件中磨炼，而不应该在再审案件中磨炼——再审案件中的诉讼对手往往没有必要跟你展开正经的较量，法院会帮他轻易击败你。

思考

在我方提出的请求法院依职权调取某建材商店账户的银行对账单、银行底单、该账户资金对外贷款的借款合同及拨款、还款凭证的申请被法院拒绝的情况下，从证据适用上说，我方已举出的某办事处主任侯某和我方3000万元之存款的经办人陈某某的五份《讯问被告人笔录》和《询问笔录》是否足以证明某建材商店的账户实为某办事处的账户?

提示：这里要考虑两个问题，一是因侯某所犯罪行与本案无关，故其口供和陈某某的证言在刑事判决书中未作认定；二是这些笔录在民事诉讼中均为证人证言，虽为直接证据——侯某为我方存款办理的指令者，陈某某为经办人，但其证明力要小于书证——背书转让的汇票和转账支票。

课题

论一般存单纠纷 论文

从个案看汇票背书转让与汇票责任 文章

取现象、舍本质 文章

—— 一件存单纠纷案的症结所在

法院的中立立场与调查取证 文章

—— 一件存单纠纷案的启示

在民事诉讼中运用刑事案件证据的若干问题 文章

心路

记得最后一次为这个案子去那个海滨城市，朋友邀我上了白玉山，我无心欣赏那浩瀚的海天、蜿蜒的海湾、翱翔的海鸥。站在日本人为表彰在日俄战争中为天皇效忠的官兵而修建的、形似男人阳具的“表忠塔”下，我在被中国人的历史耻辱折磨的同时，感伤于自己的现实耻辱……

要　目

· 我的看法
· 不同的看法
· 法院的看法

感性地说，这个案子真没说头。分文未取接下来，研究论证，形成主张，两次参与听证会，前后长达一年之久，终落得大败而归。但是，理性让我不仅选录了这个案子，而且想在这里再作一番思考。

我的看法

那年五月，我正在东北参加顾问单位的项目谈判，越谈越难，行将散伙时，接到A银行某分行的电话，希望来他们所在的北方海滨城市，就该行再审案件面谈（这之前已电话联系过）。

本来，我是基本不接再审案子的。原因很简单，翻案谈何容易！可是老友已到了那里，且已说好仅仅是谈谈看法，出出主意（咨询），我哪有不去之理。谁想因飞机机械故障，我足足在候机室等了六个多小时。到了那个城市，一上出租车，估计司机就从我的客客气气、彬彬有礼中看到了"商机"。三十多分钟的路，他拉着我愣是绕了一个半小时。但我的心情挺好，因为这个著名海滨城市的夜景的确很美。

晚上11点了，我擦了把脸，便参加了A银行某分行在酒店里组织的案件讨论会。首先，该行的两位一、二审代理人全面介绍了本案的事实认定和法律适用问题以及一、二审诉讼情况。我还是老习惯，一边听一边翻着一、二审判决书和证据材料。看得出，他们对我的这种习惯既不适应也有不满。只要我低头翻看，他们就停止介绍，即使我说我听着呢，但如果我不抬头注视他们，他们就仍然不接着介绍。无奈，我只能抬头看着他们，但并未专心听（非重点的、无关的、推测的内容太多），而是时而瞥一眼判决书的关键性认定或证据材料的重要内容，琢磨着这个案子在证据上和法律上的出路。

他们终于介绍完了，都看着我，等着我谈看法，而我却仍在思考。这种宁静很像考官等待考生回答问题的考场气氛……我的朋友终于耐不住了，说今天太晚了（一点多了），抓紧谈谈你的看法。

我谈了两点看法：一者，目前尚不具备申请再审的条件；二者，如何成就申请再审的条件。

关于第一个问题，我针对他们提出的主要再审申请理由，即本案汇票背书转让未记载被背书人名称，故B银行某分行应对汇票原所有人承担汇票责任，提出了不同看法。我认为："汇票原所有人将未填明被背书人（汇票受让人）的汇票交付金融机构，无论金融机构将该汇票如何解付，该金融机构均应对汇票原所有人承担汇票责任"之理由，可以作为申请再审的理由之一，但仅凭此理由，肯定不足以推翻终审判决。换句话说，此理由尚不能满足申请再审的条件。原因有二，其一，虽然《票据法》规定票据转让必须记载被背书人名称，但是，并未规定未记载被背书人名称的票据责任承担问题，司法解释也无相关规定。因此，这一理由属于法理性解释（我后来写的《再审申请书》中称"根据《票据法》有关规定……"属于诉讼文书策略之举，其实为我方即再审申请人方对《票据法》的理解），即使最高人民法院审判人员编著的法律适用方面的书里也这么说，也不能改变属于法理性解释的性质。而试图用法理性解释来对抗生效判决，近乎用鸡蛋对抗石头。其二，况且，本案的事实并不符合"汇票原所有人将未填明被背书人的汇票交付金融机构"的情形。事实是我方（A银行某分行）人员在汇票解付行中国人民银行某市分行，当场在汇票的背书栏签字、盖章，即当场完成了汇票背书转让。而不是将未填明被背书人的汇票交付B银行某分行某办事处，由其完成了汇票背书转让。

关于第二个问题，即如何成就申请再审的条件，我谈了看法。首先，我基本同意他们对本案事实的推测，即B银行某分行下属某办事处，不可能在未收到任何款项，即无存款事实的情况下，虚开存单和"保证存款到期按时还本付息"的《承诺书》，某建材商店的账户实为某办事处控制，汇票背书转让仅仅是某办事处为使存款脱离上级监管的手段。但是，这仅仅是推测而已，目前尚缺乏相关证据。我认为，本案的事实可分为虚与实两部分。汇票背书转让某建材商店，某办事处未收款而虚开存单，为现象事实；某建材商店的账户实为某办事处账户，A银行某分行已实际向某办事处交付款项，为本质事实。一审判决仅以存单和《承诺书》形式上的真实性为根据，不顾本案汇票确有背书转让之事实，是错误的。二审判决仅以汇票背书转让的事实为根据，未查明汇票受让人某建材商店账户的真实属性，简单认定存单为虚开，A银行某分行未向某办事处交付款项，也是错误的。本案虽然属于一般存单纠纷案（主要根据凭证认定事实），不同于以存单为表现形式的借贷（不仅仅根据凭证认定事实，而要查明借贷的本质事实）。但是，即使是一般存单纠纷案，如果凭证所证明的仅仅是现象事实，其他证据能够证明凭证背后的本质事实，那么法院就有责任查明，并应当根据本质事实认定事实和判决。

最后，我提出了取证建议：一者，调取证明某建材商店账户真实属性的书证，即某办事处主任侯某的口供和某办事处人员的证人证言；二者，调取某建材商店账户的银行对账单、银行底单，借款合同（银行对外贷款）及拨款凭证，查明A银行某分行存款的去向，以求证某办事处自行实际支配存款的事实。

A银行某分行的多数人员基本同意我的看法，当我提出取证建议后，他们精明地马上问我，如果取到证据，我是否愿意接这个再审申请案子。如果不是再审申请案，我谈完看法后委托人马上就表示希望我接办，那么，那一刻我的成就感有似于打赢了一场疑难诉讼。但是，此刻就大不相同了，成就感只有些许，主要是疑虑。我说：不是说好了咨询吗？还是取到证以后再商量吧。

不同的看法

A银行某分行用数月时间取到了部分证据。检察院协助他们取到了某办事处主任侯某的口供和某办事处会计科科员陈某某的证人证言，但未能取到某建材商店账户的银行对账单、银行底单，当然也未取到某办事处将某建材商店账户内存款对外放贷的借款合同及拨款凭证。

我应邀赶赴A银行某分行，与该行人员交换意见。他们仍然坚持认为，申请再审的主要理由应是“本案汇票背书转让未记载被背书人名称，故B银行某分行应对汇票原所有人承担汇票责任。”而我则坚持认为，这一理由缺乏事实根据和法律依据，据此不能促使法院对再审申请立案和改判。只有证明某建材商店账户的真实属性为某办事处账户，从而证明向某建材商店背书转让汇票其实就是向某办事处交付款项，才可能促使法院对再审申请立案并改判。目前虽然已取到某办事处主任的口供和某办事处会议科科员的证人证言，但此类人证的效力显然要低于银行对账单、银行底单、借款合同及拨款凭证等书证。在无法取得足以证明某建材商店账户真实属性的书证的情况下，使用人证申请再审，在举证上尚不够充分，但可一试。我坦言，申请再审除举证、论证外，势必还涉及其他一些因素，我能力有限，且案件确有证据不充分之问题，故如执意申请再审，可委托其他确有能力的律师。

A银行某分行的某法务人员从开始就坚持原观点，经我此次解释，仍未说服他。法务主管提出两个建议：一者，建议我接办这个案子；二者，建议在《再审申请书》中，同时主张两个再审理由，即先强调汇票背书转让未记载被背书人名称之主张，再提出某建材商店账户真实属性之主张。虽然，他关于同时主张两个再审理由的意见是可行的（两个再审理由并不矛盾或冲突，可以协调），但鉴于我的主张证据尚不充分和内部意见分歧乃诉讼之忌，我仍不愿接这个案子。

他们离开酒店后，朋友给我做了一番思想工作。我固有的“不经劝”的处世为人习性，最终让我接下了这个案子。

本来，接了新的大案时，我总是处在兴奋中，可这次相反，满心忧虑。于是，走出酒店散心。这座高楼林立的海滨城市，海边也不清静。岸边，巨型霓虹灯广告牌在大厦上闪烁；海上，远洋货轮或停泊或缓行，时而传来低沉的汽笛声……

法院的看法

我写的《再审申请书》，正是融合“汇票背书转让未记载被背书人名称”和“某建材商店账户真实属性”两种主张的产物。

从表面上看，法院似乎挺重视这个再审申请案，先后召开了两次听证会，以审查案件是否具备再审立案条件。但是，当法院拒绝了我方关于请求法院调取某建材商店银行对账单、银行底单、该账户资金对外贷款的借款合同及拨款凭证的申请后，我便清楚，召开听证会仅仅是走走过场而已，最终驳回我方的再审申请看来是难以避免的。

在第一次听证会上，我强调我的主张，即某建材商店账户的真实属性，A银行某分行的法务人员强调他的主张，即汇票背书转让未记载“被背书人名称”，倒也“相安无事”。但是，第二次听证会后，他当面指责我不应该过多强调我的主张，甚至说如果官司按我的打法，肯定完蛋，并向未到庭的法务主管汇报，由于我的原因，庭开得效果不好。执业多年，我第一次在诉讼主张上，即在专业上受到委托方指责，那种极不好受的感觉是难以言表的。但是，接这个案子是我的选择，既然选择了就得忍受这种选择所带来的一切！故我基本保持沉默。

法院最终驳回了我方的再审申请。对于我方的第一个主张，即本案汇票背书转让未记载被背书人名称，故B银行某分行应对汇票原所有人承担汇票责任，法院并未从法律上认定这一主张于法无据，而是仅仅从事实上就轻易予以否定，即认定“解付行中国人民银行某市分行也证实汇票被背书人处已盖章，某建材商店与进账单上的户名相符，汇票的收款人当场在汇票的背书栏签字、盖章，背书人与汇票收款人名称相符。故将汇票上的款项转让给该建材商店是于某等人的真实意愿”。对于我方的第二个主张，即某建材商店账户的真实属性为某办事处的账户，我方已向某办事处实际交付了存单项下的款项，法院则一概回避。即对于某办事处主任和会计科科员关于某办事处掌管某建材商店的财会专章和商店负责人陈某的名章，使用某建材商店账户收取我方存款，并支出某办事处的正常费用和对外贷款的供述和证言，法院不作出任何认定，就如同我方根本没有举证一般。

我至今仍坚持认为，法院回避决定本案命运且涉及可能有损当事人合法权益的重要事实，是错误的。最高人民法院《关于民事诉讼证据的若干规定》第15条规定：“《民事诉讼法》第六十四条规定的‘人民法院认为审理案件需要的证据’，是指以下情形：（一）涉及可能有损国家利益、社会公共利益或者他人合法权益的事实……”即涉及可能有损当事人合法权益的事实，法院应依法根据当事人的申请调查收集证据。本案某建材商店账户真实属性的事实，直接涉及A银行某分行3000万元存款本金的重大权益的安危。我方已举出某办事处主任及存款手续经办人会计科科员的供述与证言，已经初步证明某建材商店账户实为某办事处账户的事实，法院应依法和依司法解释接受我方关于法院调查收集证据的申请，调查收集证明某建材商店账户真实属性的各项书证。无视我方的举证，拒绝我方的申请，是违反《民事诉讼法》和上述司法解释规定的证据规则的。

也许法官或对方律师会认为，所谓本案现象事实（汇票背书转让）与本质事实（某建材商店账户的真实属性）之说，仅仅为我的主观臆断。毕竟我方未能充分举证证明在汇票背书转让事实背后还有一个本质事实，即某建材商店账户实为某办事处账户。依据最高人民法院《关于民事诉讼证据的若干规定》关于“没有证据或者证据不足以证明当事人的事实主张的，由负有举证责任的当事人承担不利后果”的规定，如果我方的证据不足以证明我方主张的本质事实，那么，所谓本质事实在法律上为并不存在的事实。因此，所谓现象事实也就是本质事实，即本案的法律事实。应该说，仅仅基于司法解释的举证责任规则而言，这种认识是没有错误的。但是，只要结合司法解释关于法院调查收集证据的规则而言，那么，这种认识就显然是错误的。如上所述，对于当事人无力收集的、涉及可能有损当事人合法权益的证据，法院应依法接受当事人申请，调查收集证据。

也许会有读者发问：作为最高人民法院，对待这样一个涉及当事人3000万元，而且当事人已有新证据的案子，怎么能够这样不负责任呢？要我说，翻案是要翻出办错案子的人的责任来的，谈何容易！在中国大陆，法院别论什么最高最低，比本案过分的事儿多得去了！干了律师这一行，就得面对这一切。困惑、愤怒、怨恨都是没有用的。

好了，够累的，这案子就说到这吧，说两句案外的话。这是我迄今为止办理的唯一一件申请再审而败诉的案子，对我的教益是深刻的。我对我所的律师们定下了两条再审案件接案规则：一、有证据，但不充分的，无论标的多大也不接，别指望法院取证；二、有证据且充分的，案件运作能力不够也不接，别指望运气。这不是我们挑肥拣瘦的问题，是防止误人大事的原则问题。

记得最后一次为这个案子去那个海滨城市，朋友邀我上了白玉山，我无心欣赏那浩瀚的海天、蜿蜒的海湾、翱翔的海鸥。站在日本人为表彰在日俄战争中为天皇效忠的官兵而修建的、形似男人阳具的“表忠塔”下，我在被中国人的历史耻辱折磨的同时，感伤于自己的现实耻辱……

杂咏

空愁

地换天移斗，
辛亥九十九。
翘首望南天，
国父瞑目否？

第八章

诉讼的策略与诉讼的成败

——融资租赁合同纠纷中的法律空白与交易特点

哈佛法学院原院长罗伯特·G.西蒙斯在新生入学典礼上的欢迎词《生死之杖》中说：在你们的工作中要培养果断和彻底的工作习惯，要研究你的案子，在诉讼的开始阶段就要了解案件的事实与法律。许多律师到了上诉法院才发现，他们的败诉是由于失策或根本没策略，或者是由于在诉讼的开始阶段对事实认定有误或存有错误的设想，甚至是由于凭猜测来适用法律。

在本案中，作为承租人的我方，指定了租赁物出卖人和租赁物，指定了进口代理商，且与作为出租方的对方约定转让针对出卖人的索赔权。在进口代理商违约致本案合同无法履行时，我方起诉了并无过错的对方，并获一二审胜诉。那么，对方败诉是基于事实和法律？还是因为法院未考虑融资租赁的交易特点？抑或是因为对方失策？

引用西蒙斯有关律师失策和无策的话，并非针对对方。我想说的是，在案件纠纷属法律空白问题时，诉讼策略将决定诉讼成败。

讼途

导言

1.《合同法》和最高人民法院《关于审理融资租赁合同纠纷案件若干问题的规定》规定了融资租赁合同中的出租人、承租人、出卖人（或称供货人）之间的权利义务关系。本案纠纷则发生在出租人、承租人、进口代理人之间。确切地说是因为进口代理商的原因，导致租赁物不能交付，从而使《融资租赁合同》无法继续履行。故《合同法》和司法解释对本案纠纷情形并无相应规定，也可以说本案纠纷属于法律空白问题。

2.针对我代理某科技公司（承租人）的起诉，某租赁公司（出租人）的一个主要抗辩主张是其并没有交付租赁物的义务。其理由是融资租赁合同中出租人的主要义务是出资购买租赁物，其交付义务是观念上的，实际上的交付义务应由供货商或进口代理商履行，其已履行了出资购买租赁物的义务，无违约行为，不应承担违约责任。我方则认为，双方所签《融资租赁合同》明确约定了作为出租人的某租赁公司的交货义务和交货迟延或不能的违约责任。

某租赁公司在诉讼中并未提及《合同法》第239条的规定，即“出租人根据承租人对出卖人、租赁物的选择订立的买卖合同，出卖人应当按照约定向承租人交付标的物，承租人享有与受领标的物有关的买受人的权利。”（在本案中，我方选定了出卖人、租赁物以及进口代理商）。某租赁公司未提及该条规定的原因，应该是该条规定的租赁物交付人是出卖人，而本案的租赁物交付人是进口代理商。既然不能依照适用该条，能不能参照适用呢？

3.某租赁公司的另一个主要抗辩主张是，进口代理商是我方（出租人）指定的，租赁物不能交付是由进口代理商造成的，其已按约定向进口代理商支付了货款，且并无过错，故租赁物交付不能的法律后果应由我方承担。我方则认为，《委托代理进口协议》明确约定，如因进口代理商的原因造成无法对外履约（即向境外出卖人付款），进口代理商应承担对某租赁公司造成的经济损失并退还某租赁公司所支付的全部货款，故我方无权向进口代理商主张权利，只能依据《融资租赁合同》向某租赁公司主张权利，而某租赁公司则可依据《委托代理进口协议》向进口代理商主张权利。

某租赁公司在诉讼中并未提及最高人民法院《关于审理融资租赁合同纠纷案件若干问题的规定》的相关规定。该司法解释第12条规定："在供货人有迟延交货或交付的租赁物质量、数量存在问题以及其他违反供货合同约定的行为时，对其进行索赔应区别不同情形予以处理：（一）供货合同或租赁合同中未约定转让索赔权的，对供货人的索赔应由出租人享有和行使，承租人应提供有关证据；（二）在供货合同和租赁合同中均约定转让索赔权的，应由承租人直接向供货人索赔。"（在本案《融资租赁合同》中，对供货人的索赔权转让作了约定，但未约定对进口代理人的索赔权转让）。第13条规定："有下列情形之一的，当租赁物质量、数量等存在问题，在对供货人索赔不着或不足时，出租人应承担赔偿责任：（一）出租人根据租赁合同的约定完全是利用自己的技能和判断为承租人选择供货人或租赁物的；（二）出租人为承租人指定供货人或租赁物的；（三）出租人擅自变更承租人已选定的供货人或租赁物的。除上列情形外，出租人对租赁物的质量、数量等问题一般不承担责任。"第14条规定："在出租人无过错的情形下，对供货人索赔的费用和结果，均由承租人承担和享有。如因出租人的过错造成索赔逾期或索赔不着，出租人应承担相应的责任。"某租赁公司能否参照这些规定主张其最终应免责？其理由应为进口代理商为我方选择，其作为出租方并无过错可言，因双方未就针对进口代理商的索赔权转让作出约定，故其代我方向进口代理商索赔；因本案须以另案判决为处理根据，故法院应中止本案诉讼；如其最终索赔不着，因其无过错，我方应承担索赔不着的法律后果，故本案在恢复诉讼后，法院应判决驳回我方对其的诉讼请求。

4.另外，某租赁公司在诉讼中坚持认为我方所付款项是部分货款，不是首期租金。其目的无非是以与我方共同购买租赁物为由，主张我方不应起诉出租人，应与出租人共同起诉进口代理商。在融资租赁合同中，承租人并不参与租赁物买卖合同的签订（不是该合同的当事人），特别是租赁期间，出租人对租赁物享有排他性的所有权，决定了承租人在租赁物交付之前所付首期款的性质只能是首期租金，而不是部分货款。某租赁公司将此主张作为其重要的抗辩对策，是否有偏差？

要　　目

- 起诉求简
- 答辩求全
- 抗辩有术
- 判决无情
- 上诉走偏
- 应对自如
- 终局依然

序曲

如果凡事法律均有规定，且具体而明确，那么，律师职业是否还有存在的必要?

法律有规定，但不够具体、明确，这是通常的情况，也是律师总有作为的原因。

法律无规定，对律师来说既是挑战，也是机遇，律师是可以大有作为的。

某科技公司因与某租赁公司发生融资租赁合同纠纷，委托我作为某科技公司一、二审代理人。在诉讼中，我先后向法院提交了下列“正文”中所列民事诉状、一审代理词、二审答辩状、二审代理词。

起诉求简

正文

民事诉状

原告：某科技公司

被告：某租赁公司

案由：融资租赁合同纠纷

请求事项：

1.请求解除原、被告双方所签《融资租赁合同》；

2.判令被告返还原告所付首期租金人民币3,627,479元，及占用原告资金之利息53,051.88元（按人行一年期流动资金贷款利率计算，自2000年6月27日起，暂计算至9月24日）；

3.判令被告承担本案全部诉讼费用。

事实与理由：

2000年5月23日，原告与被告签订两份《融资租赁合同》（证据一），约定采取融资租赁方式，由被告作为出租人向作为承租人的原告出租医疗设备断层模拟定位系统和医用直线加速器。合同约定了首期租金的金额、支付方式和支付期限，约定被告应在收到有关完整的进口批文后3个月内向原告交付租赁物。5月24日，被告作为委托方与作为代理方的Z公司、作为担保方的原告签订了两份《委托代理进口协议》（证据二），约定被告委托Z公司代理进口上述两套医疗设备，原告担保被告向Z公司付款。5月26日，原告与Z公司签订了《担保协议》（证据三），约定原告以空白支票担保被告向Z公司支付信用证款。

上述合同和协议签订后，原告按约于6月4日、26日、27日分3次向被告支付首期租金、手续费及税金计3,627,479元（证据四）。6月下旬原告将上述两套医疗设备的进口批文《机电产品进口登记表》和《机电产品进口证明》交付被告（证据五）。但因与被告构成委托代理关系的Z公司之开证行某银行拒绝议付，致使外商到港设备不能交货。虽经原告多次与被告交涉，然至今合同约定租赁物交付期限已经届满，被告仍不能如约交付。

综上所述，原告按约履行了租金的支付和进口批文的交付义务，但被告却未能按约如期交付租赁物，已构成违约，且致使《融资租赁合同》无法继续履行。故恳请贵院查明本案事实，依法支持原告的诉讼请求。

此呈

某人民法院

具状人：某科技公司

旁白

作为原告律师，即使案件原本为复杂案件，你也得在诉状中向法官呈现出简单案件的模样；即使被告随后的答辩立即就让法官觉得案件并不简单，你也得用你的全部诉讼活动让法官确信案件没那么复杂。否则，你就难以顺利地让法官支持你的诉讼请求。

证据

《民事诉状》所附证据较多，无法在此一一介绍，但涉及诉讼双方争议的主要是两份《融资租赁合同》和两份《委托代理进口协议》，故可作重点摘录，以使读者客观地了解案情。因两份合同和两份协议除租赁设备名称不同外，内容相似，仅摘录一份合同和一份协议即可。

《融资租赁合同》涉及争议的主要条款：

某租赁公司（出租方）与某科技公司（承租方）于2000年5月23日签订。

第5条　首期租金

在出租方将货款支付给承租方指定的进口代理商之前，承租方应将相当于租赁物件35%的款项，以首期租金的名义电汇至出租方账户，作为承租方履行其在本合同项下的义务的担保。

第6条　设备的购买

1.根据承租方要求的规格，出租方将为向承租方出租租赁物件和在承租人履行完本合同项下全部义务时向承租方转让租赁物件的所有权，与美国G公司签订一份购买附件一第一项规定的租赁物件的购买合同（“购买合同”）。

2.就在购买合同进行谈判期间，承租方应负责制定有关租赁物件的质量规格、技术性能、数量、包装方法、交货期等条件，并应尽快将该等条件书面提供给出租方。

第7条　租赁物件的交货和验收

1.租赁物件由美国G公司根据租赁物件购买合同规定的时间、地点和方式等条件向承租方指定的代理人交货。设备启运前，承租方应向出租方提供有关设备进口的一切许可批文。必要时，可要求承租方协助出租方办理进口手续。承租方应负责支付或补偿出租方发生的与进口租赁设备有关的一切关税、增值税、税款、存储费及其他款项和支出。在承租方支付或补偿出租方缴纳的上述款项之前，出租方不应办理清关手续。除承担本合同和购买合同规定的义务，包括使美国G公司交付租赁物件的义务及租赁物件购买合同中规定的付款义务之外，出租方不应向美国G公司承担任何其他义务。

2.交货时间：按照购买合同的有关规定，出租方应在收到有关完整的进口批文后3个月内向承租方交货。如因承租方原因造成交货不能时，承租方应向出租方承担责任；如因出租方原因造成交货延迟或不能时，出租方应负责向承租方赔偿所造成的损失；如因供货商的原因造成的延迟，出租方和承租方则应根据国际惯例追索供货商的责任。

3.因国家政策、法律或法规、不可抗力而造成租赁物件交货延迟或不能交货时，出租方不承担责任。

4.如上述第6条所规定，进口租赁物件的质量规格、技术性能、数量包装方法、交货期等条件应由承租方选定。其质量保证由美国G公司根据购买合同对承租方负责。如美国G公司所交货物的品质规格、技术性能和数量等条件不符合购买合同的规定，或在购买合同质量保证期内发生质量问题，或承租方自主选定的租赁物件不能达到购买合同中规定的效果及效率，出租方应积极协助承租方与美国G公司进行索赔，但可将因上述事件的发生而产生的对美国G公司的索赔权（如有的话）转让给承租方。承租方有义务根据购买合同及其他有关规定立即采取有效的补救措施以保证出租方对租赁物件的所有权在形态、质量和权力方面的完整性。

5.基于购买合同所发生的一切争议以及索赔、仲裁和诉讼的费用由责任方承付。出租方作为租赁物件的拥有人，有权要求承租方采取及时而充分的补救措施。如因承租方的疏忽或迟延导致某种请求权的丧失，或对某种请求权的限制或发生某项损失，其后果由承租方承担。

6.在发生上述第3、4、5款所述的情况时，包括延迟交货、延迟验收、索赔、退货等其他一切影响租赁物件正常投入使用的事件在内，承租方均不能拒收租赁物件，不能拒绝签署租赁物件验收合格确认书，并且不能更改本合同规定的起租生效日及影响本合同的效力与正常执行，承租方按期支付租金的义务不变。

第17条　争议的解决

有关本合同的一切争议、争端或索赔，包括与其存续、效力或终止有关的任何疑问，双方首先应通过友好协商解决。如果争议在一方将该等争议、争端或索赔通知另一方后60天内不能通过友好协商解决，任何一方可将该事项向出租方所在地法院及某市有管辖权的法院提起诉讼。败诉方承担诉讼所发生的各类费用。

第20条　合同的效力

本合同将在本条所列的事项发生或满足后正式生效，但第7条所规定的内容应在本合同签署之日即行生效。

1.出租方与美国G公司正式签署购买合同及附件（包括租赁物件清单）。

2.承租方按照购买合同的规定，已签发“租赁物件收据”及“验收合格确认书”。

3.出具抬头予承租方有效之进口批文和免税文件（如适用）。如不能免税则需预先向出租方缴纳有关税项，款项未电汇到出租方账户，租赁合同将不能生效。

旁白

案件的大量书证内容肯定会分散你的注意力，而集中心志、吃透案情的办法就是，只关注那些与案件争议焦点问题有关的事实和情节，知道其他事实和情节即可，千万不要被那些不重要的细节问题弄昏了头。

《委托代理进口协议》涉及争议的主要条款：

某租赁公司（以下简称甲方）委托Z公司（以下简称乙方）代理进口美国G公司生产的“断层模拟定位系统”并承租给某科技公司（以下简称丙方），现就有关事项甲、乙、丙三方达成如下协议：

……

二、甲方权利与义务

1.在本协议签字、盖章及甲方收到该设备机电进口批文后3个工作日内，甲方须将10%设备款（汇率暂按1∶8.3，计RMB406,700.00）作为供应商生产定金汇至乙方指定账户。

2.在甲方收到供应商发货通知、乙方开证申请单及丙方支付给甲方的该进口设备全额关税、增值税后3个工作日内，甲方须将25%设备款（汇率暂按1∶8.3，计RMB1,016,750.00）作为开证保证金汇至乙方指定账户。

3.如甲方在收到乙方开出的信用证底单后48小时工作日内收到供应商对接受该信用证的确认函，甲方须将55%设备款（汇率暂按1∶8.3，计RMB2,236,850.00）汇至乙方指定账户；否则丙方须将55%设备款汇至乙方指定账户。

4.在甲方收到该设备验收确认书后3个工作日内，将10%设备款（汇率暂按1∶8.3，计RMB406,700.00）汇至乙方指定账户。

5.以上各种费用，甲、乙、丙三方均按实际发生进行结算（包括乙方对外付汇时汇率的变化）。

三、乙方权利与义务

1.受甲方委托，代理甲方与供应商签订进口合同。

2.在收到甲方支付的10%设备款生产定金后3个工作日内，乙方应办理该款对外付汇，并将其付汇底单提交给甲方。

3.在收到甲方支付的25%开证保证金后5个工作日内，乙方应办理对外开证手续，并将开证底单提交给甲方。

4.在代理甲方办理对外开证及付汇结算手续中，如因乙方原因造成无法对外履约，乙方应承担对甲方造成的经济损失并退还甲方所支付的全部货款。

5.负责在10个工作日内办理设备清关完税等手续及内陆运输，并协助甲方办理商检、质量索赔等事宜。

6.及时向甲方通报业务履行情况。

7.在收到甲方支付的10%设备款后3个工作日内，乙方须将该款支付给供应商，并在其后5个工作日内，乙方应向甲方提供本合同项下的有关报关单、商检证书、银行结算水单复印件、进口货物结算发票 。

四、丙方权利与义务

1.除货款外，本协议项下的其他费用，包括但不限于关税、增值税、进口代理费用（进口合同金额的1%）、商检、卫检、保管、银行、港杂、监管、仓储、装卸、运输等进口相关费用均由丙方承担，具体支付方式如下：

（1）该进口设备全额关税、增值税须在供应商发货之前由丙方将该款项汇至甲方账户。在收到海关出具的关税、增值税交款书后，由甲方将该款项交至海关；

（2）丙方须在设备抵港前3个工作日内将其他费用（计RMB77,739.00）汇至乙方指定账户。

2.丙方应及时将定货清单出具给甲方及乙方。

3.丙方负责该设备的验收，并出具设备验收合格确认书。

4.以上各种费用，甲、乙、丙三方均按实际发生进行结算。

五、违约责任

甲、乙、丙三方各自承担应负的责任和义务，任何一方如有违约，违约方应承担所有责任。

六、争议的解决

本协议项下发生的争议，甲、乙、丙三方应本着友好协商的原则解决，协商不成任何一方可向有管辖权的人民法院提起诉讼。

旁白

律师审查或制作合同的基本思路就是：搞清楚交易方式所涉及的法律、法规的规定，进而用规定来规范约定。如果没有规定，那就必须用不违反法律原则的约定来防范合同风险。

——法律和司法解释均没有规定出租人、承租人、进口代理人之间的法律关系，故某租赁公司的律师应当在《委托代理进口协议》中特别约定出租人在履行出资购买租赁物义务且无过错情况下免责，以防范合同风险。然而，上述协议的约定使出租人无法摆脱本不应承担的合同风险。

答辩求全

背景

某租赁公司的答辩

某租赁公司请求驳回某科技公司的诉讼请求。其理由是:

1.某科技公司不享有提起诉讼的权利。因为两份《融资租赁合同》各自的争议解决条款约定了起诉的前提条件,即“一方当事人将争端或索赔通知另一方后六十日内仍不能通过友好协商解决”,而原告从未就融资租赁合同的争议向被告提出,更未与被告协商,故起诉条件未成就。

2.根据两份《融资租赁合同》各自第20条关于合同效力的规定,该两份《融资租赁合同》除各自第7条外,只有在“承租方按照购买合同的规定,已签发‘租赁物件收据’及‘检验合格确认书’后才能生效”,而直至起诉时,作为承租人的某科技公司未签发“租赁物件收据”及“检验合格确认书”,故该二份《融资租赁合同》尚未生效。根据2000年9月20日某科技公司致进口代理商Z公司的委托函可见,某科技公司直至2000年9月20日尚认为该两份《融资租赁合同》有履行的可能性。故某科技公司要求解除合同的诉讼请求不能成立。

3.被告某租赁公司没有交付租赁物的义务。融资租赁合同中出租人的主要义务是出资购买租赁物,其交付义务是观念上的,实际上的交付义务应由供货商或进口代理商履行。某租赁公司已履行了出资购买租赁物的义务,无违约行为,不应承担违约责任。

旁白

如果一个诉讼主张没有法律依据，且不符合合同约定，那么这种主张即使在法理上说得通，法院也不会接受。摆脱这种困境的办法是：找出与案件事实相类似的法律规定，以此作为诉讼主张的依据，并说明案件的处理应参照（不是依据）类似规定的理由。

——《融资租赁合同》约定出租人向承租人交付租赁物，《合同法》规定了出卖人向承租人交付租赁物，没有规定进口代理人向承租人交付租赁物，故某租赁公司应主张法院应当参照《合同法》的规定，认定出租人的交付租赁物义务仅仅是形式上的，在本案中应由进口代理人承担租赁物交付义务。

4.某科技公司已交付的款项不是《融资租赁合同》项下的租金，而是货款、关税、增值税、手续费的组成部分。

(1) 根据两份《融资租赁合同》各自第5条“在出租方将货款支付给承租方指定的进口代理商Z公司之前，承租方应将相当于租赁物件百分之三十五的款项，以首期租金的名义电汇至出租方账户，作为承租方履行其在本合同项下义务的担保”的约定，首期款仅在名义上是首期租金，实质上是部分货款。

(2) 根据两份《融资租赁合同》附表一租金条款的约定，合同项下的租金总额远远小于概算成本（货款总额），证明租金实际上是以租赁物购买价的65%为依据计算的，因为某科技公司已提供了35%的货款。

(3) 两份融资租赁合同尚未生效，不可能发生租金之支付。

(4) 某科技公司对某租赁公司在收到其支付的相当于租赁物件35%的款项后出具的发票将支付款项记载为“首期款”不表异议的事实和某租赁公司的供货方美国G公司北京代表处出具的《证明》（“某租赁公司依据每个《融资租赁合同》以首期租金名义所收取的用户一定比例的设备款项都是该设备款的一部分……该租赁公司对这部分货款仅是代收代付”），印证了某科技公司已付款项为部分货款的事实。

5.进口代理商Z公司是某科技公司指定的，《委托代理进口合同》是基于某科技公司的指定，租赁物不能交付是由进口代理商Z公司造成的，某租赁公司无过错，故租赁物交付不能的法律后果应由某科技公司承担。

旁白

重点不突出的全面答辩，或者重点不对的答辩，都是律师因未能吃透案件而缺乏诉讼策略的表现。

——这两个方面的问题似乎在上述答辩意见中都存在——一是要点太多，重点不突出；二是第四点意见不应成为重点，第五点意见才是重点。

抗辩有术

正文

代理词（一审）

尊敬的审判长、审判员：

作为原告某科技公司的委托代理人，我们发表如下代理意见。

我们认为，本案事实清楚，法律关系明确，我方所举证据确实、充分，足以证明我方按约履行了租金及其他费用的支付义务和进口批文的交付义务，但被告却未能按约如期交付租赁物，已构成违约，且致使《融资租赁合同》无法继续履行。

一、我方提起诉讼符合合同约定的起诉条件

双方所签两份《融资租赁合同》第17条约定："如果争议在一方将该等

争议、争端或索赔通知另一方后六十天内不能通过友好协商解决，任何一方可将该事项向出租方所在地法院提起诉讼。”

这里必须明确，60天是从“通知”之日起算，而不是从“提出权利主张”之日起算，更不是从“双方不能协商解决”之日起算。

我方在6月下旬将两套医疗设备的进口批文交付被告，但是在7月份，我方就知悉，因与被告构成委托代理关系的Z公司之开证行中国银行拒绝议付，致使外商到港设备不能交货，《融资租赁合同》无法继续履行。因双方均密切关注银行议付和外商交货事宜，故同时知悉上述因拒绝议付、不能交货而引起的双方履行合同的争议，并不存在一方何时通知另一方的问题。我方7月份知悉争议，经反复交涉未果，9月底提起诉讼，其间经过两个多月，远远超过60天，提起诉讼完全符合合同约定的起诉条件。

二、本案两份合同合法、有效

本案两份《融资租赁合同》详尽地约定了出租人与承租人的权利义务关系，完全符合有关融资租赁方面的法律和司法解释，应认定为合法、有效。

双方的合同第20条约定了合同生效的条件，第二项生效条件为“承租方按照购买合同的规定，已签发‘租赁物件收据’及‘验收合格确认书’。”这一条件因被告不能按期交付租赁物而没有成就，故本案合同虽已合法成立，但尚未生效。

这一合同未生效的事由，进一步证明，在被告已无法交货，合同无法继续履行的情况下，《融资租赁合同》当然应当依法解除。

三、我方完全履行了承租人的义务

根据合同及其附件的约定，我方作为承租人的义务有两项，一是向被告支付首期租金、税金和其他款项，二是向被告交付两套医疗设备的进口批文。我方所举证据四证明，我方按照合同及其附件约定的支付期限、方式和金额，完全向被告支付了首期租金、手续费、关税及增值税。在庭审调查中，被告对此并无异议。我方所举证据五证明，我方按照合同约定，向被告交付了两套医疗设备的进口批文。被告在庭审调查中亦对此无异议。故我方完全履行了承租人的义务。

被告在庭审中主张我方向其所付的首期租金、税金及其他费用的性质不是租金，而是设备款。这种主张完全不能成立。我方与被告的合同关系的性质就是融资租赁，我方与被告、与Z公司或外商均未签订医疗设备的国内买卖合同或国际货物买卖合同，不是买方，何以支付货款？被告将合同约定和实际履行的租金说成设备款（货款），其目的是想把双方的融资关系说成是共同的买卖关系，以使我方放弃作为承租人的合法的权利主张，与被告一同去向Z公司追债，这作为诉讼之举，未免过于无视合同的约定和实际履行，不应当获得法院的支持。

旁 白

运用法律关系进行抗辩，往往会起到从法律常识上驳斥对方的奇效。所以，是否掌握法律关系抗辩术，也可以反映出一个律师诉讼经验的多寡。

四、被告不能按合同如期交付租赁物，已构成违约

双方所签《融资租赁合同》第7条“租赁物件的交货和验收”第二款约定：“交货时间：按照购买合同的有关规定，出租人应在收到有关完整的进口批文后三个月内向承租方交货。如因承租人原因造成交货不能时，承租人应向出租人承担责任；如因出租人原因造成交货延迟或不能时，出租人应负责向承租人赔偿所造成的损失。”

我方于6月下旬将两份进口批文交付被告，被告在庭审调查中对此予以确认。故按照上述合同约定，被告应于9月下旬向我方交付租赁物，但是，被告却因其进口代理人的原因未能履行租赁物交付义务，且由于两份合同的即期信用证已分别于8月14日和8月15日到期，对外商付款已无可能，我方与被告之合同无法继续履行。故被告违约确定无疑，依法应承担违约责任。且本案两份合同已无继续履行之可能，应依法予以解除。

五、被告为Z公司的委托人，我方在《委托代理进口协议》中为被告的担保人

在被告（甲方）、Z公司（乙方）及我方（丙方）签订的《委托代理进口协议》中，被告是委托人，Z公司是受托人，该协议序言第一句话为："某租赁公司（以下简称甲方）委托Z公司（以下简称乙方）代理进口美国……"在第3条"乙方权利与义务"中第一款约定："受甲方委托，代理甲方与供应商签订进口合同。"第四款约定："在代理甲方办理对外开证及付汇结算手续中，如因乙方原因造成无法对外履约，乙方应承担对甲方造成的经济损失并退还甲方所支付的全部货款。"这些约定和被告向Z公司支付货款的履约事实证明，被告与Z公司构成委托代理关系。该协议第2条"甲方权利与义务"第三款约定："甲方须将百分之五十五设备款（汇率暂按1:8.3，计RMB2,236,850.00）汇至乙方指定账户；否则丙方须将百分之五十五设备款汇至乙方指定账户。"我方与Z公司签订的《担保协议》亦证明，在被告与Z公司的委托代理关系中，我方是被告支付货款的担保人，除对被告付款承担保证责任外，与被告和Z公司之间的委托代理债权债务关系无关，只有被告可以根据该协议和向Z公司支付货款的履行事实，向Z公司主张权利，我方无权向Z公司主张权利。

我方虽为被告指定了Z公司，但是这种指定并不构成被告免责的条件。最高人民法院《关于审理融资租赁合同纠纷案件若干问题的规定》关于出租人不承担责任的规定，有如下明确的适用范围和条件：第一，适用于出租人、承租人与供货人之间（不包括进口代理人）；第二，适用在租赁物质量、数量等问题上（承租人已实际占有和使用租赁物）；第三，适用于约定或未约定转让索赔权的情况下。而本案纠纷发生在承租人与出租人之间，涉及出租人的进口代理人；纠纷为出租人不能向承租人交付租赁物；出租人与进口代理人构成形式上和实质上的委托代理关系，并不存在针对进口代理人是否转让索赔权的问题。故司法解释对本案纠纷并无规定，应依据双方的合同约定，根据双方的实际履行事实，认定被告承担返还租金的民事责任。

综上，本案事实清楚，法律适用明确，证据确实、充分。恳请合议庭依法支持我方的诉讼请求，解除合同，判令被告返还首期租金及利息，维护原告的合法权益。

谢谢！

旁白

当对方律师或法官并不一定知道或者并没有关注与案件相关的法律或司法解释规定时，如果规定可能对自己这方不利，那么就不应该主动去说这些规定的不适用问题。因为，这是“此地无银三百两”的做法。

——上文中主动引用司法解释的做法，实属愚蠢之举。

判决无情

判决

一审判决

一审判决“经审理查明”一节内容如下：

经审理查明：2000年5月23日，某科技公司与某租赁公司签订了两份融资租赁合同（合同编号分别为00NCT-M017和00NCT-M018）。双方约定：采取融资租赁方式，由某租赁公司向某科技公司出租断层模拟定位系统和医用直线加速器两套医疗设备。在某租赁公司将货款支付给某科技公司指定的进口代理商之前，某科技公司应将相当于租赁物件35%的款项，以首期租金的名义电汇至某租赁公司账户，作为某科技公司履行其在该合同项下义务的担保。有关该合同的一切争议、争端或索赔，包括与其存续、效力或终止有关的任何疑问，双方首先应通过友好协商解决。如果争议在一方将该等争议、争端或索赔通知另一方后60天内不能通过友好协商解决，任何一方可将该事项向出租方所在地法院提起诉讼。两份融资租赁合同的第7条均约定：某租赁公司应在收到有关完整的进口批文后3个月内向某科技公司交货。有关合同的效力，双方在两份合同的第20条分别约定：本合同将在本条所列的事项（1.出租方与供货商正式签署购买合同及附件；2.承租方按照购买合同的规定，已签发“租赁物件收据”及“验收合格确认书”；3.出具抬头予承租方有效之进口批文和免税文件。如不能免税则需预先向出租方缴交有关税项，款项未电汇到出租方账户，租赁合同将不能生效）发生或满足后正式生效，但第7条所规定的内容应在本合同签署之日即行生效。双方还约定了其他必要条款。

2000年5月29日，某租赁公司和某科技公司共同与Z公司签订了两份委托代理进口协议，约定由某租赁公司委托Z公司代理进口上述两套医疗设备并承租给某科技公司。Z公司在代理某租赁公司办理对外开证及付汇结算手续中，如因Z公司原因造成无法对外履约，Z公司应承担对某租赁公司造成的经济损失并退还某租赁公司所支付的全部货款。

同年5月26日，某科技公司又与Z公司签订了两份担保协议，约定某科技公司以空白支票担保某租赁公司按上述两份委托代理协议约定的时间向Z公司支付货款。

上述合同签订后，某科技公司于2000年6月14日、6月26日和6月27日，分三次向某租赁公司支付首期租金、手续费及税金共计3,627,479元，并于同年6月下旬将上述两套医疗设备的进口批文交付给了某租赁公司。但某租赁公司未能如期交付上述两套医疗设备。

2000年7月28日，某租赁公司和某科技公司及两套医疗设备的供货商美国G公司和美国V公司共同向Z公司发函，称因Z公司的开证行某银行拒绝议付，致使本案涉及的两套医疗设备不能交货，要求Z公司协助某银行尽快对外议付、对内放货，或将所收取的该两套进口设备的保证金立即全额退回某租赁公司，但该问题至今未能解决。

上述事实，有某科技公司与某租赁公司签订的两份融资租赁合同、双方与Z公司签订的两份委托代理进口协议、某科技公司与Z公司签订的两份担保合同、某科技公司交付首期租金等相关费用的凭证、两套医疗设备的进口批文、某科技公司和某租赁公司级两家供货商共同发给Z公司的函及本院庭审笔录等在案佐证。

一审判决“本院认为”及判决主文如下:

本院认为：某科技公司与某租赁公司签订的两份融资租赁合同，系双方当事人的真实意思表示，双方均应依约严格履行。鉴于两份合同已将承租方签发“租赁物件收据”及“验收合格确认书”作为合同有关条款生效的条件，而该条件未成就，则两份融资租赁合同除第7条外，其他条款均未生效，但两份合同均约定第7条所规定的内容在合同签署之日即行生效，即两份合同的第7条均已生效，而某租赁公司未能在该条款规定的期限内交付租赁物，致使合同目的无法实现，符合解除合同的法定条件，故本院对某科技公司要求解除该条款的诉讼请求予以支持。某租赁公司未能履行生效的合同条款所约定的义务，理应承担违约责任，其提出的自己无过错及Z公司系由某科技公司指定的两点意见，不能成为其不承担违约责任的理由，故对某科技公司要求某租赁公司退还已收取的费用，并支付占用期间利息的诉讼请求，本院予以支持。关于利息的计算标准，某科技公司以银行贷款利率计算，依据不足，应按照中国人民银行同期单位存款利率计算 。因某租赁公司和某科技公司已于2000年7月28日会同两家供货商向Z公司发函，要求解决争议问题，说明在此之前，双方均已知晓合同不能履行的情形和原因，并对如何解决争议进行了磋商。现某科技公司在2个月之后起诉 ，应认定为合同约定的起诉条件已经成就，故本院对某租赁公司关于某科技公司提起诉讼不符合起诉条件的答辩意见不予采纳。至于某租赁公司已收取的费用的性质，因合同中已明确约定为首期租金，故对某租赁公司关于该款项实为部分货款一节的答辩意见，本院亦不予采信。综上，依照《中华人民共和国合同法》第45条第一款 、第94条第四项、第107条的规定，判决如下:

一、原告某科技公司与被告某租赁公司于2000年5月23日签订的00NCT-M017号（融资租赁合同）和00NCT-M018号《融资租赁合同》，除各自的第7条外，其他条款未生效 。

二、解除原告某科技公司与被告某租赁公司于2000年5月23日签订的00NCT-M017号（融资租赁合同）第7条和00NCT-M018号《融资租赁合同》第7条。

三、被告某租赁公司于本判决生效后10日内退还原告某科技公司首期租金、手续费、税金共计人民币3,627,479元，并按照中国人民银行同期单位定期存款利率支付利息（自2000年6月27日起计算至给付之日止）。

四、驳回原告某科技公司的其他诉讼请求。

旁白

案件原本是一件背后潜藏着法律玄机的复杂案件，原告力图掩饰，想把案件简单化；被告试图揭示，想把案件复杂化。这时，如果法官没有注意或并不在意案件背后的深意，那么案件就会被简单化处理。

上诉走偏

背景

某租赁公司的上诉意见

某租赁公司不服一审判决，提起上诉，请求撤销原审判决，依法改判。其理由是：

一、某科技公司已付的款项为货款而非租金。

（一）《融资租赁合同》附件一约定的租金并不包括某科技公司已付的首期款。

（二）合同附件的租金额小于租赁物的购买货价，证明租赁物非某租赁公司全资购买，而是与某科技公司共同购买的。

（三）某科技公司与某租赁公司共同致进口代理商Z公司的函表明，双方均为进口代理商Z公司的债权人。

（四）某科技公司因资金不足才与某租赁公司共同融资购买租赁物。

二、双方会同供货商致进口代理商Z公司的函仅针对委托代理进口合同所产生的争议，不能证明双方就《融资租赁合同》已存在争议，更不能证明双方已对争议进行了磋商，故起诉条件未成就，某科技公司无权起诉。

三、一审认定某租赁公司有交货义务与合同约定及法律规定相悖。融资租赁交易中应由出卖人直接向承租人交付租赁物，出租人没有向承租人现实交付租赁物的义务。

四、进口代理商Z公司系某科技公司指定，因Z公司的原因造成的履行迟延或履行不能的法律后果，应由某科技公司自行承担。

旁白

“只要我认为是对的，无论你法院接受不接受，我都会坚持到底。”——一些诉讼律师就这么说、这么想。这种精神值得钦佩，不过，在做法上还是应该以促使法院接受为上。

应对自如

正文

民事答辩状（二审）

答辩人：某科技公司

答辩人根据上诉人某租赁公司之《上诉状》，提出如下答辩意见。

答辩人认为一审判决书认定事实清楚，适用法律正确，判决结论公正，请求二审法院依法予以维持。

一、答辩人与上诉人之间仅构成融资租赁合同关系，上诉人主张双方“共同购买”租赁物没有根据

上诉人认为，答辩人向其支付的首期租金、税金及其他费用的性质不是租金，而是设备款，故上诉人与答辩人共同出资购买租赁物，答辩人认为该主张不能成立。

1.答辩人与上诉人之间仅存在融资租赁合同关系，《融资租赁合同》明确约定了双方分别作为出租人和承租人所承担的权利、义务。答辩人与上诉人，答辩人与Z公司或外商均未签订医疗设备的买卖合同或国际货物买卖合同，不存在买卖合同关系，答辩人何以支付“货款”？因此，答辩人根据《融资租赁合同》第5条向上诉人支付的款项性质为首期租金，且只能为首期租金。该笔首期租金的作用是减小上诉人作为出租方的资金压力，降低其投资风险。答辩人当然愿意上诉人按照租赁物的全部成本来计算全部租金，并分期偿还，这样可以节省更多的流动资金用于周转，相当于答辩人提高融资额度至将近百分之百，融资额度越高，对作为承租人、资金融入方的答辩人越有利，这是一个商业常识。上诉人要求答辩人必须在其向外商购买租赁物之前支付首期租金，就是为了减小其承担的投资风险。从降低投资风险意义上说，该笔款项的性质不可能是“货款”而只能是“首期租金”。上诉人在履行《融资租赁合同》时为降低己方商业风险而要求答辩人必须先期支付一笔“首期租金”，在发生争议后却又辩称该款不是“首期租金”而是“货款”，意图用偷换概念的方法再将自己的法律风险降低，以推卸违约责任，有违诚信原则。

2.从租赁物的所有权来看，答辩人所付的该笔首期租金性质不可能为“货款”。《融资租赁合同》第8条“所有权和维修”第一款约定：“在整个租赁期内，出租方对租赁物件拥有所有权”，第一款第五项约定：“出租方对租赁物件拥有所有权应有效地对抗承租方的各类债权人，包括破产债权人”，第六项约定：“承租方不得声称自己是租赁物件的所有人……”第十项约定：“承租方保证，在租赁期内其从未拥有租赁物件的所有权。”合同第12条“违约事项和补救措施”约定答辩人（即承租人）违约时，上诉人（即出租人）有权

"终止本合同，收回租赁物件，并要求承租方赔偿出租方的损失。"从以上各条均可看出，上诉人对租赁设备拥有独立的所有权，承租人在租赁期间只有向上诉人支付租金的义务，而无权与上诉人共同拥有对租赁物的所有权，而且上诉人对租赁物的所有权可以对抗答辩人的各类债权人，换句话说，即使答辩人破产，该租赁物也不在破产清算范围之内。如此看来，如按上诉人的说法，答辩人仅有与上诉人"共同购买"，支付"货款"的义务，却不能享受任何"共同购买"所产生的权利？另外，合同第3条及第16条"租赁期满后的处理"条款关于租赁物在租赁期满后的残值为1美元，答辩人需向上诉人支付租赁物的残值后，方可取得租赁物的所有权的约定表明，租赁物在租赁期满后的全部残值为1美元，而不是双方"共同购买"后，出租人所拥有部分的残值为1美元，虽然仅仅为1美元，答辩人仍需支付租赁物的全部残值后，方能从上诉人处取得租赁物的所有权。因此，从《融资租赁合同》约定来看，答辩人不可能与上诉人"共同购买"租赁物，故答辩人支付的是首期租金而不是"货款"。

3.融资租赁合同的特点决定这种融资方式与分期付款不同。在融资租赁合同中，简单地说，出租人的义务是购买租赁物提供给承租人使用，承租人的义务是向出租人支付租金。租赁期满后，承租人并不必然取得租赁物的所有权，而是要依合同约定。融资租赁并非分期付款，上诉人的主张，其实质是认为答辩人分期付款购买租赁设备，这是对融资租赁的法律特征的误解。至于上诉人举出的《合同法》第243条关于融资租赁合同租金计算的规定，答辩人向上诉人支付的租金由两部分构成：一为首期租金，于上诉人向外商购买租赁物之前即行支付，故不计算利息；二为答辩人实际占用的上诉人的资本及根据占用时间计算的利息。故全部租金根据租赁物的大部分成本以及出租人的合理利润来确定，符合《合同法》的规定，但不能因此认为答辩人支付的首期租金的性质为货款。

综上，答辩人认为一审判决书认定上诉人所收取费用的性质为首期租金的事实符合合同约定及法律规定，是正确的。上诉人的主张没有事实根据，不能成立。

旁白

法律赋予你我平等的诉讼权利，可是你说的少，我说的多，而且你说的浅，我说的深。那么，是不是在行使诉权上，你已经吃亏了？

二、答辩人起诉符合合同约定的起诉条件

《融资租赁合同》第17条约定的60天系双方将争议“通知”对方之日起算，而不是从向对方“提出权利主张”之日起算，更不是从“双方不能协调解决”之日起算。

一审判决书认定的双方“已于2007年7月28日会同两家供货商向Z公司发函，要求解决争议问题，说明在此之前，双方均已知晓合同不能履行的情形和原因，并对如何解决争议进行了磋商”是根据上诉人提供的证据所作出的，并依此认定答辩人的起诉条件已经成就，并无不当。上诉人在《上诉状》中称7月28日的函是就委托代理进口合同向案外人所发出的，不涉及本案的《融资租赁合同》，不能由此认为双方已存在争议。而事实上，当时双方均已知悉，因与上诉人构成委托代理关系的Z公司之开证行某银行拒绝议付，致使外商到港设备不能交货，《融资租赁合同》已无法继续履行。因双方均密切关注银行议付和外商交货事宜，故同时知悉上述拒绝议付、不能交货而引起的双方履行合同的争议，已是明显的事实，并不存在一方何时通知另一方的问题。合同第17条的约定，其本意是在合同履行过程中如果一方发现有问题，应先通知另一方，以便协商解决，并约定了60天的协商期限，防止在另一方尚不知悉的情况下突然诉诸司法程序，这是双方在订立合同时的良好愿望。本案事实是，答辩人在7月份知悉争议，经反复交涉未果，9月底提起诉讼，其间经过2个多月，远远超过60天，故起诉完全符合合同约定的条件。

三、《融资租赁合同》约定上诉人有交付租赁物的义务，一审判决对该事实的认定是准确的

根据《融资租赁合同》第20条“合同的效力”条款约定，本合同在答辩人签发“租赁物件收据”及“验收合格确认书”后生效，但第7条“租赁物件的交货和验收”在合同签署之日即生效。该第7条对交货不能的约定只有第二款：“出租人应在收到有关完整的进口批文后三个月内向承租方交货。如因承租人原因造成交货不能时，承租人应向出租人承担责任；如因出租人原因造成交货延迟或不能时，出租人应负责向承租人赔偿所造成的损失。”依合同约定，上诉人应于9月下旬向答辩人交付租赁物，上诉人在《上诉状》中所说的“观念意义”上的交付的说法过于模糊，不知该做何理解，且没有任何合同根据。况且，无论是现实的交付，还是所谓“观念意义”上的交付，出租人均未履行。且由于信用证已到期，对外付款已无可能，双方的《融资租赁合同》确已无法继续履行。故上诉人违约事实清楚，一审判决书的认定并无错误。

四、答辩人为上诉人指定Z公司并无过错，这种指定不构成上诉人不承担违约责任的法定条件

最高人民法院《关于审理融资租赁合同纠纷案件若干问题的规定》关于出租人不承担责任的规定，有如下明确的适用范围和条件：第一，适用于出租人、承租人与供货人之间（不包括进口代理人）；第二，适用在租赁物质量、数量等问题上（承租人已实际占有和使用租赁物）；第三，适用于约定或未约定转让索赔权的情况下。该司法解释中并无《上诉状》中提到的承租方选择了进口代理商，“就应当承担因行使权利而产生的法律后果”的规定。本案纠纷发生在承租人与出租人之间，涉及出租人的进口代理人；纠纷为出租人不能向承租人交付租赁物；出租人与进口代理人构成实质上的委托代理关系（并非如上诉人所称的“形式上”的委托关系），并不存在转让索赔权的问题。故司法解释对本案纠纷并无规定，应依据双方的合同约定，根据双方的实际履行事实，认定上诉人承担返还租金的民事责任。一审判决书认定上诉人“未能履行生效的合同条款所约定的义务，理应承担违约责任，其提出的自己无过错及Z公司系某科技公司指定的两点意见，不能成为其不承担违约责任的理由”有充分的事实根据及法律依据，相信能够得到二审法院的支持。

综上，答辩人认为一审判决书认定事实准确，适用法律正确，判决结论公正。恳请二审法院查明本案事实，维持一审判决，驳回上诉人的上诉请求。

此呈

某中级人民法院

答辩人：某科技公司

旁 白

诉讼是件苦差事，不能靠聪明和机智，你得下工夫。

罗丹说：任何倏忽的灵感事实上不能代替长期的工夫。

代理词（二审）

尊敬的审判长、审判员：

作为被上诉人某科技公司的代理人，我们根据庭审调查阶段查明的事实，发表如下代理意见。

一、我方所付款项的性质是首期租金而不是货款

上诉人举出我方与某医科大学某医院签订的《合同书》，试图证明租赁设备系由我方出资购买，从而证明我方所付款项为部分货款。上诉人该主张不能成立。我方早在与上诉人签订《融资租赁合同》之前的2000年2月22日与某医院签订该合作合同，其主要内容是我方投入设备，某医院投入人力、物力，双方合作建立放射治疗中心。我方的义务是投入设备，至于设备是否必须由我方出资，所有权是否在我方名下，合同中并未约定。无论是我方购买还是租赁，只要保证设备能够提供使用，即符合合同约定。因此，仅根据我方与某医院合作合同中的一句“乙方出资购买直线加速器……”就认为我方向上诉人支付的是货款是错误的。更何况，在后来的设备融资租赁进口过程中，某医院对租赁及进口一系列事实均明知，且协助办理了进口批文。故上诉人所举该《合

同书》不能证明我方有购买设备的强制义务，更不能证明我方向上诉人支付的款项系货款，上诉人的该项主张不能成立。我方所付款项的性质只能是首期租金。

《融资租赁合同》第5条明确约定："在出租方将货款支付给承租方指定的进口代理人之前，承租方应将相当于租赁物件百分之三十五的款项，以首期租金的名义电汇至出租方账户，作为承租方履行其在本合同项下义务的担保。"该约定包括三层意思：第一，货款由出租方支付，承租方没有任何支付货款的义务；第二，承租方应付首期租金的数额"相当于"租赁物件35%的款项，而不是承租方将35%的货款付至出租方账户，如果是货款，又何必"相当于"呢？第三，该款不仅是首期租金，还是承租方履行合同的担保。仅从担保上说，上诉人既然收取保证金后违约致使合同不能履行，作为承租方的我方并无违约行为，保证金当然应该返还我方。

《合同法》第243条规定："融资租赁合同的租金，除当事人另有约定的以外，应当根据购买租赁物的大部分或者全部成本以及出租人的合理利润确定。"本案的租金系根据租赁物的全部成本计算。因我方已在起息日前将首期租金支付上诉人，故该笔租金不计算利息是合法的，其目的是为了减少出资人的投资风险，不能因此改变款项的性质，难道不计算利息就不能是租金而只能是货款吗？

二、我方与上诉人之间仅存在融资租赁合同关系，不存在共同购买关系

我方与上诉人签订的《融资租赁合同》合法有效。我方与上诉人之间，我方与Z公司或外商之间均未签订买卖合同，因此，我方与上诉人之间并不存在共同购买关系。上诉人试图以我方、上诉人、两外商共同致Z公司交涉函来证明我们双方系共同购买关系，显然缺乏证据，不能成立。租赁设备不能正常进口，对各方的利益均会造成严重损害，与我方关系甚大，因此，我方必然积极参与与Z公司的交涉，催促Z公司向某银行要求议付信用证。作为出租人的上诉人未收到货物，必然影响租赁设备的正常交付，影响我方与某医院的合作，影响某医院协助办理的进口批文的效力（批文是有期限的）。因此，我方参与四方与Z公司的交涉是正常、合理的，况且该函中明确我方为承租方，上诉人为租赁设备的购买方，向Z公司支付了保证金，该函第3条明确要求Z公司“将所收7,727,300.00元百分之百保证金立即全额退回某租赁公司”，证明上诉人作为买方，享有要求Z公司承担责任的权利。我方作为承租方，虽然权利受到侵害，但不是作为买方的权利被侵害而是作为承租人的权利被侵害。故我们认为，该函不能证明上诉人关于共同购买的主张，反而能够证明我方确为承租方，且是各方共同认可的。

三、我方指定进口代理商不能成为上诉人不承担违约责任的理由

我方指定Z公司为进口代理商是《融资租赁合同》中明确约定的，上诉人与Z公司签订了《委托代理进口协议》，上诉人与Z公司之间存在委托法律关系。协议第2条明确约定了上诉人的权利义务，即按期分别将货款的10%、25%、50%和10%支付给Z公司，协议第3条约定了Z公司的权利义务，即与外商签订合同、开证及违约时承担上诉人的损失并向上诉人退还全部货款。上诉人与Z公司形成委托代理关系，双方权利义务清楚、明确，Z公司向上诉人承担全部违约责任。故我方与上诉人形成的融资租赁关系与上诉人与Z公司形成的委托代理关系是两个不同的法律关系，我方指定Z公司并无过错，且在《融资租赁合同》中没有约定因进口代理商原因产生违约责任的必要，代理商违约责任在《委托代理进口协议》中有明确约定。根据《融资租赁合同》已生效的第7条的约定，上诉人应向我方承担不能交付租赁物的违约责任。

综上，恳请合议庭在查明本案事实的基础上，依法维持一审判决，驳回上诉人的上诉请求，保护我方的合法权益。

谢谢！

旁白

诉讼跟爬山一样，越是接近山顶，越是疲惫。但是，只要你抬头看着不远的顶峰，你的脚步就好像又注入了力量。

终局依然

判决

二审判决

二审法院经审理认为：某租赁公司与某科技公司签订的两份《融资租赁合同》有效，因双方在合同中已明确约定“在出租方将货款支付给承租方指定的进口代理之前，承租方应将相当于租赁物件百分之三十五的款项，以首期租金的名义电汇至出租方账户，作为承租方履行其在本合同项下义务的担保”，且某租赁公司所列举的理由不能直接证明某科技公司所付为货款，故某租赁公司关于某科技公司已付的35%首期款系货款的诉讼主张不能成立；因某租赁公司和某科技公司会同供货商致进口代理商Z公司的函的内容证明，在此之前，双方已知晓合同不能继续履行并进行了磋商，故合同规定的起诉条件已经成就；《融资租赁合同》约定了应由出租人按约定交货及交货迟延或不能时的法律责任，故该合同并未免除某租赁公司的交货义务，其无交付租赁物的义务的诉讼主张亦不能成立；进口代理商Z公司与某租赁公司签订的协议已明确双方之间的委托法律关系，且该协议明确约定进口代理商Z公司在违约时向某租赁公司承担违约责任，故某科技公司指定Z公司为进口代理商并不必然导致其承担Z公司的违约责任，而Z公司违约应向其委托方某租赁公司承担违约责任，故某租赁公司关于合同不能履行的责任应由某科技公司承担的诉讼主张，亦不能成立。综上，某租赁公司的上诉理由均不能成立，不能予以支持。依照《中华人民共和国民事诉讼法》第153条第一款第（一）项之规定，判决驳回上诉，维持原判。

尾 声

托尔斯泰说：最大的幸福是在一年结束之际感到自己比年初时更好了这一点上。

律师也应该有这样的幸福感：这个案子办得比上一个案子好。

思考

本案一二审法院鉴于法律和司法解释对本案纠纷情形未作规定，且《融资租赁合同》约定了出租人某租赁公司交付租赁物的义务，《委托代理进口协议》约定进口代理商对某租赁公司承担责任，故判决某租赁公司承担违约返还责任。

虽然我代理某科技公司胜诉了，但是从学习和研究角度看，本案判决是有问题的。

第一，从法律层面上看，显然法院丝毫没有考虑诸如承租人选择出卖人和进口代理商、出租人无过错、索赔不着的法律后果的承担等融资租赁合同的特点。那么，这种判决是否有违《合同法》的立法精神？是否与相关司法解释冲突？

第二，如果从融资租赁交易的实践层面上看，那问题就更严重了。如果本案作为融资租赁空白法律问题的案例，那么，就有可能被个别奸商利用。试想，假如承租人与进口代理商恶意串通，通过与出租人签订像本案这样的《融资租赁合同》和《委托代理进口协议》，设置合同陷阱，由承租人诉出租人收回首付款，而出租人对进口代理商的诉讼则因进口代理商资不抵债而索赔不着，那么，承租人与进口代理商不是顺顺当当地通过法院的判决，骗取了出租人的部分货款了吗？

当然，这一问题的解决最终得依赖法律的补充性修正或新的司法解释的作出。不过，在中国大陆司法实践中，此类情况尚多，多年无法可依也属正常。因此，当然应该首先在审判中堵漏。

因此，请参照《合同法》的相关规定和有关融资租赁的司法解释的规定，结合本案事实，重新考虑本案出租人、承租人以及案外人进口代理商的民事责任问题（请参阅本章第二部分“心路”）。

课题

论融资租赁的法律空白问题 论文

论融资租赁中进口代理人的法律地位及法律责任 论文

法定与约定的冲突及选择 论文

——融资租赁中出卖人交货之法定义务与出租人交货之约定义务

诉讼策略的缺失 文章

——评一件融资租赁合同纠纷案中出租人的诉讼行为（请参阅本章第二部分“心路”）

判决不可有保护合同陷阱之嫌 文章

——关于一件融资租赁合同纠纷案的沉思

心路

那天，登上北京最高山峰灵山时，眼前的景致令我惊诧不已，完全顾不上与青年律师们谈论本案了。这哪是在北京呀？分明是新疆嘛！那厚绒绒地毯般的草甸，那漫山遍野的绚烂山花，那夏季山顶上洁白的冰雪，那云雾缭绕的苍翠山峦，就是我最熟悉的天山景象……

要　目

- 设想中的对抗
- 两审都胜了
- 是对还是错

在我办理的融资租赁合同纠纷案中，本案貌似简单，然最具争议。

本来，在起诉前，经对本案深入思考，特别是对某租赁公司可能的诉讼主张和策略的认真梳理，我对我方某科技公司谋求胜诉是信心不足的，然而，我有点惧怕的某租赁公司的主张和策略，我方在诉讼实践中并未实际面对。我方并无惊险地胜了一审和二审。

本案被选入一本专门性的融资租赁案例书中，该书对法院关于本案的判决的评析结论当然是否定性的。由此亦可见本案因涉及法律的司法解释的空白问题，确有其典型意义。

设想中的对抗

午后，依然灿烂的九月阳光反射在餐桌玻璃转盘上，十分刺眼，某科技公司的全部董事和我围坐在包间的圆桌旁。不知是因为这单生意的泡汤加上欲行诉讼的艰难，还是因为周六下午惯常的倦怠，衣着随便的大家懒洋洋的……

今天的会只有一个议题，就是让我从法律上说清起诉某租赁公司的诉讼风险和诉讼对策。这之前，我已经翻阅了这个案子的材料，也已经向董事长提出了败诉风险较高的初步意见。但是，他们还是想起诉，原因很简单，等待某租赁公司起诉进口代理商Z公司，终将因Z公司已涉入远华大案而无执行能力，他们已付的三百多万元怕是要打水漂。“死也死个明白”这句董事长的话，反映出他们多数人面对可能要败的官司的勇敢和无奈心态。我曾经为他们企业打过一场艰难的官司，了解作为民营企业经营者的他们。对于这个案子，我知道，无论我怎样评价风险，他们都会决定打，因为他们确实没什么退路。当然，我会像对待其他任何一个案子那样，把我所能想到的所有风险全部告诉他们，并同时说明诉讼对策。

本案在证据运用和事实认定上较为简单，争议点应当是法律的适用。

今天，我首先给他们看了《合同法》对融资租赁合同的规定和最高人民法院《关于审理融资租赁合同纠纷案件若干问题的规定》（法发[1996]19号。在最高人民法院对《合同法》中融资租赁合同作出司法解释前，该规定尚有效），分析了某租赁公司可能的诉讼主张和策略。其次，我提出了我方的诉讼对策。

一、某租赁公司可能的诉讼主张和策略

1.某租赁公司可能适用的《合同法》规定。

第239条："出租人根据承租人对出卖人、租赁物的选择订立的买卖合同，出卖人应当按照约定向承租人交付标的物，承租人享有与受领标的物有关的买受人的权利。"

第244条："租赁物不符合约定或者不符合使用目的的，出租人不承担责任，但承租人依赖出租人的技能确定租赁物或者出租人干预选择租赁物的除外。"

某租赁公司对《合同法》规定可能的解释适用：①对第239条的解释适用：在本案中，出卖人——外商和租赁物——医疗设备都是我方选择的，虽然《融资租赁合同》约定某租赁公司向我方交付租赁物，但是根据该条的规定，在承租人选择出卖人和租赁物的情况下，出卖人应当向承租人交付租赁物，故双方关于某租赁公司向我方交付租赁物的约定仅仅是形式上的，实质上、实际上的租赁物交付人应当是供货商或进口代理商。因此，我方以出租人违约不能交付租赁物为由起诉某租赁公司不符合《合同法》的规定，不符合融资租赁的特点。②对第244条的解释适用：在本案中，某租赁公司并未依赖其技能确定租赁物，也未干预我方对租赁物的选择，故某租赁公司对租赁物不能交付不承担责任。虽然该条未规定租赁物不能交付的情形，但此情形与规定的租赁物不符合约定或者不符合使用目的的情形类似，故可参照适用。因此，根据法律关于出租人免责的规定，法院不应支持我方的诉讼请求。

2.某租赁公司可能适用的最高人民法院《关于审理融资租赁合同纠纷案件

若干问题的规定》

第12条："在供货人有迟延交货或交付的租赁物质量、数量存在问题以及其他违反供货合同约定的行为时，对其进行索赔应区别不同情形予以处理：

（一）供货合同或租赁合同中未约定转让索赔权的，对供货人的索赔应由出租人享有和行使，承租人应提供有关证据；

（二）在供货合同和租赁合同中均约定转让索赔权的，应由承租人直接向供货人索赔。"

第13条："有下列情形之一的，当租赁物质量、数量等存在问题，在对供货人索赔不着或不足时，出租人应承担赔偿责任：

（一）出租人根据租赁合同的约定完全是利用自己的技能和判断为承租人选择供货人或租赁物的；

（二）出租人为承租人指定供货人或租赁物的；

（三）出租人擅自变更承租人已选定的供货人或租赁物的。

除上列情形外，出租人对租赁物的质量、数量等问题一般不承担责任。"

第14条："在出租人无过错的情形下，对供货人索赔的费用和结果，均由承租人承担和享有。如因出租人的过错造成索赔逾期或索赔不着，出租人应承担相应的责任。"

某租赁公司对司法解释可能的解释适用：①对第12条的解释适用：某租赁公司和我方在《融资租赁合同》中明确约定了转让索赔权，但在该合同和《委托代理进口协议》中均未约定某租赁公司将对进口代理商Z公司的索赔权转让于我方，故应由租赁公司向Z公司索赔。另，虽然该条未规定租赁物不能交付的情形，但此情形与规定的迟延交货的情形类似，故可参照适用。②对第13条的解释适用：在本案中，某租赁公司未利用自己的技能和判断为我方选择供货人（含进口代理商）或租赁物，没有为我方指定供货人（含进口代理商）或租赁物，也未擅自变更我方已选定的供货人、进口代理商或租赁物，即依据司法解释，租赁公司并无过错，故如果某租赁公司在对进口代理商索赔不着或不足时，不应对我方承担责任。虽然，该条未规定租赁物不能交付的情形，但此情形与规定的租赁物质量、数量等存在问题的情形类似，可参照适用。虽然该条只规定了供货人，未规定进口代理商，但在委托代理商进口租赁物的情况下，进口代理商就是租赁物的交付人，在交付租赁物这点上，进口代理商与没有委托进口的供货人法律地位相同，故可参照适用该条关于供货人的规定。该条规定与《合同法》第244条的规定相似，只是更为具体而已。③对第14条的解释适用：在某租赁公司并无过错的情形下，某租赁公司对进口代理商Z公司提起诉讼的诉讼费和律师费应由我方承担，如索赔不着，诉讼结果应由我方承担。

3.某租赁公司可能的诉讼策略

我估计，某租赁公司在我方起诉后可能采取如下诉讼步骤：①在我方起诉某租赁公司后的15天答辩期中，某租赁公司不作书面答辩，立即起诉进口代理商Z公司，并在起诉状中写明七百多万元的请求返还款中，有三百多万元为某租赁公司代我方追索。②在某租赁公司完成起诉手续后，向本案受理法院提交《中止诉讼申请书》。依据为上述《合同法》和司法解释，理由为Z公司为我方选择，某租赁公司无过错，因双方未就针对Z公司的索赔权转让作出约定，故某租赁公司代我方向Z公司索赔，因本案须以另案判决为处理根据，故法院应中止诉讼。待某租赁公司诉Z公司案执行终止后，本案受理法院应裁定撤销中止诉讼裁定，恢复诉讼，根据执行程序中租赁公司的获赔情况，做出判决（全额获赔，本案全额判决；部分获赔，本案部分判决——租赁公司不承担责任；索赔不着，本案判决驳回我方全部诉讼请求——某租赁公司不承担责任。）并在该中止申请书后附某租赁公司起诉Z公司的法院《受理案件通知书》和《民事诉状》等材料。③某租赁公司促使本案受理法院做出中止诉讼《民事裁定书》。④中止诉讼后，某租赁公司进行针对 Z公司的诉讼，我方应依法提供有关证据，并耐心等待最终的执行结果。

二、我方的诉讼对策

分析出某租赁公司的诉讼主张和策略，我方的诉讼对策也就简单明确了。

1.针对某租赁公司可能的《合同法》和司法解释的适用主张，我方必须坚持《合同法》和司法解释的规定不能适用于本案，本案纠纷情形《合同法》和司法解释均未作规定的主张。主要理由为：①主体不适用：《合同法》和司法解释规定的主体是出租人、承租人与供货人，而本案的主体则是出租人、承租人与进口代理人。②纠纷内容不适用：《合同法》规定的纠纷内容是租赁物不符合约定或不符合使用目的，司法解释规定的纠纷内容是供货人有迟延交货或交付的租赁物质量、数量存在问题以及其他违反供货合同约定的行为，而本案的纠纷内容为出租人不能交付租赁物。总之，法律和司法解释的规定无法适用于本案，而某租赁公司对法律和司法解释明确规定的适用范围和适用条件进行扩大解释，在法律上和法理上都是不成立的。

2.针对某租赁公司可能对《融资租赁合同》和《委托代理进口协议》具体约定的规避，我方应坚持主张：在法律、法规和司法解释对本案纠纷未作具体规定的情况下，在本案合同、协议合法、有效的前提下，处理本案的依据只能是本案的合同、协议的约定和法律、法规及司法解释的一般规定。①《融资租赁合同》具体而明确地约定了某租赁公司的交付租赁物的义务、交付条件和交付期限（收到我方完整批文后3个月），而某租赁公司不仅违约未能交付，且已不可能履行交付义务。②《委托代理进口协议》具体而明确地约定，如因进口代理商Z公司原因造成无法对外履约，Z公司应承担对某租赁公司造成的经济损失并退还某租赁公司所支付的全部货款，故我方无权向Z公司主张权利，只能依据租赁合同向某租赁公司主张权利，而某租赁公司则可依据代理协议向Z公司主张权利。总之，某租赁公司所谓合同的交货义务是形式约定的解释，协议的权利义务关系是形式约定的解释，是将合同、协议具有法律约束力的约定解释为没有实际履行意义，没有法律约束力，这在法律和法理上都是不成立的。

3.针对某租赁公司可能提交的《中止诉讼申请书》，我方应提前准备不应中止诉讼的意见书，一旦某租赁公司向法院提交，我方则立即提交，并力促法院继续审理。

在我漫长而时显枯燥的讲解中，某科技公司的董事们时常打断提问。最终，他们基本理解了本案的诉讼风险与诉讼对策。不出我所料，他们一致主张诉讼，并当场决定立即起诉。

明天（周日）我得整理证据和撰写诉状，后天办理起诉手续，原想今晚约中国政法大学老朋友们喝酒、打麻将，只能拉吹。

两审都胜了

在某租赁公司15天答辩期的第一周，未见任何动静。某科技公司董事长几乎每天都给我打电话，问法院有没有通知。一周后，他很紧张地通知我，某租赁公司起诉Z公司了，还说其他董事都说我是神人，这案子就靠我了。我半仙似地说：看来他们很快就会提交中止诉讼申请书了。又等了一周，其间问法院对方提交答辩状了没有，答复没有。答辩期届满，某租赁公司什么也没向法院提交。但我还是半仙似地告诉董事长，他们会当庭提交申请书。

开庭时，当我的助理宣读《民事诉状》后，某科技公司的代理律师当庭进行了答辩。我记完答辩要点，松了口气。辩论中，我针对对方代理人的答辩要点发表了代理意见（庭后整理成《代理词》），对方代理人的代理意见与答辩基本相同，双方并未就《合同法》和司法解释的适用问题展开辩论。一审开庭就这样结束了，某租赁公司并未提交中止诉讼申请书。随我旁听的某科技公司一位董事庭后显得很轻松，走出法院后又担心地问我：还会再开庭吗？我答：一般不会。

一审判决我方胜诉后，某租赁公司提出上诉，并另行委托了律师，但上诉意见要点与一审答辩意见要点基本相同。二审法院经过一次开庭后，判决维持原判。

某租赁公司一审答辩意见和二审上诉意见中关于融资租赁合同中租赁物交付义务应由供货商或进口代理商履行的主张，关于进口代理商Z公司系我方指定，某租赁公司无过错，租赁物不能交付的法律后果应由我方自行承担的主张，都切中了本案要害。如果仅仅从诉讼技巧上考虑如何让法院支持这两项主张，是否应当更突出这两项主张，其他诸如起诉条件未成就，我方无权起诉之主张，我方已付款项性质是货款，不是租金之主张，是否应该少说或不说？是否应当把抗辩重点放在对《合同法》和司法解释的解释适用上？是否应当采取申请中止诉讼步骤？当然，这只是我的想法。对于我们某科技公司这一方来说，我提前设想较高的诉讼风险和艰难的诉讼对策，并如实告知我的委托人，应当是正确的。根据是，某租赁公司自动履行判决义务后，某科技公司的董事们不仅未对我提出诸如我的设想夸大了风险，夸张了对策等异议，而且很快就决定聘我做他们的常年法律顾问。

是对还是错

本案被选入一本专门性的融资租赁案例选评书中，对本案的评析结论是："本案一审判决未考虑融资租赁交易的特点，忽略了承租人指定进口代理商这一事实，而仅以形式上委托代理协议中委托人系出租人为由判定某租赁公司违反租赁合同中交货义务有欠妥之处。"这一评析是具专业水平的。

是的，这个案真的可以两说。

先说判决我方胜诉的理由。法律、司法解释规定了融资租赁合同关系中出租人、承租人、出卖人（或称供货人）之间的权利义务关系，并没有规定出租人、承租人、进口代理人之间的权利义务关系。如果法院将规定出租人、承租人、 出卖人之间关系的法律、司法解释，适用于出租人、承租人、进口代理人之间的关系上，那么，其实质就是通过判决对法律和司法解释进行扩大解释（有似于英美法系的"法官创法"）。依据《立法法》第42条和第43条关于法律解释主体和权限的规定，在我国，除最高人民法院外，各级法院无权通过判决解释法律。从学理上说，在没有英美法系中衡平法传统、近代全面移植以成文法为判决依据的大陆法系法律、法学教育体制与法官选任制及法官职业素质均存在问题的我国，赋予法官解释法律的自由裁量权，乃至创造判例的创法权，是危险的、不可取的。回到本案上来，我想，一、二审法院法官们未支持某租赁公司的主张，主要原因应为，别说法律（《合同法》），就连较为具体的司法解释也未涉及融资租赁合同中的进口代理人，而本案的《委托代理进口协议》则具体而明确地约定了进口代理人与出租人、承租人的权利义务关系，因此，在扩大解释法律、司法解释规定的主体与依照法律一般规定维护当事人的约定之间，他们选择了后者。

至于应判决某租赁公司胜诉，也是有一定扎实理由的。我在上文“某租赁公司可能的诉讼主张和策略”中，已阐述了某租赁公司可参照适用的法律和司法解释以及可采取的诉讼策略。鉴于已将此问题留作本案的思考问题，这里就不作详细解说了。

在培训我所青年律师，讲解本案时，我特别提示大家，当案件出现法律空白问题时，既是危机，也是机遇……

青年律师们都对本案很有兴趣，跟我约好，待大家一同赴北京灵山游玩时，再作进一步探讨。

那天，登上北京最高山峰灵山时，眼前的景致令我惊诧不已，完全顾不上与青年律师们谈论本案了。这哪是在北京呀？分明是新疆嘛！那厚绒绒地毯般的草甸，那漫山遍野的绚烂山花，那夏季山顶上洁白的冰雪，那云雾缭绕的苍翠山峦，就是我最熟悉的天山景象……

杂咏

幽怨

浅斟宾客多，
痛饮知己少。
举杯祝捷时，
叹息无发小。

第 九 章

事实的土壤与法律的生长

——信用证合同纠纷中的最高额保证与提单项下货物损失责任

美国大法官卡多佐说：在解决法律问题时，引起我们分歧和使我们无所适从的东西与其说是关于法律的不确定性，勿宁说是关于事实（那些法律由之而产生的事实）的不确定性。搞清事实，法律将自然地由此生长出来。

在本案一审败诉后，我与助理在给我方出具的《案件分析报告》中已明确指出上诉无望。在我方执意委托我们代理二审的情况下，我们挖空心思，在最高额保证和提单项下货物损失责任的事实认定和法律适用上，拼力抗争。然而，具有良好法律功底及丰富审判经验的二审法官“拨乱反正”：推翻我们认定的事实，重新认定事实，进而由此否定我们适用法律的意见，重新适用法律。因而，本案败得不冤，我们心服。

从卡多佐的上述精辟论断来看，本案所呈现出的事实认定与法律适用的主从关系，乃诉讼规律——这也正是本案值得记录和思考的地方。

讼途

导言

本案涉及信用证和最高额保证两个方面的问题。

1.信用证纠纷案件的法律适用有其特殊性，即应适用国际商会《跟单信用证统一惯例》及其他相关国际惯例。虽然这类案件的诉讼也会涉及《民法通则》、《合同法》、《担保法》等国内法，但当国内法与国际惯例的规定有不同甚至冲突时，国际惯例的效力应高于国内法。

2.开证行未经开证申请人审查单据，经自行审单，决定接受单据并依信用证对外付款。开证申请人对此提出抗辩，认为开证行此举违反信用证国际惯例，应自行对付款承担责任。法院应如何对待这种抗辩?

3.开证行在开证申请人未付款赎单的情况下，仅要求开证申请人付款，而对信用证项下提单的货物置之不理，致使该批货物因无人报关而被海关处理。开证申请人对此提出抗辩，认为开证行应对货物的损失承担责任。法院应如何对待这种抗辩?

4.开证行持有提单，是留置？还是质押?

5.在何种情形下，开证行才有义务处置信用证项下提单的货物?

6.开证申请人向开证行提出的垫付请求与进口押汇的区别。

7.在开证申请人仅付20%保证金且尚未偿还开证行垫付款项的情况下，应如何计算信用证款项的利息？是按开证行所垫80%款项计息？还是按信用证总金额计息?

8.开证行所垫款项为美元，开证申请人应偿还美元还是人民币？偿还美元是否违反《外汇管理条例》有关境内以人民币结算的规定？

9.普通保证与最高额保证的区别。

10.最高额保证合同的范围是否仅限于借款合同或者某项商品交易合同？

11.最高人民法院《关于审理〈中华人民共和国担保法〉若干问题的解释》第37条规定：“最高额保证合同对保证期间没有约定或者约定不明的，如最高额保证合同约定有保证人清偿债务期限的，保证期间为清偿期限届满之日起六个月。没有约定债务清偿期限的，保证期间自最高额保证终止之日或自债权人收到保证人终止保证合同的书面通知到达之日起六个月。”我为了给本案保证人某会员购物中心寻求二审的出路，主张本案《授信协议》的担保条款约定了保证人的清偿债务期限，即该协议中约定保证人在接到债权人某银行书面通知后的七个工作日内向债权人清偿债务。这是否成立？

要　　目

序曲

诉讼之路是有鲜花的，是带刺的玫瑰花。当然，更多的是荆棘。

在某银行诉某进出口公司、某会员购物中心信用证合同纠纷及保证合同纠纷案的二审中，我代理某会员购物中心（保证人），我的助理代理某进出口公司（信用证申请人）。

强弱对抗

背景

某银行的起诉意见

诉讼请求：

1.被告某进出口公司偿还信用证垫款本金87,206.73美元（折合人民币2,380,800.19元），垫款利息7,044.74美元（折合人民币58,397.37元），总计人民币2,439,197元；

2.被告某会员购物中心承担连带偿还责任；

3.诉讼费由被告承担。

事实与理由：

1999年3月24日，原告与二被告签订了《保函授信协议》。协议约定原告为某进出口公司提供五百万美元的授信额度。某会员购物中心为某进出口公司承担连带保证责任。

1999年6月17日，某进出口公司因业务需要，向原告申请使用《保函授信协议》中约定的授信额度开立进出口信用证，某进出口公司预交20%的保证金，其余80%在收到全部单证后支付。某会员购物中心承诺继续承担保证责任。

1999年6月23日，原告为某进出口公司开出编号为001LC90151CC的即期信用证，开证金额486,012.02美元。9月9日，某进出口公司接受了全部单据并同意对外付款，但某进出口公司没有按时支付信用证项下款项，导致原告对外垫付。经原告多次索要，某进出口公司于2000年4月7日，偿还了垫付款本金98,400.00美元；2000年9月7日偿还了垫款本金10,601.85美元，以及自1999年9月9日至2000年9月6日的全部信用证垫款利息，但其余款项一直拖欠。2000年12月29日，原告与被告某进出口公司达成还款协议，但被告仅还88万元人民币后又以种种借口拒不偿还。

背景

某进出口公司的主要答辩意见

1. 1999年6月，答辩人受某商贸公司的委托，代理其进口意大利家具，总金额48.6万美元，答辩人预交了20%的保证金，即人民币806,780.00元后，某银行为答辩人开立了进口信用证。

1999年8月17日某银行收到全部议付单据后，通过“进口信用证付汇通知书”交由答辩人审单。答辩人经仔细审单后，发现议付单据中有不符点之处，故在“进口信用证付汇通知书”中签署了拒付的意见，并将全套单据退还某银行。之后，答辩人未再收到某银行的“进口信用证付汇通知书”和单据，无法按照信用证500国际标准再行审单和以下的贸易运作。答辩人认为：某银行未经答辩人在新的单据上审核，竟直接对外付款，违反了信用证使用的运行规定，其付款责任应在某银行。因此，某银行在起诉书中所称“答辩人接受了全部单据并同意对外付款”的情况根本不存在。

2. 1999年9月，某银行在没有按国际信用证议付准则，交由开证申请人，即答辩人审单，而直接对外付款后，答辩人为了保持和某银行建立的银企合作关系，为了保持已经签署的专用于国际投标的500万美元授信额度，以及新的综合授信额度，宁可蒙受经济损失，也逐步付给某银行一部分货款。答辩人并非恶意欠款不还。

3. 1999年9月9日，答辩人接到某港关于进口货物到达港口通知后，虽多次与某海关联系，但因没有提单，无该货物的处置权。鉴于某银行已对外付款，同时考虑到进口货物到港后，如某银行配合处理得当，如能及时报关、清关，及时将进口货物进入保税库，保持货物所有权，可以挽回经济损失，在这种情况下，答辩人向某银行提出放单的押汇承诺，但某银行未采纳答辩人这种积极的保全001LC9015CC信用证项下货值的办法，一直不对信用证项下提单的货物进行任何处置，致使该批进口货物因无人报关成为海关的处置货物。在信用证项下的国际贸易中，提单就是货物，货物变现既是货款。答辩人预交的20%保证金和全部货物的价值，已经超过了对外付款的价值，所以某银行应对目前货物的失控状态而导致自身的经济损失负责，并应向答辩人承担赔偿责任。

4.某银行在起诉状中提出的某进出口公司欠款，均是以美元计算，利率、利息也是以美元计算。根据《中华人民共和国外汇管理条例》相关规定，在中华人民共和国的境内机构，不得以外币计价结算，并要按照国家规定办理结汇、售汇业务；要按照国家外汇管理局规定公布执行的人民币汇率及贷款利率。因此某银行起诉书以美元计价、计息，违反了国家的有关外汇管理和人民币贷款利息的规定，属于违反国家法规的做法，不应采信。

某会员购物中心的主要答辩意见

我单位认为不应承担此案的保证责任。

我单位于1999年6月17日为某进出口公司向某银行（本案原告）申请开立信用证进口家具一事出具了承诺函，从此承诺函来看，我单位为某进出口公司所做的此项担保属于未规定担保期限与担保种类的保证。根据《中华人民共和国担保法》第26条的有关规定，担保未约定保证期间的，债权人有权自主债务履行期届满之日起6个月内要求保证人承担保证责任，债权人在法定期限内未要求保证人承担保证责任的，保证人免除保证责任。

本案中，作为债权人的某银行在某进出口公司付款期届满之日（即1999

年9月）起6个月内未以任何方式向我单位要求承担保证责任，虽然某银行在2000年7月向我单位发函要求履行担保责任，但当时其已丧失了向我单位要求承担担保责任的权利。

因此，我单位认为，我单位不应承担保证责任，特提请法院驳回某银行对我单位的起诉。

旁白

人们在社会生活中和法律诉讼中所呈现出的观念、行为，往往是截然不同的。在社会生活中，即使有道理，人们也不一定非得争个高低。而在法律诉讼中，即使没道理，人们也非得争个高低。

胜败初定

判决

一审判决

一审判决“经审理查明”一节内容如下：

1999年3月24日，授信方某银行、受信方某进出口公司、担保方某会员购物中心三方签订了保函授信协议，约定由某银行为某进出口公司提供500万美元的授信额度用于其业务项目，授信期限为12个月，在依据本授信协议开出的保函发生违约，导致某银行赔付时，应由某进出口公司在接到索赔通知后负责支付赔款及其利息、费用，某进出口公司不按期向某银行支付上述保函赔款，某银行有权从某进出口公司在任何银行的账户上扣款并从逾期之日起在原利率基础上加收50%的罚息。

某银行向某进出口公司提供上述授信额度由某会员购物中心承担连带担保责任。在担保条款中约定，若本授信协议项下的保函发生赔付时，某会员购物中心保证在接到某银行书面通知后的7个工作日内向某银行足额支付保函赔款及其相应的利息、费用；若某会员购物中心未能在某银行规定的时间足额支付款项，某银行有权从某会员购物中心在任何银行开立的账户中扣收相应的金额；本担保责任是某会员购物中心的连续性义务和责任，不受任何争议、索赔和法律程序的损害，某会员购物中心保证不以任何理由抵消或扣除应偿还的全部金额；本担保责任在某银行同意某进出口公司延期还款后继续有效，担保金额随某进出口公司和某会员购物中心已偿还的金额而减少；某会员购物中心的担保责任与本协议同时生效，在同时满足以下条件时终止：（1）本协议项下的保函全部失效，（2）本协议项下的保函发生赔付时，某会员购物中心或某进出口公司已向某银行足额支付保函赔款及其相应的利息、罚息、费用。

1999年6月17日，经某进出口公司申请，某银行在《保函授信协议》的授信额度内开立了编号为001LC90151CC，金额为486,012.02美元的信用证，该信用证汇票付款人为某银行，属不可撤销的跟单信用证。某会员购物中心提供连带担保责任。开证申请人某进出口公司声明："我公司同意贵行依照国际商会第500号出版物《跟单信用证统一惯例》办理该信用证项下一切事宜，并同意承担由此产生的一切责任；我公司保证按时向贵行支付该证项下的货款、手续费、利息及一切费用等所需的外汇和人民币资金；我公司保证在贵行单到通知书中规定的期限之内通知贵行办理对外付款/承兑，否则贵行可认为我公司已接受单据，同意付款/承兑；我公司保证在单证表面相符的条件下办理有关付款/承兑手续，如因单证有不符之处而拒绝付款/承兑，我公司保证在贵行单到通知书中规定的日期之前将全套单据如数退还贵行并附书面拒付理由，由贵行按国际惯例确定能否对外拒付。如贵行确定我公司所提拒付理由不成立，或虽然拒付理由成立，但我公司未能退回全套单据，贵行有权主动办理对外付款/承兑，并从我公司账户中扣款。该信用证如需修改，由我公司向贵行提出书面申请，由贵行根据具体情况确定能否办理修改。我公司确认所有修改当由信用证受益人接受时才能生效；我公司在收到贵行开出的信用证、修改书副本后，保证及时与原申请书核对，如有不符之处，保证在接到副本之日起，两个工作日内通知贵行，如未通知，当视为正确无误。"

1999年8月17日，某银行向某进出口公司开出进口信用证付汇通知书，确定汇票金额为486,012.02美元。1999年9月9日，某进出口公司向某银行发出承诺函，上载明：“9月上旬贵行通知我公司全套议付文件已经审核无不符点，要求付清信用证48.6万美元的80%余款，折合人民币三百二十多万元。早在8月下旬就按我公司同某商贸公司签订的委托代理进口协议中的有关条款要求某商贸公司付款，但某商贸公司因下家客户未付贷货款，以及在某商业银行贷款未到位情况下，未能付给我公司三百二十多万元的进口家具货款。由于某商贸公司未能付给我公司货款以及我公司近期流动资金紧张，因此向贵行申请办理押汇，由贵行先垫付001LC90151CC信用证项下80%的余款，垫付期30天，我公司及某商贸公司承诺30天以内按期交付贵行垫付资金。”当日，某银行向美国纽约花旗银行发出付款指令，将001LC90151CC信用证项下的486,012.02美元付给收款银行。2000年4月7日，某进出口公司以人民币购汇向某银行还款98,400美元；2000年9月7日，某银行从某进出口公司两个美元账户分别扣划28,334.70美元和24,065.84美元用以还利息41,798.69美元和本金10,601.85美元；2001年1月2日，某进出口公司划入某银行8万元人民币购汇还息96,50.41美元；2001年2月22日，某进出口公司划入某银行80万元人民币购汇还息6703.03美元及本金89,803.44美元。截至2001年2月22日，某进出口公司已向某银行偿还欠款利息共计58,152.13美元，同时偿还欠款本金198,805.29美元，尚欠287,206.73美元。

2000年12月29日，某银行与某进出口公司签订协议书，内容如下：“1999年6月某进出口公司受某商贸公司的委托进口意大利卧室家具，共500套，外贸合同签约值48.6万美元。某进出口公司向某银行支付了20%的保证金后（八十多万元人民币），由某银行对外开证，信用证编号：001LC90151CC。1999年9月某银行收到提单后，因某商贸公司未支付某进出口公司余款，致使某进出口公司未能及时付清80%的余款38.88万美元（人民币三百二十多万元），使某银行扣押提单垫付了三百二十多万元人民币资金对外付款。之后，某进出口公司多次催促某商贸公司付清余款，但到现在，该公司仍不能付款。2000年3月，某海关已将该批进口意大利家具移到海关管区内保存。2000年12月某进出口公司派人去某海关库内实地了解情况，货物保存状态基本良好。2000年12月4日某进出口公司接某律师事务所还款通知。现在，尽管某进出口公司面临某商贸公司不能付款且某进出口公司又要归还某银行垫款的多种不利局面，但某进出口公司仍在全面考虑最切实可行的归还某银行垫款的计划。现经双方协商，达成如下协议：1. 2000年12月底还款8万元；2.从2001年1月至4月每月还款80万元左右；3.准确的本息还款数额在最后一次付款时结清。”

庭审中，某银行向法庭出示了国外银行提交的发票、提单和保险单。2000年7月12日，某会员购物中心在某银行向其发出的履行担保责任通知书上盖章签收。

一审判决“本院认为”一节内容与判决主文如下：

信用证独立于基础合同，只要信用证规定的单据全部提交开证行且单据符合信用证条款的规定时，开证行即有对外付款的义务，开证申请人在银行付款之后有赎买单证的义务。按照双方的约定，某银行有审核单据对外付款的决定权，只要某银行尽到了合理小心的审单义务，某进出口公司即应承担付款赎单的责任。某银行依据某进出口公司的申请对外开立进口信用证，在单证表面相符的情况下为信用证垫款，符合信用证规则及国际货物买卖惯例。在某银行垫付信用证项下款项后，某进出口公司应无条件地承担付款赎单义务。某进出口公司在诉讼中提出出口方第一次提供的单据与信用证不符，经庭审查实，出口方第二次提供的单据与信用证相符，故某进出口公司认为某银行不经审单即对外付款的辩称理由，本案不予采信。某进出口公司未提出某银行没有尽到义务的相关证明，且在其出具的承诺函和还款协议中承诺了还款义务，应视为其已接受单据，同意付款，某进出口公司未支付信用证项下款的行为构成违约，应承担相应的违约责任。其除应偿付某银行垫付的信用证项下款外，还应支付自垫付日至款付清时止的利息。某进出口公司认为开证行某银行在信用证申请人某进出口公司未给付信用证项下款之前应先提供提单尔后付款，本院认为某银行没有向某进出口公司先给付提单的义务，在某进出口公司未支付垫付款时，某银行有权留置单据；且在信用证业务中，各有关当事人处理的是单据，而不是单据所涉及的货物、服务或其他行为，故本院对某进出口公司提出应由某银行承担不提供提单致使货物无法保全的责任并以此作为拒付垫款的抗辩理由不予支持。保证人某会员购物中心提出出具的担保承诺书未写明保证种类和保证期间，应为主债务期限届满后6个月内承担保证责任；现已超过6个月，不应承担保证责任。对此本院认为，从三方协议中的保证条款来看，保证人某会员购物中心放弃了优先抗辩权，故应为连带责任保证。依据《中华人民共和国担保法》若干问题的解释第32条第二款的规定，保证合同约定保证人承担保证责任直至主债务本息还清时为止等类似内容的，视为约定不明，保证期间为主债务履行期届满之日起2年，本案保证人某会员购物中心与某银行约定的担保责任因未约定明确的保证期间，属保证期间约定不明，故保证期间应为主债务履行期届满之日起2年。因某银行于2000年7月12日向某会员购物中心要求承担担保责任，故保证期间应从2000年7月12日起计算诉讼时效，因保证责任尚在履行期内，故某会员购物中心应对某进出口公司的还款承担连带保证责任。庭审中，某进出口公司对某银行将其还款记作本金和利息的方式提出异议，本院认为某银行的做法符合银行结算惯例，且某进出口公司收到对账单后没有提出异议，应视为其对某银行结算方法的认可，故对某进出口公司的辩称理由本院不予采信。某进出口公司认为某银行应按照人民币计算利率，本院认为，某银行为某进出口公司垫付的信用证项下款以美元结算，故某进出口公司向某银行偿还的币种亦应为美元，欠款利息也应按美元计息。综上，本院依照《跟单信用证统一惯例》、《中华人民共和国民法通则》第84条、第111条的有关规定，判决如下：

一、被告某进出口公司偿还原告某银行欠款287,206.73美元及利息（自2001年2月23日起至款付清时止按同期国内金融机构外商投资企业透支利率计息），于本判决生效后10日内给付；

二、被告某会员购物中心对被告某进出口公司上述给付义务承担连带赔偿责任。

旁白

在法院专门负责审理特定类型案件的法官，其专业水平通常高过诉讼各方律师。因而，这种法官写出的判决书，胜诉理由和败诉理由都更加充分，显示出各方律师所不能达到的专业层次。

建议休战

背景

在某进出口公司和某会员购物中心一审败诉后，我们应邀向该公司和该中心出具下列《案件分析报告》。

正文

案件分析报告

某进出口公司、某会员购物中心：

我所根据贵方提供的有关某银行诉贵方信用证合同纠纷一案的有关材料，研究了有关法律法规，对该案的上诉主张及理由提出如下分析报告。

从本案的证据材料来看，作为债务人的某进出口公司很难提出对案件定性有根本性影响的上诉理由。故贵方如上诉，则只能从担保人的保证责任入手。

一、担保人的上诉主张与理由

从本案证据材料来看，担保人的上诉理由应为：至债权人某银行起诉时，担保人的保证期间已经届满，故担保人不承担保证责任。

1.本案保证合同的性质。一审判决认定本案为连带责任保证，保证期间约定不明，从而适用了最高人民法院《关于适用〈中华人民共和国担保法〉若干问题的解释》（以下简称司法解释）第32条第二款关于连带责任保证期间2年的规定。

我们认为，从三方签订的《授信协议》的内容来看，保证合同的性质并非简单的连带责任保证，而是最高额保证，保证方式为连带责任保证。某会员购物中心于1999年6月17日对某进出口公司开证申请向某银行出具的《承诺书》不应视为一个独立的保证，而是对原最高额保证合同项下的一笔债务进行确认，保证责任的承担仍受原《授信协议》约定的限制。

2.本案的保证责任期间。根据《授信协议》第6条第五项的约定，三方对保证责任期间约定不明。依据司法解释第37条之规定，最高额保证合同对保证期间约定不明的，保证责任期间为6个月，但根据合同是否约定保证人清偿债务期限，对保证责任期间的起算时间作出两种不同的规定。即保证合同约定有保证人清偿债务期限的，保证期间为清偿期限届满之日起6个月，没有约定保证人清偿债务期限的，保证期间自最高额保证终止之日或自债权人收到保证人终止保证合同的书面通知到达之日起6个月。

《授信协议》对保证人清偿债务期限的约定为第6条第一项“若本授信协议项下的保函发生赔付时，丙方保证在接到甲方书面通知后的7个工作日内向甲方足额支付保函赔款及其相应的利息、费用。”该条约定并未明确保证人清偿债务期限，但司法解释对于保证人清偿债务期限的约定用的是二分法，只有约定与未约定之分，而无约定不明之规定。如贵方主张未约定保证人清偿债务期限，则保证责任期间应从《授信协议》终止之日起算，即2000年3月24日，6个月为2000年9月24日，而某银行发函要求某会员购物中心承担保证责任是在2000年7月12日，显然保证责任期间尚未届满，故对贵方不利。贵方只能主张《授信协议》第6条第一项关于7个工作日的约定为明确约定了保证人清偿债务期限，即债权人某银行发函要求保证人还款之日起7个工作日，故保证责任期间从第8日（2000年7月22日）开始计算6个月，至2001年1月22日届满。至某银行起诉时（2001年5月）保证责任期间早已届满。

根据上述论证，某会员购物中心的上诉主张应为保证责任期间已经届满，保证人不应承担保证责任。

二、债务人的上诉主张与理由

《授信协议》第4条付款责任约定：“依据本授信协议开出的保函发生违约，导致甲方赔偿时，乙方在接到甲方书面索偿通知后7个工作日内，向甲方支付赔款及按甲方流动资金贷款利率计算的利息、费用。”某进出口公司可以一审判决某进出口公司按外商投资企业透支利率计息与《授信协议》按流动资金贷款利率计息的约定不符为由提出部分改判的请求。

三、我们的诉讼意见

根据上述第一条关于担保人保证责任的论证，某会员购物中心以保证责任期间已经届满为由提出不承担责任的上诉请求，关键点在于《授信协议》第6条第一项关于“7个工作日”的约定能否视为保证合同约定有保证人清偿债务期限。我们认为，主张该约定为保证人清偿债务的期限是勉强的。因为这一约定的“7个工作日”只能由债权人的通知引起，是不确定的，故很难获得二审法院的支持。

如贵方上诉，旨在通过二审延长诉讼周期，则可将上述意见作为上诉理由。如欲通过二审改判，则难以达成，不如放弃。

顺致敬意!

北京市航舵律师事务所

旁白

一个案件到底可为还是不可为，律师要想清楚，而且必须向当事人说清楚。可为，要推动当事人去打；不可为，要劝阻当事人不要打。

尝试突围

背景

在某进出口公司和某会员购物中心的执意要求下，我们代理他们向某中级人民法院提起上诉。我为某会员购物中心的代理人，我的助理为某进出口公司的代理人。

正文

民事上诉状

上 诉 人：某会员购物中心

被上诉人：某银行

上诉人因信用证合同纠纷一案，不服某市某区人民法院（2001）某经初字第×号《民事判决书》，现提出上诉。

上诉请求：

一、请求撤销原审判决第二项，驳回被上诉人要求上诉人承担连带赔偿责任的诉讼请求；

二、判令被上诉人承担一审、二审全部诉讼费用。

上诉理由：

一、本案保证合同的性质为最高额保证合同

原审判决书认定本案为连带责任保证系认定事实不清。《授信协议》第1条“授信额度”约定：“甲方向乙方提供的授信额度为（币种）美元（金额）伍佰万元整。该额度系指余额，在本协议有效期内可循环使用。”第6条“担保”约定：“甲方向乙方提供上述授信额度由丙方某会员购物中心提供担保，最高担保金额为（币种）美元（金额）伍佰万元整以及相应的利息、罚息、费用。”

上述《授信协议》的约定符合最高额保证合同的规定，上诉人对被上诉人与某进出口公司的授信协议提供最高额保证。1999年6月17日，上诉人向被上诉人出具的《承诺书》是对《授信协议》约定的最高额保证的再次确认，并明确承诺“按授信协议的约定承担担保责任”。故上诉人对某进出口公司开证申请的担保并非独立的保证行为，而是对最高额保证合同项下部分债务的确认。

二、保证合同的保证期间已经届满

原审判决简单地认定本案为连带责任保证，从而错误地适用法律，认定上诉人的保证责任期间为主债务履行期限届满之日起2年，从而错误地认定上诉人的保证责任尚在履行期内。原审判决认定，根据《授信协议》第6条第五项的约定，三方对保证责任期间约定不明。最高人民法院《关于适用〈中华人民共和国担保法〉若干问题的解释》第37条规定：“最高额保证合同对保证期间没有约定或者约定不明的，如最高额保证合同约定有保证人清偿债务期限的，保证期间为清偿期限届满之日起六个月。没有约定债务清偿期限的，保证期间自最高额保证终止之日或自债权人收到保证人终止保证合同的书面通知到达之日起6个月。”该条规定最高额保证合同对保证期间约定不明的，保证期间为6个月，但根据合同是否约定保证人清偿债务期限，对保证责任期间的起算时间作出两种不同的规定。即保证合同约定有保证人清偿债务期限的，保证期间为清偿期限届满之日起6个月，没有约定保证人清偿债务期限的，保证期间自最高额保证终止之日或自债权人收到保证人终止保证合同的书面通知到达之日起6个月。

《授信协议》对保证人清偿债务期限的约定为第6条第一项“若本授信协议项下的保函发生赔付时，丙方保证在接到甲方书面通知后的七个工作日内向甲方足额支付保函赔款及其相应的利息、费用。”该条款的表述约定有保证人清偿债务期限，即作为债权人的被上诉人发函要求作为保证人的上诉人还款之日起7个工作日，故本案的保证责任期间从被上诉人向上诉人发函的2000年7月

12日后第8个工作日（即2000年7月22日）开始计算6个月，至2001年1月22日届满。

综上，在保证责任期间内，被上诉人未向上诉人要求承担保证责任，至被上诉人起诉之日，上诉人对某进出口公司及被上诉人的最高额保证合同的保证期间早已届满，上诉人不应承担保证责任。原审判决上诉人承担连带赔偿责任错误，二审应予撤销。

三、假设原审判决认定本案保证合同为连带责任保证是正确的，其判决结论同样是错误的

退一步讲，假设原审判决认定正确，即上诉人为连带责任保证，不是最高额保证，则应将《承诺书》视为独立于《授信协议》项下最高额保证的独立的保证合同，有关保证人权利义务的约定只能依该《承诺书》的约定，而不能适用《授信协议》中的最高额保证条款。《承诺书》中仅约定上诉人对某进出口公司的开证申请提供担保，并未约定保证方式及保证期间。依据《担保法》第19条“当事人对保证方式没有约定或者约定不明确的，按照连带责任保证承担保证责任”的规定，上诉人应承担连带保证责任。《担保法》第26条第一款规定：“连带责任保证的保证人与债权人未约定保证期间的，债权人有权自主债务履行期限届满之日起六个月内要求保证人承担保证责任。”第二款规定：“在合同约定的保证期间和前款规定的保证期间，债权人未要求保证人承担保证责任的，保证人免除保证责任。”依据上述条款规定，上诉人承担保证责任的期间应为某进出口公司付款期限届满之日起6个月，即到2000年3月9日保证期间届满。从某进出口公司付款期限届满的1999年9月9日起至2000年3月9日，被上诉人无法举出证据证明其曾要求上诉人承担保证责任，故上诉人的保证责任已经免除。上诉人仍然不应承担保证责任，原审判决的结论仍然是错误的。

综上所述，原审判决未认定本案为最高额保证合同，从而导致适用法律错误，判决上诉人承担连带赔偿责任的结论错误，损害了上诉人的合法权利。恳请二审法院查明本案事实，正确适用法律，慎重认定本案，判决撤销一审判决内容第二项，驳回被上诉人要求上诉人承担连带责任的诉讼请求。

此呈

某中级人民法院

具状人：某会员购物中心

旁白

如果你认为官司难以取胜，那么在你给当事人写法律意见时，就没有必要在抗辩理由上写出水平和信心。但是，一旦接受了委托，在你给法院写法律文书时，你就一定要在抗辩理由上写出水平和信心。

正文

民事上诉状

上 诉 人：某进出口公司

被上诉人：某银行

上诉人因信用证合同纠纷一案，不服某市某区人民法院（2001）某经初字第×号《民事判决书》，现提出上诉。

上诉请求：

一、请求撤销原审判决，驳回被上诉人的诉讼请求；

二、判令被上诉人承担一审、二审全部诉讼费用。

上诉理由：

一、原审判决书认定事实不清

1.三方签订的《授信协议》第4条付款责任约定：“依据本授信协议开出

的保函发生违约，导致甲方赔付时，乙方应在接到甲方书面索偿通知后七个工作日内，向甲方支付赔款及按甲方流动资金贷款利率计算的利息、费用。”第5条违约责任约定：“乙方不按期向甲方支付上述保函赔款，甲方有权从乙方在任何银行开立的账户中扣款，并从逾期之日起在原利率基础上加收50%的罚息。”

《授信协议》第5条对上诉人不按期还款的违约责任约定明确，即“在原利率基础上加收50%的罚息”。根据第四条的约定，也就是应在流动资金贷款利率基础上加收50%罚息，根本没有约定复利。原审判决书无视合同当事人的约定，无视上诉人全民所有制企业的性质，判决适用外商投资企业透支利率计息的做法是错误的；原审判决书无视上诉人在一审中提出的不应计收复利的主张，认定被上诉人计收复利的行为符合银行结算惯例并予以支持，是没有依据且与当事人的约定矛盾，当然错误。

2.原审判决在经审理查明中虽然认定上诉人向被上诉人支付了信用证金额20%的保证金（八十多万元人民币）后，被上诉人对外开证，且被上诉人仅垫付80%的余款（三百二十多万元人民币），却并未以320万元人民币为本金计算利息，而是错误地支持被上诉人以信用证金额全额48.6万美元从1999年9月9日起计算利息及复利至2000年4月6日的主张，从而导致判决书错误地认定上诉人尚欠本金28.720673万美元之多。

二、原审判决书适用法律错误

1.被上诉人在一审庭审中对于故意不向上诉人交付提单，也不对提单进行转卖等处理，导致进口货物被海关当作无主货物处理的事实予以认可。原审判决书以在信用证业务中有关当事人处理的是单据，而不是单据所涉及货物的理由不支持上诉人拒付垫款的主张，系明显的适用法律错误。

《民法通则》第114条规定：“当事人一方因另一方违反合同受到损失的，应当及时采取措施防止损失的扩大；没有及时采取措施致使损失扩大的，无权就扩大的损失要求赔偿。”被上诉人占有全套单据，包括具有物权凭证性质的提单，在上诉人未及时付款的情况下，被上诉人依据《民法通则》的规定，有义务及时采取措施防止损失扩大。依国际惯例，在开证申请人未能及时付款时，开证行可以将提单转卖，转卖的费用由开证申请人（即上诉人）承担。上诉人未能及时付款本来仅造成被上诉人垫付款的利息损失，但被上诉人既不将提单交付上诉人，也不对提单进行转卖或以其他方式进行处理，而是长期置之不理，从而导致提单项下的货物被海关作为无主货物处理，造成被上诉人损失严重扩大至全部垫付款项及利息。依据上述法律规定，被上诉人不履行及时采取措施防止扩大损失的义务，导致其扩大损失的行为违反法律规定，被上诉人无权就损失扩大部分向上诉人主张权利。故上诉人认为，上诉人不应承担垫付款项本金的损失。原审判决未正确适用《民法通则》的规定，判决支持被上诉人的诉讼请求系明显错判，恳请二审法院予以改判。

2.原审判决书错误地判决上诉人以美元与被上诉人结算，直接与国务院颁布的《中华人民共和国外汇管理条例》中的禁止性规定相抵触。

《中华人民共和国外汇管理条例》第4条规定："境内机构、个人、驻华机构、来华人员的外汇收支或者经营活动，适用本条例。"第7条规定："在中华人民共和国境内，禁止外币流通，并不得以外币计价结算。"第11条规定："境内机构的经常项目用汇，应当按照国务院关于结汇、售汇及付汇管理的规定，持有效凭证和商业单据向外汇指定银行购汇支付。"第45条规定："境内机构有下列非法使用外汇行为之一的，由外汇管理机关责令改正，强制收兑，没收违法所得，并处违法外汇金额等值以下的罚款；构成犯罪的，依法追究刑事责任：（一）以外币在境内计价结算的；"第51条规定："境内机构违反外汇管理规定的，除依照本条例给予处罚外，对直接负责的主管人员和其他直接责任人员，应当给予纪律处分；构成犯罪的，依法追究刑事责任。"[1]

从以上规定可知，行政法规对于境内机构在我国境内以外币计价结算是

[1] 本章引用的是国务院于1997年1月14日修正并施行的《外汇管理条例》。该法规于2008年8月5日再次修正。2008年修正的法规第4条与本章引用的97年修正的法规第4条一致，2008年修正的法规第8条与本章引用的第7条规定一致，2008年修正的法规第14条与本章引用的第11条规定一致，2008年修正的法规第44条第二款与本章引用的第45条第（一）项规定一致，2008年修正的法规第49条与本章引用的第51条规定一致。

明令禁止的，对违反该条例规定的行为要进行没收、罚款的处罚，对责任人还要给予纪律处分，直至追究刑事责任。一审法院作为司法机关，对于中国境内不得以外汇结算的这种常识性的禁止性规定不会不知道，但原审判决却以被上诉人对外结算为美元为由，违法判决上诉人与被上诉人在境内以美元结算，其目的是为了回避以人民币结算须适用人民币贷款利率，给判决适用外商投资企业透支利率创造条件。一审判决之“公正性”由此可知。上诉人认为，本案的结算工具只能是人民币，三方在《授信协议》中约定适用流动资金贷款利率也只能是人民币贷款利率，故应以人民币流动资金贷款利率计算利息及罚息。

综上所述，上诉人认为原审判决认定事实不清，适用法律错误，判决结论不公，恳请二审法院在查明本案事实的基础上，正确适用法律，予以改判，维护法律尊严，保护上诉人的合法权益。

此呈

某中级人民法院

具状人：某进出口公司

旁 白

律师在打官司上还真得一根筋。案子不接则已，接了无论最终是输是赢，都得竭尽全力、坚定不移地打下去。

着力堵截

背 景

被上诉人某银行的主要答辩意见

1.某进出口公司无任何证据证明进口押汇成立。

2.根据信用证交易规则和国际惯例《UCP500》，在信用证的业务中，银行的责任是严格审单，开证申请人付款赎单，被上诉人既没有对货物的实际情况承担责任的义务，也没有先行交单的义务，某进出口公司可根据《海关法》请求担保放关和申请发还货物余款，而其未实施，应自承损失，假如某进出口公司的观点成立，那么其与被上诉人2000年12月29日达成的还款协议和已偿付部分款项行为，表明其已放弃追偿请求。

3.依据《担保法》及相关法律，本案的保证条款与最高额保证合同的适用范围、特征不相符。

4.本案保证期间的约定，属约定不明，保证期间应为2年，本案既未发生保证期间届满，也未超过诉讼时效。

5.假设本案为最高额保证合同，“7个工作日”不是清偿期，应从最高额保证终止之日起算保证期间即从终止日2000年3月24日起算，如果认定其为清偿期，其也不是最高额保证的清偿期，而只是单笔债务的清偿期限，因此，也不能适用最高额保证条款计算保证期间。

6.根据《保函授信协议》第6条第三款的规定，即使发生赔付争议，某会员购物中心也已放弃抗辩权力。

7.根据《保函授信协议》第6条第四款的规定，在延期还款后某会员购物中心仍应继续承担保证责任。

旁白

当听到某律师说他曾打败过某知名律师时，我心中是存疑的。如果官司本来就该你赢，你赢了，怎么谈得上打败了别人？如果双方都有机会胜诉，你胜了，那才可以说打败了别人。

招术施尽

正文

代理词（二审）

尊敬的审判长、审判员：

作为上诉人某会员购物中心的代理人，我们就保证责任问题提出如下代理意见。

一、本案保证的性质属最高额保证

（一）普通保证与最高额保证

普通保证分为两种保证方式，即一般保证和连带责任保证。

最高额保证是保证的特殊形式。最高额保证，又称循环保证或滚动保证，是指债权人与保证人之间就债务人在一定期间内连续发生的若干笔债务，确定一个最高限额，由保证人在此限额内对债务人履行债务作保证的协议。

（二）最高额保证的主要特征

1.最高额保证为将来一定期间内发生的不确定债务提供担保。普通保证就确定的债务（无论已发生的和尚未发生的）提供担保，而最高额保证是对将来发生的、不确定的债务提供担保。

2.最高额保证是对连续发生的若干笔债务提供担保。普通保证是对某一笔确定的债务提供一次性担保，而最高额担保是对将来连续发生的若干笔债务提供连续的担保，保证责任在一定期间内持续存在，并随主债务总额的变化而变化。

3.最高额保证设定最高责任限额。普通保证通常只就保证范围进行约定，并不设定最高担保金额，而最高额保证的保证人承担的保证责任具有一定限度，即最高限额，保证人在该最高额度内承担保证责任。

（三）本案保证完全符合最高额保证的特征

1.本案保证为我方对某银行与某进出口公司的《授信协议》提供的担保，担保条款中明确约定“最高担保金额为美元伍佰万元整”。该约定证明本案的担保并非普通保证，不是对某一具体债务提供保证，而是在最高金额限度内对不确定债务承担保证责任。

2.本案担保条款第3项明确约定“本担保责任是担保人（包括继承人、代理人和受让人）的连续性义务和责任。”证明本案担保并非对确定债务一次性担保的普通保证，而是一段时间内的连续性义务。

3.《授信协议》第1条约定：“甲方（某银行）向乙方（某进出口公司）提供的授信额度为美元伍佰万元整，该额度系指余额，在本协议有效期内可循环使用。”第2条第二款约定：“乙方（某进出口公司）申请开立保函前，须向甲方提交开具保函申请书、投标项目的基本材料及其他甲方要求的资料，甲方审核同意后，在三个工作日内开出保函。”证明本案主债务为某银行与某进出口公司将来一定时期内发生的不确定的连续性债务，因而，对此性质的主债务的保证，当然属于最高额保证。

（四）主债务的授信性质决定了保证的性质为最高额保证

1.本案保证的主债务为《授信协议》，该协议约定了授信额度，即信用余额为500万美元；是否开立保函具有不确定性，需根据某进出口公司申请，某银行审核同意；该信用额度可循环使用，即具有连续性，故该主债务的性质为一定期间内连续发生的不特定债务决定了对其提供担保的形式为最高额担保。

2.本案保证不是对《授信协议》中某一笔债务或部分债务的保证，而是对《授信协议》项下所有债务的滚动保证，即对《授信协议》项下连续发生的所有不确定债务的担保，决定了本案保证非普通保证，而是最高额保证。

（五）最高额保证并不限于借款合同或者某项商品交易合同

被上诉人主张，《担保法》第14条的规定：“保证人与债权人可以就单个主合同分别订立保证合同，也可以协议在最高债权额限度内就一定期间连续发生的借款合同或者某项商品交易合同订立一个保证合同。”该条规定限定了最高额保证仅适用于借款合同和商品交易合同，不能适用于本案的信用发放业务。

我方认为，被上诉人的上述主张错误。《担保法》第14条的立法方法为例举式，以常用的借款合同、商品交易合同为例，说明最高额保证的特征——最高债权额、一定期间连续发生。该条并非限定最高额保证的适用范围，被上诉人故意狭义地理解该条内容，对该条进行缩小解释，是为了回避本案保证为最高额保证的铁的事实。最高人民法院副院长唐德华在其主编的、由全国人大法工委、最高人民法院、中国社科院、中国政法大学等单位参与立法起草、讨论工作的有关专家学者共同编写的《最新担保法条文释义》中，李国光副院长、奚晓明等在其合著的《关于适用〈中华人民共和国担保法〉若干问题的解释理解与适用》中均明确指出最高额保证合同通常适用于债权人与债务人之间具有经常性的，同类性质的业务往来，多次订立合同而产生的债务，如经常性的借款合同或某项商品交易合同关系等。由此可以看出《担保法》第14条的立法本意并非限定最高额保证的适用范围，而是举例说明最高额保证的适用条件。

二、本案保证已过保证期间，我方应予免责

（一）《担保法》司法解释对最高额保证的保证期间有明确的规定

最高人民法院《关于适用〈中华人民共和国担保法〉若干问题的解释》第37条明确规定："最高额保证合同对保证期间没有约定或者约定不明的，如最高额保证合同约定有保证人清偿债务期限的，保证期间为清偿期限届满之日起六个月。"

（二）本案保证条款属保证期间约定不明

《授信协议》第6条"担保条款"第五项约定："丙方（即我方）的担保责任与本协议同时生效，在同时满足以下条件时终止：（1）本协议项下的保函全部失效；（2）本协议项下的保函发生赔付时，丙方或乙方已向甲方足额支付保函赔款及其相应的利息、罚息、费用。"李国光副院长1998年11月23日在全国经济审判工作座谈会上的讲话中提出"当事人没有约定保证期间具体日期，而是约定保证是至主债务本息还清时为止”等的约定，为保证期间约定不明。本案中关于保证人保证责任至“丙方或乙方已向甲方足额支付保函赔款及其相应的利息、罚息、费用”时失效的约定系典型的约定不明。

（三）本案保证条款约定了保证人清偿债务期限

《授信协议》第6条“担保”第一项约定：“丙方（即保证人）保证在接到甲方（即被上诉人）书面通知后的7个工作日内向甲方足额支付保函赔款及相应的利息、费用。”该条关于债权人书面通知后7个工作日内的约定为保证人清偿债务期限。例如法院判决书常常规定败诉人“于本判决生效后几日内给付”，该几日即为败诉方清偿期限，在规定的几日之内，败诉方履行，不产生迟延履行判决书的法律责任，如在几日届满之后，败诉方不履行，则需支付迟延履行的加倍利息。

被上诉人关于《授信协议》第3条约定的“本授信协议有效期限为12个月”为最高额保证的期间，12个月终止之日为最高额保证终止之日的主张是错误的。

首先，《授信协议》第3条关于12个月的约定明确为《授信协议》的期限，即主合同的有效期限，并非最高额保证的期限。本案中最高额保证并未明确约定期限。

其次，《授信协议》第6条第五项对于最高额保证的保证期间作了约定，只是约定不明而已，应依据《担保法》司法解释规定的法定保证期间来确定本案的保证期间，不能将主合同的期限视为最高额保证的期限。显然，被上诉人的主张将主合同的有效期限与保证条款的保证期间混为一谈。

最后，最高人民法院《关于适用〈中华人民共和国担保法〉若干问题的解释》第23条所规定的“最高额保证合同的不确定债权确定后，保证人应当对在最高债权额限度内就一定期间连续发生的债权余额承担保证责任。”是规定最高额保证的保证责任范围，而非规定保证期间的起始时间，被上诉人以此来证明保证期间的起算时间，既违反《担保法》及其司法解释对于主债务履行期限与保证期间的明确区分，且违反主合同与保证合同的一般常识，完全不能成立。

我方于2000年7月12日接到被上诉人的书面通知，要求我方支付信用证项下款项及相应的利息。此时，我方作为保证人的清偿债务期限开始起算，2000年7月22日我方清偿债务期限届满。依据《担保法》司法解释第37条的规定，法定的保证期间为我方清偿债务期限届满之日起6个月，即2000年7月22日起计算6个月，至2001年元月22日届满。其间，被上诉人未发函，未起诉，直至2001年5月28日被上诉人才起诉。故我方的保证期间早已届满，依法应免除保证责任。

三、原审判决书在认定事实和适用法律上均存在严重错误

（一）在认定事实上的错误

1.无视本案主合同《授信协议》为某银行与某进出口公司就将来一定时期内不确定的连续性债权债务的约定性质，无视对此性质的合同进行担保，其保证性质必然是最高额保证，而非普通保证（对某一确定债务的一次性保证）。

2.《授信协议》中担保条款的全部约定都证明，保证的性质不是普通保证，而是最高额保证。而且，各个条款约定明确而具体，根本没有歧义，即完全没有有似普通保证的约定。但是，原审判决对如此明确的约定置之不理，非要在约定之外认定为普通保证。

3. 1999年6月17日，上诉人向被上诉人出具《承诺书》，明确承诺“按授信协议的约定承担保证责任”，这是我方对《授信协议》进行最高额保证的再次确认。但原审判决对此依然不予理睬，毫无约定根据地强硬认定本案保证为普通保证。

4.《授信协议》中的担保条款明确约定了我方（保证人）的清偿债务期限（7个工作日），但原审判决完全避开这一明确约定，其目的就是为了避开本案法定保证期间为6个月且早已届满的事实，从而在约定和法律规定之外追究我方的保证责任。

（二）在适用法律上的错误

原审判决上述在认定事实上的错误直接导致其在适用法律上的错误，即适用普通保证中连带责任保证的《担保法》规定和《担保法》司法解释规定。这一错误反映出原审判决对于《担保法》及其司法解释规定的普通保证与最高额保证的保证责任范围、保证债务的确定与不确定、保证期间、保证的法律后果等一系列法律上的不同，在认识上处于混乱的状态，应予依法纠正。

综上，本案最高额保证的事实清楚，证据充分，应依法适用最高额保证的保证期间的规定，认定我方保证期间已届满，而被上诉人并未在保证期间内向我方主张权利，故我方的保证责任应当免除。恳请合议庭慎重考虑我方代理意见，判决支持我方的上诉主张，保护我方的合法权益。

谢谢！

旁白

对案件研究的深浅，也应该成为一个律师衡量自己代理工作好坏的重要标准之一，而不应仅有一个胜败标准。当然，当事人肯定不会这么想，但律师应该这么想。只有这么想，律师才不会因为官司败了，而认为功夫白下了——研究了，拼争了，就已经成长了。

正文

补充代理意见（二审）

尊敬的审判长、审判员：

我们就被上诉人于2000年7月12日致我方《履行担保责任通知书》的法律效力提出如下代理意见。

被上诉人致我方的通知书不是最高人民法院《关于适用〈中华人民共和国担保法〉若干问题的解释》第34条第二款要求的引起诉讼时效起算的法定事由，故不能引起诉讼时效起算的法律后果。

一、被上诉人发函是履行约定合同义务的行为，不是法律规定的引起诉讼时效起算的债权人作为行为

被上诉人向我方发函是依《授信协议》第6条第一项约定，履行其书面通知的约定义务的合同行为。最高人民法院《关于适用〈中华人民共和国担保法〉若干问题的解释》第34条第二款规定的连带责任保证的债权人在保证期间届满前要求保证人承担保证责任，是债权人为引起诉讼时效的起算，而履行法定义务的法定行为。两者的性质不同、目的不同。

二、被上诉人发函不能引起诉讼时效起算，只能确定保证人清偿范围及引起合同约定的清偿期限的起算

1.保证期间的起算是指保证人应当履行保证责任的义务成立的时间。《担保法》规定一般保证和普通连带责任保证的保证期间自债务履行期满之日起算，其意义在于保证人此时应当开始履行保证责任，如未履行，则债权人相对于保证人的权利实际已处于受损状态（无论债权人是否知道其权利受损），债权人有权在此时起诉保证人并胜诉，即债权人拥有起诉权和胜诉权。

2.考虑到最高额保证的特殊性在于主债权是连续发生的数个债权，无法确定主债务履行期限届满的时间，故法律规定保证人的清偿期限届满之日或最高额保证终止之日均可视作保证人应当履行保证责任之日，否则，债权人的权利将实际处于受损状态。这两个时间与债务履行期届满的时间具有同样的意义。也正是由于债权人权利已实际处于受损状态，故法律规定，在保证期间内（即损害已发生），债权人向保证人主张权利（即债权人通过主张权利已知道自己请求保证人履行义务的权利受到损害），才发生起算诉讼时效的法律后果。

被上诉人的发函行为与《担保法》司法解释第34条第二款的债权人在保证期间内要求保证人承担保证责任的法定作为行为的作用不同。被上诉人的发函行为首先确定保证人的清偿范围。在此之前，我方不知道被上诉人与某进出口公司的履行情况，不知道我方是否应承担清偿责任，更不知道应清偿的数额，故被上诉人向我方发函履行告知义务虽然名为要求我方承担担保责任，实际只能引起合同约定的我方清偿期限的开始和确定清偿范围。而债权人在保证期间内要求保证人承担保证责任则能够引起保证期间终止、诉讼时效起算的法律后果。

三、被上诉人发函行为发生于保证期间起算之前，不构成《担保法》司法解释第34条第二款规定的引起诉讼时效起算的法定事由

在债权人发函要求我方清偿之日起7日内，作为保证人的我方有清偿义务，故在此期间尚未发生债权人权利受损的法律后果，显然债权人无权起诉保证人，即债权人此时并不具备在保证期间起算之后拥有的起诉权和胜诉权。《授信协议》第6条第二项关于只有当我方未在7日内足额支付款项时，被上诉人方有权扣收我方账户内款项的约定同样证明在7日内，债权人的权利并未受到损害。故本案保证期间只能从保证人清偿期限届满之日起算是非常明确的，而债权人的发函不仅在保证期间之前，而且在保证人清偿期限起算之前。

最高人民法院《关于适用〈中华人民共和国担保法〉若干问题的解释》第34条第二款规定债权人主张权利必须在保证期间内，在保证期间起算之前（本案保证人清偿期限未届满之前），保证人尚无义务履行保证责任，债权人针对保证人的权利尚未处于受损状态，债权人更不可能知道或应当知道自己的权利被保证人侵害，故此时的所谓主张权利不是最高人民法院《关于适用〈中华人民共和国担保法〉若干问题的解释》第34条第二款规定的能够引起诉讼时效起算的法定事由。只有在保证期间内主张权利，才能引起保证期间终止，诉讼时效起算的法定后果。换句话说，债权人虽然在保证期间之前向保证人主张权利，但债权人不能据此事实、适用最高人民法院《关于适用〈中华人民共和国担保法〉若干问题的解释》第34条第二款主张保证期间终止，诉讼时效起算。

四、被上诉人主张其发函行为引起诉讼时效起算是错误的，必然引起与事实相矛盾，与法律规定相抵触的严重后果

如果按被上诉人主张，认定被上诉人于2000年7月12日致我方的通知书能够引起诉讼时效起算，必然导致以下错误：

1.被上诉人发函行为是在保证期间起算之前，如果没有任何法律依据地认定该函引起诉讼时效起算，则必然与《担保法》司法解释第34条第二款关于债权人在保证期间之内的作为行为引起诉讼时效起算的法律规定相矛盾，是在司法实践中对司法解释进行扩张解释，是法律所不允许的。

2.如果认定被上诉人在保证期间开始之前的发函行为能够引起诉讼时效起算，则保证期间尚未开始便已终止，保证期间的适用在本案没有意义，本案的最高额保证不可能有保证期间。作为本案保证人的我方永远不可能受到保证期间的保护而免除保证责任。因为最高额保证约定有保证人清偿期限，故保证期间依法应为该清偿期限届满之日开始（不能适用最高额保证终止之日或我方书面通知终止最高额保证之日），但一旦债权人可能依约通知我方清偿，诉讼时效即开始计算，保证期间制度的设立对保证人的保护作用对我方而言就没有了意义。

3.无论依《授信协议》第6条第一、二项的约定还是依法，在清偿期限届满前，债权人无起诉权。如认定被上诉人在保证期间开始之前的发函行为能够引起诉讼时效起算，则被上诉人从其发函之日就有权起诉我方，而且有胜诉权。这无疑将导致这样的严重后果：行为人无损害行为，权利人也无损害后果，但权利人却有权要求行为人承担民事责任，且还会得到法院支持。

4.《授信协议》第6条第二项约定我方在7日清偿期限届满后，如果未履行完毕偿还义务，被上诉人才有权追究我方的责任。且关于保证人清偿期限的约定是当事人的真实意思表示，无视清偿期限的约定，认定债权人一旦发函，即引起诉讼时效起算，必然导致三方约定的清偿期限归于零，丧失意义，违反了当事人的合意，损害了保证人的合法权益。

综上，被上诉人于2000年7月12日致我方的通知书不是最高人民法院《关于适用〈中华人民共和国担保法〉若干问题的解释》第34条第二款规定的引起诉讼时效起算的法定事由，故不能引起两年的诉讼时效。恳请合议庭慎重考虑我方的上述代理意见，判决驳回被上诉人要求我方承担保证责任的诉讼请求。

谢谢!

旁白

当倾心研究案件成为一种办案习惯后，你并不觉得累，你真的能乐在其中。只是别人觉得你很累，很苦。

正文

代理词（二审）

尊敬的审判长、审判员：

我们作为上诉人某进出口公司的代理人，就我方的上诉请求提出如下代理意见：

一、被上诉人依法有防止损失扩大的义务

本案为我方与被上诉人之间的信用证纠纷，双方均为中国法人，合同在中国境内履行，当然应该适用中国法律。《民法通则》第114条规定，在当事人一方违约时，另一方有义务采取措施防止损失扩大。《合同法》第119条也规定，当事人一方违约后，另一方有义务防止损失扩大，否则无权就扩大的损失要求违约方赔偿。

二、提单具有物权凭证的性质

在国际贸易中，提单具有物权凭证的性质。谁持有提单，谁就掌握了货物所有权。提单可分为记名提单和指示提单，本案中的提单为指示提单，即提单不记名，承运人凭收货人指示付货。故在国际贸易中，谁持有提单，谁就掌握对货物的处置权。

三、依惯例，被上诉人完全能够将单据交予我方处理或自行处理，以减小损失

依信用证业务惯例，在开证申请人未能及时付款赎单的情况下，开证人（即银行）可以采取以下几种方法以保证减少损失，尽快收回信用证项下款项。

1.担保提货。所谓担保提货是指开证申请人以信用证项下正本单据或副本单据向开证行办理提货担保，开证行将货物单据交付申请人，同时保留货物所有权。申请人持单据提货后，代开证行将货物加工或出售，并将所收款项交予银行。既保证了银行的债权可以实现，又不会造成货物的损失。

被上诉人庭上所说向海关担保提货仅指在单据丢失的情况下，由船运公司或其代理、收单银行向我方出具情况说明，我方通过银行向海关出具保函，海关方可同意在没有正本单据的情况下，将货物卸船并运到指定仓库存放。本案中，并非被上诉人代理人所说的丢失单据的情况，正本单据还在，难道要我方采取欺骗手段向船运公司及海关骗取货物吗?

2.转卖提单。在开证申请人未能按时付款的情况下，银行为了减小损失，可以将手中所持提单转卖，转卖的费用由开证申请人承担，从而减小货物的仓储损失及因货物本身的特殊性而可能发生的损失。同时，转卖提单的惯例也证明在国际货物买卖中，银行同样也有减小损失的义务。

四、我方提出的押汇申请，证明我方同意配合且要求被上诉人采取措施减小损失

原审判决认定我方于1999年9月9日向被上诉人发出承诺函，申请办理押汇，由被上诉人垫付款项。这表明我方同意采取担保提货方式，即以货物所有权为抵押，向被上诉人融资，请求被上诉人将提单交付我方提货，但保留货物所有权，以便及时收回款项。该事实证明以下两点：第一，信用证贸易中确实存在以货物所有权进行抵押，担保提货的制度和惯例，可以有效地保证银行及收货人双方的权利；第二，我方不但同意，而且主动要求银行采取有效手段处理货物，以保护双方的权益。因此，被上诉人拒绝我方要求，也不主动采取任何方式防止损失扩大，从而导致货物全部被海关处理的损失，应由被上诉人自行承担，上诉人无权要求我方承担扩大部分的损失。

五、关于垫付款利息的计算问题

1999年6月17日我方的《开证申请书》、担保人某会员购物中心的承诺函，特别是被上诉人2000年7月12日向我方出具的《信用证垫款催收函》、向担保人出具的《履行担保责任通知书》、2000年12月29日我方与被上诉人签订的《协议书》均明确、一致地指出，被上诉人是在我方已支付20%的保证金后，为我方垫付剩余的80%的款项的。但在诉讼中，被上诉人却以我方未向其提供购汇申请书为由按信用证金额全额计算垫款利息，且得到一审法院的支持，从而导致法院最终判决的信用证欠款本金大于实际的欠款本金。

我方在开证前，将相当于信用证金额20%的保证金以人民币形式支付给被上诉人，被上诉人从始至终是认可的。根据《中华人民共和国外汇管理条例》及相关法规，在中国境内只能用人民币结算，故我方向被上诉人支付人民币是合法的，至于我方是用人民币支付保证金还是用外汇支付与我方是否已向其支付是两个不同的事实，一审判决受被上诉人误导，混淆了这两个不同的事实，在我方已向被上诉人支付了相当于信用证金额20%的保证金的人民币后，仍按信用证100%金额计算我方应付利息，从而导致判决尚欠的信用证本金数额有误。

综上，上诉人认为，原审判决书存在适用法律的严重错误，判决结果损害了我方的合法权益，恳请合议庭慎重处理本案，予以改判，驳回被上诉人的诉讼请求，保护我方的权益。

谢谢！

旁 白

“记住，你眼前经历的一切都将成为过去。”在诉讼艰难之时，我总是用这句话让自己放松下来。有什么可怕的？！有什么可担心的？！有什么是过不去的？！为了将来想起此事时不至于自责，尽全力去做就是了。

无力回天

判决

终审判决

终审判决驳回了我们代理的某进出口公司与某会员购物中心的上诉，维持原判。终审判决认定的事实与一审判决基本相同，此略。终审判决在“本案认为”一节中分别驳斥了某进出口公司与某会员购物中心的上诉意见。

针对某进口公司的上诉意见，终审判决认为：

某进出口公司在给某银行出具的声明中表示，同意依照国际商会第500号出版物《跟单信用证统一惯例》（以下简称《UCP500》）办理信用证项下一切事宜，该约定未违反有关法律规定，应属有效。因此，该信用证项下各方当事人的权利义务应依据《UCP500》的有关规定予以调整。某银行作为开证行，在合理谨慎地审核信用证规定的所有单据之后，在单据表面与信用证条款相符、单据表面之间相符的情况下对外付款的行为符合该国际惯例及与某进出口公司之间的约定；而某进出口公司作为开证申请人在某银行对外垫付款项之后未能及时付款赎单，违反了该国际惯例及与某银行之间的约定，理应承担相应的民事责任，某银行请求某进出口公司偿还垫款本金及利息，于法有据，应予支持。

上诉人某进出口公司上诉称，某银行占有提单就是拥有提单项下货物的所有权，其在某进出口公司违约并因此受到损失的情况下，没有及时采取措施防止损失的扩大，致使提单项下的货物因长期被置之不理，从而导致货物被海关作为无主货物处理，故某银行无权就扩大的损失要求赔偿。本院认为，首先，根据《UCP500》第4条之规定，有信用证业务中，各有关当事人处理的是单据，而不是与单据有关的货物、服务及（或）其他行为。某银行作为开证行，是本案所涉信用证的一方当事人，仅负有合理谨慎的审单义务，而无须对与单据有关的货物的实质负责；其次，从信用证是国际贸易中的一种支付方式的性质，及信用证独立性原则的内容来看，在单证、单单严格相符的情况下，某银行根据国际惯例履行了第一性的付款责任后，即取得了对有关单据的质押权，当作为开证申请人的某进出口公司拒绝按照约定付款赎单时，某银行有权按照《中华人民共和国担保法》（以下简称《担保法》）的有关质押的规定迳行处理单据或单据项下的货物并就处理所得优先受偿。但作为担保物权的质押权，是从属于主债权的从债权，只有当债务人不履行主债务时，债权人才有权通过双方约定或法定的方式实现其担保物权，某银行作为垫款债务关系的债权人，在其不知债务人某进出口公司是否履行主债务的情况下，首先应要求其履行主债务，只有在某进出口公司确已无偿债能力或意愿的情况下，才可选择按法定或约定实现其担保物权，而不是如上诉人所称，在某银行未主张其主债权的实现时，就应先期实现因质押而产生的担保从债权。另外，根据《最高民法院关于适用〈担保法〉若干问题的解释》（以下简称《〈担保法〉司法解释》）第95条第二款的规定，债务履行期届满，出质人请求债权人及时行使权利，而债权人怠于行使权利致使质物价格下跌的，由此造成的损失，质权人应当承担赔偿责任。本案中，某进出口公司未能提举其向质权人某银行请求及时行使质权的相关证据，因此其主张某银行无权就扩大的损失要求赔偿的上诉理由本院不予支持。上诉人某进出口公司提出被上诉人某银行占有提单就是拥有提单项下货物所有权的上诉理由，与信用证的性质、独立性原则以及相关国际惯例对开证行占有提单法律性质的认定不符，本院不予支持。

上诉人某进出口公司上诉称，在其向被上诉人发函要求进口押汇后，被上诉人某银行即对外付款的行为表明进口押汇合同已成立且已实际履行，依据《担保法》第69条之规定，质权人保管不善致使质物灭失或毁损的，质权人应承担民事责任，故被上诉人某银行无权要求其支付垫付的货款。本院认为，进口押汇是开证行提供给开证申请人一段额外的短期融资，应有正式的书面合同。如开证行同意开证申请人提出的进口押汇申请，并与之签订进口押汇合同，在要求开证申请人提供信托收据等担保文件之后，给开证申请人放单，并在保留对单据及单据项下货物质押权的前提下，为开证申请人垫付货款，开证申请人以自己的名义将单据或货物出售之后，所得的款项用于偿还开证行的对外垫款。本案中，上诉人某进出口公司未能举证证明，其与被上诉人某银行之间签订了进口押汇合同，且某银行亦未给其放单，某银行作为开证行对外垫付货款的行为是依国际惯例履行的第一性的付款责任，该行为本身不构成进口押汇的实际履行。某银行对外付款后，在某进出口公司付款赎单之前保留对货物单据的质押权。因某银行质押的是单据而不是单据项下的货物，其实际占有的是单据而非单据项下的货物，故不存在对质物的保管问题，现货物被海关当作无主货物予以处理，致使原货物的价值降低，是因行政处罚行为所致，故不构成上诉人某进出口公司所称《担保法》69条规定的情形。上诉人某进出口公司既不及时付款赎单，亦怠于请求被上诉人某银行及时行使质权，造成货物被海关以无主货物处理，由此造成的损失应由其自行承担，上诉人某进出口公司的该项上诉理由，本院亦不予支持。

上诉人某进出口公司上诉称，其已支付20%保证金，故只能以80%本金计算至其第一次购汇还款日。本院认为，保证金属债务人将金钱特定化后移交债权人占有，并以此作为债权的担保，其性质属于动产质押，故只有在债务人不履行主债务时，债权人才有权将该金钱优先受偿，且根据《担保法》第66条之规定，出质人和质权人不得约定在主债务履行期届满质权人未受清偿时，质物的所有权转移为质权人所有。因此，本案中，当上诉人某进出口公司未按时付款赎单后，保证金的所有权并不当然转移给被上诉人某银行，只有在上诉人某进出口公司申请购汇还款时，其行为才构成对主债务之履行，在其申请购汇还款日之前，应视为主债务全部未履行，故被上诉人某银行垫款之日至上诉人某进出口公司申请购汇还款之日期间的利息应按垫款总额计算，上诉人某进出口公司的此项上诉理由，本院不予支持。

上诉人某进出口公司上诉称，根据《中华人民共和国外汇管理条例》（以下简称《外汇管理条例》）的有关规定，应判决以人民币与被上诉人某银行结算。本院认为，原审判令某进出口公司以美元偿还某银行对外垫付的信用证项下货款本息的行为，不构成《外汇管理条例》规定的有关境内机构以外币在境内计价结算的情形。因某银行与某进出口公司之间没有交易关系，其对外付款只是代某进出口公司垫付货款，实质是某进出口公司的对外结算行为，故某银行与某进出口公司之间不存在《外汇管理条例》中规定的境内结算关系。因为某银行为某进出口公司对外垫付的款项为美元，所以某进出口公司向某银行偿还的币种亦应为美元，欠款利息也应按美元计息。对某进出口公司的该项上诉理由，本院亦不予支持。

旁白

在中国大陆，什么样的判决文书最有研读价值？就是那种直面律师的代理意见，逐条地、详细地、公正地进行评价的判决书。这种判决是少见的。律师应当虚心学习、潜心领会。因为，对于诉讼律师而言，这种判决文书的直接教益，胜过任何法学论著。

针对某会员购物中心的上诉意见，终审判决认为：

根据上诉人某进出口公司、某会员购物中心与被上诉人某银行三方授信协议中保证条款的约定，该保证条款符合最高额保证的特征，本案涉及的保证合同应为最高额保证合同。根据《〈担保法〉司法解释》第37条之规定，最高额保证合同对保证期间没有约定或者约定不明的，没有约定债务清偿期限的，保证期间自最高额保证终止之日或自债权人收到保证人终止保证合同的书面通知到达之日起6个月。本案中，因三方授信协议的保证条款对保证期间约定不明，而当事人亦未约定债务清偿期限，故保证期间应自最高额保证终止之日起起算，即保证期间应从2000年3月24日起算，到2000年9月24日止。而被上诉人某银行于2000年7月12日，即在保证期间届满前给上诉人某会员购物中心发出通知，要求其履行担保责任，故应从该日起计算保证合同的诉讼时效，而被上诉人某银行又于2001年6月11日向原审法院提起诉讼，未超过2年的诉讼时效期间，故上诉人某会员购物中心应按《授信协议》的约定承担连带保证责任。

上诉人某会员购物中心上诉称，本案应适用《〈担保法〉司法解释》第37条关于如最高额保证合同约定有保证人清偿债务期限的，保证期间自清偿期限届满之日起6个月的规定。其认为，本案中当事人约定的保证人清偿债务的期限，是被上诉人某银行发函要求保证人偿还债务之日起7日内，故保证期间应从被上诉人某银行发函要求其还款之日起第8日开始计算6个月，而在此6个月的保证期间内，被上诉人某银行未要求其承担保证责任，故其不应再承担保证责任。本院认为，保证条款中关于上诉人某会员购物中心在接到被上诉人某银行书面通知后7个工作日内向某银行支付保函赔款及其相关利息、费用的约定，不构成《〈担保法〉司法解释》第37条规定的保证人清偿债务的期限。因为，保证人清偿债务的期限应是一个确定的期间，而被上诉人某银行书面通知上诉人某会员购物中心支付保函赔款及其相应利息、费用的时间尚不确定，如以该时间作为保证人清偿债务期限的起算时间，势必致使保证人某会员购物中心的保证责任长期处于不确定状态，违背了《担保法》规定保证责任期间的立法目的。因此，被上诉人某银行书面通知上诉人某会员购物中心支付保函赔款及其相应利息、费用的时间，不构成《〈担保法〉司法解释》第37条规定的保证人清偿债务期限的起算时间。对上诉人某会员购物中心称最高额保证合同约定了保证人债务清偿期限的上诉理由，本院不予支持。

上诉人某会员购物中心称，在被上诉人某银行书面通知其履行担保责任之前，其承担担保责任的保证范围尚未确定，只有在被上诉人某银行书面通知其履行担保责任时才知道是否应承担清偿责任及应清偿的数额，某银行书面通知其履行担保责任是为确定清偿范围，故该行为仅构成其清偿债务期限开始计算的约定事由，而不构成保证合同诉讼时效起算的法定事由。本院认为，最高额保证因是保证人对债权人与债务人在一定期间内连续发生的若干笔债务，在最高限额内承担保证责任的保证，最高额保证的保证人对一定期间内多笔债务的余额，以约定的最高限额为限，作为保证范围承担清偿责任。因此，最高额保证有决算期，最高额保证的保证范围在决算期确定，而最高额保证合同所约定的被保证债权发生期的截止日，即为最高额保证的决算期。就本案而言，三方授信协议的截止日为2000年3月24日，那么，最高额保证的决算期即为2000年3月24日，到此时，上诉人某会员购物中心就应知道其应承担的保证责任范围，且因三方授信协议未约定保证人清偿债务的期限，债权人的权利在此时已实际处于受损状态，故保证责任期间应该从此时开始计算，被上诉人某银行在保证责任期间内书面通知上诉人某会员购物中心履行担保责任的行为，构成保证合同诉讼时效开始起算的法定事由。因此，对上诉人某会员购物中心的该项上诉理由，本院亦不予支持。

尾 声

在美国当代著名律师史宾塞所著的《最佳辩护》中，编者说他从未在刑事、民事案件中失手。即使这是真的，我也不会吃惊，更不会自惭形秽。因为，常胜不败，除了他超人的智慧和辩术之外，也表明他在挑选案件和谋求和解上非常精明。

惨痛的败诉经历，也会化作一个律师强大起来的力量！

思考

1.能否换一个角度思考，为某会员购物中心寻求二审的出路？

既然一审判决认定本案保证为普通保证，不是最高额保证，那么能不能“将计就计”，在二审中主张本案保证是一个独立的信用证项下的普通保证，不是《授信协议》中的最高额保证。因为《授信协议》明确约定某银行给某进出口公司的授信内容是为其出具保函（见一审判决“经审理查明”一节），而不是开具信用证。进而主张一审判决一方面认定本案保证是普通保证，一方又适用约定最高额保证的《授信协议》中的保证期间约定不明的条款，显然自相矛盾而不成立。某会员购物中心为信用证担保而出具的《承诺书》没有约定保证期间，而不是保证期间约定不明。《担保法》第26条第一款规定：“连带责任保证的保证人与债权人未约定保证期间的，债权人有权自主债务履行期届满之日起六个月内要求保证人承担保证责任。”1999年9月9日某进出口公司在向某银行发出的《承诺函》中，承认已接到某银行的催款通知，故本案主债务履行期限至此已届满，因此六个月的法定保证期间为1999年9月9日起至2000年3月9日止。某银行在这期间并未要求某会员购物中心承担保证责任（在保证期间已届满之后的2000年7月12日才向某会员购物中心发出履行担保责任的通知书），故某会员购物中心的保证责任依法应予免除。

这种主张是否成立？

2.依照终审判决对某进出口公司上诉意见的驳斥主张，假设某进出口公司在未付款赎单的情况下，向某银行明确表示已无意还款，且请求某银行及时行使质权，那么，如银行仍然对信用证项下货物置之不理，而海关最终因无人报关而处理货物，那么某银行真的应该承担货物损失的责任吗？这种主张是否有国内法即《担保法》高于国际惯例即《跟单信用证统一惯例》之嫌？

课题

从个案看信用证开证行独立审查单据的权利 文章

货物损失与信用证开证行 文章

—— 以一件信用证纠纷案为背景

从个案看信用证业务中的进口押汇 文章

（以上三题请参阅本章第二部分“心路”）

从个案看普通保证与最高额保证的区别 文章

谈最高额保证合同的范围 文章

最高额保证合同保证期间之争 文章

—— 以一件信用证纠纷案为视角

关于最高额保证中债权人向保证人发函行为的法律评价 文章

—— 是引起清偿期限的起算？还是引起诉讼时效期间的起算？

心路

井上靖在其“春将至”一文中说：“实际上，春天总是姗姗来迟，寒冬依然漫长，然而，千真万确，春天正在一步步走近，只是很难看到它会加快步子罢了。”不过，这一年才二月底，阳光便蕴含着春的温暖，寒风已夹带着春的清凉；冬青的墨绿色变浅了，枯黄的草坪有些许绿色了；傍晚已有人散步了，早晨能听到小鸟的鸣唱了。

要　　目

- 帮忙问题上的“违规”
- 信用证问题上的无奈
- 保证责任上的勉强
- 双方较量的平淡
- 终审判决的教益

这是我办理的败诉案件。当然，也是我办理的信用证合同纠纷案中唯一一件败诉案件。那么，为什么我选了败的，而不选胜的？原因很简单，我写这几卷书，目的是为了法律教学、法学研究及青年律师自修，丝毫没有自我宣传的企图，故选择案例只有一个标准，即在我办理的同类案件中，拟选案件应该是或疑难，或涉及多个知识点的典型案件，而不论其胜败。本案虽非疑难，但同时涉及信用证合同和最高额保证的相关问题，而且还涉及律师选择案件的经验和教训问题，我以为是值得选录的。

帮忙问题上的“违规”

本案是帮忙性质的案件。不过，这里说的帮忙，不是帮朋友、帮同学那种纯帮忙，而是为了与企事业单位建立合作关系，不收费或象征性收费而帮忙打官司。

2002年开春，我接触到这个案子。

在印象中，那年的春天似乎比往年来得早些——这样说怎么有点刀郎歌曲《2002年的第一场雪》的味道？好像有人说过这种意思的话：什么样的心境什么样的风景。那年我感觉春来早，春光好，应该是因为心境好吧？

井上靖在其“春将至”一文中说：“实际上，春天总是姗姗来迟，寒冬依然漫长，然而，千真万确，春天正在一步步走近，只是很难看到它会加快步子罢了。”不过，这一年我却觉得春天似乎等不及冬天的慢慢退出，和冬天挤着、争着，要重回天地。才二月底，阳光便蕴含着春的温暖，寒风已夹带着春的清凉；冬青的墨绿色变浅了，枯黄的草坪有些许绿色了；傍晚已有人散步了，早晨能听到小鸟的鸣唱了。

一月，我在一件重大、疑难案件的代理律师竞聘中胜出，接着便又接了几单标的不小的案子。而且，所有到期的常年法律顾问单位都续签了合同。因而，新的“开门红”激发着我，心情很好，干劲十足。二月底，有点春风得意的我，轻率地接了本案。

此前，我曾为当时京城名气甚大的某会员购物中心代理过一件疑难的存单纠纷案件，他们已做坏账处理的疑似死案被我救活了（本书未选，原因是该案与已选的其他存单案相似）。当我将某银行支付的执行款——转账支票送到某会员购物中心时，副总裁兴奋地当着我的面给远在美国的总裁打电话。说完情况后，回答着总裁的问题：支票就在我手上，放心，支票是银行的，不会是空头的，我马上交财务部入账，咱们的账户反映出来后立即通知你。打完电话后对我说：这钱我们早就不抱任何希望了，现在拿到跟白捡似的，老板都不太信。

不过，凡事总有正负、利弊两面。为企业救活了疑似死案，无疑就在该企业创下了良好的业绩，但该企业由此可能“神化”律师，将已经“死透了”的案子交给律师办， 律师这次救不活了，“神话”也就破灭了。正如一个人被神化后，又被赶下神坛，最终可能连作为凡人应得的评价都难以获得一样，“神话”破灭的律师在该企业眼里，似乎连没有“神话”的律师也不如。

这不，某购物中心打败了本案的一审后，总裁便点名让我代理二审。接这个案子时，我虽然正处在被该企业“追捧”时期，但深知本案是救不活的。因而明确告知某会员购物中心的副总裁，办理本案是帮忙性质的，仅仅是试试。

我确信，我肯定不是什么大律师。原因之一，就是我时常为企事业单位免费讲座、咨询，甚至免费或象征性收费打官司。在当今中国大陆，我的这种做法应该是大律师所不为的，甚至是看不上眼的。大律师应该如同影视界大腕，是有身份价码的，不给合适的“出场费”，要请他们连门儿都没有。

当然，帮忙并非情愿，但也并非出于无奈。给企事业单位进行各种专题的法律讲座和培训，是积极主动实施的，目的是为了广泛培育潜在客户。进行义务法律咨询，或为培育法律顾问单位，或为争取案件的代理权。免费或象征性收费打官司，要么是因为案件太小收不了什么钱，要么是因为官司相对容易不便收费或不好多收费，要么就像本案，明知会败不便收费或不好多收费。

多年帮忙，我也形成了一些帮忙规则。比如，尽量只帮有聘请法律顾问需求或有潜在诉讼业务的较大的企事业单位；尽量只帮没有败诉风险的非讼业务；尽量只帮忙办理相对容易或虽然复杂但应胜诉的案子。因为，帮那些小企业，帮那些经营领域很少涉讼的较大企业，帮也是白帮，无疑甘愿被人无偿使用和剥削；帮忙打那些肯定败诉的案子，也是瞎帮忙，打败了官司，照样没有任何合作机会，甚至原有的机遇也被自己断送掉。

这样说来，好像我在帮忙问题上很理性，很清醒，其实不然。有时因判断失误，盲目培养人脉；有时因自己的性格因素，好面子不愿对人说不，时常瞎帮忙，白出力，全无合作机会和希望。

帮忙办理本案，即是我违反自己的帮忙规则的典型事例。当时虽有顾虑，但为何后来还是答应了？是正值自己春风得意时期？还是被某会员购物中心捧得晕了头？抑或是因为自己激情有余、稳健不足的性格因素？当然，也许是这些因素的合成。

如今翻阅本案卷宗，说实话，我也被自己和助理在这种帮忙打打的案子上的认真态度所感动。真可谓挖空心思，不遗余力！而且，写了那么多诉讼文书，那得用多少时间和精力呀！这让我想到，以前曾经打过不少帮忙的案子，都是这样下苦功夫。这样做是不是有点太不珍惜自己的时间、精力和劳动了？

好在本案还有说头，可以入书了。权且将此作为对自己的补偿，而这也足以让我慰藉了。

信用证问题上的无奈

助理从某会员购物中心取回本案的材料后，我鉴于帮忙主要是为了已有合作关系的某会员购物中心，且该中心如上诉似比某进出口公司有话可说，故决定如接受委托，则由我代理某会员购物中心，由助理代理某进出口公司。因而，我着重关注保证合同纠纷问题，助理关注信用证合同纠纷问题。

助理看完材料，沮丧地对我说：信用证问题上看来是没招儿了，上诉也是瞎搅，根本没有胜诉可能。

我听她讲完情况，再翻阅证据材料，也明白在信用证问题的诸个抗辩点上都难以有所作为。

先说第一个抗辩点，即所谓某银行未通知某进出口公司进行第二次审单便直接对外付款问题。这一主张不成立的诸项原因如下：

其一，某进出口公司致某银行的《开证申请人声明》第4条为："我公司保证在单证表面相符的条件下办理有关付款/承兑手续。如因单证有不符之处而拒绝付款/承兑，我公司保证在贵行单到通知书中规定的日期之前将全套单据如数退还贵行并附书面拒付理由，由贵行按国际惯例决定能否对外拒付。如贵行确定我公司所提拒付理由不成立，或虽然拒付理由成立，但我公司未能退回全套单据，贵行有权主动办理对外付款/承兑，并从我公司账户中扣款。"

上述声明表明，某进出口公司知悉并承认某银行具有审查单据的权利和是否接受单据的最终决定权。因此，即使某银行未通知某进出口公司进行第二次单据审查，经自己审查认为单证相符便接受单据并对外付款，也不应引起某银行自行承担其对外付款责任的法律后果。

其二，《跟单信用证统一惯例》（UCP500）第13条"审核单据的标准"a、b条明确规定银行（开证行、保兑行，或代其行事的指定银行）有责任和义务审核单证。第14条"不符点单据与通知"c条规定："如开证行确定单据表面与信用证条款不符，它可以自行确定联系申请人对不符点予以接受。"而且，该国际惯例并未规定银行如不通知申请人审核单据，则要承担什么责任。

依据《跟单信用证统一惯例》规定，审核单据的责任与义务由银行承担，同时，决定是否接受单据的权利也由银行享有。因此，银行可以与申请人约定，银行有通知申请人审查单据的义务，但由此推导出银行如未通知则无权决定是否接受单据，如接受单据并对外付款则应自行承担责任的结论，则肯定是与该国际惯例抵触的，是法院不能接受的。

另外，为了更清楚地阐明这一点，这里有必要说几句"后话"予以补充。最高人民法院于2005年10月24日公布了《关于审理信用证纠纷案件若干问题的规定》（自2006年1月1日起施行）。该司法解释第7条第一款规定："开证行有独立审查单据的权利和义务，有权自行作出单据与信用证条款、单据与单据之间是否在表面上相符的决定，并自行决定接受或者拒绝接受单据与信用证条款、单据与单据之间的不符点。"第二款规定："开证行发现信用证项下存在不符点后，可以自行决定是否联系开证申请人接受不符点。开证申请人决定是否接受不符点，并不影响开证行最终决定是否接受不符点。开证行和开证申请人另有约定的除外。"此规定直接、简单、明确、全面地表述了银行在审查单据和是否接受单据问题上独立而排他的权利和义务。在本案中，某进出口公司在其《开证申请人声明》中的承诺内容与《跟单信用证统一惯例》相符，开证行与开证申请人并无特别约定。故从国际惯例上看，某进出口公司主张某银行自行进行第二次单据审查构成违约，是完全不成立的。

其三，1999年9月9日，某进出口公司向某银行发出承诺函，称："9月上旬贵行通知我公司全套议付文件已经审核无不符点，要求付清信用证48.6万美元的80%余款，折合人民币三百二十多万元。早在8月下旬就按我公司同某商贸公司签订的委托代理进口协议中的有关条款要求某商贸公司付款，但某商贸公司因下家客户未付货款，以及在某商业银行贷款未到位情况下，未能给付我公司三百二十多万元的进口家具货款。由于某商贸公司未能给付我公司货款以及我公司近期流动资金紧张，因此向贵行申请办理押汇，由贵行先垫付001LC90151CC信用证项下的80%的余款，垫付期30天，我公司及某商贸公司承诺30天以内按期交付贵行垫付资金。"某银行正是在收到该承诺函的当日，向美国纽约花旗银行发出付款指令，将001LC90151CC信用证项下的486,012.02美元付给收款银行。

上述承诺函中"9月上旬贵行通知我公司全套议付文件已经审核无不符点"之陈述证明，某银行在对外付款之前，已将其审查单据的结论和接受单据的决定通知某进出口公司。承诺函中某进出口公司请求某银行垫付信用证项下80%的款项，并承诺30日内偿还某银行垫款，表明其已接受某银行接受单据的决定并同意某银行对外付款。故一审中某进出口公司关于某银行未经其审核新的单据，竟直接对外付款，故违反了信用证运行规定，应自行承担付款责任的主张，与其在承诺函中的表述、请求、保证是自相矛盾而不成立的。

其四，2000年12月29日，某银行与某进出口公司签订协议书。该协议书除陈述了某银行应某进出口公司申请开具信用证，对外付款，垫付某进出口公司应付的信用证项下80%款项的事实和某银行委托律师事务所发函通知某进出口公司还款以及某进出口公司催促某商贸公司付款的情况外，还约定了某进出口公司向某银行偿还垫款的金额和期限。

该协议书再次证明，某进出口公司对某银行操作本案信用证的一系列行为并无异议，特别是对某银行接受单据、对外付款并无异议。因此，某进出口公司在未能全面履行协议书的情况下，在诉讼中寻找某银行的违约点，并进而试图逃避协议书约定的还款责任，是软弱无力的。

其五，2000年4月7日，某进出口公司以人民币购汇向某银行还款98,400美元；2000年9月7日，某银行从某进出口公司两个美元账户分别扣划28,334.70美元和24,065.84美元；2001年1月2日，某进出口公司向某银行偿还人民币8万元；2001年2月22日，某进出口公司向某银行偿还人民币80万元。按某银行的本息计算方式，截至2001年2月22日，某进出口公司已向某银行偿还欠款利息共计58,152.13美元，同时偿还欠款本金198,805.29美元。

某进出口公司向某银行部分偿还本息的实际履行行为证明，其对某银行操作本案信用证的一系列行为并无异议，特别是对某银行接受单据、对外付款并无异议。这一实际履行行为使其诉讼中的抗辩显得苍白无力。

综上，某进出口公司的第一个抗辩主张显然是不成立的。

一审判决在“本院认为”一节中称：“某进出口公司在诉讼中提出出口方第一次提供的单据与信用证不符，经庭审查实，出口方第二次提供的单据与信用证相符，故某进出口公司认为某银行不经审单即对外付款的辩称理由，本院不予采信。”这一认定不仅简单草率，而且不得要领。其实，如果从上述五个方面概括性地驳斥某进出口公司的主张，不仅能够切中要害，而且能够使某进出口公司服判。

法院判决不得要领，不能以理服人，这往往是本不占理的当事人不服判决，执意上诉或申请再审的原因之一。

好了，现在说说某进出口公司的第二个抗辩点，即主张某银行拒绝其押汇请求，又对信用证项下提单的货物置之不理，致使该批货物因无人报关而成为海关处置货物，故某银行应对货物的损失承担责任。这一抗辩不成立的主要原因如下：

其一，《跟单信用证统一惯例》第3条“信用证与合同”a条规定：“就性质而言，信用证与可能作为其依据的销售合同或其他合同，是相互独立的交易。即使信用证中提及该合同，银行亦与该合同完全无关，且不受其约束。因此，一家银行作出付款、承兑并支付汇票或议付及/或履行信用证项下其他义务的承诺，不受申请人与开证行或与受益人之间已有关系下产生索赔或抗辩的制约。”第4条“单据与货物/服务/行为”规定：“在信用证业务中，各有关当事人所处理的只是单据，而不是单据所涉及的货物、服务/或其他行为。”

因此，在信用证业务中，在本质上，银行与信用证项下单据所涉及的货物无关。在开证申请人未付款赎单的情况下，银行并无责任或义务处置货物或协助申请人处置货物，而且，银行并不因此承担货物损失的任何赔偿责任。

其二，1999年9月9日，某进出口公司向某银行发出承诺函称：“……由于某商贸公司未能付给我公司货款以及我公司近期流动资金紧张，因此向贵行申请办理押汇，由贵行先垫付001LC90151CC信用证项下80%的余款，垫付期30天，我公司及某商贸公司承诺30天以内按期交付贵行垫付资金。”

在这里，“押汇”的含义是清楚的，就是开证申请人申请开证银行垫付信用证下80%的款项，并承诺30日内偿还垫款。因此，这里所称“押汇”与通常意义上的“进口押汇”不同。进口押汇是开证行应开证申请人申请而与之签订进口押汇合同，约定在开证申请人向开证行提供信托收据等担保文件后，开证行为开证申请人垫付信用证项下款项，并在保留对单据及单据项下货物质押权的前提下，给开证申请人放单，在开证申请人以自己的名义将单据或单据项下货物出售之后，所得款项用于偿还开证行的对外垫款。在本案中，某进出口公司作为开证申请人仅仅向作为开证行的某银行提出了“押汇”30日的申请，双方并未签订进口押汇合同，某银行也未向某进出口公司放单。至于某银行对外垫付信用证项下款项，则是其依据信用证国际惯例履行的开证行审单后必须履行的付款义务，不能视为履行进口押汇合同的行为。

因此，依据信用证国际惯例和本案事实，某进出口公司的此项抗辩理由亦不成立。

最后说说某进出口公司的第三个抗辩点，即一审判决的美元计价、计息违反了国家有关外汇管理法规的规定。

这条抗辩理由不成立的原因很简单，某进出口公司向某银行偿还对外垫款的行为，不是一种境内结算的行为。因为某银行的对外垫款行为是代某进出口公司对境外付款的行为，故双方在境内并无交易，并无结算关系。某银行垫的是美元，某进出口公司就应该偿还美元。

综上所述，某进出口公司在一审提出的三条抗辩主张均不成立，因而其提起上诉是没有胜诉可能的。

不过，助理提出的其他两点抗辩理由倒是引起了我的注意。

第一是一审判决判令某进出口公司“按同期国内金融机构外商投资企业透支利率计息”问题。助理提出此判的错误为，其一，某进出口公司为全民所有制企业，而非“外商投资企业”；其二，双方在《授信协议》中明确约定了利息和罚息的计算方式，即第4条约定“按甲方（即某银行——我注）流动资金贷款利率计算利息、费用”，第5条约定“从逾期之日起在原利率基础上加收50%的罚息。”

第二是某进出口公司支付了信用证金额20%的保证金，一审判决却按信用证金额全额计算利息和复利问题。

当然，这两条抗辩理由仅仅涉及利息和复利的计算问题，即使二审法院在此问题上改判，为某进出口公司减少的损失也很有限。而且，在司法实践中，二审法院对这类一审判决的“小错误”通常是不会纠正的。因此，我和助理一致认为应建议某进出口公司放弃上诉。

保证责任上的勉强

我负责琢磨的某会员购物中心的上诉理由，没费多大心思就找出来了。

我向助理解说了我试图用最高额保证否定一审判决认定的普通保证，并进而以《担保法》司法解释为依据，主张本案保证已过保证期间，某会员购物中心应免除保证责任的思路（此处不作阐述，因本案《案件分析报告》、《上诉状》、《代理词》及《补充代理意见》中已全面、系统地阐述了这一主张）。在我解说过程中，助理时而抬头兴奋地聆听，时而低头快速地记录。然而，我最后对这一主张可能命运的确定性估计，却又使助理神情黯然。

我的估计可谓“先喜后忧”。

第一，我认为二审法院会接受本案保证是最高额保证，不是普通保证的主张。因为，一审判决撇开本案主合同《授信协议》，简单而武断地认定本案保证是独立的、普通的连带责任保证，显然是错误的。保证人某会员购物中心参与签订的《授信协议》之担保条款关于“最高担保金额为美元伍佰万元整”的约定、关于“本担保责任是担保人（包括继承人、代理人和受让人）的连续性义务和责任”的约定、某会员购物中心就本案信用证业务向某银行出具的《承诺书》关于“某进出口公司现向贵行申请批准使用以上授信额度用于办理以上业务，在此我公司承诺对以上业务予以确认，同时按授信协议的约定承担担保责任”的约定，以及本案信用证合同实际履行的事实，均无可辩驳地证明本案保证为最高额保证。二审法院应该不会无视这些明确的约定和实际履行事实。

第二，我认为二审法院会接受《授信协议》之担保条款对最高保证期间约定不明的主张。根据是《授信协议》约定：“丙方的担保责任与本协议同时生效，在同时满足以下条件时终止：（1）本协议项下的保函全部失效；（2）本协议项下的保函发生赔付时，丙方或乙方向甲方足额支付保函赔款及其相应的利息、罚息、费用。”最高人民法院原副院长李国光1998年11月23日在全国经济审判工作座谈会上的讲话中提出，当事人没有约定保证期间具体日期，而是约定保证是至主债务本息还清时为止等的约定，为保证期间约定不明。另外，还应该参照最高人民法院《关于适用〈中华人民共和国担保法〉若干问题的解释》第32条第二款关于“保证合同约定保证人承担保证责任直至主债务本息还清为止等类似内容的，视为约定不明”的规定（只能参照，不能依据。因为该款是针对普通保证期间而规定的，保证期间为主债务履行期届满之日起2年）。故《授信协议》关于保证人保证责任至“丙方或乙方已向甲方足额支付保函赔款及其相应的利息、罚息、费用”时失效的约定应认定为约定不明。

第三，我认为二审法院不会接受《授信协议》约定了保证人清偿债务期限，故本案最高额保证期间已届满，保证人某会员购物中心应免责的主张。其根本原因在于，将《授信协议》关于“丙方保证在接到甲方书面通知后的七个工作日内向甲方足额支付保函赔款及其相应的利息、罚息、费用”视为保证人清偿债务的期限，过于勉强。其一，保证人清偿债务的期限应当是确定的，有具体的日期，而《授信协议》约定的“七个工作日”则是不确定的，只能由债权人的通知引起。假如将《授信协议》的此项约定作为保证人清偿债务期限，那么，能够说只要债权人未通知，则保证人清偿债务的期限便未起算？甚至可以延续若干年？显然，这样主张是经不起深究的。其二，债权人向保证人发出的要求其承担保证责任的通知，通常起着消灭保证期间，引起2年诉讼时效期间的作用。然而，依上述主张，某银行向某会员购物中心所发通知却只能起到引起法定的6个月保证期间的作用。这一点同样是二审法院所不能接受的。二审法院在此问题上可能的认定步骤有三：一者，认定本案保证期间为自最高额保证终止之日起6个月，即自《授信协议》终止之日2000年3月24日起算，6个月至2000年9月24日止；二者，在保证期间的2000年7月12日，某银行发函要求某会员购物中心承担保证责任，故自2000年7月12日起2年的诉讼时效期间开始起算；三者，某银行于2001年6月11日起诉某会员购物中心，属在诉讼时间期间内提起诉讼。

最后，我只得告诉助理，她负责的某进出口公司的上诉理由不成立，我负责的某会员购物中心的上诉理由亦不成立，后者仅仅比前者有点说头而已。因此，让她立即着手给两家公司写《案件分析报告》。主要写某会员购物中心的上诉理由，但必须告知难以获得二审法院支持的客观现实，并建议两家公司均不上诉。如仅仅是为了拖延诉讼周期而上诉，我们可以在某会员购物中心的保证责任上试试。

双方较量的平淡

很快，我们便向某进出口公司和某会员购物中心出具了《案件分析报告》。该报告基本没有就某进出口公司有关信用证的上诉理由提出意见，仅仅指出了一审判决在利息计算上的错误（即按外商投资企业透支利率计算利息），主要内容是关于某会员购物中心的保证责任的主张和理由。当然，结论是建议两公司均不上诉。

随后，两公司召集我们开了一次案件讨论会。虽然，我们坦言即使上诉，也不过拖拖时间而已，但是，他们还是执意上诉，且反复强调只要我们尽力，则无论结果如何都不会影响到双方以后的合作关系。

散会后坐进车里，我放下车窗，点一支烟，望着窗外不远处那一簇簇艳阳下黄得令人炫目的迎春花。助理问：你相信他们说的吗？我答：不相信。又问：那为什么还要给他们做？答：因为他们相信咱们。

在我为某会员购物中心写的《上诉状》中，除了阐明本案保证合同的性质为最高额保证合同和保证合同的保证期间已经届满外，为防止二审法院坚持一审法院关于本案保证合同为普通保证的认定，我又专门写了“即使原审判决认定本案保证合同为连带责任保证是正确的，其判决结论同样是错误的”一节。这部分内容是不含机智或狡辩成分的。因为，一审判决一方面撇开《授信协议》，认定本案保证合同是普通保证，另一方面又利用《授信协议》关于保证期间约定不明的条款，认定保证期间为2年，这显然是自相矛盾的。我指出如认定为普通保证，就不能适用《授信协议》中的最高额保证条款，而约定普通保证的《承诺函》并没有约定保证期间，故依《担保法》规定，保证期间为自主债务期限届满起6个月内。

助理写、我改的某进出口公司的《上诉状》，除第一节关于一审判决适用外商投资企业透支利率计算利息的错误和无视我方已付20%保证金而以信用证金额全额计算利息的错误外，其他内容我们自知不能成立。特别是在信用证问题上，撇开《跟单信用证统一惯例》而强调适用《民法通则》或《合同法》的有关规定，应该是法律适用上的狡辩。

（这里补充说明一点：最高人民法院《关于审理信用证纠纷案件若干问题的规定》第2条规定："人民法院审理信用证纠纷案件时，当事人约定适用相关国际惯例或者其他规定的，从其约定；当事人没有约定的，适用国际商会《跟单信用证统一惯例》或者其他相关国际惯例。"在本案中，开证行、开证申请人和担保人三方明确约定适用《跟单信用证统一惯例》UCP500。）

5月，某中级人民法院开庭审理了本案。本来，虽说本案并非复杂案件，但我们的上诉意见却引发了关于最高额保证和信用证的一系列事实认定和法律（含国际惯例）适用问题，然而，处于诉讼优势且完全可以针对我方的种种狡辩予以有力回击的某银行代理人，却并未提出什么反驳意见。于是，庭审不到两小时便平淡地结束了。

如前所述，我方关于最高额保证的主张的致命弱点在于错误地将《授信协议》关于我方在接到某银行通知后7个工作日内承担保证责任的约定视为双方约定的保证人清偿债务期限，并依此确定6个月保证期间的起算。然而，某银行代理人在答辩和辩论中却并未攻击我方的这一软肋，而提出最高额保证仅限于借款合同或者某项商品交易合同，故本案保证合同不是最高额保证合同。我担心的是某银行代理人"将计就计"，既承认最高额保证的定性，又认可保证期间约定不明的认定，但是，否定我方关于双方约定了保证人清偿责任的期限的主张，主张本案保证期间为自最高额保证终止之日起6个月。这样，我方就无法逃脱保证责任了。不过，某银行的代理人肯定没看出我方的这一破绽，却以为主张最高额保证是我方逃避保证责任的先决条件。于是，把否定最高额保证作为主攻方向（我在《代理词》中对《担保法》第14条关于借款合同或者某项商品交易合同的规定为列举式立法方法的解释，应该说是恰当的）。

某银行代理人对于我方关于某银行应对货物损失承担责任的主张，也未从《跟单信用证统一惯例》的具体规定和我方向其发函请求30天"押汇"的具体事实这两个方面予以有力回击。

原本应该是很激烈的辩论，并未发生。那么，我方关于保证责任和信用证项下货物损失的主张所引出的一系列问题，因双方并未辩明，则只留给本案的主审法官去思考、去解决了。

终审判决的教益

某中级人民法院的终审判决书超过万字，可谓洋洋大观。虽然，判决结论是分别驳回我们代理的某会员购物中心和某进出口公司的上诉，维持原判，但是，判决书对我们的一系列上诉主张和理由的驳斥，是很到位、很有力和令人信服的，足以反映出执笔法官坚实的专业基础和丰富的审判经验。执业多年的我一边细心读着，一边不由自主地点着头。读完后立即叫助理复印多份，分发给其他助理阅读，并专门一起讨论了这篇难得的上乘之作。因而，在这里我也想请有心的读者用心研读这篇文书。

针对某会员购物中心的上诉主张，判决书正如我所担心的那样，认定了最高额保证，认定了保证期间约定不明，但最终亮出了致命的一剑：认定6个月的法定保证期间从最高额保证终止之日（亦即《授信协议》12个月有效期届满之日）起算，即保证期间为2000年3月24日至9月24日，这期间的2000年7月12日某银行发函引起了两年的诉讼时效，故某银行2001年6月11日起诉并未超过诉讼时效期间。再者，判决书针对我所谓《授信协议》约定了保证人清偿债务的期限，故保证期间应自清偿期限届满之日起算的主张，指出："保证人清偿债务的期限应是一个确定的期间，而被上诉人某银行书面通知上诉人某会员购物中心支付保函赔款及其相应利息、费用的时间尚不确定，如以该时间作为保证人清偿债务期限的起算时间，势必致使保证人某会员购物中心的保证责任长期处于不确定状态，违背了《担保法》规定保证责任期间的立法目的。因此，被上诉人某银行书面通知上诉人某会员购物中心支付保函赔款及其相应利息、费用的时间，不构成《〈担保法〉司法解释》第三十七条规定的保证人清偿债务期限的起算时间。"真可谓准确无误，一剑封喉！

判决书对某进出口公司上诉主张的驳斥，也是具有说服力的。特别是针对某银行应承担信用证项下货物损失责任的主张，所提出的质权人行使质押权的两个条件，即出质人已无偿债能力或意愿和出质人请求质权人及时行使权利，且不说是否符合本案事实，仅就论证而言，是具《担保法》专业水平的。当然，判决书完全回避了一审判决按外商投资企业透支利率计算出高额利息的错误，也反映出该判决的倾向性。

虽然，判决书简直就像出自某银行聘请的高水平律师之手，全面驳斥了我方的主张，说出了、说透了某银行代理人根本说不出的一系列观点和理由，但是，别说这是判决书，假设是某银行律师的代理意见，我也一样口服心也服。

就这样，我们打败了这个官司，而且败得服气。过去曾经有过很好合作关系的某会员购物中心自接到判决后，便立即中断了和我的联系，当然也就终结了合作。

本来，我一直平静地回忆着这场官司，但写到这最后的这几笔，我的心却有点往下沉……

杂咏

歌厅

相逢莫相问，
同是沦落人。
但求在歌里，
一刻忘红尘。

第十章

诉讼的手腕与诉讼的定律

——委托理财合同纠纷中的法律关系与债权根据

20世纪上半叶美国最伟大的律师克莱伦斯·丹诺说：很少有案子是靠手腕来获得成功的。我喜欢收集有力的证据，然后尽量利用这些证据来作为辩论的基础，这是我办案的方式。而且，几乎每一次，我都依靠这种方法圆满地获得成功。

在本案中，对方采用了进、退两种诉讼手腕。进者，以其在收到我方3000万元后曾向我方支付相同金额的凭证为根据，主张其已退款，故本案合同并未实际履行；退者，主张即使合同实际履行，其中约定我方收回本金和收取固定利息的条款亦属于无效的保底条款，故我方应承担其为我方理财（实为炒股）的亏损。但是，这“进”、“退”两策在我方所举大量证据面前，都没能成功，且对方在一审败诉后放弃了上诉权，与我方执行和解。

克莱伦斯·丹诺所说“很少”二字，说明还是有少数案子靠手腕成功——这时的诉讼手腕就是诉讼技巧或策略。然而，他所说利用证据作为辩护基础，则道出了诉讼的真谛——证据最终决定胜败，这是诉讼定律。

导言

1.委托理财合同纠纷虽然是一个法定的案由，但是最高人民法院一直未对这类纠纷作出司法解释。因此，在司法实践中通常是根据这类纠纷中的不同法律关系即案由，依据相关法律、法规或司法解释，做出不同的认定和处理。

2.本案涉及两个法律关系，即委托关系和借款关系。在司法实践中，法院对本案这类委托理财合同纠纷的处理原则是委托人是否自行开设证券账户。即，如当事人在合同中约定，由委托人自行开设证券账户并投入资金或购买证券资产后，将账户控制权委托受托人进行证券交易的，应认定双方成立委托理财合同，案由为委托合同纠纷，处理依据为《合同法》；如当事人在合同中约定，由委托人向受托人交付资金，受托人自行开设证券账户进行证券交易，委托期限届满后由受托人向委托人返还本金并交付固定收益的，应认定双方成立以委托理财为表现形式的借贷关系，案由为借款合同纠纷，处理依据为最高人民法院有关企业之间借贷的司法解释。本案属于以委托理财为表现形式的企业之间借贷，但应委托人某研究院的要求，我们主张本案为委托合同纠纷，并提出了返还收益和赔偿滞纳金的诉讼请求。

3.依据最高人民法院司法解释，企业之间借贷的，如约定利息出借方已收取，则从出借方收缴；如出借方尚未收取，则从借入方收缴。在本案中，被告（借入方）在返还原告（出借方）3000万元中部分款项时，单独返还了按约定利息计算出的一百七十八万余元，并发函确认该款为原告的收益。我们主张该款为被告返还原告的部分本金，法院予以支持，故未对原告作出收缴该款的《民事制裁书》。那么，法院的这一认定是否有违司法解释？另外，法院对被告也未作出《民事制裁书》，既未收缴约定利息，也未进行罚款，这显然与司法解释不符。

4.本案还涉及证据的认定问题。被告某科技公司以其付款凭证为据，主张本案的3000万元原告虽于2002年1月22日向被告支付，但被告于同年2月1日即全额返还原告，故本案委托理财协议并未实际履行，法院应驳回原告的诉讼请求。我们主张，在签订本案协议之前的2001年4月24日，原告与某投资公司、某证券公司签订了另外一份《委托投资国债协议书》，委托金额也是3000万元，故已还的3000万元是祝某（代理某投资公司与原告签约，同时又是某科技公司的股东）代表某投资公司归还的，与本案的3000万元无关。我方的证据主要是被告某科技公司在3000万元归还后先后两次致原告的确认本案款项未还清的《还款承诺函》、本案协议监管方某证券公司致原告的证明本案款项未还清的《情况说明》以及被告依其还款承诺又归还部分款项的凭证。法院最终支持了我方的主张。

5.本案另外还涉及执行和解问题。我附上《执行和解协议》的目的旨在提示，作为执行申请人（债权人）在签订此种协议时应起码注意两个技术性问题：其一是必须约定被执行人只要未如期如数偿还分期还款中的一期欠款，执行申请人即有权解除执行和解协议，申请法院恢复强制执行程序——如无此约定，执行申请人只能申请被执行人未履行的到期债务，未到期的则不能申请；其二是应该约定如被执行人未按期履行协议，执行申请人有权申请法院依据《民事诉讼法》第232条的规定，要求被执行人赔偿执行申请人全部债款迟延返还期间的双倍利息——以此迫使被执行人执行协议。

要　　目

- 巨款的拖欠
- 冷静的判断
- 简要的起诉
- 诉讼的手腕
- 证据的力量
- 有效的执行

序曲

"小成靠智，大成靠德"——将这句哲言套用于诉讼中便是：小成靠智，大成靠证。凡诉讼律师都应该相信这句话。

巨款的拖欠

背景

某研究院与某科技公司《委托投资国债协议书》的约定及履行

一、《委托投资国债协议书》

2002年1月14日，某研究院（甲方）与某科技公司（乙方）及某证券公司（丙方）签订《委托投资国债协议书》，约定甲方委托乙方投资国债，丙方予以监管。

该协议第3条约定"甲方于2002年1月22日将委托投资国债资金人民币叁仟万元汇入乙方指定的专户账户上。"第4条约定"委托有效期自2002年1月22日至2002年12月22日止。委托有效期内，原则上甲方不得提前收回资金，如遇特殊情况，应与乙方协商解决。"第5条约定"由于委托投资可能会受到政治、经济等方面的政策变化、行业形势及其他不可预见之因素的影响。因而，乙方以账户内股票作为代理操作甲方资产的抵押账户。委派富有经验的专业人士管理专户，并在认真分析和研究市场的基础上进行组合投资，承担风险。"

第6条约定“丙方有权监控甲乙方所有账户内股票，不准许甲乙方在合同期内办理撤销指定交易及转托管业务，直至合同终止，以保证甲方本金及收益安全。”第7条约定“乙方按照6.5%（年息）返还给甲方。”第8条约定“委托资金到期日，甲方委托应得收益全部汇入甲方指定账户。”第9条约定“本协议经甲乙丙三方签字后生效，至甲方收回全部委托资金和收益后失效。”

二、履行情况

2002年1月31日，某研究院以“国债”用途向某科技公司出具3000万元的支票，该款进入某证券公司账户。

2003年2月10日，某科技公司向某研究院出具《还款承诺函》，称：“贵院于2002年1月14日与我公司在某证券公司某营业部签订了委托投资国债协议书。此笔委托资金已于2002年12月22日到期。我公司已经从2003年1月份开始归还了本金1100万元和全部投资收益1,787,500元。剩余委托投资本金1900万元，鉴于2002年度的整个证券市场出现了较大的动荡，各项证券投资品种均遭受到较大的损失，我公司也未能幸免。但为了保证贵院的委托资金及投资收益，我公司会尽全力从其他经营资金中抽调出来，尽快归还贵院。由于我公司2002年度经营的房产项目在春节前已有二亿八千余万元资金到账，此笔款项是国家财政的土地返还补偿资金。由于相关的手续正在办理当中，其间该笔资金在银行封闭运行。现我公司正在配合有关部门出具相关材料，力争在近期内办理完成相关手续。即刻归还贵院的1900万元委托本金。另外，在该笔资金没有到位的前提下，我公司正积极地抽调经营资金，每月都保证归还贵院，具体时间如下：2003年2月，归还贵院委托本金100万元，2003年3月，归还贵院委托本金200万元，2003年4月，归还贵院委托本金400万元，2003年5月，归还贵院委托本金400万元，2003年6月，归还贵院委托本金800万元止。”

2003年1月29日，某证券公司向某研究院出具《情况说明》，称：“贵院于2002年1月14日与某科技公司及我部签订委托投资国债协议书，由我部监管。该笔委托业务已于2002年12月22日到期。2002年12月受托方已将全部投资收益人民币壹佰柒拾捌万柒仟伍佰元整归还贵院。委托投资本金壹仟万元于2003年1月2日归还贵院。剩余的委托投资本金贰仟万元整在陆续归还中。鉴于

2002年中国证券市场极其严峻的形势，及有关政策的变动，使证券市场出现较大动荡，市场参与各方均遭受较大损失。受托方在操作中虽想方设法但最终未能抵御市场的系统性风险，导致了部分损失。目前受托方正筹措资金尽快归还贵院。我部也全面配合贵院，要求该方必须全力以赴在最短的时间内将余款归还。现该方已向贵院提交了还款承诺。我部将负责督促该方归还欠款。”

2005年2月22日，某科技公司向某研究院出具《还款承诺》，称：“贵院于2002年1月14日与我公司在某证券公司某营业部签订了《委托投资国债协议书》。此笔委托资金已于2002年12月22日到期。我公司自2003年1月开始至今共偿还1464.7万元。尚欠本金1535.3万元。由于我公司资金紧张，未能按2003年2月10日我公司出具的《还款承诺函》约定的还款期限向贵院还款。我公司深感不安。现根据贵院的催收要求，我公司愿意配合贵院，积极采取各种有效手段，全力筹措资金，将上述拖欠贵院的款项全部还清。”

至2005年3月30日某研究院向某科技公司提起诉讼前，某科技公司返还某研究院本金共计16,634,500元，尚欠本金13,365,500元和国债投资收益1,787,500元。

旁白

律师应当看清案件纠纷事实和法律问题背后的交易性质和交易方式，尤其是有时要看清交易方式旨在规避法律的实质。

——国有企、事业单位不得炒股。于是，作为国有事业单位的某研究院便委托某科技公司以“委托投资国债”的名义炒股。股市行情好，某研究院除收回本金外，至多也就只能得到6.5%的年息，巨大的炒股收益都理应归某科技公司。股市行情不好了，某科技公司便以此为由，拖欠某研究院的巨额本金不还。因此，这种交易方式背后，既有共同规避法律的问题，也有民营企业使用国有单位资金牟利的问题。

冷静的判断

背景

2003年8月，在我所为某研究院代理一件诉讼标的为1600万元的保险合同纠纷案件期间，某研究院要求我所就本委托理财合同纠纷案出具法律意见。我所即出具了下列《法律意见书》（系我列出写作提纲，并口述内容，由助理整理成文）。

正文

法律意见书

某研究院：

受贵院委托，我们认真研究了贵院与某科技有限责任公司（下称某科技公司）、某证券公司签订的《委托投资国债协议书》（下称《协议书》）、某证券公司出具的《情况说明》和某科技公司出具的《还款承诺函》，现就此出具法律意见，供贵院参考。

一、《协议书》名为委托合同，实为借款合同

（一）《协议书》不具备委托合同的法律特征

根据《合同法》第396条的规定，委托合同是委托人约定由受托人处理委托事务的合同。在委托合同中，受托人处理委托事务所需的费用由委托人支付，受托人处理委托事务的后果由委托人承担。

因此，本案双方签订的《协议书》中，贵院作为委托人与受托人某科技公司签订代为买卖国债的协议书，但没有约定买卖国债的手续费用由谁承担、委托合同是否有偿、某科技公司的报酬如何体现等委托合同的重要事项，却约定了风险由受托人承担、受托人到期向委托人支付固定利息，故该协议书空具委托合同的形式，不具备委托合同的实质内容。

（二）《协议书》的约定符合借款合同的法律特征

1.借款合同的法律特征

根据《合同法》第196条的规定，借款合同是借款人向贷款人借款，到期返还借款并支付利息的合同。在借款合同中，借款人除应按约定的借款用途（通常比较概括，如流动资金借款或固定资产借款等）使用借款外，其如何具体使用借款，以及使用借款款项的盈亏后果均与贷款人无关，概由借款人自行承担。无论其损益状况如何，其均应在借款到期后返还借款本金并按合同约定的利率支付利息。

2.《协议书》的性质为借款合同

(1)《协议书》内容符合借款合同的特征

《协议书》第3条约定，贵院将3000万元资金汇入某科技公司指定的专户账户上；第5条约定某科技公司委派富有经验的专业人士管理专户，进行投资，承担风险；第7条约定按照6.5%（年息）支付贵院收益。基于这些约定，某科技公司使用贵院资金进行投资的盈亏风险由某科技公司自行承担，不论投资的损益状况如何，某科技公司在合同期限届满时按6.5%（年息）支付贵院收益。因此，《协议书》的这些约定符合借款合同的法律特征，应认定为借款合同。

(2)《协议书》的实际履行情况证明《协议书》性质确为借款合同

《协议书》签订后，贵院将资金汇入某科技公司指定账户，某科技公司是否用于代理贵院投资国债，贵院并不关心，证明双方约定的委托事项仅是款项借出的理由，而非双方真实意思表示。某科技公司在合同期限届满后出具的《还款承诺函》，明确表明在投资已有损失的情况下，仍要返还本金和利息，并未依委托合同的原则要求作为委托人的贵院承担投资损失。因此，《协议书》的实际履行情况及某科技公司出具的《还款承诺函》中还本付息的承诺均可证明，《协议书》的性质确为借款合同。

二、《协议书》系无效合同

贷款业务属于国家特许经营的金融业务。企业之间互相借贷违反了国家的金融管理法律法规，其行为应认定为无效。因此，贵院与某科技公司签订的名为委托投资实为借款的《协议书》，因违反法律的禁止性规定，属于企业间的非法借贷，应为无效。

三、《协议书》无效，贵院仍有权收回借款本金

关于企业相互借贷合同的处理问题，最高人民法院在法（经）发［1990］27号《关于审理联营合同纠纷案件若干问题的解答》第4条第（二）项中规定，企业间借贷合同无效，除本金可以返还外，对出资方已经取得或约定取得的利息应予收缴，对借入方应处以相当于银行利息的罚款。

1.《协议书》无效，依据上述司法解释规定的原则，某科技公司应全额返还贵院支付的3000万元本金。

如某科技公司迟延返还本金，贵院可依据《协议书》和贵院支付委托资金的凭证提起诉讼。

2.贵院已收取的利息有被收缴的风险。

但是，由于某科技公司尚未将本金全部返还贵院，故贵院可将其以利息名义支付的178万余元抵作本金。依据最高法院法复［1996］2号《关于企业相互借贷的合同出借方尚未取得约定利息人民法院应当如何裁决问题的解答》的规定，对于企业间相互借贷的，出资方尚未取得的约定利息，人民法院应当向借款方收缴。贵院可主张我方尚未取得利息，依法应向某科技公司收缴。

3.最高法院法复［1996］15号《关于对企业借贷合同借款方逾期不归还借款的应如何处理的批复》规定，对于当事人约定的还款期满之日起，至法院判决确定借款人返还本金期满期间内的利息，应当收缴，该利息按借贷双方原约定的利率计算。

如贵院起诉，则从2003年12月22日还款期限届满至胜诉判决书生效之日期间的利息仍按6.5%计算，并向某科技公司收缴。

四、关于某证券公司的法律地位问题

某证券公司以监管方的身份出现在《协议书》中，其唯一的权利义务就是“监控甲乙方所有账户内股票，不准许甲乙方在合同期内办理撤销指定交易及转托管业务，直到合同终止，以保证甲方本金及收益安全”。故在本案中，

某证券公司的法律地位仅是有限的监管方，合同义务简单，也没有约定具体的违约事项及责任承担。

从《协议书》内容来看，某证券公司的义务仅为监督双方的撤销指定交易行为及转托管行为，只要甲、乙双方不发生这两种情况，某证券公司的义务即告履行完毕。在本案中，从现有证据来看，尚不能证明某科技公司存在上述行为，故难以追究某证券公司的违约责任。

上述意见，仅供参考。

顺致敬意！

北京市航舵律师事务所

附：贵院委托理财案所需证据清单

贵院委托理财案所需证据清单

一、3000万元汇入某科技公司指定账户之凭证（转账支票存根、主动付款之银行进账单、某科技公司是否开具收款收据）。

二、收取投资收益1,787,500.00元的凭证（银行进账单、是否向某科技公司开具资金往来发票或收据）。

三、历次收回投资本金的凭证（具体凭证同上）。

四、贵院致某科技公司的所有催款通知或其他函件。

五、除《还款承诺函》外，某科技公司是否还有其他书面还款承诺或函件？

六、除《情况说明》外，某证券公司是否还有其他书面函件？

七、除《委托投资国债协议书》外，贵院与某科技公司就此次委托投资事宜是否还签订过其他协议或补充协议？

八、贵院现掌握的某科技公司的资产情况，对外投资（控股或参股）情况，对外债权情况。

北京市航舵律师事务所

旁白

诉讼前写给当事人的《法律意见书》或《案件分析报告》，是律师最重要的法律文书之一。要写出律师对案件的精确认识、展示律师的诉讼才华，还要向当事人传递诉讼信念。如果就事论事、四平八稳、枯燥乏味，往往会丢掉案子。

——上述我口述、助理记录整理的文书四平八稳、不怎么样，好在是写给有稳定合作关系的当事人的，没弄丢案子。

简要的起诉

背景

2005年3月，某研究院委托我所代理其在某中级人民法院向某科技公司提起诉讼（某研究院认为，即使法律对于企业之间借贷的出借方只保护本金，但在诉讼中仍应主张收益和滞纳金）。

起诉前，我所律师代某研究院在某中级人民法院申请对某科技公司的银行账户存款和对外投资股权进行诉前财产保全。法院接受了申请，经裁定和实施保全措施，冻结某科技公司银行存款三百四十七万余元，查封其对外投资股权620万元。

正文

民事诉状

原告：某研究院

被告：某科技公司

案由：欠款纠纷

诉讼请求：

1.请求判令被告返还原告本金1336.55万元整；

2.判令被告按约定返还原告委托投资国债收益1,787,500元整；

3.判令被告向原告赔偿滞纳金1,779,482.67元（计算基数为本金,标准为每日万分之二点一,自2003年7月1日起算,暂计算至2005年3月31日）；

4.判令被告承担本案全部诉讼费用。

事实与理由：

2002年1月14日，原告与被告及监管方某证券公司签订《委托投资国债协议书》。该协议约定原告委托被告代理进行国债投资；原告应于2002年1月22日将3000万元人民币汇入被告指定账户，期限为11个月；到期后，被告除返还本金外，还应按6.5%的比例向原告支付年息。该协议书签订后，原告如约按被告指令划出了3000万元的国债投资款。该协议书到期后，被告返还部分本金，并于2003年2月10日向原告出具《还款承诺函》，承诺分期还款，于2003年6月前还清全部欠款。但被告并未完全按其还款承诺履行，仅偿还部分欠款。该《还款承诺函》到期后，被告又先后向原告出具了两份《还款承诺》，但始终未按其承诺履行。迄今为止，被告返还原告本金共计16,634,500元，尚欠本金13,365,500元和国债投资收益1,787,500元。经原告多次催收，未果。

原告与被告所签《委托投资国债协议书》到期后，被告向原告出具《还款承诺函》，明确承诺偿还原告本金和国债投资收益，其后又先后两次出具《还款承诺》。故被告拖欠原告本金和收益的事实简单，双方的债权债务关系明确，被告不履行双方的约定和己方的承诺，除依法应承担返还本金和收益的责任外，还应承担赔偿滞纳金的违约责任。

综上，本案事实清楚，证据充分，被告的民事责任明确。恳请贵院查明本案事实，依法判决，支持原告的诉讼请求，维护法律的尊严，保护原告的合法权益。

此呈

某市中级人民法院

具状人：某研究院

旁 白

作为原告代理律师，起诉可以简单，但诉讼预案却不能简单——先头部队先进行试探性进攻，主力部队都在后面呢！

诉讼的手腕

背景

某科技公司答辩意见

一、本案不是欠款纠纷，而是委托理财合同纠纷。

原告在起诉书中承认，该纠纷的产生缘于2002年1月14日双方及监管方某证券公司签署的《委托投资国债协议书》。而且原告的诉请中也要求被告按协议约定返还收益178.75万元。以上表明，该案是委托理财合同纠纷而不是欠款纠纷。

二、原告所诉与事实不符。

原告起诉书诉：原告应于2002年1月22日将3000万元汇入被告指定账户，期限为11个月，到期后，被告除返还本金外，还应按6.5%的比例支付年息。该协议签订后，原告如约按被告指令划出了3000万元的国债投资款与事实不符。原告根本没有按约定将该款交付被告进行投资，2002年1月14日所签的《委托投资国债协议书》根本就没有履行。被告不应承担返还本金、支付收益的义务。

三、两份还款承诺不是被告的真实意思表示，不应作为定案依据。

原、被告双方关系很好，基于这一原因，在2003年2月，原告多次找到被告，以单位年度审计、领导变动为由，要求被告出具一份还款承诺书，用以证实原告单位原与某投资公司签署的《委托投资国债协议书》所交付某投资公司3000万元资金的存在和去向。而且说明由于履行该协议已造成亏损，原告单位的性质决定没有还款承诺审计时会出现问题，同时承诺将对被告今后的生产经营予以支持。被告考虑到双方的关系，而且考虑到双方2002年1月14日所签的《委托投资国债协议书》并未实际履行，认为基于一个没有履行的合同而出具的任何承诺都是不具有法律效力的，所以答应配合，按原告要求出具了还款承诺。2005年2月的还款承诺出于同一原因。两份还款承诺都写明该承诺是基于

2002年1月14日的《委托投资国债协议书》。事实上该协议并未履行，根本不可能产生还款的义务。

因此，对于原告返还本金的诉讼请求，由于原告根本没有将3000万元交付被告，被告没有返还本金的义务；对于原告返还投资收益的诉讼请求，被告认为协议都没有履行，何谈收益？就是协议履行了，被告应承担投资亏损及支付原告固定利息的约定，其性质属于保底条款。原告在该保底条款中，只有收益，悉数规避和转嫁理财风险，违背了基本经济规律和公平交易原则，也违背了委托人对委托事务承担民事责任的法定准则，也是无效条款，该诉请不应予以支持。由于该协议没有实际履行，关于滞纳金的诉请更没有事实和法律依据。请求人民法院查明事实，驳回原告的诉讼请求。

旁白

唯物辩证法讲究联系地、全面地看问题，反对一点论——抓住一点，不计其余。在诉讼中，抓住一个貌似有利的证据，便想全盘否定其他一系列不利的证据，以为这样就能打赢官司——只有缺乏诉讼经验的律师才会这么想、这么做。

证据的力量

正文

代理词（一审）

尊敬的审判长、审判员：

我们作为原告某研究院的代理人，根据庭审调查的情况，我们认为，本案主要争议焦点有二，一为本案债务人的确定问题，二为本案所涉法律关系的效力问题。现针对这两个问题，发表如下代理意见：

一、被告某科技公司确为本案的债务人

（一）直接证明被告为本案债务人的证据

1.我方证据一，被告2003年2月10日出具的《还款承诺函》

被告在该承诺函中表明其发函的根据为我方于2002年1月14日与被告在某证券公司签订的《委托投资国债协议书》。该证据证明：第一，被告自认2002年1月14日《委托投资国债协议书》已实际履行，我方已向其支付委托投资的3000万元；第二，被告在履行《委托投资国债协议书》过程中存在未按时还款的违约行为；第三，被告认可其尚欠我方债务金额为1900万元；第四，被告承诺于2003年6月偿还全部欠款，并约定了具体的还款计划。

该份证据系我方起诉的主要根据，系被告认可债务并承诺偿还的重要证据。据此，我方与被告之间基于《委托投资国债协议书》的双务的、委托关系而产生的权利义务已转化为被告基于《还款承诺函》的单务的、欠款关系而承担的还款义务。

2.我方证据六，被告的还款凭证

该部分证据为被告自2002年12月31日至2005年3月17日起诉前，被告向我方偿还2002年1月14日《委托投资国债协议书》项下本金的部分还款凭证。特别是被告于2003年2月10日出具《还款承诺函》承诺还款的当月，即2003年2月19日，被告依《还款承诺函》第二款第一项的约定向我方返还100万元（见某银行2003年2月19日进账单）。

该证据证明：第一，被告已实际履行2003年2月10日的《还款承诺函》；第二，被告出具《还款承诺函》前已偿还我方欠款1278.75万元，与被告在《还款承诺函》中自认的《委托投资国债协议书》到期后已还款数额相符，印证我方证据一的真实性；第三，被告于2005年3月17日从被告在某银行开立的账户中直接向我方偿还20万元的行为，更加有力地证明被告对于《委托投资国债协议书》已实际履行，其对本案所争议的债务是认可的。该证据全面印证我方证据一《还款承诺函》的真实性。

3.我方证据三，被告2005年2月22日出具的《还款承诺》

该证据证明：第一，被告自认2002年1月14日《委托投资国债协议书》已实际履行，我方已向其支付委托投资的3000万元，印证我方证据一的真实性；第二，被告认可《委托投资国债协议书》到期后，已实际偿还我方1467.7万元，与我方证据六证明的还款金额相符，印证我方证据六的真实性。

综上，我方证据一、证据六、证据三形成完整的证据链，三份证据内容相互印证，共同指向同一待证事实，即被告基于2002年1月14日《委托投资国债协议书》，与我方形成债权债务关系，被告认可其对我方所负债务的事实及债务数额。

（二）监管方某证券公司证明被告为本案债务人的证据

我方补充证据一，两份《委托投资国债协议书》的监管方某证券公司于2003年1月29日向我方出具的《情况说明》。该证据已经法庭向监管方某证券公司调查核实，真实性已经证实。

该证据证明：第一，作为委托资金监管方的某证券公司同样认可被告基于2002年1月14日《委托投资国债协议书》对我方产生的债务。该证据虽形成于《还款承诺函》之前，但其内容印证了《还款承诺函》的真实性；第二，监管方认可被告截至2003年1月29日已向我方偿还投资款1178.75万元，之所以与被告在稍后出具的《还款承诺函》中承认的已还款数额相差100万元，原因就在于被告在某证券公司向我方出具该《情况说明》的当日，又向我方偿还了100万元（见我方证据六，某银行2003年1月29日进账单），由于被告还款与监管方发函系同一天，故监管方的函中未将该100万元包含在内。该函印证我方证据六还款凭证的真实性。

由于某证券公司系《委托投资国债协议书》的当事人，依约承担监管我方投资款账户的义务，故该证据的证明力高于一般意义上的第三方证据。该证据形成于被告《还款承诺函》之前，但其证明内容有力地印证了《还款承诺函》及被告实际履行《还款承诺函》的还款行为的真实性。揭示出被告所谓《还款承诺函》系应我方要求，为了配合我方审计而出具的说法，为虚假的诉讼说辞。

（三）被告作为债务人，为清偿债务而与我方协商的证据

1.我方补充证据二，被告盖章的《股权质押协议》。被告在该《股权质押协议》中确认与我方所签2002年1月14日《委托投资国债协议书》实际履行的情况，即尚欠我方1575万元，并承诺愿将其80%的股权质押给我方，作为还款的保证。同时，被告同意我方聘请独立的会计师事务所对被告现有资产进行审计，并同意我方监管被告的财务状况。

该证据证明：第一，我方与被告2002年1月14日签订的《委托投资国债协议书》已实际履行，我方已将3000万元国债投资款交付被告。该协议印证在此份证据之前形成的我方证据一即被告的《还款承诺函》、我方补充证据一即某证券公司的《情况说明》，同时，也印证了其后形成的我方证据二即被告的《还款承诺》；第二，被告已偿还我方1603.75万元，尚欠1575万元。由于该质押协议形成于2004年初，故截至2003年12月31日，被告实际偿还我方的款项共计1603.75万元，与我方证据六的10张银行凭证数额相符（见我方证据六第3页至第6页，2002年12月31日—2003年12月29日进账单）。故该质押协议印证我方证据六还款凭证的真实性。

2.我方补充证据三，被告第二届第一次董事会决议与被告第二届第一次股东会决议。该证据为被告出具，证明被告股东会、董事会及全体董事一致同意将被告80%的股权质押给我方作为被告还款的担保。该证据印证补充证据二《股权质押协议》的真实性。

3.我方补充证据四，某会计师事务所出具的《某科技公司资产清查专项审计报告》（某审字[2005]第×号）。该证据为我方委托某会计师事务所对被告资产进行专项审计的审计报告。该报告证明被告同意我方委托审计，其目的是建议我方同意将其80%的股权质押给我方，以作为其偿还欠款1575万元的担保，并同意我方了解并监管作为债务人的被告的资产状况。该审计报告的基准日为2003年12月31日，与补充证据二中对2003年12月31日前还款情况的说明相对应，印证补充证据二《股权质押协议》的真实性。

我方补充证据二与补充证据三、四形成一个完整的证据链，三份证据互相印证，证明2002年1月14日《委托投资国债协议书》已实际履行，被告一直

认可该笔债务，并多次承诺偿还。同时，《股权质押协议》与审计报告印证我方证据一《还款承诺函》、证据六还款凭证、证据二《还款承诺》的真实性。

综上，我方提交的、证明我方与被告签订的《委托投资国债协议书》已实际履行的三部分证据分别来自被告方、监管方及审计方，其真实性被告均无法否认。三部分证据群内部，各个证据之间互相连接，形成证据链；三个证据群之间互相印证，没有证据衔接缺口。因此，我方的证据形成一个相互印证，没有矛盾，相互连接的证据体系，确实、充分地证明被告确系本案的债务人，应当承担还款责任。

旁 白

证据是死的，人是活的。只有活的人灵活地使用证据，证据才能“活”起来。

二、被告关于《委托投资国债协议书》并未实际履行的主张不能成立

被告在答辩及庭审中提出2002年1月14日《委托投资国债协议书》并未实际履行，被告是为了配合原告审计而出具虚假的还款承诺，被告向我方还款的行为系代某投资公司还款的主张，因缺乏证据支持而不能成立。

（一）被告证据四，某证券公司《保证金取款单》不能证明被告向我方返还2002年1月14日《委托投资国债协议书》项下的3000万元投资款

1.该证据仅能证明2002年1月31日从被告开立的保证金账户支出了3000万元，尚不能证明该笔款项支付给我方。

2.退一步说，即使该笔款项确实支付至我方账户，该份证据仍不能证明被告向我方返还2002年1月14日《委托投资国债协议书》项下的3000万元。却恰恰可以证明，该笔款项系为了履行2001年4月24日我方与某投资公司签订的《委托投资国债协议书》。

首先，被告所举证据一为我方与某投资公司及监管方某证券公司于2001

年4月24日签订的《委托投资国债协议书》。在该协议受托方处签章的为“某投资公司”，在受托方经办人处签名的为“祝某”。因此，祝某代理某投资公司履行该份《委托投资国债协议书》的行为系经某投资公司授权的、有权代理行为。

其次，被告证据四，某证券公司《保证金取款单》中“存款人/代理人签章”处，由祝某签名。经法庭向监管方某证券公司调查核实，某证券公司证明该3000万元的支票是祝某个人取走的，证明某证券公司系根据祝某的指令，将3000万元划出的。因此，从该账户支出3000万元的行为应认定为祝某的行为，而非被告某科技公司的法人行为，即祝某履行我方与某投资公司签订的《委托投资国债协议书》的行为，法律后果应归于某投资公司。进而证明，从该账户付出的3000万元系某投资公司履行2001年4月24日《委托投资国债协议书》、偿还我方投资本金的行为，该份《委托投资国债协议书》确已履行完毕。

最后，众所周知，金钱为种类物，我方将2002年1月14日《委托投资国债协议书》项下的3000万元支付至被告指定的账户后，该款已为被告所实际控制，无论该款是为被告使用，还是仅作为保证金存在账户中不动，也不论被告如何使用该笔款项，该款均已成为被告所能控制的所有款项的一部分，经法庭调查，被告同时在监管方某证券公司处开立了数个账户，被告有权在其控制、使用的各个账户、各笔款项之间调配使用资金。只要被告按照《委托投资国债协议书》的约定进行3000万元的国债投资，就不违反双方的协议。因此，被告在收取我方的3000万元投资款项后又从哪个账户的存款中拨付3000万元直接用于投资国债，我方完全不知道，也无须知道。只要被告能按约定投资，于到期后将本金和收益返还我方，就符合《委托投资国债协议书》的约定和作为委托方的我方的意志。

至于祝某从哪个账户中取出3000万元用于代理某投资公司向我方返还2001年4月24日《委托投资国债协议书》项下的3000万元，构成某投资公司与我方的另一法律关系，与本案协议的履行无关。

（二）被告提交的证据五，2002年3月7日某证券公司《保证金取款单》，证明该款系偿还2001年4月24日我方与某投资公司所签《委托投资国债协议书》项下的收益我方认为，该证据目前仅能证明2002年3月7日，从祝某个人的账户中支出130万元，不能证明该款支付至我方账户。退一步说，即使此130万元就是某投资公司支付我方的130万元收益，双方对此也是无争议的，该份证据恰恰印证，祝某有权作为某投资公司的代理人，履行合同。其向我方账户付款的行为，由某投资公司承担法律后果。

被告对于该笔款项性质的当庭陈述证明，其对于祝某的代理行为效力也是认可的。

（三）被告提交的祝某个人与某证券公司达成的一系列合作协议均与本案《委托投资国债协议书》无关联性，不应作为本案的证据

可以看出，被告意欲证明本案2002年1月14日《委托投资国债协议书》没有实际履行，我方的3000万元投资款未实际交付的证据仅有一份，即被告方证据四（被告申请法庭调取的第一部分证据，即3000万元进出账的证据与被告证据四内容相同，证明对象相同，应为同一份证据；被告申请调取的证据二为被告在某证券公司2001年12月—2002年3月的交易记录，从被告提供的证据和被告的当庭陈述来看，该交易记录应为某投资公司或祝某个人的，也与本案无关；被告申请调取的第三份证据为2002年3月7日被告2915保证金账户中130万元的走向，亦应与证据五为同一内容的证据）。因此，该证据为孤证，被告提交的其他证据均不能印证或佐证该份证据的内容。前文已经说明，即使该份证据是真实的，也不能单独地证明被告欲证事实。被告以款项的走向来证明合同关系的存在的主张是错误的。例如，我所与委托人签订委托代理合同，如委托人直接从与其有关联的或有债权债务关系的第三方账户中向我所支付一笔代理费，任何人均不能根据该笔代理费的走向，主张我所与第三方存在合同关系。更何况，我方所举的大量证据互相印证，形成完整的证据体系，足以否定被告的孤证的证明效力。

被告无视其屡次承诺，历次还款的事实，在严重缺乏证据的情况下，仅以替人做好事，替某投资公司还款的“故事”来抗辩我方的体系化的证据群，其目的就在于把原本清楚、明确的事实打乱，把官司打乱，以达到混淆事实，拖延诉讼的目的。我方相信，合议庭通过对证据的慎重审查和梳理，必能作出正确的认定。

旁 白

光使用自己的证据武器还不够，还得摧毁对方的证据武器，让他们无法向自己开火。

三、本案法律关系的效力

本案讼争的法律关系系基于委托关系而产生的债权债务关系。

《委托投资国债协议书》的性质为委托关系。对此，双方似无分歧。《委托投资国债协议书》为合法、有效的委托合同。理由如下：

（一）《委托投资国债协议书》的受托人——被告系非金融性质的一般工商企业，有权投资国债。即委托关系的主体不违反法律的规定。

（二）在委托合同中，常见的受托人报酬的约定为两种，一种为明确约定受托人报酬，一种为不约定受托人报酬，而固定或不固定委托人收益，委托人收益之外的收益（即报酬）归受托人所有。本案受托人的报酬就属于固定委托人收益，该收益之外的收益为受托人报酬的情况。故此点亦不违反法律法规关于委托合同收益的规定。

（三）《合同法》实施后，法院认定合同或其他民事行为无效，必须依据法律、法规的强制性规定。换句话说，新《合同法》实施后，合同只要不违反法律、法规的强制性规定，就可以说在有效性上就获得了法律的支持。我们对法律、法规进行了认真、详细的查询，并无禁止企业之间、企事业单位之间委托理财的强制性规定。

（四）更重要的是，虽然我方与被告签订的《委托投资国债协议书》的性质是委托合同，但被告于《委托投资国债协议书》期满后的2003年2月10日向我方出具了《还款承诺函》，且已实际履行。其后又向我方出具《还款承诺》。被告的历次还款承诺，特别是第一次承诺，明确而具体地确认了其应返还的本金和应偿还的《协议书》约定利息。被告的这一行为，有双重法律意义：其一，确认双方所签《协议书》为有效合同；其二，将双方原委托关系演变为债权债务关系。委托关系仅为双方产生纠纷的背景，双方现存的纠纷已是简单的欠款纠纷。

综上，双方原委托关系不违反法律、法规的禁止性规定，合法、有效；双方现存的债权债务关系符合法律规定，亦合法、有效。

旁 白

有时，律师为了迎合当事人的意愿，明知不可为而为之，也不为过。但是，这是有前提的，前提就是不能在胜与败这样的原则问题上迎合当事人。

四、被告关于保底条款无效，应由我方承担投资损失的主张不能成立

第一，依照最高人民法院1990年关于联营合同纠纷案件的司法解释，联营合同中的保底条款，通常是指联营一方虽向联营体投资，并参与共同经营，分享联营的盈利，但不承担联营的亏损责任，在联营体亏损时，仍要收回其出资和收取固定利润的条款。本案是基于委托合同的欠款纠纷案，与联营无关。故将联营中的“保底条款”套用于委托合同关于委托人收益条款上，是违反司法解释本意的。

第二，《委托投资国债协议书》第5条明确约定被告应“委派富有经验的专业人士管理专户，并在认真分析和研究市场的基础上进行组合投资，承担风险”。由受托人承担不能完成委托事务的风险的约定，并不违反法律、法规的禁止性规定。相反，根据《合同法》第406条第一款关于“有偿的委托合同，因受托人的过错给委托人造成损失的，委托人可以要求赔偿损失”的规定，双方约定由受托方——被告承担风险，即如被告不慎投资失败，应自行承担损失，并依约向我方返还投资本金和收益的约定，符合合同法第四百零六条的规定。应为有效条款。

第三，国债与其他类型的证券不同，国债品种本身就有保底收益。因此，国债为风险性小的保本投资品种。买卖国债与买卖其他种类的证券一样，当然会带来超过国债票面利息的高收益，这也是无可厚非的。被告以约定收益率6.5%高于国债3%左右的票面利息的理由，认定《委托投资国债协议书》约定的收益条款无效的主张，系缺乏证券市场的常识，当然不能成立。

第四，被告主张其将3000万元用于投资股票，遇股市滑坡而受到的损失，应由我方承担损失的主张不能成立。双方《委托投资国债协议书》明确约定委托事项是投资国债，而被告擅自将本应用于购买国债的我方巨额资金，投入风险极高的股市进行炒作，正好证明其违反《委托投资国债协议书》的约定，属严重的违约行为。换句话说，以违约行为的后果来决定我方债权的大小，在法律上是荒谬的。

第五，《合同法》第406条第二款规定："受托人超越权限给委托人造成损失的，应当赔偿损失。"被告违反关于投资国债的受托权限，擅自使用委托资金进行炒股的行为符合《合同法》第406条第二款规定的情形，依法应向我方承担赔偿责任。赔偿的范围当然包括直接损失——投资本金的损失及可得利益的损失——收益的损失。

综上所述，《委托投资国债协议书》合法、有效，被告确为本案的债务人，这已是由大量确凿证据所形成的完整证据体系所证明的，本案无可辩驳的、铁的事实。被告违反合同约定，未按时还款的行为已构成违约，依法应承担返还和赔偿责任。恳求合议庭慎重查明本案的事实，正确判决，支持原告的主张。

谢谢！

旁白

律师无法做到篇篇代理词都精彩，但是应当做到篇篇代理词都认真负责，都有分量。否则，律师就缺乏了起码的执业良心——如果将律师代理费的部分换算成稿费，那么，诉讼文书是所有文章、论文中最贵的。

有效的执行

判决

一审判决

某中级人民法院的一审《民事判决书》

“被告辩称”一节如下：

被告某科技公司辩称，本案不是欠款纠纷，实为委托理财合同纠纷。原告于2002年1月22日曾将3000万元打入某证券公司被告的4989账号，2002年1月31日，应原告的要求，又从4989号账号打回至原告，之后再也没有打回，因此原告并未依2002年1月14日的委托理财协议将3000万元资金交于被告用于理财活动，该协议并未实际履行，也无法履行。原被告签订上述委托协议时，原告与某投资公司于2001年4月24日签订的委托理财协议中的委托资金已经亏损，应原告的请求，被告口头答应协助其管理该协议终止后的后期事宜。但2002年1月14日双方签订委托理财协议时，原告与某投资公司委托理财账号内的证券市值已跌破监管协议约定的平仓线，已归监管方控制和处置，被告已经不能也没有再进行理财操作。2002年年底应原告要求进行平仓，将平仓后的资金陆续返还原告。还款承诺是应原告的要求，出于以后与原告合作的期望及对原告的信任，配合原告财务审计、对账的需要才写的，是按原告的要求根据原告与某投资公司委托理财协议账户平仓后的资金返还情况出具的，不是被告的真实意思表示。还款承诺书的内容也表明，还款承诺书是基于原被告在2002年1月14日的委托协议履行的基础上产生的，因基础协议没有履行，还款承诺是无效的，不应作为认定事实的依据。原告与某投资公司的委托理财活动亏损1206.55万元，是证券市场行情走低所致，虽后期被告答应协助管理，但未作任何承诺，也无过错，不应承担责任。保底收益6.5%计178.75万元，属无效条款，滞纳金更无事实依据，均不应得到支持。

判决书陈述了原、被告对于本案协议是否已实际履行的不同意见：

针对双方协议是否已实际履行问题，原告提出：我方确于2002年1月31日收到过3000万元，但这是某投资公司返还的投资本金，与被告某科技公司无关。该3000万元支票是某投资公司协议签订人祝某取走的，系监管方根据祝某的指令，将3000万元划出，故应认定为祝某的行为。至于祝某从哪个账户取出3000万元用于归还某投资公司的3000万元，是另一个法律关系，与本案无关。被告提交证据所涉2002年3月7日从祝某个人账户支付的130万元，不能确认款项是支付给我方的。即使该款就是某投资公司支付我方的收益，也恰恰证明，祝某有权作为某投资公司的代理人履行合同。

被告提出：原告与某投资公司的委托理财到2002年5月15日期满，履行期限未满，某投资公司不应返还该3000万元。2002年1月31日给付原告的3000万元是从某科技公司账户支出的，这么大额资金，必有书面协议和合同关系，原告认为是代还款没有证据。我方不可能代某投资公司还款，在原告交付3000万元给我方的前提下，我方才口头答应帮助打理原告与某投资公司协议的理财账户，这3000万元回到原告处，只能是我方同意原告临时抽回，以便原告审计之用。因原告一直未再打回该款，致使2002年1月14日协议没有实际履行。

判决书“经审理查明”一节各段如下：

经审理查明，在本案协议签订之前，2001年4月24日，原告与某投资公司、某证券公司（作为监管方）共同签订《委托投资国债协议书》，约定的主要内容为：“某研究院委托某投资公司代理进行国债投资，某研究院于2001年5月15日将委托投资国债资金3000万元汇入某投资公司指定账户，委托有效期自2001年5月15日至2002年5月15日止。某投资公司以账户内股票作为代理操作某研究院资产的抵押账户。委派富有经验的专业人士管理专户，进行组合投资，承担风险。监管方有权监控委托双方所有账户内股票，不准许双方在合同期内办理撤销指定交易及转托管业务，以保证某研究院资金安全。某投资公司按照6.5%年息返还给某研究院。”在该协议书上，原告加盖了“某研究院”的公章，某投资公司除加盖公章外，并有祝某以经办人身份签字，某证券公司除加盖公章外，并有张某以负责人身份签字。该协议签订后，原告于2001年5月14日支付3000万元进入某证券公司账户。

2002年1月14日，原告某研究院、被告某科技公司、某证券公司（作为监管方）共同签订本案的《委托投资国债协议书》，约定的主要内容为：某研究院委托某科技公司代理进行国债投资，某研究院于2002年1月22日将委托投资国债资金3000万元汇入某科技公司指定账户，委托有效期自2002年1月22日至2002年12月22日止。某科技公司以账户内股票作为代理操作某研究院资产的抵押账户。委派富有经验的专业人士管理专户，进行组合投资，承担风险。监管方某证券公司有权监控委托双方所有账户内股票，不准许双方在合同期内办理撤销指定交易及转托管业务，以保证某研究院资金安全。某科技公司按照6.5%年息返还给某研究院。

2002年1月22日，原告以“国债”用途开具3000万元支票，该款进入某证券公司账户。

2002年1月31日，被告某科技公司开具3000万元支票交给祝某，2月1日，祝某将该支票3000万元款项转入被告某研究院账户。

2003年2月10日，被告向原告出具《还款承诺函》，主要内容为：“贵院于2002年1月14日与我公司在某证券某营业部签订了委托投资国债协议书。此笔委托资金已于2002年12月22日到期。我公司已经从2003年1月份开始归还了本金1100万元和全部投资收益1,787,500元。剩余委托投资本金1900万元，鉴于2002年度的整个证券市场出现了较大的动荡，各项证券投资品种均遭受到较大的损失，我公司也未能幸免。但为了保证贵院的委托资金及投资收益，我公司会尽全力从其他经营资金中抽调出来，尽快归还贵院。由于我公司2002年度经营的房产项目在春节前已有二亿八千万余元资金到账，此笔款项是国家财政的土地返还补偿资金。由于相关的手续正在办理当中，其间该笔资金在银行封闭运行。现我公司正在配合有关部门出具相关材料，力争在近期内办理完成相关手续。即刻归还贵院的1900万元委托本金。另外，在该笔资金没有到位的前提下，我公司正积极地抽调经营资金，每月都保证归还贵院，具体时间如下：2003年2月，归还贵院委托本金100万元，2003年3月，归还贵院委托本金200万元，2003年4月，归还贵院委托本金400万元，2003年5月，归还贵院委托本金400万元，2003年6月，归还贵院委托本金800万元止。”

2003年1月29日，某证券公司向原告出具一份《情况说明》，主要内容为：“贵院于2002年1月14日与某科技公司及我部签订委托投资国债协议书，由我部监管。该业务已于2002年12月22日到期。2002年12月受托方已将全部投资收益人民币1,787,500元归还贵院。委托投资本金1000万元于2003年1月2日归还贵院。剩余的本金2000万元整在陆续归还中。目前受托方正筹措资金尽快归还贵院。我部也全面配合贵院，要求该方必须全力以赴在最短的时间内将余款归还。现该方已向贵院提交了还款承诺。我部将负责督促该方归还欠款。”

2002年3月8日，某证券公司支付给某研究院130万元，原告某研究院认为，该款是某投资公司支付的收益款。

原告某研究院认可：自2002年至2004年，某证券公司向原告陆续付款共计16,434,500元，此为被告某科技公司归还原告某研究院的欠款本金。

2005年2月22日，被告又出具一份《还款承诺》，确认“委托资金已于2002年12月22日到期，自2003年1月开始共计已偿还1464.7万元。由于被告资金紧张，未能按2003年2月10日《还款承诺函》约定还款。被告愿意全力筹措资金还清全部款项。”

2005年3月17日，某科技公司直接向原告归还20万元，原告亦认可冲抵欠款本金。

综上，原告认可被告共计归还欠款本金16,634,500元，被告承诺的其他款项未再返还。

上述事实有原告某研究院《事业单位法人证书》、原告单位名称变更相关文件、被告某科技公司《企业法人营业执照》、《委托投资国债协议书》、2003年2月10日《还款承诺函》、2005年2月22日《还款承诺》、付款凭证、某证券公司收款收据、3000万元支票存根、某证券公司《情况说明》、2001年4月24日原告与某投资公司签订的《委托投资国债协议书》及双方当事人当庭笔录等证据材料在案佐证。其中2001年4月24日原告与某投资公司签订的《委托投资国债协议书》及相关付款凭证，虽与本案无直接关联，但在判断本案是否履行问题上有一定辅助作用，故本院将其采纳为证据。

被告某科技公司提供的祝某与李某签订的《合作协议》、祝某与李某向某证券公司出具的《申请与授权的函》、某证券公司《接受授权的函》、祝某与李某签订的《特别授权委托书》、祝某与李某和张某签订的祝某与李某《委托授权函》、祝某与冯某签订的《合作协议》、祝某与冯某签订的《接受授权的函》、祝某与冯某向某证券公司出具的《申请与授权的函》、祝某与冯某签订的《特别授权委托书》、祝某账户保证金取款单等材料，因这些材料中与本案双方当事人签订的《委托投资国债协议书》所涉法律关系无关，不能作为本案证据。

判决书“本院认为”及判决内容如下：

本院认为，本案纠纷源起于2002年1月14日原告某研究院、被告某科技公司、某证券公司共同签订的《委托投资国债协议书》。在该协议书中，原告并不开立自己的账户，由被告管理，而只是负责向被告提供3000万元资金，汇入被告账户自行操作，被告则向原告承诺到期归还本金，并保证原告6.5%的年息。此种约定系名为委托投资，实为企业间相互拆借的行为，违反了国家金融法规，应为无效，对此双方均有责任。被告因该协议书取得的资金，应当全部返还原告。其中，被告陆续向原告归还的资金16,634,500元，均为本金。余欠本金，被告应予继续偿还。原告所提利息、滞纳金主张，因借款关系无效，本院不予支持。

对于某科技公司在诉讼中提出的“委托理财协议实际并未履行”一节本院认为：第一，原告向某投资公司开具收到本金3000万元的收据，说明祝某是在代表某投资公司还款。第二，某科技公司在本案诉讼之前从未对此提出过异议，并在2002年至2005年连续向原告还款，说明某科技公司一直认可双方当事人之间存在着欠款关系。因此，某科技公司所述本院不予支持。

综上，依据《中华人民共和国合同法》第52条第一款第（五）项、第58条之规定，本院判决如下：

一、被告某科技公司于本判决生效之日起10日内给付原告某研究院13,355,500元；

二、驳回原告某研究院其他诉讼请求。

旁白

诉讼有时是一条河，你只能沿着河道航行；有时是大海，你可以选择航道。

背景

某科技公司在一审判决的上诉期限内向某中级人民法院提交了《民事上诉状》，但在规定的期限内未交纳上诉费，故一审判决生效。

执行

执行和解

某科技公司未按判决书规定的期限履行判决义务，某研究院遂继续委托我所代理判决的执行。我方在收取法院发还的已冻结款项347万余元后，因某科技公司已被我方查封的620万元对外投资股权尚难拍卖变现，且尚未发现其 其他可供执行的财产，故经与其长达半年之久的艰难交涉，终达成如下《执行和解协议书》：

甲方（执行申请人）：某研究院

乙方（被执行人）：某科技公司

甲、乙双方经协商就甲方申请法院强制执行某中级人民法院（2005）某中民初字第×号《民事判决书》及同案号《民事裁定书》（关于财产保全费的补正判决）一案，达成如下执行和解协议：

一、双方确认的乙方欠甲方的各项款项

1.乙方欠甲方借款本金人民币13,355,500元；

2.乙方欠甲方案件受理费人民币47,336元；

3.乙方欠甲方财产保全费人民币85,182元。

以上三项合计为人民币13,488,018元。

二、还款期间

1. 2006年9月20日之前，乙方还甲方人民币6,973,773.26元（其中含法院已执行款人民币3,473,773.26元）；

2. 2007年11月30日之前，乙方还甲方人民币3,500,000元；

3. 2008年11月30日之前，乙方还甲方余款计人民币3,014,244.74元。

如乙方在2007年11月30日前提前偿还本条中第二笔款项，甲方同意在乙方还款后申请法院解除对某科技公司股权的查封。

三、违约责任

1.还款期间，乙方只要未如期如数偿还其中一期的欠款，甲方即有权解除本协议。

2.甲方一经解除本协议，即申请法院恢复强制执行程序。鉴于乙方未按判决书给付期限还款，亦未按本协议约定期限还款，甲方有权申请法院按照《民事诉讼法》第232条关于“被执行人未按判决、裁定和其他法律文书指定的期间履行给付金钱义务的，应当加倍支付迟延履行期间的债务利息”的规定，要求乙方赔偿甲方全部债款（即本金人民币13,355,500元与案件受理费人民币47,336元、保全费人民币85,182元，三项合计人民币13,488,018元中未还部分款项）自本案判决书生效之日至实际还款之日止的双倍利息。

四、担保条款

乙方在偿还第一、第二期欠款后，甲方同意申请法院解除某科技公司被法院查封的股权；同时乙方用其在某科技公司的股权进行担保，保证乙方对甲方剩余款项的返还。

五、本协议的生效条件

本协议自乙方如期如数偿还2006年9月20日之前的第一期款项后生效，否则自行失效，甲方应及时通知法院恢复执行程序。

本协议一式五份，双方各执两份，交法院存档一份，具有同等法律效力。

甲方（盖章）：某研究院　　　　乙方（盖章）：某科技公司

某科技公司于《执行和解协议》签订当日，向某研究院支付了该协议约定的首期款350万元，后按该协议约定的期限偿还了全部一千三百四十万余元款及诉讼费。

尾声

马克·吐温说：当我们觉得一件事经由自己的努力而赢得的时候，哪怕是极细微的一件事，也会使我们感到幸福。

打赢官司并迫使对方和解还钱，不是一件细微的小事，我们当然感到幸福。

思考

本案所涉及的已归还原告某研究院的3000万元的认定问题，确实关系到被告某科技公司是否为债务人的问题，当然决定着本案的命运。

3000万元确实是从被告在某证券公司的账户中转出并归还原告的。假如法院据此认定本案《委托投资国债协议书》因受托方（被告）接受委托方（原告）款项后又很快归还，故并未实际履行，原告依据本案现有证据，能否继续对被告主张其债权？

《合同法》第84条规定：“债务人将合同的义务全部或者部分转移给第三人的，应当经债权人同意。”原告可否根据被告先后两次向原告出具还款承诺，并实际部分还款，而原告实际接受还款且未提任何异议的事实，主张债务人某投资公司已将其债务转移给被告，被告明确表示接受且实际还款，原告实际接受证明同意债务转移，从而继续针对被告诉讼并最终赢得胜诉？

课题

论委托理财合同纠纷的不同法律关系 论文

（请参阅本章第二部分“心路”）

谈委托理财合同纠纷中的企业之间借贷 文章

“诉讼手腕”议 文章

—— 以一件委托理财合同纠纷案为背景

谈执行和解协议的制作技巧 文章

心路

在对方按《执行和解协议》还了最后一笔300万元欠款后，某研究院的领导请我吃饭。我心情不错，提前来到酒店 ，在大堂临窗而坐。窗外，正午的艳阳下，亭台中、小桥上、水岸边，空无一人，一片静谧。凝望中，我享受到片刻的宁静。

要　目

- 先侃麻将
- 正反论证
- 暂不起诉
- 错失良机
- 诉前保全
- 诉讼策略
- 证据较量
- 判决结果
- 执行和解

自2003年起，全国各级人民法院受理的委托理财案件呈不断增多趋势。其原因很简单，在这之前的那几年股市颠狂时期，不少有闲散资金、想入股市以求高利的企业，因缺乏炒股经验而将资金以投资国债、期货等名义委托其他企业或证券公司炒股。然而，在股市全线跌入低谷后，那些作为委托人的企业别说吃点高利了，甚至连本金都无法从受托企业或证券公司讨回（不是亏本就是被套牢），于是纷纷向法院起诉受托人。

不过，虽说这拨诉讼“行情”行将过去，但是，随着金融市场的发展——近几年各种类型的金融机构纷纷推出含委托理财内容的各种金融产品，委托理财合同纠纷必然越来越多。因此，作为金融纠纷专卷的本书，当然应该选录此类纠纷案例。

人们往往认为，我国现行法律、法规对委托理财合同纠纷尚无明确规定，其实不然。

虽然，自2004年始，面对大量委托理财合同纠纷疑难问题的全国各高级人民法院就开始等盼最高人民法院关于委托理财合同纠纷案件的司法解释——有些省高院如江苏省高院甚至通知全省各级法院暂缓作出此类案件的判决，但是，三个年头过去了，最高人民法院的司法解释仍然“千呼万唤不出来”。不过，没有专门的司法解释，此类案件照判不误。因为，依据最高人民法院关于民事案件案由的司法解释，委托理财合同纠纷并不是一个案由，对于这类纠纷中的不同的法律关系即案由，大体上都可找到相应的法律规定。举例如下：

1.如当事人在合同中约定，由委托人自行开设证券账户并投入资金或购买证券资产后，将账户控制权委托受托人进行证券交易的，应认定双方成立委托理财合同，案由为委托合同纠纷，处理依据为《合同法》。

2.如当事人在合同中约定，由委托人向受托人交付资金，受托人自行开设证券账户进行证券交易，委托期限届满后由受托人向委托人返还本金并支付固定收益的，应认定双方成立以委托理财为表现形式的借贷关系，案由为借款合同纠纷，处理依据为最高人民法院有关企业之间借贷的司法解释（这是近年来最多、最常见的纠纷类型，本案即属此类）。

3.如当事人在合同中约定，委托人将资产委托给受托人，受托人提供专业理财服务，双方利益共享、风险共担的，应认定双方成立以委托理财为表现形式的合伙关系，案由为合伙协议纠纷，处理依据为《民法通则》和最高人民法院《关于贯彻执行〈中华人民共和国民法通则〉若干问题的意见（试行）》。

4.如当事人在合同中约定，委托人将其资产委托给受托人，由受托人按照委托人的意愿并以受托人自己的名义进行管理，委托资产与委托人资产、受托人的固定资产相互分离，以使委托人或委托人指定的受益人获得收益，且受托人是具有法定资质的信托投资机构，具备信托法所规定的信托行为构成要件的，应认定双方成立信托合同关系，案由为信托合同纠纷，处理依据为《信托》法及相关司法解释。

说明：最高人民法院于2011年2月18日对《民事案件案由规定》进行了第一次修正。修正后的案由规定将委托理财合同纠纷单列为第三级案由，同时增加金融委托理财合同纠纷和民间委托理财合同纠纷两个第四级案由。由奚晓明主编的《最高人民法院民事案件案由规定理解与适用》（人民法院出版社2011年修订版）认为：“委托理财是委托人将其资金、证券等资产委托给受托人，由受托人将该资产投资于期货、证券等交易市场或通过其他金融形式进行管理，所得收益由双方按约定进行分配或由受托人收取代理费的经济活动。按照受托人的主体特征不同，委托理财可分为金融机构委托理财和非金融机构委托理财。”“除了按照受托主体不同，委托理财还有一种较为重要的分类方式，即根据在证券或期货市场出现的投资人名义的不同，分为委托代理的投资理财和信托投资理财。在委托代理型投资理财中，委托人以自己名义开设资金账户或者同时开设股票、期货交易账户，受托人使用委托人的账户从事投资经营活动，委托人与受托人之间是委托代理合同关系。在信托投资理财中，委托人直接将资金、证券交付给受托人，由受托人以自己的名义或者受托人借用他人名义从事投资经营活动，委托人与受托人之间是信托合同关系。”故按该书的观点，上文所述委托合同法律关系和信托合同法律关系应属于委托理财合同纠纷案由，借款合同法律关系和联营合同法律关系不属于委托理财合同纠纷案由。不过，该书的观点仍属于学理性解释，最高人民法院尚未对委托理财合同纠纷作出专门性的司法解释。

好了，在这里只能点到为止了。

先侃麻将

凌晨4点多了，才回到家。一点睡意也没有，拿出本案卷宗，翻看着，梳理着本案“心路”的写作思路。

今年的晚秋又是暖秋。白天阳光依然，夜里清凉依旧。

落地窗外，花园草坪上一片亮白，如雪似霜，其实那是十五的圆月洒下的银辉。园子里一片寂静，没有了蛐蛐儿的鸣唱；后窗外的渠水也无声无息，更没有了夏夜里的那一片蛙声。唉！我怀念夏夜，留恋那房前屋后的勃勃生机！恨不能马上冬来春去，让那热闹的夏夜再度包围我。那时，我的心比现在宁静，比现在萌动，最适合思考和写作……

我刚从窗外收回思绪，却又回味起昨夜的聚会。

昨夜不是惯常的业务应酬，而是老朋友聚会。

在中国政法大学读书时，我精力过剩，结交了不少各色朋友。校外的不说，在校内除同学、老师、领导外，还交了一些行政、后勤人员。其中，原保卫处处长、原工会副主席（女士）、原校卫队队长，再加我，三男一女，四人正好凑成一桌，每月都会喝酒瞎聊后正戏开演：打麻将！有人说我们是“四人帮”，因为我是研究生，有点文化，就是“狗头军师张”（郭沫若先生为粉碎“四人帮”所填“水调歌头”词句，说的是张春桥。那首词可真的够臭，有损大师形象）。还说我们是酒肉朋友、赌友。其实，别说我在校读书、工作的10年间，就说我辞职离校后这十年，不仅每年逢年过节要聚，而且每家凡有大事哥儿们姐儿们都会过问。酒肉朋友、赌友能神交20年吗？

这些年，比我大十几岁的他们都退了，有了更多的聚会打麻将的时间。而我干律师这行，无奈无法多陪他们。当我发现，因没我（“三缺一”），他们三人的牌友总是不断变换新人而不能固定，我多少有点“四人帮”舍我其谁的得意。他们向我坦言他们的失落，使我更加懂得老朋友的珍贵和不可替代……

这不，“十一”才聚过，不到一个月，他们又约我吃饭喝酒打麻将。半斤白酒下肚，飘飘然，醺醺然。然后摆开麻将桌，顿时意气飞扬，不可一世。赢了，哈哈大笑；输了，撒疯骂座。都是自己人，知道全不当真，只图气氛热闹，心情痛快！

我所的青年律师知道我好打麻将，很不以为然，似乎觉得他们的主任层次不高。我虽不向他们作任何解释，但心里知道蔑视麻将其实也是一种无知。梁实秋说：麻将不过是一种游戏，玩玩有何不可？何况贤者不免。他在散文《麻将》一文中还说：梁任公先生（即梁启超）即是此中高手。并引用了梁任公先生的一句名言：“只有读书可以忘记打牌，只有打牌可以忘记读书。”还讲起了胡适、潘光旦、徐志摩等诸位名士打麻将的趣事。

在我看来，麻将对于从事律师职业的人来说，则不仅仅是梁实秋先生所说的游戏。撇开麻将也是律师的一种社交手段不说，是否喜欢麻将，是否擅长麻将，从某种意义上说，可以看出一个律师是否具有搏击的精神、博弈的智慧以及面对输赢的冷静心态。

从老朋友说到了打麻将，又从打麻将说到了做律师，说远了，该说正题了。

正反论证

某研究院是“神五”、“神六”载人飞船的研制单位（修改此稿时，他们研制的宇航员出仓的“神七”也成功收回了）。因给国家航天事业做出了突出贡献，这几年该院够风光的。

那年4月，我参加了该院为其一件重大、疑难的保险合同纠纷案件而举行的代理律师公开招聘。竞聘成功后，除代理该案外（该案很典型，本书亦收录），我所律师开始与该院法制处合作，为该院提供非讼法律服务。

之后，我们代理的保险合同纠纷案虽陷入艰难境地，但某研究院鉴于我们兑现了竞聘时的承诺，促成法院完成了从公安机关调查取证的工作，故经该院大案专案组（该院为上述保险合同纠纷案专门成立的临时性组织）成员一致同意，将本委托理财合同纠纷案交由我们提出法律意见和处理建议。

此前的2001年，作为我所法律顾问单位之一的某投资公司，专门从事国债委托理财业务，即与某证券公司合作，接受有关企业委托，使用巨额的委托资金，名为经营国债，实为炒股。我们通过参与谈判和审查合同，早已熟悉了与本案完全相同的委托理财运作模式（律师不能因为自己服务的企业所签合同为无效合同而回避或拒绝参与谈判和审定合同——当然需要向己方的企业说明合同效力问题）。因而，出具本案《法律意见书》，对于我们来说并非难事。

因而，我在看完本案《委托投资国债协议书》、某证券公司的《情况说明》及某科技公司的历次还款承诺，并了解了有关委托资金实际用途和实际还款情况后，便向助理口述了意见。助理整理成文，我稍加修改，便向某研究院提交了《法律意见书》。基本意见是，《委托投资国债协议书》（下称《协议书》）不具备委托合同的法律特征，符合借款合同的法律特征，故名为委托合同，实为借款合同；《协议书》因违反国家金融管理法律法规，为无效合同；依据最高人民法院关于处理企业之间借贷纠纷案件的司法解释，某研究院有权收回借款本金，但不能取得约定利息。

某研究院综合部张部长及下属法制处杨处长看完《法律意见书》后，先后给我打电话询问，本案除《协议书》无效外，是否还有其他出路。我答复他们，如果诉讼，想要促使法院最终认定《协议书》有效，几乎没有可能。

然而，一向总是想要把死案救活的我，当然也不甘心《协议书》无效。于是，我专门抽空试着从反面写了《协议书》有效的意见。下文便是这一意见的摘录（《协议书》无效为原主张，有效为现主张）。

一、诉讼主张

（一）原主张稳健，但却放弃了争取年息和滞纳金的诉讼机会

1.原主张稳健，其形成主要基于两点：一者，确保本金安全收回，谨防某科技公司利用我方提起之诉讼主张《协议书》有效，进而申请法院对其炒股账

户进行审计，以达到其按审计结果处理本案的目的；二者，从本案证据和法律规定上看，确有企业之间借贷之法律特征。

2.原主张确有保守之嫌。根据《协议书》的约定和某科技公司的历次还款承诺书，依照最高人民法院《关于修改〈关于逾期付款违约金应当按照何种标准计算问题的批复〉的批复》（法释［2000］34号），我方的投资收益为一百七十八万余元，某科技公司未按其2003年2月还款承诺函还款的滞纳金约为二百多万元（自2003年6月起算，每日万分之二点一），两项相加约380万元。但如果采取原主张，则都予以放弃。

3.从诉讼策略上看，采取原主张，虽稳健，但几乎没有了退路。诉讼与打仗相似，只守本土是消极的，也是危险的；以攻为守，在敌方设置战场，成而占地，败而守土，方为兵家上策。

（二）现主张虽艰难，但为诉讼上策，且亦有证据和法律之支持

1.现主张的证据支持为，我方与某科技公司签订《协议书》，成立了以委托理财为内容的委托法律关系。虽然，作为委托购买国债的《协议书》存在三个主要瑕疵，即一者，我方作为委托人未在某证券公司开立账户，未办理指定交易或托管手续，未向某科技公司发出委托指令（国债品种、数量、价格、有效期等）；二者，《协议书》约定了委托人的固定年息；三者，未约定作为受托人的某科技公司的报酬。但是，此三点尚不能否定委托关系和认定企业之间借款的性质。因为，一者，委托人在证券营业部开立自己名称的账户，办理指定交易或托管手续，向受托人发出委托指令等程序和手续要求，是有关证券管理法规针对受托人为从事证券经营业务的公司规定的，本案受托人某科技公司属非从事证券经营业务的公司，故依据有关证券管理法规关于购买国债的程序和手续要求的规定否定本案的委托关系是不成立的。二者，虽然，证券法规定证券公司办理经纪业务，不得接受客户的全权委托而决定证券买卖、选择证券种类、决定买卖数量或者买卖价格，亦不得以任何方式对客户证券买卖的收益或者赔偿证券买卖的损失作出承诺。但是，本案受托人某科技公司并非证券公司，本案的委托内容并不受该规定的约束，故《协议书》约定固定年息之事实，并不影响委托关系的成立和有效。三者，在委托合同中，常见的受托人报酬的约定分为两种：一种为明确约定受托人报酬，一种为不约定受托人报酬，

而固定或不固定委托人收益，委托人收益之外的收益（即报酬）归受托人所有。本案受托人的报酬就属于固定委托人收益，该收益之外的收益为受托人报酬的情况。故此点亦并不能否定委托关系的成立和有效。

2.现主张的法律支持为，法律、法规并无禁止企业之间、企事业单位之间委托理财的强制性规定。新的《合同法》实施后，法院认定合同或其他民事行为无效，必须依据法律、法规的强制性规定。换句话说，新《合同法》实施后，合同只要不违反法律、法规的强制性规定，就可以说在有效性上就获得了法律的支持。

3.现主张的另一个重要理由是，虽然我方与某科技公司签订的《协议书》的性质是委托合同，但是某科技公司于《协议书》期满后的2003年2月10日向我方出具了《还款承诺函》，且其后又向我方出具了两份《还款承诺》。某科技公司的历次还款承诺，特别是第一次承诺，明确而具体地确认了其应返还的本金和应偿还的《协议书》约定利息。某科技公司的这一行为，有双重法律意义：其一，确认双方所签《协议书》为有效合同；其二，将双方原委托关系演变为债权债务关系。在本案诉讼中，我们将牢牢抓住和充分利用这一点，主张委托关系仅仅为双方产生纠纷的背景，双方现存的纠纷已是简单的欠款纠纷。

4.我们理解，本案的诉讼结果可分为上、中、下三等。上等为法院认定《协议书》有效，我方在收回投资本金的同时，依《协议书》取得约定的6.5%年息178万元（如能获得二百万余元的滞纳金当然更好）；中等为法院认定《协议书》因违反金融管理法律、法规而无效，为企、事业单位之间借贷，我方依最高法院司法解释收回投资本金；下等为法院认定《协议书》关于年息6.5%的约定为“保底条款”，应为无效（最高法院有“保底条款”无效的司法解释），其他条款均有效，根据某科技公司受托理财的实际损益事实处理本案——我方可能连投资本金都难以完全收回（股票市场近几年的状况决定某科技公司炒股亏损的可能性居高）。

我们有能力从事实和法律上，保证本案不会出现下等诉讼结果。我们将力争上等诉讼结果，确保中等诉讼结果。而要力争上等诉讼结果，就必须放弃原主张，采取现主张。即主张《协议书》全面有效，某科技公司应依照约定还本付息。

5.我们深知，达成上等诉讼结果，在事实和法律上确有一定难度，如果出现案外因素，则会又增加难度。但是，既然确信“争上保中”是正确的诉讼策略，那么就应当全力争取。如“争上”成功，则避免了我方此次委托投资的一切损失；即使最终不能如愿， 我们的讼争也能够起到“保中”的作用——取得法院判令某科技公司偿还全部本金的判决，也是胜诉。

二、诉讼预案

（一）关于《协议书》效力的第一种主张和对策

1.某科技公司可能的诉讼主张

针对我方关于《协议书》有效的诉讼主张，某科技公司可能会“将计就计”，也主张《协议书》有效，但主张《协议书》关于年息6.5%的约定属“保底条款”，应为无效，同时主张本案的处理应以其实际理财的损益结果为根据，并申请法院对其炒股账户进行审计。其目的无非是想借我方搭的诉讼之台，唱出其想唱的戏——以其炒股亏损的事实，使我方连投资本金都无法完全收回。

2.我方的诉讼对策

第一，“保底条款”的主张不成立。依照最高法院1990年关于联营合同纠纷案件的司法解释，联营合同中的保底条款，通常是指联营一方虽向联营体投资，并参与共同经营，分享联营的盈利，但不承担联营的亏损责任，在联营体亏损时，仍要收回其出资和收取固定利润的条款。本案是基于委托合同的欠款纠纷案，与联营无关。故将联营中的“保底条款”套用于委托合同关于委托人收益条款上，是违反司法解释本意的。

第二，以某科技公司炒股账户的审计结论来处理本案是错误的。我方和某科技公司所签《协议书》明确约定委托事项是投资国债，而某科技公司擅自将本应用于购买国债的我方巨额资金，投入风险极高的股市进行炒作，正好证明某科技公司违反《协议书》的约定，属严重的违约行为。以违约行为的后果来决定我方债权的大小，在法律上是荒谬的。

综上，某科技公司关于“保底条款”和按其账户损益处理本案的主张，无论在事实上还是在法律上，都是完全不成立的。

（二）关于《协议书》效力的第二种主张和对策

1.某科技公司可能的诉讼主张

针对我方关于《协议书》有效的诉讼主张，某科技公司可能会为了只还本金，不还年息和滞纳金而提出《协议书》名为委托，实为借贷的诉讼主张。

2.我方的诉讼对策

第一，依据法律、司法解释和多年司法案例，企业之间、企事业单位之间借贷通常为直接借贷和名为联营实为借贷两种情况（最高法院司法解释均是针对以联营为名的借贷）。在现今经济社会，企业之间、企事业单位之间委托理财越来越普遍。在委托理财合同中，约定委托理财期限和委托人的收益，是再正常不过的事，而最高法院的司法解释从来没有禁止此种委托理财的规定（法律、法规当然也无禁止性规定）。因此，将此种委托理财合同认定为借贷合同，既不符合市场经济的需要，也无法律、法规和司法解释依据。

第二，最高法院禁止以联营为名的借贷，其本意除了维护金融秩序外，还在于强制联营各方共担经营风险。委托理财并不破坏金融秩序，且法律并不要求委托合同中委托人和受托人共担经营风险。

第三，委托购买国债是合法的，到期收回购买国债的本金和收益也是合法的。至于我方的资金被某科技公司用于炒股，是某科技公司单方的违约行为，其违约行为只能招致违约责任，不能决定《协议书》的性质。

（某科技公司可能提出的其他理由，如《协议书》的约定和双方的履行违反证券法规关于委托购买国债的程序和手续规定、《协议书》未约定作为受托人的某科技公司的报酬等，前文已述，这里不重复）。

综上，《协议书》的性质是委托合同，不是借贷合同。法律法规和司法解释并无禁止委托购买国债的规定，故某科技公司的诉讼主张是不成立的。

上述意见交由助理们看后，他们为之一振，似乎由此看到了某研究院连本带利全部收回的希望。然而，即使写着写着就写出了信心，但写完后我仍然是冷静的。我深知，这一主张是很难获得法院支持的。因为，这一主张无法逾越某研究院未开设证券账户，而将资金交由某科技公司，到期收回本金并获得利息的事实障碍。

当助理们听完我的解释，并得知我新写的意见至多可以作为以后代理本案的一个诉讼策略时，都对我下功夫写这种文字摇头不解。我没有向他们解释从正、反两方面论证同一个问题对于深入认识该问题以及进行自我思维训练的必要性。因为，即使我说了，他们也不可能做这种费力的事。

我曾经问我所的一个青年律师，有没有信心在诉讼专业上超越我，他说有。又问几年，他说5年。我虽然嘴上赞赏他的勇气，但心里想，那你可得赶快先把文字练通顺了，也别忘了，我不会停下来，而且会比你们年轻人勤奋!

暂不起诉

几天后，某研究院法制处通知我们，该院大案专案组在该院贵宾室召开本案的专门会议——该院贵宾室是那种铺设厚重地毯，摆设宽大沙发，悬挂中国字画的20世纪七八十年代风格。为那件保险案件，我已多次在此开会。每次一进门，我总会有瞬间的复杂感觉，是回到过去年代的感觉？是自己所做事情被人重视的责任感？是自己被人重视的自豪感？或许都有那么一点儿。

会议的议题是研究本案的对策。

首先由综合部张部长介绍了与某科技公司签约、该公司的部分还款以及目前的情况。大体是，该院将审计某科技公司，派人参与该公司财务管理，以保障逐步还款。

接着，专案组组长、该院纪检张书记谈了他的看法。他认为目前该院在本案上是进退两难。即如果起诉，某科技公司没有钱，打官司也是白打，再说律师（指我们）正忙于保险案件；如果不起诉，这样拖下去也不行，越拖某科技公司就越不想还钱了。因此，想听听律师的意见和建议。

其实，他们对股市和某科技公司这种民营企业的了解是不够的，判断是不准的。其一，所谓股市亏损了本金的说法，基本是假的。3000万元用于炒股，又是在股市行情极好的年份，一年至少能获得1/3的利，即1000万元。即使后来股市低迷，有的股票卖了后有所亏本，有的股票被套牢，但从总体上说不会亏本。亏本的都是些散户小股民，大户，特别是操纵大量资金、专门炒股的公司一般是不会亏本的。况且，某研究院出资3000万元，最终的获利不过是年息6.5%，因此没有能力还钱基本是假的。其二，分期还款不过是拖延还款的手段而已。民营企业对付国有企、事业单位欠款的基本手法就是一拖二赖。

即以没有钱而不怕打官司为由，提出分期还款，然后迫于压力慢慢还点，拖出一定时间，便赖着不想还了。到那时再打官司，已转移了有效资产的民营企业就真的不怕了。因此，根本就不能相信那种分期还款的承诺或协议，官司早打绝对比晚打强。

然而，目前我还不便建议该院马上起诉某科技公司。因为，虽然我竞聘保险案件的代理人成功，且已有效地推进案件诉讼，但是他们对我的考察和考验因案件尚未胜诉而并未结束。因此，如果建议马上诉讼，他们或许会有疑虑，而我这个人是最不愿意做他人勉强的事。

该我发言时，我首先谈了本委托理财案的法律问题，即合同的效力和处理的原则，并回答了他们提出的问题。关于对本案的建议，我谈了三点看法。一是尽管某科技公司的分期还款承诺是假的，但由于我们目前正忙于保险案件，故同意暂不起诉；二是将计就计，马上着手对某科技公司实施资产清查专项审计，且建议我派律师以院工作人员的身份参与审计，以查明该公司的资产情况；三是在审计中如果发现某科技公司的现金存款或不动产，则马上在法院申请诉前保全，如未能发现则在我们代理保险案一审胜诉后马上启动本案的诉讼。

最后，专案组十多位成员一致同意，暂不起诉，立即对某科技公司进行审计，并同意我派律师以该院人员身份参与审计。

错失良机

保险案件从2003年4月至2004年底，整个官司打了一年半，终于二审胜诉。2005年初，在我们向某保险公司发出要求其自动履行判决书义务的《律师函》后，该公司偿还了某研究院的1600万元。

随后，某研究院与我所签订本案的《委托代理合同》，本案的诉讼正式启动。

不知何故，某研究院对某科技公司的审计既未让我派出的律师参与，也未在审计过程中向我们通报有关情况（律师通常不好一再提出这种请求，也不好过问未让参与和未通报情况的原因）。待2005年2月我看到某会计师事务所接受某研究院委托对某科技公司作出的《资产清查专项审计报告》时，大吃一惊：某科技公司在某银行支行居然有一千一百多万元的现金存款！且已经某会计师事务所向某银行支行核实！为什么不将这一极其重要的信息及时告诉我们？如果申请法院对这笔资金进行冻结，那么某研究院一千三百多万元本金的执行不是就有了根本性的保障了吗？这笔巨额资金目前肯定已经转移，怎么会错过这种立即能够保障债权实现的良机呢？

唉！总是作为债权人的国有企事业单位与总是作为债务人的民营企业的经济纠纷中，国有企事业单位的种种蠢事、怪事不说也罢，说着说着就必然说到公有制上。

诉前保全

在正式起诉之前，我们代理某研究院向某中级人民法院申请对某科技公司诉前保全，某中级人民法院批准了我们的申请。

保全结果是五个账户内有两个已经销户，仅仅冻结了三个账户内的三百四十七万余元。另外，查封了某科技公司的对外投资股权620万元。

当我怀着沮丧的心情将这一保全结果通知某研究院后，法制处杨处长转告了专案组的意见，一是对我们促成法院裁定并实施诉前保全表示感谢，二是对保全结果基本满意——还说即使保全落空，责任也不在律师和专案组身上。

关于诉前保全和保全结果问题，以下说几句题外话。

经过诉讼，懂得一些保全知识的委托人往往会向律师提出促成法院诉前保全的要求。其实，在法院不向被告送达《民事诉状》和《应诉通知书》及财产保全《民事裁定书》的情况下，就被告方不知原告已起诉和已申请保全这一点而言，诉讼保全和诉前保全几乎是一样的。再者，法院对诉前保全一向是慎重的，多数情况下是不批准诉前保全的。因而，律师一方面不宜轻易承诺诉前保全，另一方面也不宜轻易拒绝委托人诉前保全的要求，而应当讲明申请诉前保全的困难，并承诺争取诉前保全，如不成则促使法院在实施诉讼保全前不向被告送达诉状和裁定，以求保全的突然性（这是很容易做到的，因为法院通常都是在完成诉讼保全后才向被告送达文书）。

保全结果往往是不确定的。我的亲身经历是，有时以为被告的账户不会有多少钱，结果一下就冻结住上千万元；有时认为账户肯定有钱，结果要么没什么钱要么甚至连户都销了；有时好不容易查出了被告的房产，结果在查封时才知已抵押或已转让；有时被告出具抵押合同证明其房产已抵押，但经查发现并未做抵押登记，于是一下查封了几千万元的不动产。因此，作为一名有保全经验的律师，起码要做到这样两点：一者，无论委托人怎样评价其掌握的被告财产的正面价值，都要保持冷静心态，并告知其不确定性，以免保全结果不好而引起委托人对律师的无端不满；二者，无论委托人怎样评价其了解的被告财产的负面情况，都要保持积极的心态，并执着地调查，穷尽可行的手段，揭露假相，探求真实，以免在保全上无所作为或听任不利的保全结果的发生，以获得委托人的最大信任。

诉讼策略

诉讼策略亦可称诉讼手段，而非诉讼目的，是为诉讼目的服务的。诉讼有似战役，作战方案（计划）中不仅要有明确的作战任务（目的），还要有各种作战策略（手段），如闪击、佯攻、迂回、打援等，且各种作战手段当然都是为了作战任务的完成。

某研究院最初向我们提供本案材料时，就明确告知我们，无论是非讼或诉讼，该院的目的就是收回本金，利息或滞纳金都可以不计（他们总是认为某科技公司炒股赔了本）。因此，我们最初的关于本案为企业之间借贷的法律意见，并不影响该院目的的实现。虽然，我还是从反面，即从本案合同有效的方面论证了本案，但经论证我确认这一新主张不会获得法院的支持，故未建议如诉讼则全力打合同有效。不过，某研究院在起诉前夕还是提出了在诉讼请求中要利息和滞纳金的要求，故我在讲明此举至多仅为诉讼策略，难以获得法院保护的前提下，只能同意。在《民事诉状》中虽未明确提出合同有效，但诉讼请求和诉讼理由反映出合同有效的立场，且在《代理词》中直接提出了合同有效的主张和理由。

虽然，本案的实践——法院的判决证明，主张合同有效作为诉讼策略并未起到服务于诉讼目的（我方收回本金）的作用，且某研究院因此向法院多支付了利息和滞纳金部分的案件受理费（钱数很少），但是，在本案中采取此种诉讼策略也是必要的。其一，某研究院是国有事业单位，不能自认自己所签合同因违反金融法规无效和自愿放弃利息及滞纳金——那可能引起有关人员的行政责任，至于法院判决认定合同无效和驳回利息及滞纳金的诉讼请求，则是另一回事儿；其二，就诉讼本身而言，委托理财合同纠纷毕竟是一种新的诉讼类型，毕竟没有明确的司法解释，即使就本案纠纷的法律关系问题而言，当然也存在理论上的争议，故本案判决并非本案的唯一结论。

当然，律师在建议采取何种诉讼策略问题上应该相当谨慎。第一，诉讼策略虽然在本质上是一种诉讼手段，但其表现形式有时就是一种表面上的诉讼目的，如本案关于利息和滞纳金的诉讼请求，因此，律师在起诉前必须反复向委托人讲明和强调，以避免委托人在诉讼中不自觉地将手段目的化，一旦不被法院支持便由此认为律师的代理部分败诉——与其如此，不如不采取此种策略。其二，本案这种诉讼策略不宜在原告为民营企业的案件中采取——民营企业只图诉讼实效，并无国有企业常有的那些顾虑，即使对于有些国有企事业单位，在其并不在意有关人员的行政或法律责任时，也不宜采取。第三，任何一种策略都有其正反两面，亦即有其优劣两处，故提出并采取一种诉讼策略一定要想到由此可能招致的不利后果，如被法院利用或被对方当事人利用。本案被告某科技公司就试图利用我方的合同有效的主张，而主张合同整体有效，还本付息为保底条款，应为无效，故而要求我方和所谓真实受托人某投资公司分担委托理财的亏损。当然我在论证合同有效时即想到了这一点，并告知了某研究院，且法院并未重视和支持被告的这一主张。

证据较量

在刚接触到本案的材料后，我便对本案形成了一个确定的认识：本案是一个法律适用案件，即如何适用相关法律、法规规定，认定本案委托理财合同纠纷是委托法律关系，还是以委托理财为表现形式的借款法律关系；不是一个证据运用案件，即双方有委托理财协议，委托人某研究院有投资3000万元的凭证，受托人某科技公司有历次还款凭证，且有历次还款的书面承诺，在证据上已形成了一个完整无缺的链条，故在本案的证据运用上，即在认定事实上，某科技公司能有何为？因此，在口述并修改了第一个《法律意见书》和自己又写了第二法律意见后，仅仅审查修改了助理写的《民事诉状》，连证据体系的整理工作都交给助理做了，并没有太在意本案的证据问题。

然而，本案却恰恰在证据上出了大问题！

那天午后，我正在离我办公室东方广场C2写字楼仅十几步之遥的君悦大酒店大堂陪客户喝下午茶，刚参加完证据交换的助理来了电话。我听着听着，表情越来越凝重了，那透过巨大落地窗倾泄下来的春日的明媚阳光，似乎也变得越来越暗淡了……

某科技公司虽然承认2002年1月22日收到了本案协议项下的3000万元，但举出付款凭证证明该公司于同年2月11日又将该3000万元退还某研究院，据此主张本案《委托投资国债协议书》并未实际履行。至于其陆续还款行为和历次承诺行为，其又举出2001年4月24日（本案协议是这之后的2002年1月14日签订的）某研究院与某投资公司签订的《委托投资国债协议书》（委托款项也是3000万元），并说明因本案协议未实际履行，应某研究院请求，其口头答应协助管理某研究院与某投资公司已经出现了亏损的理财账户，平仓后将资金陆续归还某研究院，但并未作任何承诺，也无过错。而向某研究院出具还款承诺，则是应某研究院的要求，为配合某研究院财务审计、对账的需要才写的，不是其真实意思表示。

另外，某科技公司申请法院到某证券公司调查取证，其目的是让法院调取其归还某研究院3000万元的凭证及某研究院与某投资公司协议项下的3000万元理财账户的亏损凭证等证据。

回到办公室后，助理见我抽着烟不语，一会儿沮丧地抱怨某研究院资金处为什么不告诉我们这些重要情况，一会儿又焦急地问我对方的举证和法院的调查取证会不会引起对我方不利，乃至致命的后果。

我首先批评了助理在我方举证上的疏漏——居然没有把某证券公司关于本案协议的履行和某科技公司的欠款的《情况说明》列入我方的证据体系内。某证券公司是本案协议的监管方，其证据证明力应强于某科技公司的还款承诺。即使不出现某科技公司举证证明本案协议未实际履行的情况，也应当将该《情况说明》作为我方的重要证据。况且，现在法院已接受某科技公司关于法院到某证券公司调查取证的申请，没有这份《情况说明》，就难以保证本来就与某科技公司是一伙的某证券公司也谎称本案协议没有实际履行。

助理慌乱地说：坏了，法院规定的举证期限已经过了，对方如不同意，法院就不会接受我方新举的证。

我摇头说：别遇到问题就说坏了！即使举证期限过了，这次法院也得接受咱们新举的证据。动动脑筋，想想为什么。

助理愣了一下神便说：想不出来。

我只好说：咱们可以“搭”对方申请调查取证的“便车”。也就是咱们主张对方的申请提出了涉及某证券公司的新事实，以此为由向法院举出某证券公司的《情况说明》，同时申请法院到某证券公司调查取证时，核实《情况说明》上某证券公司的公章是否属实（肯定是真章）。由此，咱们便达到了既举出漏举的证据，又通过法院堵住某证券公司的嘴的“一箭双雕”的效果。

听到助理连声说妙，我不客气地说：这算什么妙？不过是小把戏！

接着我安排助理以对方在举证和答辩中提出了本案协议未实际履行的重大新事实主张为由，补充向法院提交对方为担保偿还本案协议项下欠款而与我方签订的《股权质押协议》（虽因未作质押登记而未生效，但作为证明本案协议实际履行的间接证据没问题）、对方股东会和董事会关于同意其股权质押的决议、对方为保障还款同意对其公司进行审计故某会计师事务所对其所作《资产清查专项审计报告》。

经向本案合议庭说明上述补充举证的两点理由，合议庭认为理由成立，故接受了我们新举出的上述四份书证。另外，经合议庭批准，经查阅法官赴某证券公司所作《调查笔录》得知，法官向某证券公司人员核实了《情况说明》上的公章。该公司人员经核对，虽然含糊地说“公章应该是我们的”，但并没有对本案协议的履行作不同于《情况说明》的陈述。

另外，经调查取证，法院查明我方于2002年1月22日向某科技公司设在某证券公司的账户入款3000万元。2002年1月31日该公司开具3000万元支票交给祝某，2月1日祝某将该支票3000万元款项转入我方账户。

鉴于我们在《代理词》中已详细阐述了我方与对方的证据证明问题，特别是我已将本案双方证据的认定问题留作读者思考，故这里不谈双方证据的优劣势评价问题和法律关系的认定问题。

判决结果

我们2005年4月起诉，法院于当年8月作出了一审判决。

虽然，判决结果是某研究院只能得到投资本金，但该院对这一结果还是非常满意的。在该院大案专案组为一审判决而专门召开的会上，大家一致表示律师在某科技公司举出本案协议未实际履行的证据的情况下，沉着应战，并迅速制胜，而且有效地促使法院将该院已收的利息一百七十八万余元判为本金，未被法院依法裁定收缴，又一次为该院立了一功，奠定了与该院长期合作的坚实基础。因此，希望律师立即着手二审的准备工作，确保二审维持原判。

本来，这次会议是象征性的“神仙会”，会后大家将一起举杯庆贺。然而，一位专案组重要成员说能打赢官司对院里就有个交代了，执行时能够把已保全的三百四十七万余元拿回来这事也就差不多了。这时，并未因大家的夸赞而有所放松的我，不合会议气氛地说：某科技公司在诉讼中的举证和抗辩可是够恶的，完全翻了脸，丝毫不记院里这么多年对其的步步退让的情分。况且，本案尚有近千万元的国有资产在执行上尚无着落，我既然打了这个官司，就必须对院里负责到底。无论执行困难有多大，我都会办到底。说完我才感觉到会议气氛变得有点尴尬，大家对此都没有再说什么。心想，自己是不是无须这样直白？好像别人见我办下去很难，给了台阶让我下，我却不领情？看来“蒙头干，少说话”这句话永远是对的。

某科技公司在上诉期内向法院递交了《民事上诉状》。从该上诉状中我看出，某科技公司另请了二审代理律师。该律师诉讼专业知识和经验都不错，与该公司一审代理律师不在一个层次。因此，我决定由我来亲自写二审《答辩状》，且应写二审《代理词》。不过，意外的是，某科技公司在上诉期限届满后的7天上诉费缴纳期限里未交上诉费，一审判决就这样生效了。为什么会这样？原因很简单，某科技公司即使聘请了二审律师，且该律师写出了有分量的上诉状，但某科技公司依然清楚地知道，二审翻案毫无希望。

执行和解

本书第三卷目前已写了大半，但我尚未专门谈论案件的执行（收录于第一卷《房地产诉讼选录》中的申请法院不予执行仲裁裁决案件，不是写案件如何执行，而是不予执行，即重点是写仲裁裁决的错误，故不在此例）。原因也很简单，大凡案件进入执行程序后，便谈不上什么专业知识含量了，有的至多是一些执行经验。不过，虽然本案的执行也不能例外，但此刻我想，本书多少还是应该涉及一点执行经验问题。

据我方掌握的某科技公司的情况，可说该公司是执行上的"三无"企业，即一无不动产，二无动产（办公用品对于本案近千万元的执行标的而言毫无意义），三无银行存款（除已冻结的三百四十七万余元，执行中未查出银行存款）。且已查封的该公司的对外投资股权确实很难拍卖变现。因此，对于这种企业的执行，除法院采取强硬措施，拘留其法定代表人外，几乎只剩下一条执行和解、分期还款的路子了。

某研究院曾委托会计师事务所审计过某科技公司的资产，故深知执行难度，因而在我们申请强制执行后，专案组对本案像泄了气的皮球，硬不起来，也滚不动了，几乎没有开会研究过此事。

在法院执行庭通知并传唤某科技公司的压力下，该公司主动找某研究院协商执行和解事宜。我们的执行工作重点则在继续调查该公司的资产和促使法院不断向该公司施压上。某研究院提供的或我们了解到的财产线索，经我们调查都排除了，如，据某科技公司人员称，他们公司拥有某软件版权，而经我们在中国版权保护中心查询，根本没有该公司的任何版权登记。

某科技公司提出的和解方案过于离谱，先是10年还清，后又是8年还清。当某研究院法制处杨处长每次征求我意见时，我都毫无例外地予以否决。

因我既要忙重要的诉讼业务和大客户的重大投资项目（如某国际企业中国公司的煤矿和化工投资项目），又要过问所里的管理事务，另外还要不敢懈怠地、经常通宵写作本书，故本案执行的日常工作最初主要由助理承担。但是，几个月过去了，案件毫无进展，我急了，开始直接跑法院，并主动通知法制处召开执行工作会议。

在此次会议上，第一，我提出了一个要求，即为了防止某科技公司以所谓正在谈判来敷衍法院，达到拖延时间的目的，从即日起停止一切谈判，对该公司再次提出的任何谈判方案一概拒绝。要谈判到法院谈，法院外的谈判律师要直接参加或律师直接指导，以此杜绝与该公司的没有意义和进展的任何接触，密切配合法院的工作。第二，我明确提出了我方具体的谈判方案，即和解的最后期限定在8月底之前，到期谈不成就不谈了；还款期限不能超过三年以内，否则就不谈了；签订和解协议时必须至少先付300万元，否则就不谈了。第三，我提出了法院施压的措施和谈不成的执行方案，即促使法院尽快传唤某科技公司，告知其法院将立即委托会计师事务所对其全面查账（如查出其违法甚至犯罪的问题我就不信他们不怕）；如谈判不成，则促使法院实施查账措施，我坚信该公司有钱——我方起诉前，其就匆忙转让了在某省某市价值两千多万元的优质股权，多少肯定能查出一些现金流向。如不成，则力促法院对其法定代表人实施拘留（我代理的执行案曾拘留过债务人）。

专案组成员基本同意我的意见，但也有人担心一旦谈判不成，法院查账又查不出资产，拘留却拘出了“老赖”，案件由此陷入无法挽救的僵局。对此我表示，执行和解与战争和谈同理，只有有效地保持或加大战场上强力打击的压力，才有可能促成谈判桌上的和谈。至于打仗，当然会有战败的风险，但是为了逼出和谈的结果，有能力在战场施压的一方当然应该敢冒风险。

会后，我便迅速约见执行法官，明确提出了由法院查某科技公司财务账目的请求，并探问对该公司法定代表人实施拘留措施的可能性。法官的答复令我满意，不仅查账可以立即实施，且只要我们举出该公司隐匿财产的证据，则采取拘留措施是可以的（诉前该公司出让了价值两千多万元的优质股权，我亲自赴某省某市工商局查询取得了转让协议和工商股权变更登记材料，但该公司却一再称无钱，故我方举证并无障碍）。

执行法官在传某科技公司祝某谈话后，打电话告诉我，该公司祝某表态，愿意配合法院查账，并说随时可以向法院交账，故法官估计他们根本不怕查账，为防止马上启动查账而使和解没有了余地，法官只好含糊地让他们回去等通知，问我怎么办。我不假思索地答复：真怕当然要说不怕，假怕却要表示出怕，这不是什么智慧，不过是常识而已。所以，请你立即通知他们给两天理账的时间，3天内必须交账，否则法官带法警到公司拿账。

其实，仅仅一天后，某科技公司便主动找某研究院法制处和解。这次提的方案是5年还清，首期款200万元，年底还。我得知后让法制处杨处长立即拒绝这一方案，并告知对方专案组制定并经院领导批准的我方和解方案。

接着，我便让杨处长约某科技公司的股东祝某，我要和他直接见面。

不过，杨处长居然与祝某约在酒楼一起吃晚饭。我不客气地说：那你可要埋单，要不我来埋单，否则我就不去，另约，不一起吃饭。虽然杨处长说至于吗？又不是他请你一个人吃饭。但我依然固执己见。

我怕堵车误点，提前到了。没想到祝某比我还先到。他虽然目光机智，但态度沉稳、平和，总之感觉还有点儒商的味儿，从他身上看不出京城商人常有的那种霸气。因而，我称他祝先生，否则我会称祝总。

那天说来也奇了怪了。本来在杨处长没到前，我就不想单独在包间里跟他说话，不承想手机异乎寻常地帮忙，一个电话接着一个电话地来，而且全是所里案子的事。而且，我虽然全无在他面前秀什么的意图，但对着手机说的有些话，似乎是说给他听的。比如，所里一个青年律师问我调解的事，我就说了这样几句话：听我的吧，现在不跟他们谈。法官压？甭搭理他！压也白压，咱们有办法对付。以后不好执行？你不要相信这些东西，他们肯定有钱，到时候肯定有办法！

杨处长到后，三人一边吃饭，一边很快谈起了和解的事。我耐心地听完祝先生有关其公司在此次委托理财中损失惨重和如何筹款还钱以及在和解中抱着最大的诚意等解释，有针对性地说：院里（指某研究院）体谅你们的困难，整整等了你们2年，结果你们只还了20万元。起诉的原因就是因为你们曾经承诺用你们在外地的两千多万元优质股权质押还债，结果我去一查，你们已经偷偷把股权全卖了。现在执行已经快半年了，你是看到的，我们并没有促使法院对你们采取任何行动。不过，现在已经没有退路了。你们不能让院领导失职，不能让有关人员犯错误，也不能让院领导因为执行不力把我开了吧！

杨处长几次打断我的话，其意无非是怕我把气氛搞僵，可我几次都毫不客气地继续说我的。

当我说完我方原定的和解方案，祝先生坚定地说：8月还三百多万元是不可能的，我们借不上这么多钱！我也坚定地说，8月20日之前还350万元，2年半之内还清，这就是我方的最后方案，这是不可能改变的。

祝先生平静地说：如果这样的话，咱们也只能让法院执行了，查账、拍卖股权都可以。我也平静地说：今天既然坐到一起了，我就跟你说点实话吧。如果今天是你的最后答复，那么明天我就通知法院，咱们不谈了，不是暂时不谈，是以后也不谈了，因为没钱，谈也白谈！我可以告诉你我办这个执行案的想法。我将像办院里另一单保险案件那样，让院长和集团总经理（正部级）以保护国有资产的安全为理由，联名向市委书记写报告，由书记批示并转交市政法委员会督办。这样一来，法院肯定会把本案作为其年度执行攻坚案件，这样案件的执行就有了可靠的保障（某科技公司在院内有人，他们稍加了解就会证实我曾经的做法）。

散席时，祝先生并未做最后表态。

在我开车送杨处长回家的路上，他摇着头说：你也真行，尽说狠话。依我看，你这不是明摆着故意搅局吗！原来说8月底，你又提前10天，变成8月20日；原来说300万，你又加了50万，变成350万；原来说三年内还清，你又减了半年，变成了两年半。我看这事没法儿谈了，到时候你可别作难！

我猛吸一口烟，吐出，说：都谈了半年了，我确实不想再谈了。谈判可真够烦人的，还是打仗过瘾！

这时，离我确定的8月20日的最后期限也就只剩几天了。

在期限届满前，某研究院与某科技公司进行了最后一次谈判。谈判前我再次提示我方负责主谈的综合部部长，我方谈判方案中的三条线是死线，不能谈。其他可以谈，可以让步，并提醒随时给我打电话。

谈判中，我方人员打来电话说，对方基本都接受了，只提了两条不同意见，第一是能不能先签和解协议，11月底还350万元；第二是如果对方还清了第一、二期欠款，我方能不能申请法院解除对其投资股权的查封。我答复，第一条绝对不同意，第二条可以同意（反正股权又无法拍卖变现，最后只剩300万元，不怕没法执行）。

就这样，双方最后一次谈判仍然未能对和解条款达成一致。

然而，8月19日，也就是最后期限20日的前一天，某研究院法制处通知我，某科技公司同意了我方的和解方案，明天上午双方正式签订《执行和解协议》，同时该公司偿还第一期欠款350万元。

次日上午，某科技公司的祝总在谈话、签约、付款过程中，始终未正眼看我一眼。

不过，中午吃工作餐时，某研究院的各位领导则始终对我笑脸相迎……

在对方按《执行和解协议》还了最后一笔300万元欠款后，某研究院的领导请我吃饭。我心情不错，提前来到酒店，在大堂临窗而坐。窗外，正午的艳阳下，亭台中、小桥上、水岸边，空无一人，一片静谧。凝望中，我享受到片刻的宁静。不过，这片刻的宁静随后便被酒桌上的躁动打破——因为我，大家的话题总是离不开本案的诉讼较量与执行对决。唉！这也难怪，律师与军人、运动员一样，胜了能不躁动？

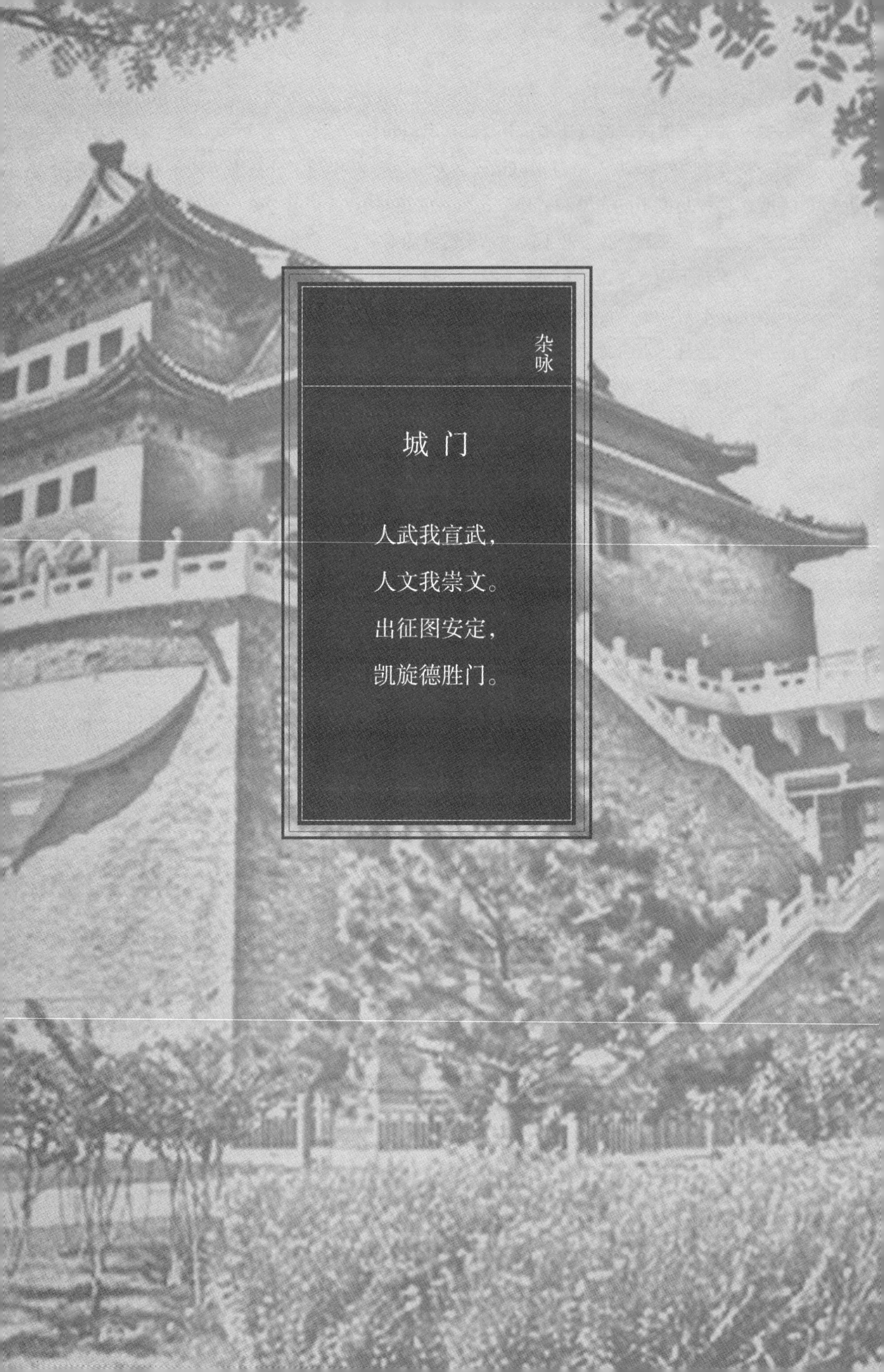

杂咏

城门

人武我宣武，
人文我崇文。
出征图安定，
凯旋德胜门。

第 十 一 章

法律的论证与哲学的思考

——保险合同纠纷中的表见代理与过错赔偿

美国当代最杰出的律师，曾作为辛普森谋杀案辩护人之一的F.李·贝利在其《舌战手册》一书说：一个律师应当有一套哲学思想来指导他发挥自己的力量，而且应当以充分的哲学原理为基础，来创造新的法律法规和庭审规则，这既令人十分高兴，又非常具有人性的因素。

在本案中，我方虽取得了一审胜诉，但在二审中对方针对一审判决关于表见代理的认定，进行了有力的驳斥，且引起了二审法院的重视。我在表见代理与过错赔偿的关系属法律和法学空白问题的情况下，运用哲学基本范畴的理论，提出了表见代理的事实为“现象事实”，过错赔偿的事实为“本质事实”的观点体系。拨开了本案事实认定上的迷雾，促成法院支持我方主张，以过错赔偿之理由判决维持原判。

李·贝利倡导的哲学思想在英美律师界并不新鲜——英美律师不仅运用哲学，运用逻辑学，而且引述圣经和文学作品。然而，在哲学已退出法律生活的中国大陆，如何运用哲学来解析法律问题，则是律师和法官全新的课题。

导言

本案的基本事实决定了本案必然涉及两种不同的法律规定的适用问题。简单地说，我方某研究院1600万元的资金被犯罪嫌疑人以签订虚假保险合同的手段骗取了，但我方却起诉某保险公司要求其承担赔偿责任，理由是其原业务经理参与诈骗且利用以往种种工作便利故其有明显过错。因此，本案首先涉及应否适用《合同法》关于“表见代理”规定的问题。即根据本案事实，能否认定相对人（我方）有理由相信行为人（含某保险公司原业务经理在内的三名犯罪嫌疑人）有代理权（代理某保险公司）。其次，本案涉及应否适用最高人民法院《关于在审理经济纠纷案件中涉及经济犯罪嫌疑若干问题的规定》的问题。即，能否认定某保险公司在犯罪嫌疑人的犯罪过程中具有明显过错，且该过错行为与我方的经济损失之间具有因果关系。

1.本案所含的第一个重大理论与实践问题是，上述《合同法》的规定和司法解释的规定如何选择适用和能否同时并用的问题，而这显然是法律和法学的空白问题。我在竞聘本案的代理资格时和一、二审中，始终坚持认为本案因涉及犯罪嫌疑问题，故应适用司法解释，认定某保险公司的过错赔偿责任，而不应适用《合同法》，认定表见代理。理由是，在表见代理中，代理人的代理行为是有效的，但是，在涉及刑事犯罪嫌疑的民事案件中，“代理人”就是犯罪嫌疑人，其“代理行为”就是涉嫌犯罪的行为，具体说就是犯罪嫌疑人的犯罪手段。因此，在民事诉讼中将被刑法否定性评价的犯罪行为认定为合法有效的民事代理行为，显然是违反基本法理的。当然，律师代理案件的目的就是胜诉，而法院无论判决表见代理还是过错赔偿，我方都能达到诉讼目的，故我在诉讼中并未提出上述主张，但此为我坚持过错赔偿的认识基础。

2.本案所含的第二个重大理论与实践问题是，当一个民事案件同时涉及表见代理与过错赔偿两个法律问题时，应如何认识二者所基于的不同法律事实的性质和界限，而这也显然是法律和法学的空白问题。在本案二审中，鉴于法官过于重视某保险公司原本混淆了两种不同法律关系的上诉意见，我运用哲学基本范畴的理论，提出了表见代理的事实为“现象事实”，过错赔偿的事实为“本质事实”的观点体系。

3.在接触本案之初，我就提出了某保险公司具有五项重大过错的主张，即在印章管理、法人证明文件——《营业执照》管理、空白保险单和保险费收据及预收收据管理、营业场所管理、人员管理上的一系列过错。并在诉讼中不断充实和完善这一主张，不断向法官灌输这一主张，最终为二审法院支持。这一主张的提出和充实，体现出律师运用证据的专业功底和能力。

4.本案的起诉立案具有一定的技巧。鉴于民事案件涉及刑事犯罪嫌疑时，有些法院在立案审查时执行一定的内部规定（如须报经主管副院长批准），故为了防止因我方主张对方过错的涉及犯罪嫌疑的证据不足，而可能造成的立案困难，我决定诉状暂不涉及犯罪嫌疑事实，以一般保险合同纠纷起诉。须说明的是，我设定的诉讼请求是赔偿（过错赔偿），不是返还（保险合同有效或无效），故在立案后不需要变更诉讼请求，仅仅将诉状中含混的诉讼主张予以明确即可。

5.本案还涉及如何促使法院运用职权调查收集证据的技巧问题。某研究院招聘律师的一个重要条件是必须能够从公安机关取得该院诉讼所必需的、涉及犯罪嫌疑的证据（大白话就是在公安机关有人脉关系）。我在竞聘中提出我们有能力促使法院依职权从公安机关调取证据，依据是最高人民法院《关于民事诉讼证据的若干规定》第16、17、18、19条关于法院依职权调查收集证据的规定。起诉后法院从公安机关调取了大量足以证明某保险公司具有明显过错的证据，使我方在证据的较量上始终处于优势地位，最终赢得了诉讼。

6.本案另外还涉及一个问题，即在涉及刑事犯罪嫌疑的民事案件中应否裁定诉讼中止的问题。某保险公司的代理律师在一审败诉后，在二审中调整了诉讼策略，以本案所涉犯罪嫌疑人尚未归案，故本案事实无法查明为由，申请法院中止本案诉讼。我依据最高人民法院《关于在审理经济纠纷案件中涉及经济犯罪嫌疑若干问题的规定》关于刑、民案件分别审理的规定，指出对方的中止诉讼申请的实质是“先刑后民”，这种过去的习惯性做法已与该司法解释抵触，且本案民事责任的认定和判决无须以与本案有牵连的刑事案件的判决结果为依据，无须以与本案有牵连的刑事案件判决所采信的证据为根据。法院接受了我方的主张，继续审理本案，并在本案所涉刑事案件的判决作出之前作出本案的终审判决。

要　　目

- 潜藏玄机的起诉
- 揭露真相的答辩
- 力陈过错的抗辩
- 停留现象的认定
- 击中要害的上诉
- 原则立场的坚持
- 哲学范畴的导入
- 刑事证据的运用
- 回归本质的判决

序曲

雨果说：最大的决心会产生最高的智慧。

面对案件的法律问题，决不退却，决不回避，用法律、法学去解它，不行，用哲学去破解它！只要坚信能够破解，就已经走向法律智慧之路。

某研究院因与某保险公司发生保险合同纠纷，公开招聘案件代理律师，我代表我所参加竞聘成功，某研究院遂委托我所代理其诉讼。我负责案件的研究、论证工作，撰写了下列“正文”中所列全部文书，并指派我所其他律师出庭。

潜藏玄机的起诉

正文

民事诉状

原告：某研究院

被告：某保险公司

请求事项：

1.请求判令被告赔偿原告保险费损失1000万元；

2.请求判令被告按同期银行存款利率赔偿原告保险费利息损失108,550元（暂计算至2003年6月30日）；

3.请求判令被告承担本案全部诉讼费用。

事实与理由：

2000年年底，为与被告协商开展国寿养老金还本保险业务，原告派出员工陆某、王某到被告营业场所进行考察，被告业务经理陈某对该保险业务的合法性、收益率进行了详细的介绍。2000年12月19日，原告下属资金处与被告业务经理陈某订立了“国寿养老还本”保险合同，约定原告下属资金处向被告投保国寿养老金还本保险，保险费500万元，保费利率为5.25%，保险期限为1年。同日，原告资金处员工陆某、王某将500万元的保险费支票交给陈某（证据一，某银行转账支票存根23801154号），陈某向原告出具了《某保险公司保险费预收收据》。支票到账后，陈某向原告签发了《某保险公司保险单（正本）》（No.0376138，证据二），并加盖 “某保险公司某市某区支公司业务专用章（1）”。同时，还交付了盖有“某保险公司某市某区支公司”章的《某保险公司特约承保书》（No.0020833，证据三）和盖有“某保险公司某市某区支公司2000.12.20转（2）讫”收款章的《某保险公司保险费收据》（No.04562275，证据四）。2001年12月19日，保险期满后，陈某等人用4087#转账支票从被告在某银行某支行设立的471-87100000123账户向原告返还保险费500万元及约定利息26.25万元（证据五，某银行某分行进账单）。

鉴于上述保险合同的顺利履行，原告于2002年1月17日与陈某又订立了“国寿养老还本”保险合同，约定原告下属资金处向被告投保国寿养老金还本保险，保险费1000万元，保费利率为5.25%，保险期限为1年。在被告营业场所，原告将1000万元的保险费支票交与陈某（证据六，某银行转账支票存根7148#），陈某向原告出具了《某保险公司保险费预收收据》（No.07560577，证据七）。支票到账后，陈某等人向原告签发了《保险单（正本）》（No.0376143，证据八），并加盖有“某保险公司某市某区支公司业务专用章（1）”。同时，向原告交付了盖有“某保险公司某市某区支公司”章的《特约承保书》（No.0020819，证据九）和盖有“某保险公司某市某区支公司2002.1.18转（2）讫”收款章的《某保险公司保险费收据》（No.04562286，证据十）。

2002年12月27日，陈某以被告名义从其在某银行某支行设立的471-87100000123账户向原告支付利息25万元（证据十一，某银行2002年12月27日进账单）。2003年1月15日，保险合同期满后，原告到被告处取款，被告以种种理由拒绝还款。

综上，原告认为，在签订和履行上述人身保险合同的过程中，被告具有明显过错，且该过错与原告保险费损失之间具有客观的因果关系。因此，被告应依法承担赔偿原告经济损失的民事责任。故恳请贵院查明本案事实，依法判决，支持原告的诉讼请求，维护法律的尊严，保护原告的合法权益。

此呈

某市中级人民法院

具状人：某研究院

说明：某研究院同时就另600万元保险费的保险合同纠纷向某保险公司提起诉讼，两案事实基本相同，均由我所律师代理。

旁白

当你的案子涉及刑事案件时，或者涉及到其他复杂法律问题时，最好在诉状中回避，以达顺利立案和隐藏观点之效。

揭露真相的答辩

背景

某保险公司的主要答辩意见

一、原告在起诉状中的陈述与事实严重不符

2000年12月，犯罪嫌疑人邓某、崔某通过关系找到原告并许诺支付高息。12月19日，原告与犯罪嫌疑人签订了“国寿养老金还本保险合同”，投保金额

500万元人民币，期限1年。犯罪嫌疑人将诈骗的500万元款项打入他们在某银行某支行盗用答辩人名义开立的假账户上。2001年12月19日合同到期后，犯罪嫌疑人返还原告本息526.25万元人民币。2002年1月18日、2002年8月27日犯罪嫌疑人又分两次与原告签订了“国寿养老金还本保险合同”，诈骗原告资金共计1600万元人民币。2002年12月27日，犯罪嫌疑人邓某交给原告25万元人民币后就再无下落。2003年1月17日原告人员到答辩人处确认资金被骗，2003年1月22日原告向某市公安局内保局某公安处报案，1月26日内保局公安处对该案正式立案侦查。

二、答辩人与原告之间不存在保险法律关系，对原告资金损失不应承担任何民事责任

第一，与原告签订虚假保险合同，涉嫌诈骗原告1600万元资金的犯罪嫌疑人根本不是答辩人的员工。

原告在诉状中多次提到陈某为答辩人业务经理，但没有提供证据证明陈某参加了诈骗活动。答辩人在此需要指出的是，本案所涉及的保险诈骗发生在2002年1月，陈某早在2001年12月10日已经与答辩人解除劳动合同，即使陈某参与诈骗也与我公司无关。

答辩人注意到，原告提供的证据显示：所有需要保险公司人员签字的地方，签字人均是犯罪嫌疑人邓某。上述证据证明原告将资金全部交给了犯罪嫌疑人邓某。

第二，犯罪嫌疑人诈骗原告1600万元资金使用的某支公司印章以及犯罪嫌疑人在某银行某支行开立账户的全部手续均系伪造，印鉴均为假印鉴，答辩人从未在某银行某支行开立过账户。

第三，犯罪嫌疑人与原告投保经办人办理投保手续、交纳保费的地点均未在答辩人营业场所。

第四，犯罪嫌疑人以保费方式诈骗原告1600万元资金，除支付原告25万元利息外，其余资金均被犯罪嫌疑人挥霍，我公司从未取得或占有原告的1600万元资金。

综上所述，本案不是一起保险合同纠纷案件，而是一起典型的保险诈骗案件，答辩人与原告之间不存在保险法律关系，对原告资金损失不应承担任何民事责任。

三、原告在这起保险诈骗案件中存在重大过错，应当自行承担资金流失的法律后果

原告根本不是出于购买保险的目的，而且明知与答辩人不存在保险合同关系，完全是利用保险合同的形式获取高额利润，根本不对犯罪嫌疑人提供的虚假单证进行核实和审查，完全相信犯罪嫌疑人，提供巨额资金，直接导致损失的发生，同时作为原告的具体经办人陆某的行为不排除有和犯罪嫌疑人内外勾结的可能性。因此，原告向答辩人主张1600万元的资金损失没有法律根据。

综上所述，答辩人认为应当驳回原告的起诉。

旁白

当你预知对方的进攻路线，并已预设了防御阵地，严阵以待时，你等待的就是对方气势汹汹的推进。

力陈过错的抗辩

正文

代理词（一审）

尊敬的审判长、审判员：

作为本案原告某研究院的委托代理人，我们提出以下代理意见。

一、本案性质、合同效力及法律依据

本案属于典型的行为人使用保险公司的公章，使用保险公司的法人证明文件——《营业执照》设立的银行账户，使用空白保险单、空白保险费收据和空白保险费预收收据，利用保险公司的营业场所、利用保险公司在人事管理上

的疏漏，签订保险合同进行诈骗，给投保人造成经济损失，保险公司具有明显过错，且与投保人的经济损失之间具有因果关系，应对投保人的经济损失承担赔偿责任的民事案件。因此，本案的法律依据应为最高人民法院《关于在审理经济纠纷案件中涉及经济犯罪嫌疑若干问题的规定》（下称《若干规定》）第5条第二款和第6条第二款。

《若干规定》第5条第二款规定："行为人私刻单位公章或者擅自使用单位公章、业务介绍信、盖有公章的空白合同书以签订经济合同的方法进行的犯罪行为，单位有明显过错，且该过错行为与被害人的经济损失之间具有因果关系的，单位对该犯罪行为所造成的经济损失，依法应当承担赔偿责任。"

《若干规定》第6条第二款规定："单位聘用的人员被解聘后，或者受单位委托保管公章的人员被解除委托后，单位未及时收回其公章，行为人擅自利用保留的原单位公章签订经济合同，骗取财物占为已有构成犯罪，如给被害人造成经济损失的，单位应当承担赔偿责任。"

本案保险合同是犯罪嫌疑人为合同诈骗目的签订的，缺乏合同生效的实质要件，应为无效。《若干规定》对单位在犯罪嫌疑人私刻单位公章或擅自使用单位公章进行合同诈骗给受害人造成经济损失的案件中的民事责任作了详细规定。因此，上述《若干规定》是认定本案性质及处理本案的具体法律依据，对于被告是否承担赔偿责任的认定不能脱离该司法解释的明确规定。

按照《若干规定》第5条第二款和第6条第二款的规定，本案被告对我方遭受的经济损失是否应承担赔偿责任取决于陈某等犯罪嫌疑人以被告名义实施犯罪行为，被告是否具有明显过错。

被告提出的其与我方之间无合法有效的保险合同法律关系，被告从未取得和占有我方的保险费，这两个通常性主张涉及了本案的基本事实。但是，我方必须强调，在这两个基本事实存在的前提下，依据《若干规定》的明确规定，即使存在行为人私刻公章或擅自使用公章签订合同进行诈骗犯罪的事实，并非被告就不承担责任。如被告具有明显过错且与我方所遭受经济损失具有因果关系，被告仍应承担赔偿损失的民事责任。如被告提出的这两个通常性条件任何一个成立，即假如被告与我方签订合法有效的保险合同或被告收取和占有我方的保险费，则被告应承担的就不是民事赔偿责任，而是履行有效的保险合同并承担违约责任了。故被告的这两个主张与《若干规定》对立，属曲解司法解释，在本案中没有任何诉讼意义，无须辩论和认定。

二、被告在本案中具有明显过错

陈某等犯罪嫌疑人利用被告在公章管理，法人证明文件——《营业执照》的管理，空白保险单、保险费收据和预收收据等空白保险凭证的管理，营业场所管理和人事管理上的严重疏漏，顺利实施犯罪行为，长达两年之久，致使我方遭受重大经济损失。被告具有明显过错，对我方的经济损失应当承担赔偿责任。

（一）我方所举证据及法庭依我方申请向公安机关调取的证据，确实、充分地证明被告确有明显过错

1.被告印章管理存在严重过错。根据依我方申请法庭自某市公安局内部单位保卫局某保卫处调取的某市公安局某公刑技（文）检字（2003）第×号《文检鉴定书》的鉴定结论，被告出具的500万保单、1000万保单和600万保单及07560577号保险费预收收据上加盖的“某保险公司某市某区支公司业务专用章（1）”均为被告的真章。故被告在答辩中关于印章均为伪造的理由虚假，不能成立。

2.被告在法人证明文件——《营业执照》管理上存在严重过错。证明被告在法人证明文件管理上存在严重过错的证据为：

（1）法庭自公安机关调取的犯罪嫌疑人在某银行某支行以被告名义开立账户时留存在该行的被告2000年的《营业执照（副本）》复印件与原告自某市工商局调取的被告2000年的《营业执照（副本）》复印件各种字体、印章及加盖的位置、手写字体的特征以及排版的特征均完全一致，从而有力地证明犯罪嫌疑人开立账户时使用了被告真实的《营业执照（副本）》。

（2）根据我方所举的某银行某支行加盖公章提供的被告《营业执照（副本）》复印件证明，犯罪嫌疑人开立银行账户时，银行方已核对被告《营业执照（副本）》原件。

（3）法庭自公安机关调取的对某银行某支行开立该账户的经办人安某的《询问笔录》证明，犯罪嫌疑人开立账户时确实使用了被告的《营业执照（副本）》原件，银行方留有的是该原件的复印件。

3.被告在空白保险单、空白保险费收据和空白保险费预收收据的管理上存在严重过错。证明被告在空白保险单证的管理上存在严重过错的证据为：

（1）法庭调取的被告主动向公安机关提供的某保险公司保费收据领用登记证明被告的业务经理陈某于2000年2月29日签字领用了某保险公司某支公司保费暂收收据1本，编号为07560576-600号。从而证明被告出具的保险费预收收据07560577号确为被告的真实收据，且为陈某领取使用。

（2）法庭调取的被告于2003年1月24日主动向公安机关出具的《证明》，被告自认本案所涉空白保险费收据是其领取使用的，且并不否认保险单为某保险公司的真实文本。

上述两份书证均为被告加盖公章后主动向公安机关出具的，在证据来源上属被告方证据，在证据形式上属于直接证据。

（3）法庭调取的公安机关《特大刑事案件立案报告表》中，公安机关查明本案所涉保单为某保险公司过期作废的保单。《呈请拘留报告书》中，公安机关查明陈某本人用已停止使用的某保险公司保险单（正本），诈骗原告资金。

上述证据确实充分地证明犯罪嫌疑人在签订本案保险合同时使用了被告空白保险单、空白保险费收据和空白保险费预收收据，足见被告对其空白保险单、空白保险费收据和空白保险费预收收据的管理极为混乱。

4.被告对其营业场所的管理具有严重过错。我方提供的三名证人的证言均直接、明确地证实陈某等人利用被告位于某区某街七号的营业场所签订保险合同，并收取保险费。陈某在职时即利用被告营业场所实施犯罪行为，在陈某离职后，仍继续利用被告营业场所，骗取我方和另一受害单位某进出口有限责任公司的保险费。证人陈某的证言证明，直到2002年7月5日，也就是陈某办理买断工龄手续8个月之后，陈某仍能够毫无阻碍地利用被告的营业场所骗取保险费。

三名证人对于在被告营业场所办理保险的事实均如实向公安机关陈述，并应公安机关要求，对现场进行了辨认，辨认结果与陈述一致。故陈某等人利用被告营业场所签订保险合同进行诈骗的事实清楚，证明被告作为金融机构对其营业场所缺乏起码的监督管理。

5.被告在人员管理上存在严重过错：被告对其业务经理陈某缺乏起码的管理，主观上处于放任状态，致使陈某可以随心所欲地利用其职务便利和以往职务便利直接参与诈骗犯罪。证据如下：

直接证明陈某参与实施诈骗行为的证据为：

（1）法庭调取的陈某于2000年2月29日签字领用保费暂收收据的领用登记，证明我方取得并作为证据提交的07560577号预收收据为陈某本人领取使用的；

（2）我方证人陆某、王某的证言，直接证明了陈某以被告业务经理身份参与了与我方签订保险合同并收取保险费的犯罪行为；

（3）法庭调取的证人陆某2003年1月26日16时03分至16时25分的辨认笔录中，陆某正确无误地一次将陈某的照片作为犯罪嫌疑人辨认出来，印证证人证言证明的陈某参与实施骗取保费行为的事实；

（4）我方证人陈某的证言及法庭从公安调取的证人陈某正确辨认出陈某的辨认笔录，有力地佐证了陈某利用其业务经理的身份便利和以往身份便利参与实施诈骗行为的事实；

（5）法庭调取的公安机关刑事案件立案报告及申请拘留陈某的报告均证明陈某参与了犯罪行为，已被公安机关列为犯罪嫌疑人。

以上五份证据分别源自被告、公安机关、原告及另一受害单位，从不同的角度证明同一事实，即被告方业务经理陈某利用其职务便利，取得原告的信任参与实施了骗取原告保费的犯罪行为。被告在人员管理上存在严重过错。

间接证明陈某参与诈骗行为的证据为：

（1）使用被告真实的业务专用章（1）签订保险合同，骗取保险费；

（2）利用被告的《营业执照（副本）》开立户名为被告名称的银行账

户，收取保险费；

（3）使用被告真实的空白保险单、保费收据、保费预收收据签订保险合同，骗取保险费；

（4）利用被告的营业场所与我方签订保险合同，骗取保险费。

以上证据均佐证陈某利用职务便利和以往职务便利参与诈骗活动。

（二）被告五大过错的明显性和严重性

1.合同诈骗案只要具备二个条件通常就可以完成，第一是公章，犯罪嫌疑人使用公章即可签订合同，骗取相对人的信任；第二是《营业执照》，犯罪嫌疑人使用《营业执照（副本）》即可开立银行账户并堂而皇之地向相对人收款。本案的犯罪嫌疑人以被告名义骗取单位的大额保险费不可能收取现金，因此必须开立银行账户，但伪造《营业执照》则难以通过银行审查。故其能够实施犯罪，就是具备了真实的公章和《营业执照（副本）》这两个根本条件，从而达到了骗取保费的目的。

因此，被告在业务专用章管理上及法人证明文件——《营业执照（副本）》管理上的严重失误是本案中被告两个最重大、最基本的过错，实质上为犯罪嫌疑人以被告名义签订保险合同进行诈骗提供了全部必要条件。

2.被告在空白保险单、保险费收据及保险费预收收据管理上的过错，使犯罪嫌疑人顺利取得并利用其表现保险合同的真实性和规范性。被告对营业场所监管不力，对作为业务经理的陈某的管理不力，致使犯罪嫌疑人陈某在职时能够伙同邓某、崔某使用被告的业务专用章、保单和收据签订合同，使用被告的《营业执照（副本）》开立账户，且在陈某买断工龄离职后仍能使用上述业务专用章、保单等格式文本、已开立的银行账户，仍然随意进出并使用作为金融机构的被告的营业场所，签订保险合同、骗取保险费。被告的这一系列重大过错，客观上迷惑了投保人，强化了投保人对办理保险合同的安全感，为犯罪嫌疑人合同诈骗得逞提供了重大便利。

而且，自犯罪嫌疑人2000年12月与原告签订500万元保险合同至2002年8月与原告签订600万元保险合同，历时近2年。在此期间，被告客观上一直不收回其业务专用章、空白保险单、空白保险费收据和空白保险费预收收据，一直不对其营业场所进行有效的监管，主观上一直对由此可能给投保人造成损失持放任的、漠不关心的态度，致使我方遭受了一千六百多万元的经济损失。故被告的过错与原告遭受经济损失之间具有法律上的因果关系。

旁白

和战争一样，诉讼中的防御体系能够经得住对方的猛烈攻击，全在于诉前精心的设计和倾力的构筑。

三、被告关于其不承担任何民事责任的答辩主张完全不能成立

（一）被告关于本案保险单、保险费预收收据上加盖的业务专用章系犯罪嫌疑人盗用的主张不能成立

1.被告不能举出任何证据证明业务专用章被盗用。盗窃并使用单位的公章是一种违法犯罪行为，被告主张盗用，但从三份保险合同签订时至今，即从2000年12月19日签订第一份保险合同，2002年1月16日签订第二份保险合同，2002年8月27日签订第三份保险合同至今，历时近2年之久，次次使用都是盗用吗？被告对关乎其生存命运的公章失窃报过案吗？登报申请作废了吗？没有！这就说明，盗用之说，纯属被告为逃避法律规定的赔偿责任的诉讼说辞，根本不是事实。

2.退一步说，假如被告所主张的公章为犯罪嫌疑人盗用，难道《营业执照（副本）》也被盗用了吗？保单也被盗用了吗？收据、预收收据也同时被盗用了吗？公章、营业执照、保单、收据如此巧合地同时被盗用的说法是不成立的，纯属诉讼说辞，毫无诉讼价值。事实是由于被告在管理制度上的一系列严重疏漏，致使上述公章、营业执照、保单、收据全部被犯罪嫌疑人擅自使用了。

（二）被告答辩称没有证据证明陈某参加了诈骗活动，即使陈某参与诈骗也与被告无关，被告的这一主张根本不能成立

1.陈某参与诈骗活动是本案铁的事实。法庭调取的被告提交的保费收据领用登记、陆某、王某的证言和陆某的辨认笔录、公安机关的立案报告及申请拘留陈某的报告以及证人陈某当庭提供的证词及辨认笔录互相印证，确实充分地证明陈某参与了以签订保险合同进行诈骗的犯罪活动。

2.即使如被告所称，陈某未参与诈骗犯罪，也不能得出被告无过错应予免责的结论，只能认定被告的过错更加严重。犯罪嫌疑人使用被告业务专用章，利用被告《营业执照（副本）》原件以被告名义开立银行账户，使用被告真实空白保险单、保险费预收收据，利用被告营业场所签订保险合同，这是无可辩驳的事实。有陈某利用其作为被告的业务经理形成的职务便利，犯罪嫌疑人取得被告业务专用章，取得被告《营业执照（副本）》原件开立账户，取得空白保险单、空白保险费预收收据，使用被告营业场所要容易得多。如陈某未参与，邓某和崔某作为被告外部人员也能顺利取得和利用业务专用章、被告《营业执照（副本）》原件、空白保险单、空白保险费收据，不受任何阻碍地使用被告营业场所，只能证明被告的过错性质更为严重。

还必须强调，前述最高法院《若干规定》所规定的“单位有明显过错”，不能被曲解为单位内部人员参与了犯罪，单位就要承担责任，而如果是外部人员，则即使利用了单位的公章、营业执照、空白制式合同和营业场所，单位也不承担任何责任。

（三）被告关于原告有重大过错，应当自行承担资金流失的法律后果的主张完全不能成立

1.受害单位被骗，该单位就必然有过错的说法过于武断。受害单位是否有过错必须依案件事实认定。本案所涉刑事案件的突出特点是：第一，作为保险合同主要合同文本的保险单上所加盖的业务专用章是真实的；第二，收取原告保费的银行账户是使用真实的《营业执照（副本）》开设的，从形式上说就是被告的账户；第三，空白保险单、收据和预收收据等凭证也是被告方真实的文本；第四，办理业务的地点是被告营业场所；第五，我方在办理第一笔500万保险业务时，陈某的真实身份就是被告的业务经理。在以上的一系列真实面前，我方经办人不足以识破陈某等人的犯罪手段和犯罪目的。在本案这种基本

事实面前，指责我方有过错是不能成立的。

2.我方经办人在审查陈某、邓某、崔某身份问题上并无过错。

（1）从保险公司推介保险的通常情况看，保险公司的保险推介人员队伍非常庞大，有保险公司人员、保险公司聘用人员，而更多的人并不是保险公司的聘用人员，是为保险公司拉保险业务的各色人等。同时，这些人通常都是通过单位或个人的熟人推介保险。因此，基于这种情况，单位或个人通常并不是通过审查这些推介人员的身份来确定是否做保险，而是仅仅通过这些人的介绍最终到保险公司与保险公司人员商议。

（2）从本案的事实看，我方经办人到保险公司营业场所，见保险公司人员陈某并与其协商、订立合同，而在我方经办人第一次去保险公司办保险时，陈某当时的身份确为被告业务经理。在陈某身份这一事实上，原告经办人并没有出错。

3.本案保险合同是原告2000年12月在被告营业场所签订500万保险合同顺利履行的背景下签订的。正是因为被告的明显过错，使得陈某等人得以顺利完成第一份500万的保险合同，获得我方信任，最终导致我方与陈某等人又签订了第二、三份合同，造成我方遭受巨额经济损失的严重后果。

4.被告以500万特约承保书中记载的“无保险责任”为由主张原告方人员的行为直接导致损失的发生，纯系推脱之辞，第一，各保险公司为追求保费收入指标，都进行了大量的还本保险业务，“保险的收益率高于存款”这是各保险公司宣传推销保险的共同口号；第二，保单的条款是否完备应由作为专业人士的保险人负责，作为非保险专业人员的原告方经办人没有能力判断保险条款的专业含义。原告方认为按时取得返还的保费和保费利息就是保险公司履行了保险义务，保险公司不愿再承担出险后的赔偿责任也是无可非议的；第三，更重要的是，即使保单的条款有瑕疵，至多导致保险合同无效，而被告即使主张合同无效，最高人民法院《若干规定》第5条第二款、第6条第二款也是在经济合同无效的基本事实上，规定根据单位是否有过错来认定其是否承担赔偿责任。因此，被告的主张完全脱离司法解释的明确规定，脱离本案的基本事实。被告具有严重过错，导致我方巨额经济损失是本案无法回避的客观事实。

（四）被告关于某银行某支行在本案中负有不可推卸的过错责任，应当对被告的经济损失承担相应民事责任的主张完全不能成立

某银行某支行及其工作人员安某均证明犯罪嫌疑人开立户名为“某保险公司某市某区支公司”账户时持被告《营业执照（副本）》原件，银行留存的是其复印件，证明银行已审验被告的《营业执照（副本）》原件。法庭从公安机关调取的被告开立账户时留存银行的被告《营业执照（副本）》复印件和原告从工商局调取的被告《营业执照（副本）》复印件完全一致，为真实、合法的营业执照。这印证了某银行及安某的证词。

被告所举的开户申请书、授权书和印鉴卡均是开户申请人自行制作的手续，不是证明开户申请人法人身份的法定文件。只有开户申请人的《营业执照（副本）》才是工商行政管理机关核发的、能够证明开户申请人法人身份的唯一有效的证明文件。银行在为企业法人开立账户时，对申请人的印鉴真伪无鉴别能力，只对申请人提供的《营业执照》（副本）有审查义务。

因此，被告关于该行在本案中负有不可推卸的过错，应对原告经济损失承担相应民事责任的主张，纯属被告为转移法庭视线，推卸其过错责任的借口，相信不会得到法庭的支持。

旁白

顶住了对方的冲击，并没有打败对方，还必须冲出防御阵地，向对方实施全线反击。

四、本案的法律适用明确

前述最高法院《关于在审理经济纠纷案件中涉及经济犯罪嫌疑若干问题的规定》第5条第二款和第6条第二款对本案的处理有明确、具体的规定。

如上所述，被告在本案中具有明显过错，且该过错行为与我方的经济损

失之间具有因果关系，故依法应承担赔偿责任。

本案的基本事实与上述司法解释第6条第二款规定的情形相同，即被告方原综合科科长、业务经理陈某与被告解除劳动合同后被告未及时收回陈某所持有的业务专用章（1），致使陈某等人擅自使用该章签发保单、骗取保险费，给原告造成巨大经济损失，故被告依法应承担赔偿责任。

综上所述，我们恳请法庭查明本案事实，正确适用法律，依法支持原告的诉讼请求，维护法律的尊严，保障原告的合法权益。

谢谢！

停留现象的认定

判决

一审判决

一审判决概述的原告某研究院的“诉称”如下：

原告某研究院诉称：2000年底，为与某保险公司协商开展国寿养老金还本保险业务，某研究院派出员工陆某、王某到某保险公司营业场所进行考察，某保险公司的业务经理陈某对该保险业务的合法性、收益率进行了详细的介绍。2000年12月19日，某研究院下属资金处与某保险公司业务经理陈某订立了“国寿养老还本”保险合同，约定某研究院下属资金处向某保险公司投保国寿养老金还本保险，保险费500万元，保费利率为5.25%，保险期限1年。同日，某研究院资金处员工陆某、王某将500万元的保险费支票交给陈某，陈某向某研究院出具了某保险公司保险费预收收据。支票到账后，陈某向某研究院签发了某保险公司保险单（正本），并加盖了某保险公司业务专用章（1）。同时还交付了盖有某保险公司公章的某保险公司特约承保书和盖有某保险公司转（2）讫收款章的某保险公司保险费收据。2001年12月19日，保险期满后，陈某等人用4087#转账支票从某保险公司在某银行某支行设立的471-87100000123账户向某研究院返还保险费500万元及约定利息26.25万元。鉴于上述保险合同的顺利履行，某研究院于2002年1月17日与陈某又订立了“国寿养老还本”保险合同，约定某研究院下属资金处向某保险公司投保国寿养老金还本保险，保险费1000万元，保费利率为5.25%，保险期限为1年。在某保险公司的营业场所，某研究院将1000万元的保险费支票交与陈某，陈某向某研究院出具了某保险公司保险单预收收据。支票到账后，陈某等人向某研究院签发了保险单（正本），并加盖有某保险公司业务专用章（1）。同时，向某研究院交付了盖有某保险公司公章的《特约承保书》和盖有某保险公司转（2）讫首款章的某保险公司保险费收据。2002年12月27日，陈某以某保险公司的名义从其在某银行某支行设立的471-87100000123账户向某研究院支付利息25万元。2003年1月15日，1000万元保险合同期满后，某研究院到某保险公司处取款，某保险公司以种种理由拒绝还款。

综上，某研究院认为，在签订和履行上述保险合同过程中，某保险公司具有明显过错，且该过错与某研究院保险费损失之间具有客观的因果关系。因此，某保险公司应依法承担赔偿某研究院经济损失的民事责任。现诉至法院，请求：1.判令某保险公司赔偿某研究院保险费损失1000万元；2.判令某保险公司按同期银行存款利率赔偿某研究院保险费利息损失108,550元（暂计至2003年6月30日）；3.判令某保险公司承担本案诉讼费用。

一审判决概述的被告某保险公司的“辩称”如下：

被告某保险公司辩称：

一、某研究院在起诉状中的陈述与事实严重不符。2000年12月，犯罪嫌疑人邓某、崔某通过关系找到某研究院并许诺支付高息。12月19日，某研究院与犯罪嫌疑人签订了“国寿养老金还本保险合同”，投保金额500万元人民币，期限1年。犯罪嫌疑人将诈骗的500万元款项打入他们在某银行某支行盗用某保险公司名义开立的假账户上，2001年12月19日合同到期后，犯罪嫌疑人返还某研究院本息526.25万元人民币。2002年1月18日、2002年8月27日，犯罪嫌疑人又分两次与某研究院签订了“国寿养老金还本保险合同”，投保金额分别为1000万元和600万元，诈骗某研究院资金共计1600万元人民币。2002年12月

27日，犯罪嫌疑人邓某交给某研究院25万元人民币后就再无下落。2003年1月17日，某研究院人员到某保险公司才确认资金被骗，2003年1月22日，某研究院向某市公安局内保局某公安处报案，1月26日，内保局公安处对该案正式立案侦查。经市公安局初步侦查和对犯罪嫌疑人使用的印鉴进行文检鉴定，证明犯罪嫌疑人使用的某保险公司行政章、财务专用章、法人人名章等印鉴均为伪造，并用伪造的印鉴在某银行某支行开立了假账户，将诈骗资金转入假账户后转入由崔某开办的某商贸公司后进行挥霍。现犯罪嫌疑人均已外逃。

由此可见，某研究院十分清楚本案并不是一般保险合同纠纷案件，而是一起犯罪分子冒用某保险公司名义以签订虚假保险合同的形式诈骗保险资金的刑事犯罪案件。某研究院的诉讼请求严重违背本案基本事实，请求法院予以查明。

二、某保险公司与某研究院之间不存在保险法律关系，某保险公司对某研究院资金损失不应承担任何民事责任。

第一，与某研究院签订虚假保险合同，涉嫌诈骗某研究院1600万元资金的犯罪嫌疑人根本不是某保险公司员工。某研究院在诉状中多次提到陈某为某保险公司的业务经理，但没有提供证据证明，也没有提供证据证明陈某参加了诈骗活动。在此需要指出的是，本案所涉及的保险诈骗发生在2002年8月27日，陈某早在2001年12月10日已经与我方解除劳动合同，即使陈某参与诈骗也与我公司无关。我方注意到，某研究院提供的证据显示：所有需要保险公司人员签字的地方，签字人均是犯罪嫌疑人邓某。如某研究院提供的500万元的保险费收据、1000万元保险费预收收据、1000万元保险费收据、600万元转账支票存根、600万元保险费收据，上述证据证明某研究院将资金全部交给了犯罪嫌疑人邓某。

第二，犯罪嫌疑人诈骗某研究院1600万元资金使用的某保险公司印章以及犯罪嫌疑人在某银行某支行开立账户的全部手续均系伪造，印鉴均为假印鉴，某保险公司从未在某银行某支行开立过账户。471-87100000123账户，并非我公司开立，而是犯罪嫌疑人邓某伪造某保险公司营业执照、伪造某保险公司公章、法人名章、财务专用章开立的假账户，某研究院的资金均进入了该假账户，我公司认为，某银行某支行系违规给犯罪嫌疑人开立账户，未尽审查之责，将巨额保险费转入犯罪嫌疑人崔某的私人公司账户，从而给犯罪嫌疑人完成诈骗活动提供了条件，在本案中负有不可推卸的过错责任，应当对某研究院的经济损失承担相应的民事责任。

第三，犯罪嫌疑人与某研究院投保经办人办理投保手续、交纳保费的地点均未在我公司营业外场所。

第四，犯罪嫌疑人以保费方式诈骗的1600万元资金，除支付某研究院25万元利息外，其余资金均被犯罪嫌疑人挥霍，我公司从未取得或占有某研究院的1600万元资金。

综上所述，本案不是一起保险合同纠纷案件，而是一起典型的保险诈骗案件，某保险公司与某研究院之间不存在保险关系，对某保险公司资金损失不应承担任何民事责任。

三、某研究院在这起保险诈骗案件中存在重大过错，应当自行承担资金流失的法律后果。

某研究院不是以购买保险为目的，其明知与某保险公司不存在保险合同关系。某研究院投保的是“国寿养老金还本保险”，但某研究院在其提供的《特约承保书》中确认“乙方出具的保险单无保险责任”，而且某研究院根本不按正常投保程序办理投保手续，如填写投保单、提交被保险人或保险受益人名单等，完全是利用保险公司的形式获取高额利润，根本不对犯罪嫌疑人提供的虚假单证进行核实和审查，完全相信犯罪嫌疑人，提供巨额资金，直接导致损失的发生，同时作为某研究院的具体经办人陆某的行为不排除有和犯罪嫌疑人内外勾结的可能性。因此，某研究院向某保险公司主张赔偿1600万元（含本案1000万元）的资金损失于法无据，应予驳回。

该判决书“经审理查明”一节认定：“2002年1月18日，某研究院资金处向某保险公司交付保险费1000万元。后，某保险公司向某研究院出具0376143号保险单（正本）一份，该保险单载明：投保人为某研究院资金处；保险名称为国寿养老金还本保险；保险费总计为1000万元；保险期间为12个月，自2002

年1月16日零时起至2003年1月15日二十四时止。该保险单上既没有被保险人也没有保险责任条款。某研究院资金处投保的目的是为了获取年利率为5.25%的高息。2002年12月27日，某保险公司向某研究院资金处支付利息25万元”。

该判决“本院认为”一节认为：“某研究院向某保险公司交付了1000万元保险费，某保险公司亦向某研究院出具了保险单，故某研究院与某保险公司之间合同关系成立。因某研究院和某保险公司签订的保险单上既没有被保险人也没有保险责任条款，且某研究院投保时的目的为获取高息，故该保险单无效。对于保险单无效，某研究院与某保险公司均有过错，应当各自承担相应的责任。某研究院收取的25万元利息应当折抵本金，某保险公司应向某研究院返还保险费975万元。因某研究院对保险单无效亦有过错，故对其要求某保险公司赔偿利息损失的主张，本院不予支持。某保险公司辩称造成某研究院损失其无过错的理由没有证据佐证，本院不予采信”。

该判决书判决：一、某研究院与某保险公司签订的保险单无效；二、某保险公司于本判决书生效后10日内向某研究院返还人民币975万元；三、驳回某研究院的其他诉讼请求。

某研究院同时就另600万元保险费的保险合同向某保险公司提起的诉讼，一审法院以上述同样理由，判决保险单无效，某保险公司向某研究院返还600万元。

旁白

一审法院对复杂案件作简单化处理，往往使其判决成为导火索，引发规模更大的二审大战。

击中要害的上诉

背景

某保险公司的上诉意见

某保险公司不服一审判决，向某高级法院提起上诉，其主要上诉意见如下：

一、一审判决书认定的事实与整个一审审理中查明的本案涉及刑事诈骗这一基本事实完全不符。

（与一审《答辩状》所陈述之刑事犯罪事实相似，此略）

二、一审判决书认定被上诉人与上诉人保险合同关系成立既没有证据支持，又与其查明的事实相矛盾。

首先，本案一审庭审查明的事实是：第一，被上诉人与犯罪嫌疑人签订了以获取高息为主要内容的所谓“保险”合同，被上诉人从未与上诉人签订过为其职工购买养老保险为主要内容的保险合同，一审判决书认定上诉人与被上诉人之间订立的养老保险合同成立，完全与事实不符；第二，被上诉人签订合同的真实意思表示正如一审判决书查明的“某研究院资金处投保的目的是为了获取年利率为5.25%的高息”，与上诉人承保的《国寿养老还本保险》条款中的内容完全是风马牛不相及，上诉人与被上诉人根本不存在就国寿养老还本保险合同内容达成一致；第三，本案保险单中根本没有国寿养老还本保险的主要条款，保险单中甚至没有被保险人、没有保险金额、没有保险责任。一审判决也不得不认定“该保险单上既没有被保险人也没有保险责任条款”。可见，被上诉人与犯罪嫌疑人签订的所谓国寿养老保险合同完全是掩人耳目的一种手段，实际是为了达到实现被上诉人获取非法高息的目的。但是就在这样一个明显的事实面前，一审法院完全置已经查明的事实于不顾，认定保险合同成立。

其次，一审判决书回避了大量依据双方申请合议庭在公安部门调取且已经经庭审质证的证据，该证据完全能够证明本案涉及保险诈骗这一基本事实，依据这些证据完全不可能得出保险合同成立这样错误的判决结论。

三、一审判决书认定被上诉人向上诉人支付了保险费，严重违背一审庭审中已经查明的事实。

一审审理中查明的事实和上诉人提供的大量证据证明，被上诉人从未向上诉人交纳保险费，而由被上诉人直接将保费交给了犯罪嫌疑人。令上诉人百思不得其解的是，一审法院置上诉人和被上诉人均无争议的这样一个基本事实于不顾，完全违背庭审中已经查明的事实，作出“原告将保险费交付被告”这样错误的认定。

四、即使按照判决书中的错误认定：上诉人与被上诉人的保险合同关系成立，上诉人收到了被上诉人的保险费，其判决结果也是不符合逻辑的。

虽然一审法院认定保险合同关系成立，但因“某研究院和某支公司签订的保险单上既没有被保险人也没有保险责任条款，且某研究院投保时的目的为获取高息，故该保险单无效。”从判决书中的表述可以看出，一审法院认为保险单无效的主要责任在被上诉人。那么根据无效合同处理原则，责任方应当对本案所涉保费损失承担主要过错责任。但判决书却判决上诉人对被上诉人的保费损失承担100%的过错责任，一审法院这一判决结果和其认定的原被告责任大小完全本末倒置，互相矛盾。所以，上诉人认为，一审判决在已查清的事实和判决结论之间在逻辑上也存在严重错误。

另外，某保险公司在上诉的同时，提出《中止诉讼申请书》，请求二审法院中止本案的审理。理由是本案涉嫌刑事犯罪，犯罪嫌疑人尚未归案，故本案事实无法查明。

旁白

当你是被告律师时，当然要把水搅混；当你是原告律师时，当然要把水澄清。

原则立场的坚持

正文

民事答辩状（二审）

答辩人：某研究院

答辩人就上诉人某保险公司不服某中院（2003）中民初字第×号《民事判决书》所提《民事上诉状》，提出如下答辩意见。

答辩人认为：一、本案事实清楚，并非复杂案件，在认定事实和适用法律上相对简单，一审判决结论基本正确；二、经一审庭审质证的大量证据确实、充分地证明上诉人确有明显过错，应依法承担赔偿责任；三、上诉人的上诉主张和理由均不成立，上诉请求应予驳回。

一、本案事实清楚，一审判决结论基本正确

（一）本案的法律适用存在法律竞合问题，应适用特别规定

本案属于典型的行为人使用保险公司的公章，使用保险公司的法人证明文件——《营业执照》设立的银行账户，使用保险公司的空白保险单、空白保险费收据和空白保险费预收收据，利用保险公司的营业场所、利用保险公司在人事管理上的疏漏，签订保险合同进行诈骗，给投保人造成经济损失，保险公司具有明显过错，且与投保人遭受的经济损失之间具有因果关系，应对投保人的经济损失承担赔偿责任的民事案件。因此，本案的法律依据应为最高人民法院《关于在审理经济纠纷案件中涉及经济犯罪嫌疑若干问题的规定》（下称《若干规定》）第5条第二款及第6条第二款。

《若干规定》第5条第二款规定："行为人私刻单位公章或者擅自使用单位公章、业务介绍信、盖有公章的空白合同书以签订经济合同的方法进行的犯罪行为，单位有明显过错，且该过错行为与被害人的经济损失之间具有因果关

系的，单位对该犯罪行为所造成的经济损失，依法应当承担赔偿责任。”

《若干规定》第6条第二款规定：“单位聘用的人员被解聘后，或者受单位委托保管公章的人员被解除委托后，单位未及时收回其公章，行为人擅自利用保留的原单位公章签订经济合同，骗取财物占为己有构成犯罪，如给被害人造成经济损失的，单位应当承担赔偿责任。”

按照《若干规定》第5条第二款和第6条第二款的规定，上诉人对答辩人遭受的经济损失是否应承担赔偿责任取决于陈某等犯罪嫌疑人以上诉人名义实施犯罪行为，上诉人是否具有明显过错。

一审判决的判决依据为《合同法》第52条第（三）项关于无效合同的规定和第58条关于无效合同的处理规定，“经审理查明”和“本院认为”两节的法律依据应为《合同法》第49条关于“表见代理”的规定。答辩人认为，依据《合同法》关于“表见代理”和无效合同的规定，一审判决“经审理查明”、“本院认为”和判决结论三节是统一的，基本正确。因此，根据本案的基本事实，依据《合同法》上诉人应承担返还责任，依据司法解释《若干规定》上诉人应承担赔偿责任。

答辩人认为，在本案的法律适用上存在法律竞合问题，即既可以适用《合同法》关于“表见代理”的规定，也可以适用《若干规定》关于过错赔偿的规定。但是，根据特别规定与一般规定不一致时，适用特别规定的法律适用原则，特别是根据涉及经济犯罪的民事案件的事实特点，参照近年来各级法院处理此类案件的案例，还是应当适用最高法院针对此类案件的特别规定，即《若干规定》。

近年来，每年都有若干中级法院一审和贵院二审的涉及经济犯罪的民事案件，其中不少案件中的印章是伪造的，但法院均依据《若干规定》，综合案件的主要事实和情节，认定单位确有过错，判令承担赔偿责任（答辩人将提供中级法院一审、贵院二审的若干假章民事案件判例供参照）。撇开本案中上诉人存在的其他一系列明显过错不谈，仅就本案保险单和保险费预收收据上加盖的印章经鉴定为上诉人真章这一事实而言，与其他同类案件相比，本案并不复杂，在事实的认定和司法解释的适用上相对简单。

另外，答辩人认为本案合同无效的理由应概括为，本案保险单是犯罪嫌疑人为合同诈骗目的签订的，缺乏合同生效的实质要件，应为无效。一审判决认定保险单无效适用《合同法》第52条第（三）项关于“以合法形式掩盖非法目的”的规定是正确的，但是认定保险单无效的理由，即保险单缺乏必要条款和答辩人为获取高息，则不妥。“非法目的”应理解为犯罪嫌疑人的合同诈骗目的。认定涉及经济犯罪的合同效力，没有必要再审查合同是否具备必要条款，弃而不论犯罪嫌疑人的合同诈骗目的，而审查被骗单位的签约目的，应属不当——当然，这是一审判决基于“表见代理”的认定。

（二）判决结论基本正确，但应判付利息

一审判决判令上诉人返还本金正确（“返还”基于“表见代理”的认定，如依据《若干规定》则应为“赔偿”），但遗憾的是未支持答辩人的利息请求。

1.银行同期存款利息为本金的法定孳息，属本金范畴，无论返还或赔偿，均须包括法定利息。法律只在特殊情况下明确禁止返还利息，典型的规定为最高法院关于企业之间非法借贷的司法解释，明确禁止返还利息（包括法定利息）。而本案返还或赔偿法定利息并无禁止性规定，法院不应在法律之外进行司法裁量。

2.即使认定答辩人未尽到认定审查之责，至多只能判令答辩人承担20%的案件受理费。如果答辩人请求约定利息、违约金或赔偿其他损失，则可以驳回。

3.与本案同类的涉及经济犯罪的民事案件判例，从无驳回法定利息请求的。

二、上诉人确有明显过错，依法应承担赔偿责任

基于《若干规定》关于过错赔偿的规定，答辩人在一审中举出了证明上诉人具有明显过错的证据，同时申请一审法院向公安机关调取了大量证明上诉人具有明显过错的证据。这些证据均经一审庭审质证，确实、充分地证明上诉人确有明显过错。

（一）上诉人印章管理存在严重过错

法庭根据答辩人申请自某市公安局内部单位保卫局某保卫处调取的某市公安局某公刑技（文）检字（2003）第×号《文检鉴定书》的鉴定结论，上诉人出具的500万保险单、1000万保险单和600万保险单及07560577号保险费预收收据上加盖的“某保险公司某市某区支公司业务专用章（1）”均为上诉人的真章（过错证据一，《文检鉴定书》）。故上诉人在上诉状中关于印章均为伪造的理由虚假，不能成立。

上述《文检鉴定书》已经一审庭审质证。上诉人未申请重新鉴定，故对此证并无异议。

（二）上诉人在法人证明文件——《营业执照》管理上存在严重过错

证明上诉人在法人证明文件管理上存在严重过错的证据为：

1.法庭自公安机关调取的犯罪嫌疑人在某银行某支行以上诉人名义开立账户时留存在该行的上诉人2000年的《营业执照（副本）》复印件与答辩人自某市工商局调取的上诉人2000年的《营业执照（副本）》复印件各种字体、印章及加盖的位置、手写字体的特征以及排版的特征均完全一致，从而有力地证明犯罪嫌疑人开立账户时使用了上诉人真实的《营业执照（副本）》（过错证据二，两份《营业执照（副本）》）。

上诉人在一审庭审质证时，认为两份《营业执照（副本）》不同，留存某银行某支行的《营业执照（副本）》是伪造的。但是，当审判长询问上诉人是否申请鉴定时，上诉人却回答不申请鉴定，这充分表明上诉人对此证的所谓异议，纯属狡辩，无丝毫诉讼意义。为了直接、明确地否定上诉人的所谓异议，答辩人书面申请鉴定两份《营业执照（副本）》是否具有同一性，一审法院未接受申请，未委托鉴定。根据最高法院关于证据的规定，二审法院应依法对两份《营业执照（副本）》的同一性予以认定。

2.根据答辩人所举的某银行某支行加盖公章提供的上诉人《营业执照（副本）》复印件证明，犯罪嫌疑人开立银行账户时，银行方已核对上诉人《营业执照（副本）》原件。（银行在《营业执照（副本）》复印件上盖章证明：“开户时已核对执照副本原件”）（过错证据三，银行盖章证明的《营业执照

（副本）》）。

3.法庭自公安机关调取的对某银行某支行开立该账户的经办人安某的《询问笔录》证明，犯罪嫌疑人开立账户时确实使用了上诉人的《营业执照（副本）》原件，银行方留存的是该原件的复印件（公安人员问：“开户用的营业执照副本也留复印件吗？”安某答：“他来开户时拿的原件，我们只留复印件。”（过错证据四，安某的《询问笔录》）。

上述三份证据均经一审庭审质证，上诉人虽有异议，但要么不申请鉴定，要么无法举出反证，故所谓异议均不成立。

（三）上诉人在空白保险单、空白保险费收据和空白保险费预收收据的管理上存在严重过错

证明上诉人在空白保险单证的管理上存在严重过错的证据为：

1.法庭调取的上诉人主动向公安机关提供的某保险公司保费暂收收据领用登记，证明上诉人的业务经理陈某于2000年2月29日签字领用了某保险公司某支公司保费暂收收据1本，编号为07560576—600号（过错证据五，某保险公司保费收据领用登记）。从而证明上诉人出具的保险费预收收据07560577号确为上诉人的真实收据，且为陈某领取使用。

2.法庭调取的上诉人于2003年1月24日主动向公安机关出具的《证明》，上诉人自认本案所涉空白保险费收据是其领取使用的，且并不否认保险单为某保险公司的真实文本（过错证据六，上诉人《证明》）。

上述两份书证均为上诉人加盖公章后主动向公安机关出具的，故上诉人原本无法否认。但在一审庭审时，上诉人却称空白保险费预收收据和保险费收据虽然编号都是上诉人的，但有可能是伪造的，然而却既不申请鉴定，也不敢拿出本应留在上诉人处的预收收据和收据底联。故所谓伪造的辩称，毫无诉讼意义。

3.法庭调取的公安机关《特大刑事案件立案报告表》中，公安机关查明本案所涉保险单为某保险公司过期作废的保险单（过错证据七，《特大刑事案件立案报告表》）。《呈请拘留报告书》中，公安机关查明陈某本人用已停止使用的某保险公司保险单（正本），诈骗答辩人资金（过错证据八，《呈请拘留

报告书》）。

上述证据确实充分地证明犯罪嫌疑人在签订本案保险合同时使用了上诉人空白保险单、空白保险费收据和空白保险费预收收据，足见上诉人对其空白保险单、空白保险费收据和空白保险费预收收据的管理极为混乱。

（四）上诉人对其营业场所的管理具有严重过错

答辩人提供的三名证人的证言均直接、明确地证实陈某等人利用上诉人位于某区某街7号的营业场所签订保险合同，并收取保险费（过错证据九，证人陆某、王某、陈某证词、一审卷中证人出庭作证笔录）。陈某在职时即利用上诉人营业场所实施犯罪行为，在陈某离职后，仍继续利用上诉人营业场所，骗取答辩人和另一受害单位某进出口有限责任公司的保险费。证人陈某的证言证明，直到2002年7月5日，也就是陈某办理买断工龄手续8个月之后，陈某仍能够毫无阻碍地利用上诉人的营业场所骗取保险费。

上诉人在另一受害单位某进出口有限责任公司诉上诉人案件中举出的《某保险公司某市某区公司机构分设方案》（附《某市分公司关于某区公司机构体制改革方案的批复》和《关于某区公司机构分设改革方案的请示》之后），规定“现办公楼用房4层8间、6层6间共14间，使用面积约260平方米，划归某保险公司使用”（过错证据十，《某保险公司某市某区公司机构分设方案》）。陆某、王某均证明是在上诉人营业场所的四楼陈某办公室和四楼会议室与陈某协商并签订保险单，交付保险费。过错证据十佐证陆某、王某的证言真实。故陈某等人利用上诉人营业场所签订保险合同进行诈骗的事实清楚，证明上诉人作为金融机构对其营业场所缺乏起码的监督管理。

（五）上诉人在人员管理上存在严重过错

上诉人对其业务经理陈某缺乏起码的管理，主观上处于放任状态，致使陈某可以随心所欲地利用其职务便利和以往职务便利直接参与诈骗犯罪（过错证据十一，上诉人文件《某保险公司关于马某等同志职务任免的通知》，其中2000年4月24日任命陈某为上诉人业务五部经理）。证据如下：

直接证明陈某参与实施诈骗行为的证据为：

1.法庭调取的陈某于2000年2月29日签字领用保费暂收收据的领用登记，证明答辩人取得并作为证据提交的07560577号预收收据为陈某本人领取使用的；

2.答辩人方证人陆某、王某的证言，直接证明了陈某以上诉人业务经理身份参与了与答辩人签订保险合同并收取保险费的犯罪行为；

3.法庭调取的证人陆某2003年1月26日16时03分至16时25分的辨认笔录中，陆某正确无误地一次将陈某的照片作为犯罪嫌疑人辨认出来，印证证人证言证明的陈某参与实施骗取保费行为的事实（过错证据十二，陆某《辨认笔录》）；

4.答辩人方证人陈某的证言及法庭从公安调取的证人陈某正确辨认出陈某的辨认笔录，有力地佐证了陈某利用其业务经理的身份便利和以往身份便利参与实施诈骗行为的事实；

5.法庭调取的公安机关刑事案件立案报告及申请拘留陈某的报告均证明陈某参与了犯罪行为，已被公安机关列为犯罪嫌疑人。

以上五份证据分别源自上诉人、公安机关、答辩人及另一受害单位，从不同的角度证明同一事实，即上诉人方业务经理陈某利用其职务便利，取得答辩人的信任参与实施了骗取答辩人保险费的犯罪行为。上诉人在人员管理上存在严重过错。

间接证明陈某参与诈骗行为的证据为：

1.使用上诉人真实的业务专用章（1）签订保险合同，骗取保险费；

2.利用上诉人的《营业执照（副本）》开立户名为上诉人名称的银行账户，收取保险费；

3.使用上诉人真实的空白保险单、保费收据、保费预收收据签订保险合同，骗取保险费；

4.利用上诉人的营业场所与答辩人签订保险合同，骗取保险费。

以上证据均佐证陈某利用职务便利和以往职务便利参与诈骗活动。

三、上诉人的上诉主张和理由均不成立，上诉请求应予驳回

（一）上诉人所称“本案基本事实”基本不是本案基本事实

1.上诉人称答辩人不对犯罪嫌疑人进行任何审查，仅凭犯罪嫌疑人的名片就认定其为上诉人员工，与犯罪嫌疑人邓某、崔某签订保险单，这纯属编造。

事实是答辩人经办人员陆某和王某到上诉人营业场所，与上诉人业务经理陈某协商并签订保险单。

2.上诉人陈述所谓假账户时，刻意回避其真实的《营业执照（副本）》被利用开户的事实。

3.上诉人虚假陈述《文检鉴定书》鉴定结论，无视保险单和保险费预收收据上所盖上诉人业务专用章（1）被鉴定为上诉人真章的铁的事实，称所有印章均系犯罪嫌疑人伪造。

4.上诉人回避空白保险单、保险费收据和预收收据均为上诉人真实文本的事实。

5.上诉人在陈述其与陈某解除劳动关系时，回避答辩人在办理500万元保险时，陈某仍在任和离职后继续使用上诉人营业场所，使用盖有真章的保险单等上诉人文本的事实。

（二）上诉人指责一审判决关于合同关系成立的认定，不能成立

上诉人称："……令上诉人十分不解的是，在本案事实十分清楚的情况下，一审法院如何作出保险合同成立的判决？"答辩人解惑："表见代理"的代理行为有效（《合同法》第49条），一审判决基于"表见代理"认定双方合同关系成立，并无错误，无须诧异。

（三）上诉人指责一审判决关于答辩人向上诉人交付保险费的认定，不能成立

上诉人称："令上诉人百思不得其解的是，一审法院置上诉人和被上诉人均无争议的这样一个基本事实于不顾，完全违背庭审中已经查明的事实，作出'原告将保险费交付被告'这样错误的认定。"答辩人解惑："表见代理"的代理人所为行为在法律上为被代理人的行为，故答辩人依据盖有上诉人真章的保险单，按上诉人业务经理指令，向上诉人户名的账户支付保险费，在法律上即为向上诉人交付保险费。因此，一审判决基于"表见代理"认定答辩人向上诉人交付保险费，并无错误，无须诧异。

（四）上诉人关于判决结果不符合逻辑的分析系曲解简单的法定无效合同处理原则

上诉人在上诉状最后一节中，从"逻辑"上分析并否定一审判决结论，

称："一审法院认为保险单无效的主要责任在被上诉人。那么根据无效合同处理原则，责任方应当对本案所涉保费损失承担主要过错责任。但判决书却判决上诉人对被上诉人的保费损失承担100%的过错责任。"这一上诉人的所谓逻辑完全曲解了非常简单的法定无效合同处理原则。法律规定的无效合同处理原则为返还财产、过错赔偿（《合同法》第58条），返还财产即返还依无效合同取得的所有财产，赔偿损失即赔偿因无效合同所遭受的其他损失。在返还财产上，根据过错的大小进行"打折"，这是上诉人的"逻辑"，不是法律的逻辑。答辩人未请求判令上诉人赔偿本金之外的其他损失，仅请求法定利息，是基于同类案件均只判决本金和利息，不支持其他损失的赔偿请求。即使基于"表见代理"，上诉人作为保险公司订立无效的保险合同，当然是主要过错方，故上诉人认为答辩人为主要过错方本来就是错误的，试图在返还本金上打折，当然就错上加错了。

综上所述，一审判决基于"表见代理"的判决结论基本正确，贵院应依据最高法院《若干规定》，认定上诉人的过错赔偿责任。本案大量证据确实、充分地证明上诉人确有明显过错，且该过错行为与答辩人保险费损失之间具有因果关系，应依法承担赔偿责任。上诉人《民事上诉状》的上诉主张和理由均不成立，上诉请求无法律依据。因此，本案事实清楚，证据确实、充分，判决结论基本正确。恳请贵院依法维持原判，驳回上诉。

此呈

某市高级人民法院

答辩人：某研究院

旁白

有青年律师质疑我的诉讼文书：有必要写得那么讲究吗？把事情说清楚不就得了。我答复：讲究对我最大的好处是，让我始终保持案件研究者的状态，而这正是让委托人信服、让法官尊重的职业状态。

哲学范畴的导入

背景

在我所律师代理的某进出口公司诉某保险公司一案（与某研究院案情相似，该公司被某保险公司原业务经理陈某等人骗取保险费850万元）的二审庭审中，审判长确定的庭审焦点问题似乎混同了一审判决认定的表见代理的事实和涉嫌犯罪的事实，而某保险公司的代理律师则用涉嫌犯罪的大量事实抨击一审判决关于表见代理的认定。

鉴于此，我经深入思考，运用哲学基本范畴的理论，酝酿出表见代理的事实为“现象事实”，过错赔偿的事实为“本质事实”的观点体系，并于开庭之前，匆匆向负责本案出庭代理的我所律师口述，由其记录，我修改，形成如下《代理词》。

正文

代　理　词

尊敬的审判长、审判员：

作为某研究院的代理人，我们就本案的性质问题、事实认定和法律适用问题，发表如下代理意见。

旁白

如果仅仅是为了胜诉，或许没有必要非得探究案件的深层法律问题。不过，我压抑不住这种冲动。

本案首先要解决“纲”的问题，正确认识和处理本案纠纷的前提是理清本案的纠纷所涉及的两个不同的民事法律关系。一是《合同法》第49条规定的表见代理法律关系，二是最高法院《关于在审理经济纠纷案件中涉及经济犯罪嫌疑若干问题的规定》（下称《若干规定》）规定的过错赔偿，即侵权法律关系。本案存在上述两种法律关系交叉即两种法律责任的竞合的情形。

一、关于表见代理法律关系

认定表见代理法律关系的前提事实，即不应调查、不做审理的事实是无权代理的事实。无权事实是本质的事实，即“本质事实”；表见代理依据的是表面上的事实，我们概括为“现象事实”。因此在表见代理的范畴内，基于表见代理进行审理时，调查、辩论的内容不应涉及“本质事实”，即无权的事实。

基于表见代理法律关系认定和处理本案，我们有以下三方面的主张和理由。

（一）足以使我方相信陈某等人有代理权的“现象事实”

1.保单及预收收据上加盖的真章的事实。我们主张行为人擅自使用公章，是基于侵权法律关系，涉及的是“本质事实”；上诉人主张行为人盗用公章，也涉及“本质事实”，而不是“现象事实”。基于表见代理法律关系，只要章是真章，就足以使我方相信陈某等人有代理权。

2.使用空白保单、保险费预收收据、收据与我方签订保险单的事实。上诉人主张保单是过期作废的保单，收据等保险凭证也是作废的凭证，还是主张的“本质事实”而非“现象事实”。上诉人称保单作废，根据是其内部的操作规程，既然没有公示，作为相对人的我方当然不可能知道保单、收据作废的事实，文本本身系某保险公司公司的格式文本，从表现形式上看，就是真的。当然，保费收据领用登记证明的陈某领用预收收据的事实，涉及的也是“本质事实”。

3.利用上诉人的营业场所与我方订立保险合同的事实。办理保险的营业场所外面悬挂某保险公司的牌子，我方经办人又是在陈某的办公室、某保险公司的会议室办理的业务，这些“现象事实”足以使我方相信为我方办理保险的陈某等人有代理权，足以使我方经办人相信，我方是在某保险公司的营业场所办理保险，而不是去饭店、酒楼等其他场所办理的。至于人身保险、财产保险分立后共同使用一幢办公楼的事实是否存在，我方不知，上诉人也当庭承认划分营业场所没有经过公示，我方当然不可能知道，这是我方在本案一审诉讼中才知道的，这也涉及“本质事实”。

4.陈某业务经理的身份事实。我方第一单500万元的合同就是在陈某的办公室和上诉人的会议室签订的，陈某当时确为上诉人的业务经理，这一“现象事实”就足以使我方相信陈某有代理权。至于后来他是否买断工龄离职，因为没有公示，我方不知道，而且陈某后来的离职问题还是涉及“本质事实”。

5.我方向上诉人支付保险费的事实。从“现象事实”上看，只要户名是上诉人的，就足以使我方相信，保险费是付给上诉人，不是付给其他公司或者个人。至于如何开户、开户申请书和预留印鉴的假章问题，均是“本质事实”，我方不知，在表见代理范畴内也无须涉及。

上述一系列“现象事实”，结合起来，足以使我方相信，陈某等人有权代理上诉人与我方签订保险合同。

在“现象事实”中必须强调的基本事实和最重要的情节，是在1000万元合同签订之前的500万元保险合同顺利履行这一“现象事实”。正是在 500万元的保险合同顺利履行的基础上，我方又签订了1000万和600万两单保险合同。提请合议庭在考虑上述5项事实的情况下，注意500万元顺利履行这一基本“现象事实”。正是这一“现象事实”，足以使我方相信陈某等人有权代理上诉人与我方订立合同。

（二）本案的合同关系成立

审查表见代理合同关系是否成立，必须依据“现象事实”，即我方经办人在办理保险业务时所面对的事实，而不能考虑“本质事实”，即案发后通过公安机关所了解的犯罪事实。

本案“现象事实”主要有两部分：一是保单签订的事实。签订保单的文本、印章、场所均是上诉人方的，签约人为上诉人方业务经理。二是保单履行的事实。我方向上诉人户名的银行账户支付了保费，也收到了上诉人的保费暂收收据和收据。这两项事实，足以证明表见代理合同关系已经成立。在认定合同关系成立的问题上，我方必须强调，认为章是盗用的、保单是过期的、银行账户是假的等主张都是错误的，因为这些都是基于“本质事实”——无权事实，而表见代理的前提就是无权，所以这种基于陈某等人“无权”代理的抗辩无的放矢，毫无诉讼价值。

上诉人提出的所谓表见代理相对人应为善意，我方谋取高额利息，不是善意相对人的主张完全不能成立。表见代理必须是基于“现象事实”，一审判决认定合同无效，认定我方在无效合同中应承担一定责任，也都是基于“现象事实”。一审判决驳回我方的支付利息的诉讼请求，同时判令我方承担20%的诉讼费，已经基于表见代理，认为我方对无效有一定责任（当然，我方没有就利息提起上诉，但我方仍然认为一审判决驳回我方利息的请求是错误的。而判令我方承担20%的诉讼费已经考虑了我方的责任。我方提供的某日报社诉某保险公司的判例同样考虑了相对人的一定责任，同样判决某日报社承担20%的诉讼费，但却支持了某日报社的利息请求）。而上诉人所谓我方是恶意相对人，因此本案不适用表见代理的主张，没有法律或司法解释依据，系在法外对法律的任意解释。上诉人主张我方恶意，指责我方与陈某等人恶意串通，即我方明知陈某等人无代理权，仍与其订立合同，上诉人的这种主张因不能举证证明而不成立。我方并不知道陈某等人的犯罪行为，而表见代理正是基于相对人不知行为人无权代理。如依上诉人的主张，相对人应该知道代理人无权代理的“本质事实”，则根本就不存在表见代理这种法律现象了，合同法的规定就没有意义了。当然，陈某归案后的供述，已经完全否定了上诉人所谓我方与陈某等恶意串通的任意指责。

（三）本案合同无效

基于表见代理认定合同的效力，仍然要根据“现象事实”及形式方面的要件；如果根据“本质事实”来认定，合同本身就是犯罪嫌疑人的诈骗手段，又是混淆了这两种不同的法律关系。因此，一审判决书认定合同无效的原因，为合同在形式上缺乏必备条款，即上诉人所指称的没有约定保险责任等“现象事实”。因此，一审判决书基于表见代理，也即“现象事实”，认定合同成立，与基于表见代理，认定合同无效是统一的。

二、关于侵权法律关系

侵权法律关系是《民法通则》规定的。但是，涉及犯罪问题的，最高法院以司法解释的形式作了特别规定。对本案有针对性的规定是，在行为人擅自使用单位印章的情况下，单位有明显过错，且该过错与受害单位的经济损失之间具有因果关系的，单位应当承担赔偿责任。我们必须注意到，在此司法解释中，并不涉及合同关系问题和合同效力问题。该司法解释中有关案件认定和处理的规定全部是根据两项法律事实，一是犯罪的法律事实，二是侵权的法律事实，都是“本质事实”。

在一审中，我方作为原告，诉讼主张就是在陈某等人实施合同诈骗的过程中，保险公司存在一系列的明显过错，在客观上使诈骗犯罪得逞。因此，我方在举出一系列过错证据的同时，申请法院从公安机关调取了大量证明上诉人确有明显过错的证据。

这里还需强调，在我方主张保险公司有明显过错，应承担赔偿责任时，即我方基于侵权法律关系，来认定本案事实时，必须划清与表见代理的“现象事实”的界限。我方主张的五大过错点都是基本证明保险公司在印章、保单、收据、经营场所、人员管理、营业执照管理上存在一系列严重漏洞的证据，并不涉及“现象事实”。例如，在我方支付保费环节上，我们举证证明保险公司在营业执照管理上有过错，使得犯罪嫌疑人得以使用其营业执照开户的“本质事实”，而不涉及作为“现象事实”的户名是谁的问题。

综上，我方认为，一审判决基于表见代理的法律关系，认定足以使我方相信陈某等人有权代理保险公司的事实，不涉及本案的“本质事实”，即侵权法律关系中的上诉人的过错事实和与之有牵连的犯罪事实，是正确的。因此，我们认为，上诉人在上诉状和二审审理中的所有针对一审判决的所谓涉及刑事犯罪的主张和理由，混淆了表见代理法律关系和侵权法律关系，都是不成立的。针对一审判决提出有关“现象事实”并不足以使我方相信陈某等人有代理权的主张和理由，才是有针对性的上诉、抗辩的主张和理由，双方才有辩论意义，法院才有审理的必要。

三、本案的法律适用存在法律竞合

本案既可以如一审判决适用《合同法》关于表见代理的规定，也可以适用《若干规定》。《合同法》第49条规定的表见代理法律关系中，“无权”的事由有很多种，在因涉及犯罪而无权代理的情形下，存在《合同法》之表见代理的规定与司法解释中之过错赔偿的规定相竞合的情形。在我方提供的某日报社诉某保险公司某市分公司追索保险金一案中，某中级法院一审也适用了表见代理的规定，判决某保险公司承担无效返还责任，贵院二审补充适用《若干规定》第5条第二款，判决某保险公司承担赔偿责任（但二审判决书判词中沿用一审判决书的“返还”是不适当的，我们建议使用“赔偿”）。因此，我们认为，在处理涉及经济犯罪的民事案件时，还是适用《若干规定》更为恰当。理由是，《合同法》是一般规定，司法解释《若干规定》属于特别规定。

另外，有必要进一步解释一下为什么我们将基于《合同法》表见代理认定的事实概括为“现象事实”，而将基于司法解释《若干规定》之过错赔偿认定的事实概括为“本质事实”。

如果孤立地、不作比较地分别看表见代理和过错赔偿，那么无须作深入研究便可清楚地区分二者，即表见代理的认定事实一定是相对人所面对的“表象”，而过错赔偿的认定事实则是在涉及犯罪的民事案件中单位是否具有明显过错。但是如果一件民事案件中同时涉及了表见代理事实和过错赔偿事实，那就必须比较研究，从而准确地划清二者的界限。否则，势必混淆二者不同的认定事实，造成认识和认定上的混乱。

但是，法律和司法解释本身并没有比较性地界定表见代理和过错赔偿，通常在这种情况下我们会根据有关法学理论来理解二者的界限，但在此问题上法学理论也是空白的，即没有相关的理论或研究成果。那么，在法学理论空白的情况下，如何理解法律和司法解释的规定？方法有很多种，比如运用哲学的理论，运用形式逻辑的理论，运用公认的常识等等。将表见代理的认定事实概括为“现象事实”，将过错赔偿的认定事实概括为“本质事实”，从而区分二者在一案中基于的不同事实，正是我们运用哲学的理论来理解《合同法》和司法解释的不同规定。对方代理人可以就这种概括是否准确提出异议，但对在法学理论空白情况下运用哲学理论理解法律和司法解释规定这一方法论，提出反对意见则是完全不成立的。哲学范畴和哲学方法论对司法实践的指导意义是不容置疑的。

旁白

有时，我们在法律、法学的昏暗中苦苦摸索时，哲学就像一位智慧的长者，引领我们走向光明。

四、上诉人五大过错的明显性和严重性

我方在庭审中已举出大量确实、充分的证据证明上诉人具有五大过错，在《答辩状》中我们已结合证据，进行了详细的论述。在此，我们仅就上诉人过错的明显性和严重性作一分析。

1.合同诈骗案只要具备二个条件就可以完成，第一是公章，犯罪嫌疑人使用公章即可签订合同，骗取相对人的信任；第二是《营业执照》，犯罪嫌疑人使用《营业执照（副本）》即可开立银行账户并堂而皇之地向相对人收款。本案的犯罪嫌疑人以上诉人名义骗取单位的大额保险费不可能收取现金，因此必须开立银行账户，但伪造《营业执照》则难以通过银行审查。上诉人所谓犯罪嫌疑人到工商局打印了营业执照复印件后，伪造营业执照原件的说法，均来自想象、虚构，没有任何证据证明。陈某归案后供述邓某和崔某从其办公室抽屉里拿走《营业执照》副本复印件，这证明：一、《营业执照》副本复印件是真实的，不是伪造的；二、陈某对其抽屉里的《营业执照（副本）》复印件被拿采取了放任态度，从而证明上诉人在《营业执照（副本）》复印件的管理上存在疏漏，即有过错。

因此，上诉人在业务专用章管理上及法人证明文件——《营业执照（副本）》管理上的严重失误是本案中上诉人两个最重大、最基本的过错，实质上为犯罪嫌疑人以上诉人名义签订保险合同进行诈骗提供了主要且必要的条件。

2.上诉人在空白保险单、保险费收据及保险费预收收据管理上的过错，使犯罪嫌疑人顺利取得并利用其表现保险合同的真实性和规范性。上诉人对营业场所监管不力，对作为业务经理的陈某的管理不力，致使犯罪嫌疑人陈某在职时能够伙同邓某、崔某使用上诉人的业务专用章、保单和收据签订合同，使用上诉人的《营业执照（副本）》开立银行账户，且在陈某买断工龄离职后仍能使用上述业务专用章、保单等格式文本、已开立的银行账户，仍然随意进出并使用作为金融机构的上诉人的营业场所，签订保险合同，骗取保险费。上诉人的这一系列重大过错，客观上迷惑了投保人，强化了投保人对办理保险合同的安全感，为犯罪嫌疑人合同诈骗得逞提供了重大便利。

而且，自犯罪嫌疑人2000年12月与我方签订500万保险合同至2002年8月与我方签订600万元保险合同，历时近二年。在此期间，上诉人客观上一直不收回其业务专用章、空白保险单、空白保险费收据和空白保险费预收收据，一直不对其营业场所进行有效的监管，主观上一直对由此可能给投保人造成损失持放任的、漠不关心的态度，致使我方遭受了1600万元的经济损失。故上诉人的过错与我方遭受经济损失之间具有法律上的因果关系。

在这里，我们有必要提示，我方所主张和证明的上诉人的五大明显过错，均被陈某归案后的供述一一印证。这也同时证明，我方对上诉人五大过错的主张和证明是慎重的，经得起实践检验和历史考验的。

五、上诉人关于其不承担任何民事责任的主张完全不能成立

（一）上诉人关于本案保险单、保险费预收收据上加盖的业务专用章系犯罪嫌疑人盗用的主张不能成立

1.上诉人不能举出任何证据证明业务专用章被盗用。盗窃并使用单位的公章是一种违法犯罪行为，上诉人主张盗用，但从三份保险合同签订时至今，即从2000年12月19日签订第一份保险合同，2002年1月16日签订第二份保险合同，2002年8月27日签订第三份保险合同至今，历时近两年之久，次次使用都是盗用吗？上诉人对关乎其生存命运的公章失窃报过案吗？登报申请作废了吗？没有！这就说明，盗用之说，纯属上诉人为逃避法律规定的赔偿责任的诉讼说辞，根本不是事实。

2.退一步说，假如上诉人所主张的公章为犯罪嫌疑人盗用，难道《营业执照（副本）》也被盗用了吗？保单也被盗用了吗？收据、预收收据也同时被盗用了吗？公章、营业执照、保单、收据如此巧合地同时被盗用的说法是不成立的，纯属诉讼说辞，毫无诉讼价值。事实是由于上诉人在管理制度上的一系列严重疏漏，致使上述公章、营业执照、保单、收据全部被犯罪嫌疑人擅自使用了。

3.陈某领用预收收据的登记表证明，陈某有权使用保险公司的收据收取保险费。按上诉人的观点，是否认为陈某作为业务经理，仅能够收取保险费、开

具收据（陈某并非财务人员），而不可能使用公章签订合同，只能盗用？因此，上诉人关于陈某只能盗用公章的说法不能成立。

（二）上诉人称没有证据证明陈某参加了诈骗活动，即使陈某参与诈骗也与上诉人无关，上诉人的这一主张根本不能成立

1.陈某参与诈骗活动是本案铁的事实。

法庭调取的上诉人提交的保费收据领用登记、证人陆某的辨认笔录以及证人陆某、王某当庭提供的证词、公安机关的立案报告及申请拘留陈某的报告、另一受害单位保险合同的经办人陈某的辨认笔录及证言互相印证，确实充分地证明陈某参与了以签订保险合同进行诈骗的犯罪活动。

2.即使如上诉人所称，陈某未参与诈骗犯罪，也不能得出上诉人无过错应予免责的结论，只能认定上诉人的过错更加严重。

犯罪嫌疑人使用上诉人业务专用章，利用上诉人《营业执照（副本）》原件以上诉人名义开立银行账户，使用上诉人真实空白保险单、保险费预收收据，利用上诉人营业场所签订保险合同，这是无可辩驳的事实。有陈某利用其作为上诉人的业务经理形成的职务便利，犯罪嫌疑人取得上诉人业务专用章，取得上诉人《营业执照（副本）》原件开立账户，取得空白保险单、空白保险费预收收据，使用上诉人营业场所要容易得多。如果陈某未参与，邓某和崔某作为上诉人外部人员也能顺利取得和长期、多次利用业务专用章、上诉人《营业执照（副本）》原件、空白保险单、空白保险费收据，不受任何阻碍地使用上诉人营业场所，只能证明上诉人的过错性质更为严重。

还必须强调，前述最高人民法院《若干规定》所规定的“单位有明显过错”，不能被曲解为单位内部人员参与了犯罪，单位就要承担责任，而如果是外部人员，则即使利用了单位的公章、营业执照、空白制式合同和营业场所，单位也不承担任何责任。

（三）上诉人关于我方有重大过错，应当自行承担资金流失的法律后果的主张完全不能成立

1.受害单位被骗，该单位就必然有过错的说法过于武断。受害单位是否有过错必须依案件事实认定。本案所涉刑事案件的突出特点是：第一，作为保险

合同主要合同文本的保险单上所加盖的业务专用章是真实的；第二，收取我方保费的银行账户是使用真实的《营业执照（副本）》开设的；第三，空白保险单、收据和预收收据等凭证也是上诉人方真实的文本；第四，办理业务的地点是上诉人营业场所；第五，我方在办理第一笔500万元的保险业务时，陈某的真实身份就是上诉人的业务经理。在以上一系列真实面前，我方经办人不足以识破陈某等人的犯罪手段和犯罪目的。在本案这种基本事实面前，指责我方有过错是不能成立的。

2.我方经办人在审查陈某、崔某、邓某的身份上并无过错。理由有二：

（1）从保险公司推介保险的通常情况来看，保险公司的保险推介人队伍非常庞大，包括保险公司人员、保险公司聘用人员，而更多的人并不是保险公司聘用人员，是为保险公司拉业务的各色人等。同时，这些人通常都是通过单位或个人的熟人推介保险。因此，基于这种情况，单位或个人通常并不是通过审查这些推介人员的身份来确定是否做保险，而是仅仅通过这些人的介绍最终到保险公司与保险公司人员商议。

（2）从本案的事实来看，我方经办人是到保险公司营业场所，见保险公司人员陈某，而陈某当时的身份确为上诉人业务经理。在陈某身份这一事实上，我方经办人并没有出错。

3.本案保险合同是我方在2000年12月的500万保险合同顺利履行的背景下签订的。正是因为上诉人的明显过错，使得陈某等人得以顺利完成500万的保险合同，获得我方信任，最终导致我方与陈某等人又签订了第二、第三份合同，造成我方遭受巨额经济损失的严重后果。

4.上诉人以500万特约承保书中记载的“无保险责任”为由主张我方人员的行为直接导致损失的发生，纯系推脱之辞，第一，各保险公司为追求保费收入指标，都进行着大量的还本保险业务，“保险的收益率高于存款”这是各保险公司宣传推销保险的共同口号；第二，保单的条款是否完备应由作为专业人士的保险人负责，作为非保险专业人员的我方经办人没有能力判断保险条款的专业含义。我方认为按时取得返还的保费和保费利息就是保险公司履行了保险义务，保险公司不愿再承担出险后的赔偿责任也是无可非议的；第三，更重要的是，即使保单的条款有瑕疵，至多导致保险合同无效，而我方亦主张合同无效。最高法院《若干规定》第5条第二款、第6条第二款也是在经济合同无效的基本事实上，规定根据单位是否有过错来认定其是否承担赔偿责任。因此，上诉人的主张完全脱离司法解释的明确规定，脱离本案的基本事实，不能成立。

六、上诉人提出的中止诉讼申请缺乏事实根据和法律依据，依法不能成立

首先必须明确，如基于表见代理认定和处理本案，上诉人的中止诉讼申请毫无诉讼意义，不能成立。因为表见代理只根据“现象事实”认定，并不涉及“本质事实”，而上诉人的中止诉讼的理由就是本案有待刑事案件“本质事实”的确定。

基于侵权法律关系，则上诉人的中止诉讼申请仍然不能成立。

（一）上诉人的中止诉讼申请违反明确的司法解释规定

1.最高人民法院《关于在审理经济纠纷案件中涉及经济犯罪嫌疑若干问题的规定》第1条明确规定：“同一公民、法人或其他经济组织因不同的法律事实，分别涉及经济纠纷和经济犯罪嫌疑的，经济纠纷案件和经济犯罪嫌疑案件应当分开审理。”

《若干规定》第10条规定：“法院在审理经济纠纷案件中，发现与本案有牵连，但与本案不是同一法律关系的经济犯罪嫌疑线索、材料，应将犯罪嫌疑线索、材料移送有关公安机关或检察机关查处，经济纠纷案件继续审理。”

2.综观《若干规定》的全部内容，该司法解释规定的主要为涉及刑事犯罪的民事案件审理中，当事人应如何承担民事责任。该司法解释所体现的精神、原则就是“刑民分开”，即其第1条和第10条所明确的，与刑事犯罪虽有牵连但不属同一法律关系的民事案件应单独、继续审理。

3.上诉人提出的中止诉讼申请的实质是“先刑后民”，这是在《若干规定》出台前的习惯做法。该司法解释出台后，各级法院即依据该司法解释的规定，在已知经济案件涉及经济犯罪嫌疑时，单独审理经济纠纷案件；在审理经济纠纷案件中，发现有犯罪嫌疑线索时，将该线索移送侦查机关，经济纠纷案件继续审理。本案上诉人与被上诉人之间基于过错赔偿而形成的侵权法律关系与犯罪嫌疑人的刑事诈骗属不同的法律关系，故本案依法应继续审理。

因此，上诉人的申请不仅没有法律依据，而且直接违反司法解释。

（二）本案民事责任的认定和判决根本无须以与本案有牵连的刑事案件的判决结果为依据，无须以与本案有牵连的刑事案件判决所采信的证据为根据

上诉人申请中止诉讼的理由为本案涉嫌刑事犯罪，犯罪嫌疑人尚未归案，本案事实无法查明，上诉人的这种理由根本不能成立。

1.本案中，三份保险单（正本）及07560577号保险费预收收据上加盖的业务专用章均为上诉人的真实公章，上诉人与某大厦的房屋租赁合同上加盖的法人印章也为上诉人的真实公章，而该房屋则被犯罪嫌疑人作为犯罪窝点；犯罪嫌疑人开立收取保险费的账户时留存的《营业执照（副本）》复印件为上诉人真实的《营业执照（副本）》复印件；犯罪嫌疑人使用的空白保险单、空白保险费收据和空白保险费预收收据均为上诉人的真实空白保险凭证；犯罪嫌疑人利用上诉人的营业场所与被上诉人签订保险合同并收取保险费；上诉人业务经理陈某随心所欲地利用其职务便利和以往职务便利参与实施诈骗被上诉人保险费的行为，这些都已被大量的证据所证实，即使犯罪嫌疑人归案，其口供也不能推翻这些客观证据。

2.根据上述证据证明的一系列铁的事实，认定上诉人承担民事责任，无论依据《合同法》作出“表见代理”的认定和判决，或者依据《若干规定》作出“赔偿”的认定和判决，均无事实或法律上的障碍。

（三）根据司法实践中的生效判例，犯罪嫌疑人是否归案并不影响民事案件的审理和判决

司法实践中的大量判例，均未以刑事案件的生效判决作为民事案件的判决根据。

1.某市中级法院一审、贵院二审的案情与本案极相似的某日报社诉上诉人的上级单位某保险公司某市分公司追索保险储金一案，生效民事判决于2002年5月30日作出，但对于犯罪嫌疑人刘某的合同诈骗案一审判决于2003年6月30日作出。从时间来看，某日报社案的民事生效判决早于刑事一审判决一年零一个

月，根本不可能以刑事案件的判决结果为依据；从判决内容上看，贵院终审判决书第8页“经审理查明”一节中载明：“又查：2001年8月20日，某分公司以刘某涉嫌保险诈骗为由向某市公安局内部单位保卫局（以下简称内保局）报案，内保局于2001年8月22日以特大刑事诈骗案立案侦查。某市人民检察院第一分院现已批准逮捕刘某。此案正在侦查过程中。”故该民事案件的判决不可能以生效刑事判决的结果及经生效刑事判决所固定的证据为依据。

2.在某市中级法院一审、贵院二审的某实业有限公司诉某机床厂购销合同纠纷一案中，犯罪嫌疑人擅自使用某机床厂盖章的空白合同纸和伪造的某机床厂销售部的合同章，利用私开的虚假银行账户与某实业公司签订买卖合同，骗取某实业公司的预付款，某机床厂报案后，某市公安局某分局立案侦查，犯罪嫌疑人全部在逃，至今尚未归案。某实业公司提起民事诉讼后，贵院于2001年9月10日终审判决某机床厂承担民事责任。在判决书“经审理查明”一节中载明：“范某等人涉嫌利用经济合同进行诈骗，某市公安局某分局遂立案侦查，现未侦结。”在该案中，犯罪嫌疑人为了取得某实业公司的信任，还特别代某实业公司支付了150万元预付款，贵院也并未因犯罪嫌疑人在逃而认为无法查明犯罪嫌疑人与某实业公司是否勾结以及某实业公司是否有过错，将案件中止，而是依法判决某机床厂承担民事责任。

上述两案均为贵院在审理牵连经济犯罪的经济纠纷案件过程中，不依赖于犯罪嫌疑人是否归案以及刑事案件的判决结果，而对经济纠纷案件进行审理和判决的判例。

因此，申请人的申请违反司法解释，其所谓的认定事实上的理由亦不符合本案大量证据证明的事实，纯属规避民事责任的诉讼手段，恳请贵院依法不予考虑，继续本案的二审审理和判决工作，维护法律的尊严。

尊敬的审判长、审判员：

本案虽然涉及表见代理和过错赔偿两个不同的法律关系，但认定表见代理的证据和认定过错赔偿的证据都确实、充分，并不复杂；在法律适用上选择司法解释，按过错赔偿判决是准确的，这也并不疑难。根据本案大量证据，依据司法解释，参考陈某归案后的供述，完全能够认定上诉人的过错赔偿责任。因此，我们恳请二审法院尽快判决此案，驳回上诉，维持原判，保护我方的合法权益。

谢谢！

旁 白

我习惯性地研究我的每一个案子。这与我曾在大学专门从事研究工作有关。我追求胜诉，但唯有在疑难案件中拿出了自认为有点创新性的观点体系，才能让我不后悔选择了律师职业。

刑事证据的运用

背 景

二审开庭后，某保险公司原业务经理陈某案发逃亡1年多之后，向公安机关投案自首。二审法院从公安机关调取了犯罪嫌疑人陈某的讯问笔录，并通知我们阅卷。结合陈某供述这一本案重要证据，我写作并向法院提交了《最终代理意见》。

正 文

最终代理意见（二审）

尊敬的审判长、审判员：

本案一审、二审已1年有余。在一审和二审中，我们根据本案的大量证据，依据明确的司法解释规定，准确认定并反复论证上诉人某保险公司的五大明显过错。虽然，上诉人对此作了种种抗辩，但证明其五大过错的证据却从未被撼动。现在，上诉人原业务经理陈某的供述，印证了本案大量过错证据的客观性，反映出我方认定上诉人具有明显过错的诉讼主张的正确性，当然，也揭示出上诉人的种种抗辩的虚假性和臆断性。大量证据早已使本案真相大白，现在新的证据则使本案事实更加透明。

一、上诉人印章管理存在严重过错

（一）本案证据。某市公安局《文检鉴定书》证明，本案的所有保险单、保险费预收收据上所盖的“某保险公司业务专用章（1）”均为上诉人的真章。

（二）陈某供述印证。①陈在2004年5月19日的笔录中供述他是业务员，保险单、暂收收据他本身就有，而且所有的单据都是统一盖好章的（第4页）。②5月22日笔录：陈承认业务专用章是他拿时现盖的章，而且说保单、收据等单证基本上所有公司的工作人员都可以接触到（第18页）。③5月25日笔录：陈说保单等单据上盖的业务专用章，圆章，是专用章几记不清了（第31页），陈还交代，他私自在铁皮柜里拿了保险单、暂收收据、特约承保书，每种拿了一本50份，其中保险单、暂收收据都盖了业务专用章。公安问：“为什么盖空白公章？”陈答：“为了以后做保险方便。”（第32页）。④5月28日笔录：陈承认向崔和邓提供了盖好章的保单和暂收收据（第35页至第36页、第42页）。

（三）上诉人的抗辩虚假。上诉人在一审和二审中坚称其业务专用章（1）是被崔和邓盗用的，却无法举出被盗用的证据，而陈某的供述证明，这一抗辩是虚假的。

结论：从本案的证据和陈某的供述看，上诉人在印章管理上非常混乱，包括陈某在内的上诉人方工作人员都可以轻易拿到盖好章的各种保险凭证。陈某等人正是利用了上诉人印章管理的漏洞，骗取了上诉人的保险费。故上诉人在印章管理上的过错是严重的、明显的。

二、上诉人在保险单、暂收收据和特约承保书的管理上存在严重过错

（一）本案证据。①上诉人向公安机关提供的保费收据领用登记证明陈某于2000年2月29日签字领用的上诉人保费暂收收据1本，编号为07560576-

600号，从而证明上诉人出具的保险费预收收据07560577号确为上诉人的真实收据，且为陈某领取使用。②上诉人2003年1月24日向公安机关出具的《证明》，承认空白保险费收据是其领取使用的（但称本案所涉保险单不属于上诉人出具范围，为上级出具范围）。

（二）陈某供述印证。①2004年5月19日笔录：陈某供述他是业务员，保险单、暂收收据、特约承保书他本身就有（第4页）。②5月22日笔录：陈某说他是上诉人综合科科长，综合科管理保单、投保单、特约承保书、保费暂收收据、正式收据等保险单证（第17页）。③5月25日笔录：陈某说综合科管理着十几种单据、凭证，都放在办公室铁皮柜内，但平时白天钥匙都插在柜门或放在桌子上（第29页），陈某承认6笔保险的保险凭证都是他提供的（第32页）。④5月28日笔录：陈某承认他给崔和邓一本保单、一本特约承保书、一本暂收收据，其中保单和暂收收据都是陈某盖好章的（第35—36页）。

（三）上诉人的陈述和抗辩虚假。①在一审和二审中上诉人反复强调保单是过期作废的，预收收据虽然编号是上诉人的，是陈某领用的，但是本案所涉预收收据是犯罪嫌疑人私自印刷的。陈某的供述证明这一抗辩是虚假的。②上诉人在给公安机关的《证明》中称本案所涉保险单不属于上诉人出具范围，而属于上级即某市分公司出具范围，这显然不实。既然不属于上诉人出具范围，上诉人能说清其综合科为什么管理着大量盖好章的空白保险单，难道是只管不用吗?

结论：本案证据证明，陈某的供述印证，上诉人作为金融机构在保险单、暂收收据和特约承保书等保险单证的管理上非常混乱，包括陈某在内的上诉人方工作人员都可以轻易拿到各种保险单证。陈某等人正是利用了上诉人保险凭证管理的漏洞，骗取了上诉人的保险费。故上诉人在保险单证管理上的过错是严重的，明显的。

三、上诉人对其营业场所的管理具有严重过错

（一）本案证据。某研究院的经办人陆某和王某，某进出口公司经办人陈某均出庭作证，证明陈某在职时利用了被告的营业场所，离职后仍继续利用上诉人的营业场所。且三名证人的作证与其在公安机关的陈述一致。

（二）陈某供述印证。①2004年5月19日笔录：陈某说："陆处长（某研究院经办人陆某）到（上诉人）业务大厅柜台外转了一圈，看了看公司办理业务的操作情况，之后我们五人一起到大厅的一个房间，若进入大厅办理业务区域必须从这个房间过……"（第12页）②5月22日笔录：陈某供述他可以使用会议室，业务员和保户谈业务都可以使用会议室（第22页），承认某研究院的1000万和600万元的支票都是在上诉人营业大厅边上的一间屋子里交的，这间屋是内勤的屋，而且陈某接待某研究院的人时和屋子的主人说了（第24页）。③5月28日笔录：陈某承认某研究院经办人陆某和一个25岁左右的女的（某研究院经办人王某）到上诉人公司地点某街7号楼，在四楼会议室谈的（第35—36页）。陈某承认某进出口公司的经办人"一个小伙子"（安某）也是在上诉人一楼一个办公室办的保险，这间办公室有一个门连着公司的营业厅（第37页）。陈某承认某研究院的1000万元和600万元都是陆某和那个女的（王某）在上诉人一楼营业办公室办理的（第38页、第41页）。陈某还承认，某进出口公司的一个三四十岁的女的（证人陈某）在上诉人一楼营业办公室办理了850万元的保险手续（第40页）。公安问："那你已经不是保险公司的人了，去他们公司谈别人不说吗？"陈某答："因为我原来是他们公司老科长，都比较熟了，也没人管我。"（第40页）

（三）上诉人的抗辩虚假。上诉人在一审和二审中提供所谓证明上诉人与某财产保险公司合用大楼的证据，称某研究院和某进出口公司的保险手续不是在上诉人营业场所做的，而是使用了某财产保险公司的营业场所。并对我方两个单位的三名经办人的作证提出异议，认为不实。而陈某的供述印证了某研究院经办人陆某和王某关于在上诉人四楼会议室办理手续的作证，印证了某进出口公司经办人陈某关于在上诉人一楼营业办公室办理手续的作证，证明上诉人的抗辩虚假。

结论：陈某在职时，利用上诉人的营业场所，离职后仍继续利用上诉人营业场所，充分证明上诉人作为金融机构在其营业场所的管理上极为混乱，使陈某等人利用了其管理上的漏洞，具有严重、明显的过错。

四、上诉人在人员管理上存在严重过错

（一）本案证据。证明陈某参与诈骗犯罪的证据为：①陈某领用本案所涉保费预收收据的领用登记；②我方两个单位经办人陆某、王某、陈某的证言；③陆某、陈某在公安机关所做陈某辨认笔录；④公安机关刑事案件立案报告及申请拘留陈某的报告。

（二）陈某供述印证。①2004年5月19日笔录：陈某承认把没有保险代理资格证书的邓、崔二人发展成他的下线（第4页），陈供述某研究院的500万元未上交上诉人，而由邓、崔二人拿去炒股，陈某是知道的（第10页）。②5月20日笔录：陈某承认他知道保费支票收款人写的是保险公司的名称，但实际不入保险公司的账，收到第一张支票后崔某就告诉陈某不入保险公司的账，要拿去炒股（第12页），并承认从第一次骗保金到最后，一共从中拿了七万到八万元（第14页）。③5月22日笔录：公安问："那么说邓、崔二人算是你的手下代理还是算朋友帮忙？"陈答："都算吧，严格说算是我的代理"，并称，保险公司这样的代理挺多的（第16页）。④5月25日笔录：公安问："这六笔都是利用同样的手段和保险单据吧？"陈答："是，都一样。"公安问："保险凭证都是利用同样的手段吗？"陈某答："是，都一样，保险凭证都是我提供的。"（第32页）⑤5月28日笔录：公安问："崔和邓共给过你什么好处？"陈某答："前后共给了我现金5或6万元人民币，借了我一辆桑塔纳2000轿车开，还带我一家三口到三亚玩了三四天，都是他们花的钱，崔某还带我去韩国、香港、澳门玩了一圈，也是他花的钱。"（第41页）问："在这几笔业务中你充当什么角色？"陈某答："我要是不在公司就办不了业务，就证明这业务是保险公司办的合法业务，因为我能证明我是保险公司的职员，让客户相信这交的钱是保费，是保险公司的业务。"问："那你已经不是保险公司的人了，后来三笔在保险公司谈的时候是怎么谈的？没人管你？"陈某答："原来我是保险公司的科长，人都比较熟，也没人管我。"（第43页）

（三）上诉人的抗辩虚假。上诉人在一审和二审中，坚称没有证据证明陈某参与了邓、崔二人实施的诈骗犯罪，且主张陈某早在2001年12月10日已经与上诉人解除劳动合同，即使陈某参与诈骗也与上诉人无关。而陈某的供述则印证了本案证据，陈不仅利用其职务便利直接参与了诈骗我方2个单位3笔计2450万元保费的犯罪活动，而且正如陈的供述，如果没有他保险公司的身份和职务，“就办不了业务”——就不可能顺利骗取保费。这充分证明上诉人的抗辩是虚假的。

结论：上诉人在人员管理上存在严重漏洞，对陈某在职和离职后的管理一直处于放任状态，致使陈利用其职务便利和以往职务便利直接参与诈骗犯罪，使我方两个单位遭受巨额保费损失，故上诉人存在严重、明显的过错。

另外，关于上诉人2000年《营业执照（副本）》复印件被犯罪嫌疑人用于开立账户问题，本案有相关证据证明。陈某在供述中称不是他提供的，应该是邓、崔他们自己从陈抽屉里拿的，他不知道（2004年5月28日笔录第42页）。陈某的供述印证了两项事实：其一，《营业执照（副本）》复印件是真实的，上诉人在一审和二审中称是伪造的，系虚假陈述；其二，陈某知道6笔保费支票收款人虽然都填写了上诉人的名称，但均未入上诉人账，而是被邓、崔用于炒股，这证明陈对其抽屉里的《营业执照（副本）》复印件被拿是采取放任态度，故是被擅自使用，而并不是被盗用。因此，上诉人在《营业执照（副本）》的管理上确实存在过错。

综上所述，本案经过一审和二审质证，大量有效证据已经形成足以证明上诉人具有明显过错的证据体系，足以据此认定上诉人依法应承担赔偿责任。陈某的供述即使不作为证据，而仅作为印证本案大量证据的情况证据，也足以使本已清楚的事实更加透明。因此，恳请贵院及时依法处理本案，判决驳回上诉，维持原判。

谢谢！

旁白

办案子，要学习科学家做研究、做实验的那种范儿，力求精细、精确。

回归本质的判决

判决

二审判决

该判决“经审理查明”一节认定，特约承保书载明，保险合同由投保单、保险单、特约承保书、保费收据共同组成。某市公安局2003年3月18日出具的某公刑技（文）检字（2003）第×号《文检鉴定书》载明，送检的07560577号《某保险公司首期保险费预收收据》和保险单正本上的“某保险公司业务专用章（1）”印文与单位提供的相应印文是同一枚印章盖印的；送检的《特约承保书》和《某银行开户申请书》上的“某保险公司”、户名为某保险公司《印鉴卡》上的“某保险公司财务专用章”和“刘某印”、《某保险公司保险费收据》上的“某保险公司转（2）讫”印文与单位提供的相应印文不是同一枚印章盖印的。

某保险公司2003年在原审期间提交的证明材料载明：“保险费收据号码为04562286、04562293、04562275三张收据为我公司领取使用，此三张收据的领取时间应在2000年4月至2000年5月之间，具体领用人没有登记；保险单号码为0376143、0376148、0376138的三张保险单不属于我公司出具的保险单范围之内，应属上级公司出具范围；从不存在特约承保书办理保险业务这种形式。”某保险公司保费收据领用登记载明，2002年2月29日陈某领取暂收收据1本（07560576-600）。

陈某1999年7月7日任某保险公司综合科科长，2000年4月24日任某保险公司业务五部经理，2001年12月10日与某保险公司解除劳动合同。投保人以转账支票形式交付的保险费未入到某保险公司设立的真实账户中。2002年12月27日，从以某保险公司名义在某银行设立的471-8710000123账户中向某研究院支付25万元利息。

另，根据某研究院的报案，公安机关于2003年1月26日立案侦查，案由为诈骗，犯罪嫌疑人包括邓某、崔某和陈某。本院审理期间，犯罪嫌疑人陈某向公安机关投案自首。

其余事实与原审法院查明的事实一致。

该判决“本院认为”一节认为，本案所涉及保险合同的组成部分包括保险单、特约承保书和保险费收据，其中保险单是投保人与保险人之间所订立正式保险合同的书面凭证。从保险公司的承保流程来看，投保人交纳保险费在前，保险公司出具保险单在后。因某保险公司向某研究院出具了保险单，故双方之间的保险合同关系已经成立。但由于保险合同上既没有被保险人，也不具备保险责任等基本条款，而且某研究院投保时获取高息的目的明显，所以保险合同虽然成立但无效。对于保险合同无效，双方均有过错，应当各自承担相应的责任。至于某保险公司上诉所述，本案涉及保险诈骗，其对被上诉人资金被骗不应当承担过错责任的理由，因在签订保险合同的整个过程中，投保人某研究院已经尽了相应的注意义务；同时，某保险公司对利用其名义进行保险诈骗活动的防范义务应该严于投保人，其有责任为投保人提供正常的投保环境，但其并未充分尽到管理职责，具有明显过错，并与某研究院的保险费损失之间存在因果关系，根据最高人民法院《关于在审理经济纠纷案件中涉及经济犯罪嫌疑若干问题的规定》第5条第二款关于“行为人私刻单位公章或者擅自使用单位公章、业务介绍信、盖有公章的空白合同书以签订经济合同的方法进行的犯罪行为，单位有明显过错，且该过错行为与被害人的经济损失之间具有因果关系的，单位对该犯罪行为所造成的经济损失，依法应当承担赔偿责任”的规定，虽然涉嫌刑事犯罪，但并不影响本民事案件的审理以及某保险公司民事责任的承担。综上所述，某保险公司的上诉理由不能成立。原审法院判决认定事实清楚，适用法律正确，应予维持。

该判决书判决驳回上诉，维持原判。

二审法院同时对某保险公司上诉的，与某研究院另600万元保险合同纠纷案作出相同的判决。

尾声

诉讼是一台冲突的双方同时出演的特殊戏剧。你和对方都是各编各的剧本，各导各的戏，各演各的角儿。谁在台下做足了功夫，谁就能让自己的戏占据舞台中心，把对方逼到舞台边儿；把自己演成正面人物，把对方对比成反面人物。

思 考

从情理上说，某保险公司也够冤的。分文保险费未收，却要赔偿1600万元！其问题仅仅出在未及时从已离职的员工手里收回盖了章的空白保单和未盖章已作废的空白收据以及《营业执照》复印件，还有未有效监管其营业场所。犯罪嫌疑人已携巨款逃往国外，某保险公司通过刑事案件的处理获得发还钱物的可能，微乎其微！

不过，撇开我原来的诉讼立场，客观地分析本案，我倒觉得某保险公司本不该全败，而应该部分胜诉。

如果某保险公司不一味地坚持完全不承担民事责任的主张，而提出混合过错的主张（混合过错谓对于损害结果的发生，加害人——某保险公司与受害人——某研究院均有过错），那么，可否达到仅承担部分赔偿责任的诉讼目的？

思路提示：

1.在表见代理问题上，“将计就计”，与某研究院采取相同的诉讼主张。即认为在涉及犯罪嫌疑的民事案件中不能适用表见代理的规定，不能认定涉嫌犯罪的行为是合法有效的民事代理行为。从而防止法院因认定表见代理成立而由此判决某保险公司承担全部款项的返还责任。

2.主张应适用司法解释关于过错赔偿的规定，并承认己方（某保险公司）有一定过错。

3.以本案的证据和情况为根据，主张某研究院亦有一系列明显过错，亦应承担一定的责任（请读者从本案的证据和情况中思考和概括某研究院的诸项过错）。

4.主张因己方的管理疏忽和某研究院轻信诈骗合同的疏忽，共同导致保险费被骗的结果。故双方属于民法上的混合过错，应对保险费的损害各承担50%的责任。即己方仅应赔偿800万元，另800万元损失应由某研究院自行承担。

课题

论民刑交叉案件中的“先刑后民”与“分别审理” 论文

论民刑交叉案件中两种不同性质的法律事实 论文

论表见代理与过错赔偿的关系及选择 论文

—— 以一件保险合同纠纷案为背景

论法律空白问题上的哲学范畴导入 论文

—— 一件保险合同纠纷案的启示

表见代理行为的效力与代理所签合同的效力 文章

挖掘“过错” 文章

—— 关于一件保险合同纠纷案的思考

法院依职权调查与案件命运 文章

—— 以一件保险合同纠纷案为视角

刑事诈骗如何演绎出民事索赔 文章

—— 关于一件保险合同纠纷案的沉思

单方过错还是混合过错? 文章

—— 关于一件保险合同纠纷案判决的审视

从个案看刑事案件证据在民事诉讼中的运用 文章

心路

这个案子是两年前在故乡时得到信息的，结案后，我又回到了故乡。周末，两位发小约我去北湖喝酒，见我满脸疑虑，便说：北湖就是过去的大泉沟，咱们光腚游泳的地方。到那儿后，我着实吃惊。虽然，湖面依然宽阔，湖水依然清澈，但长廊、亭台、垂柳、游船，还真把过去的“沟”变成了“湖”。特别是远处湖面的大雁、天鹅，惹得我沿长堤追寻，凝望。三巡酒后，我便侃起了自认为神奇的本案……

要　　目

- 一厢情愿
- 一气呵成
- 一锤定音
- 一箭双雕
- 一波三折
- 一家之言
- 一叶知秋

这个案子，从接案到办案，用“精彩”二字形容并不为过。

在对我所年轻律师进行培训，讲到这个案子时，我曾说过，我感觉如果每年都能接上并办成几件这样的案子，那么选择做律师还是值得的。我说：案子按标的大小、难易程度以及律师收益高低，可简单地分为小、中、大三类。这三种案子的景致，可以我的故乡新疆作比喻。小案如同飞沙走石的戈壁，中案就像风和日丽的绿洲，而大案则好似天山上奇光异彩的湖泊。本案标的不大，但另两个指数即疑难程度和律师收益不低，让我领略了“湖光山色”。

一厢情愿

那年4月，我正在我的故乡新疆石河子市讲课（我出生和童年在乌鲁木齐，少年和青年在石河子）。这之前的2001年春天，我送父母回新疆小住（二老自1996年便一直与我同住北京）。石河子大学（全国重点高校）的党委书记周先生及其夫人石河子大学政法学院院长郭女士，通过我的高中同学找到了我。在与二位及校长等班子成员见面座谈后，他们决定聘我为该校双聘教授（要报国家教委——现教育部备案）。我不喜欢任何兼职。在中国政法大学时，只有一个副研究员身份），出来后只有一个律师身份。但是，这次例外，我毫不犹豫地表态：挂名我不做，每隔一两年回来讲讲课，且不要讲课费和差旅费，我做。

故乡，我魂牵梦萦的地方。回到这里，我才能找回自己。

这次回来，我给政法学院的大三、大四学生及教师们讲案例教学课。自2001年起，我开始筛选、整理多年来办理的典型案例，并借鉴哈佛大学法学院的案例教学法，编写含讨论式、辩论式两种授课方式的案例教学资料，目的是为我所正式启动新聘律师培训计划准备教材（2004年5月至10月5个月的全脱产集中培训正是使用该教材）。因此，这次回来讲课，应该具有尝试性质，本来二百多个学生和教师的大课，组织讨论式或辩论式教学，客观上很难。但是，让我想不到的是，由于师生们课前研读案例认真，发言准备充分，讨论、辩论激烈，效果甚好。上课期间，我始终处于兴奋和喜悦之中。

另外，让我兴奋的是与同学、好友的一次次聚会。这次居然见到了二十多年未谋面的同学，而且与少年时勾肩搭背、青年时促膝互勉的至交有了更多的神聊时间。不过，酒是喝得太多了。无论聚会还是应酬，每晚总是喝大酒。也怪，一回到新疆，我的酒量就直线上升。深夜方归时，常会努力站稳脚跟，呆呆地望着布满整个夜空，低到与远处地面灯光交相辉映的星光……

那天晚上，正参加一个聚会，北京助理的电话来了。说是我在中国政法大学的朋友找我，提供了某研究院正在招聘律师打官司的信息。今天下午给某研究院法制处打电话询问，处长称院里选律师已经很长时间了，现在已基本定了。助理想了解一下案情，处长说你们肯定没戏，别浪费时间了。

或许是因为在新疆完全没有在北京时的那种寻求业务的欲望，加之又当着那么多人的面（在新疆喝酒时出去打手机是要罚酒的），我很勉强地说：我明白了，就这样吧。助理怕我挂机，赶忙说：听说案子不小，他们招律师，说明他们没有固定的合作律师，这是个机会。我只好说：要不明天再试试，别忘了说首届的事（助理明白，意思是别忘了介绍我是国家首届诉讼法学博士）。助理说：说过了。我无奈地说：那就尽力吧。

第二天上午上课时，手机震动了，显示是北京办公室的电话。虽知道是助理为某研究院事打来的电话，但不能接。课间休息时，打电话询问。助理说：今天又跟研究院法制处处长联系，他很不情愿地简单说了几句案情。是个保险合同纠纷案，标的1600万。他们在保险公司办的保险手续，但保险公司的章可能是假的。保险费被犯罪嫌疑人诈骗，现犯罪嫌疑人逃匿，公安机关已立案侦查。我马上说：这种涉及刑事犯罪的经济案件咱们办过几起，你现在就赶快找出两三件比较典型的案件卷宗，特别是涉及假章的卷宗，送到研究院法制处去。不要打电话，他会堵你的，直接去。记住，一定要争取更全面地了解案情。咱们的优势是论证疑难案件，掌握了基本案情，咱们就能拿出与人不同的、令人信服的意见来，这样就有希望了。

下午，助理来电话说：那位处长很难对付。虽然给他送去了卷宗，也讲明咱们曾成功代理过假章案件，但他就是不给保单等材料复印件，甚至不愿多说几句案情。我遗憾地说：掌握不了案情，没法写出《案件分析报告》，这事就没法推进了。看来，研究院虽然还没最终确定律师，但处长已经确定了律师人选。助理叹气说：我没招了，你再琢磨琢磨，有想法了再给我打。

当天晚上，我又约我的那两位至友喝酒。课讲完了，北京也没什么急事，我计划在故乡休息几天，去我的母校、工作过的酒厂和教过书的中学看看，再就是与我这两位铁哥儿们多聚聚。他俩原本比我能喝，但这会儿已经喝不动白酒了（这是一周来我们第三次喝酒，况且他们还陪我应酬其他酒局）。于是，我一人喝白酒，他俩喝啤酒。肯定是因为讲课劳累加上天天喝酒，嘴上说我自己喝一瓶，但二两酒下肚，我就晕了，实在喝不动了，但仍然兴奋不已，话多得不得了。哥儿仨说着说着，说到了北京。说起了我的业务。我愣了一下神，立刻打住话题，拿起手机就给助理打电话。我不假思索地说：研究院的案子涉及犯罪，同时又涉及假章。研究院丢了1600万元，却不急于起诉，长时间地选聘律师。已知的案子因素和研究院的做法这两点充分证明这个案子的疑难程度，肯定不亚于一般涉及犯罪的经济案件。参与这种案件的竞争，能够充分发挥和展示咱们的专业和经验优势。所以，不用顾及其他律师事务所的捷足先登或“近水楼台”，咱们已有过多次后来居上的成功先例。虽然法制处处长看来已有确定的人选，但只要院里并未最终确定律师，咱们就肯定有机会。所以，这次机会咱们千万不要放弃。

助理问：具体怎么操作？我仰起脖子灌了几大口啤酒，抹一把嘴说：第一，你明天再去找处长。案件材料他们不愿给就算了。他们是国有事业单位，财务部门办保险出了事，肯定会给院里写书面报告。这个报告可能除了刑事案件部分，也就是诈骗犯罪部分的内容缺乏外，保险合同的办理过程肯定是清楚的。你想办法拿到这个报告。如处长有顾虑，你可以让他删除财务部门请示意见和领导批示意见这些内容。第二，你告诉他我非常重视这个案子，会尽快结束课程（其实已经结束了）赶回去。你如果拿到书面报告或通过交谈进一步了解到案情，我回去就能尽快论证并拿出《案件分析报告》。第三，我回去后，会直接向处长请求参加面试。如果他们不同意，就分别向法制处和院有关领导递交《案件分析报告》，争取面试机会。写出报告并争取到面试机会，咱们就肯定成功了一半。当然，参加完面试，咱们就肯定成功了。记住，多年来，咱们写出报告并参加面试的竞聘成功率是百分之百！所以，希望你拿出当年竞聘某医学院与香港某洋行案件的勇气（当年她曾在寒风中，在某医学院主管副院长家的楼门口等副院长至夜里十一点多钟。本书第三卷收录了该案），尽最大气力，作最后的努力！

助理很了解我，知道我说这番话虽然有酒的因素和好友在场的因素，但清楚我的故乡之行该结束了，我已重新恢复了打拼的本性，又燃起了寻求业务的激情。看来，她又一次被我感染了，居然也像喝了酒似地说：当年某医学院已经选定他们的法律顾问打官司，不是也被咱们取代了吗？你就放心喝你的酒吧，我负责的事一定搞定！

次日下午，助理来电话说，已经拿到了财务部资金处给院里的报告，案情基本清楚了，让我赶快回京。

虽说这次在故乡的时间是十多年来最长的一次，但离开时我仍是百感交集。车上了玛纳斯河大桥时，我示意朋友靠边停车。站在高高的桥上，迎着早晨清凉的风，我久久地眺望着远处苍绿的故乡。

一气呵成

当天下午到北京，回到办公室后，我即给某研究院法制处处长打电话。我说了一番感谢的话后，称我会在这两天完成《案件分析报告》，拜托他帮忙在院里为我们争取一下面试的机会。确如助理所述，处长对我们不感兴趣，他不耐烦地说：你的律师（指助理）太难缠了，我是没办法了才给的报告（指资金处的报告）。这事你们知道得太晚了，院里基本都定了。我不想跟你的律师说那么多，今天就给你说实话吧。这个案子并不复杂，您愿写法律意见就写，写了也没多大用处。现在关键是我们没法取得公安的材料，公安不配合。证据都收不全，案情不明朗，怎么打官司？所以，院里选律师，当然就是要看哪家律所在公安有关系，能弄来材料。所以呢，你把精力放在写法律意见上没用，要真想让院里看上你们，这两天就该赶紧找关系，找上关系，拿到材料，这事你们可能还有点儿谱。

放下电话，我点上一支烟，有些犯难了。唉，又是找关系！中国司法腐败的病根在政治制度上，发病就在打官司打关系上。我摇摇头，唉，想这些有什么用？面对现实吧！虽然我硕士读刑法，博士读诉讼法学且研究方向是刑事诉讼法，但这近十年做专职律师，连一件刑事案子也没办过，哪有什么公安机关的关系！况且，托关系索取公安机关的侦查材料，别人可为，我不愿为。那么，现在该咋办呢？我猛然想到以往办理这类案件时，申请受理法院调取公安机关材料的正道，接着又想到最高法院关于民事诉讼证据的司法解释中有关法院经当事人申请调查收集证据的规定。一下又释然了。马上又给处长打电话说：我有办法从公安机关获得材料，您看能不能帮我在院内争取到面试的机会。他说：你能保证获得材料吗？我说：你就放心吧。他说：行，我这就跟专案组负责人说说。不过，咱们丑话说到头里，就算你搞到了材料，院里也不一定就聘你，但可以给你相应报酬。我含混地说：只要您帮我争取到面试的机会，聘不上我也认了。

半小时后，处长打来电话说：专案组安排你后天上午9点到10点参加面试。

放下电话，我走出办公室，把这个好消息通报给我的助理们，他们都非常高兴。于是，我召集我的3位助理（都是执业3年以上的律师）开会布置工作。我说：以往竞聘都是我独立完成案件的论证和《案件分析报告》的写作，这次你们也得参与这项工作。要清楚，你们对我的依赖，将必然导致你们没有独立竞争能力的严重后果。你们这就做一下分工，一人负责检索、查找近几年涉及刑事犯罪的保险合同纠纷的判例，一人负责本案法律及司法解释适用的研究工作，一人根据现有案情分析出本案事实的全貌。再就是，确定一人执笔，在明天下午5点前拿出你们的《案件分析报告》。明晚通宵，我写我的《案件分析报告》，后天上午参加面试。他们接着开会，我回到我的办公室。

我静坐桌旁，桌上摆着某研究院资金处的《报告》、最高法院《关于在审理经济纠纷案件中涉及经济犯罪嫌疑若干问题的规定》（以下称《若干规定》）和《合同法》。我想着，2000年以前，我办理的几件涉及刑事犯罪的经济案件，都是在《合同法》实施之前，仅适用最高法院的《若干规定》和该规定之前的司法解释（现已废止）。本案的法律适用问题则同时涉及了《若干规定》的适用和《合同法》“表见代理”规定的适用。那么，这两种规定是可以同时适用，还是二者必须选择其一呢？再者，以往办理这类案件时，作为原告（受害单位）的代理人，我总是把犯罪嫌疑人的职务身份及利用职务之便作为主要抗辩理由之一，从而主张被告（犯罪嫌疑人所在单位）在其人员监管上具有明显过错。而在本案中，犯罪嫌疑人陈某在办理某研究院第一单500万元的保单时虽然是某保险公司的业务经理，但在办理第二单1000万元保单和第三单600万元保单时，已买断工龄离职，与某保险公司解除了劳动关系，不是某保险公司的员工。第一单500万元已归还，那么，在起诉后1600万元保单时，应如何看待陈某利用职务之便问题，或者说应以哪些理由，从哪几个方面主张某保险公司的明显过错？另外，某保险公司势必会作出种种抗辩。那么，他们可能的诉讼主张和理由有哪些？我方又应该有哪些诉讼对策？

我呆坐着，一个字也没写，但大脑却在飞快地提出问题和试着回答这些问题。一阵饥饿感袭来，我才发现已是晚上10点多了。拉开办公室门，看到3位助理都还在加班（在我闭门思考或写作时，他们从不打搅我），于是说：现在吃饭去，饭后回家休息。今晚要养好了神，明天是“大战前夕”，够咱们受的。

第二天下午5点前，3位助理准时拿出了他们写的《案件分析报告》。报告共分四个部分：一、本案的性质。认为某保险公司陈某的行为属“表见代理”，故应适用《合同法》给本案定性。主要理由是陈某原本就是某保险公司的业务经理，作为相对方的我方并不知其离职；我方是在某保险公司营业场所办理的保险手续；本案空白保险单、空白保险费收据和空白保险费预收收据原本都是某保险公司的文本，因某保险公司并未公示，故我方并不知悉已作废。二、本案保险合同的效力。认为本案保险合同因缺乏合同生效的实质要件而无效，故某保险公司应依法返还我方的保险费。三、某保险公司具有明显过错。主要是在人员管理上（对陈某的管理）、营业场所的管理上和空白保险文本的管理上具有明显过错。四、某研究院并无过错，主要理由是我方在办理第一单500万元保险单时已查明陈某的真实身份是某保险公司的业务经理；我方是在某保险公司的营业场所办的保险手续；我方所持有的保险文本都是保险公司的格式文本，我方支付保险费的转账支票的收款人就是某保险公司。故我方并无失查责任。

在新疆时因劳累和酗酒，体质下降，加上新疆早晚温差大，故回来前我就有些感冒。今天上午头昏昏沉沉的，下午到办公室后给朋友们和主要客户们打电话通报已回京。因此，在看助理们的报告前，我还没来得及系统和深入思考昨晚我给自己提出的问题。

看着报告，我陷入了深思。一边看一边想，不到3000字的报告我看了半个多小时。看完后，点起一支烟，又低头想。一位助理忍不住了，问：怎么样？我答：不怎么样。看着他们略显沮丧的神情，我仍不客气地说：这个稿子不能用，要用，明天咱们必败无疑。为什么？因为这是“大陆货”，其他竞聘的律师只要有功底和认真也能达到你们这篇东西的程度。咱们现在被排在了最后，只有跨越，才能后来居上。

我起身走到会议室的白板前，边写边说：首先，你们的报告遗漏了两个问题，一是本案的证据问题与起诉条件问题，要写明本案证据不足的问题可以依法通过申请法院向公安机关调取证据材料的途径解决，还要写明我方已具备起诉条件，即我方持债权文书，也就是保险单、特约承保书、收据和付款凭证等，不仅可以顺利立案，而且可以推进诉讼，故并不存在举证不足而招致诉讼风险的问题；二是对方可能的抗辩主张与我方的诉讼对策问题，要分析某保险公司根据本案对其有利或貌似有利的事实和情节，提出哪几种抗辩主张和理由，还要研究我方的具体对策，也就是拿出我方的诉讼预案。这两个问题，第一个应作报告的第一节，第二个应作报告的最后一节。

一位助理插话说：第一个问题昨天你说了，我们还是搞忘了。我说：这怎么敢忘呢！咱们没有能力而且也不会去公安机关索取证据材料，如果不写明司法解释关于法院依职权取证的规定和司法实践中的通常做法，不能坚定某研究院可以起诉，并无风险的信心，他们肯定会选择或继续等待有公安机关关系的律师，那咱们就没有机会了。

另一位助理说：我们想到了对方可能的抗辩主张与我方的诉讼对策的问题，也设计了几条，当然也不成熟。没有写是我们担心都写明了，交了报告，他们完全知道怎么打这场官司了，万一找有关系的律师，用咱们的诉讼预案，岂不是给他人做嫁衣吗？我说：你们想想咱们什么时候写出并交了大报告（意指含诉讼预案的报告），却落个两手空空？从来没有！所以，我还是那句老话，诚信至上，用心换心。我们应当相信，遇到风浪甚至险滩的航船是需要航海专业知识和经验都丰富的舵手的。

我回到座位上，接着说：当然，我说你们的报告不能用的原因主要并不是遗漏了这两个问题。我想，其他竞聘律师也应该能想到这两个问题。第一个问题如想到了，完全可以写得跟咱们差不多，第二个问题写到什么程度，就要看他的专业水平和诉讼经验了。总之，我可以肯定地说，咱们在这两个问题上不可能做到跨越，也就是不可能大踏步地超越他人。那么，在这个报告中，咱们靠什么跨越呢？我想，应该是对《合同法》规定的表见代理与司法解释规定的过错赔偿之间的关系的深入研究，这才是本案能够真正体现出专业水平的地方。你们的报告将本案定性为表见代理，同时也阐述某保险公司的明显过错。不加分析研究地并用两个规定的做法，其他竞聘律师可能也会。这就是你们写的东西被我说成“大陆货”的原因。

说到这，我忽然有了茅塞顿开的感觉，似乎一下就找到了表见代理与过错赔偿的不同点。我说：依据《合同法》，表见代理人的代理行为有效。但是，在像本案这样的涉及刑事犯罪的民事案件中，代理人就是犯罪嫌疑人，其代理行为就是涉嫌犯罪的行为，具体说就是犯罪嫌疑人的犯罪手段。那么，在民事诉讼中，对于被刑法否定性评价的犯罪行为进行民事上是否有效的评价，这在法理上是有问题的。你们知道，我和常人一样，在写作中才能形成系统的认识。不过，现在我可以肯定地说，在我写的报告中，我会认为表见代理与过错赔偿是两种不同的民事责任，而且不能并用，进而会认为在涉及经济犯罪的民事案件中，不能适用表见代理的规定，只能适用过错赔偿的司法解释。

我又点上一支烟，长长地吐出一道烟雾，顿感神清气爽——不，不是烟的作用，是我找到了论证这个案子的出路。我兴奋地说：我将用一个观点，一个主张，一个方案在明天取胜。一个观点就是刚才说的表见代理与过错赔偿的关系；一个主张就是主张某保险公司具有一系列明显过错，依司法解释应承担赔偿责任；一个方案就是关于对方的抗辩主张与我方的诉讼对策的诉讼预案。

助理们都静坐着，我似乎在自说自话。一看表，下午5点开会，现在已是晚上8点多了。我立即起身，忘了问问他们的意见，匆忙回到我的办公室——明天上午9点面试，7点必须完成报告，我还有10个小时的写作时间，这对于我这种写作速度极慢的人来说，是够紧张的。

整整一个通宵，我一鼓作气，终使报告在翌日晨7时完成。

《案件分析报告》共分六个部分。

一、本案证据问题与起诉条件。结论是“在目前即使不能从公安机关取得相关证据材料的情况下，贵院依法可持债权文书提起诉讼，并在立案后依法申请法院依职权向公安机关调查收集我方所需的1600万元所入账户的申请开户证明文件、银行进账单、对账单、刑事案件立案报告、某保险公司陈某的身份文件、公安机关对印章鉴定所出的《文检鉴定书》、公安机关调取的用于本案办理保险手续的某保险公司各种保险文本的证明材料、公安机关对我方经办人员的《询问笔录》、对某银行开户经办人的《询问笔录》（证明陈某等人在某银行办理开户手续时使用某保险公司《营业执照（副本）》的情况），以及我方保险经办人应公安机关要求对办理场所和陈某等人的《辨认笔录》等证据材料。我们坚信，法院会根据我方的申请和我们律师列出的证据清单获得所有证据材料，因此，现在立即提起诉讼，其后继续推进诉讼，并不存在法律和证据上的障碍，并不存在举证不足而招致诉讼风险的问题。”

二、本案的性质不是表见代理，而是过错赔偿。结论是：“在所有像本案这样的，涉及刑事犯罪的民事案件中，犯罪嫌疑人的涉嫌犯罪的行为与相对人（如贵院）的行为都有可能具有某些表见代理的形式特征，如相对人对犯罪嫌疑人的真实身份，所签合同的虚假，所付款项的非法去向等当然并不知情，往往也无力查明。故有理由相信犯罪嫌疑人有权代表其所属或所称所属法人，即对法人有代理权。但是，在实质上，表见代理与涉嫌刑事犯罪的民事案件的性质是不相容的。如在涉及刑事犯罪的民事案件中，依表见代理的规定，认定涉嫌犯罪的行为为表见代理行为，在民事上是有效的法律行为，那么，就当然与刑事上为犯罪行为的认定矛盾了，对立了。一个行为在刑事上为犯罪行为，在民事上却是合法有效的行为，这显然是不能让立法者和司法者所容忍的。故我们可以肯定地说，在不涉及刑事犯罪的民事案件中，可以依据《合同法》认定无权代理行为是否表见代理行为，但在涉及刑事犯罪的民事案件中，该所谓代理行为就是涉嫌犯罪的行为，只能依据司法解释，认定行为人所属或所称所属单位是否具有明显过错，是否承担赔偿责任，而不能依据《合同法》认为该涉嫌犯罪的行为是否有效，犯罪嫌疑人所属或所称所属单位是否应承担犯罪嫌疑人为其代理而引起的法律后果，即是否承担继续履行合同的责任，或返还财产的责任，或相应的违约责任等。我们还必须强调，对本案正确定性，其意义绝不限于理论上或观念上，而是直接关系到我方的诉讼请求和诉讼策略问题。如依表见代理的主张，我方可以陈某等人代理行为有效，保险合同有效为由，请求法院判令某保险公司返还我方的保险费，并按特约承保书的约定，向我方支付年息（高息），或以代理行为有效、保险合同无效为由，请求法院判令某保险公司返还我方的保险费，并以某保险公司是保险合同无效的过错方为由，请求法院判令某保险公司赔偿我方的经济损失。但是，这是根本做不到的。我们这样肯定的原因是，在法院对同类案件的所有判例中，从来没有判令返还财产同时判令赔偿损失的判决。因此，在将本案定性为过错赔偿后，我方的诉讼请求只能确定为赔偿保险费本金及法定利息。”

三、我方的诉讼主张及理由，这一节主要阐述某保险公司的四大明显过错，即在营业场所管理上、保险文本的管理上，《营业执照（副本）》的管理上，对人员（陈某）的管理上的明显过错（在本章的“正文”中均有详细阐述，此略。因当时尚不知陈某等人所使用的多枚印章中有一枚为真章，起诉后，法院调取了公安机关《文检鉴定书》后才知，故此处尚未论及某保险公司在印章管理上的明显过错）。

四、第一份500万元保险单的办理与第二、三份1600万元保险单的办理之间具有因果关系。鉴于办理第一份500万元保险单时，陈某为某保险公司的业务经理，而办理本案1600万元两份保险单时，陈某已离职，我认为主张并强调首次保险合同的顺利履行与本案之间的因果关系，并促使法院重视这一情节，是非常重要的，故写了此节。主要理由是："陈某在原告（贵院）签订并履行第一份保险合同时，利用其在被告（某保险公司）任业务经理的职务身份，利用被告的营业场所，利用被告的空白特约承保书、保险单和收据，利用其使用被告法人证明文件私设的账户， 经一年之久，无任何阻碍，顺利完成第一份合同，陈某的这一系列利用被告并在其任职期间顺利瞒过被告的行为，足以证明被告客观上存在重大管理漏洞，主观上对陈某一直持放任态度，致使在管理上对陈某处于失控状态。因此，被告在第一份合同中当然具有法律上的明显过错。正是因为被告的明显过错，使得陈某得以顺利完成第一份合同，获得原告的信任，最终导致原告与陈某签订第二、三份合同，造成原告遭受重大经济损失的严重后果。因此，被告在第一份合同中明显过错与原告在第二、三份合同中的经济损失之间具有法律上的因果关系。这一因果关系是客观的，绝不是原告主观臆断的。故依据司法解释的明确规定，被告对陈某的犯罪行为所造成的原告的经济损失，依法应当承担赔偿责任。"

五、贵院亦将承担失查责任。结论是："在涉嫌刑事犯罪的保险合同纠纷案件中，投保人在审查、签约、付款等各个环节中，总是存在未能通过保险人上级主管单位查明保险人、经办人主体资格和查明保险合同形式上效力等问题，另外也总是存在投保人办理保险旨在获取高息的问题。因此，某市第一、二中级法院和高级法院在处理此类案件时，通常会在判决书中判令原告（投保人）承担百分之二十的诉讼费用。当然，这对于胜诉的原告来说，并无大的诉讼损失。"

六、对方可能的抗辩主张与我方的诉讼对策（诉讼预案）。此节篇幅较大，这里仅作简单概括。

首先，我设定某保险公司肯定会提出三个通常性的主张，即第一，犯罪嫌疑人使用假章，冒充某保险公司人员进行诈骗犯罪；第二，我方与犯罪嫌疑签订了虚假的保险合同，故我方与某保险公司之间并不存在合法有效的保险合同法律关系；第三，我方将保险费交付犯罪嫌疑人，入到了犯罪嫌疑人私设的账户中，故某保险公司从未取得和占有我方的保险费。针对这三个抗辩主张，我设定了我方的诉讼对策。我认为，这三个通常性主张涉及了本案的基本事实，但是，我方必须强调，在这三个基本事实存在的前提下，依据最高人民法院《关于在审理经济纠纷案件中涉及经济犯罪嫌疑若干问题的规定》的明确规定，即使存在行为人私刻公章或擅自使用单位公章，签订虚假合同，骗取他人财物的犯罪事实，并非被告就不承担责任。如被告具有明显过错且与我方所遭受的经济损失具有因果关系，被告仍应承担赔偿损失的民事责任。如被告提出的这三个通常性主张不是本案的基本事实，即假如被告与我方签订合法有效的保险合同并收取和占有我方的保险费，则被告应承担的责任就不是民事赔偿责任而是履行有效的保险合同并承担违约责任了。另外，本案所涉私刻公章、保险合同虚假和保险费被骗这三项事实，被告当然不仅未为而且不知，如为或知，那就可能涉及共同犯罪问题了。故被告的这三个主张与《若干规定》对立，属曲解司法解释的抗辩，在本案中没有任何诉讼意义，无须辩论和认定。

其次，我设定某保险公司可能会提出另外三个有针对性的主张，即第一，在签订本案1600万元保险单时，陈某已离职，其行为与某保险公司无关；第二，犯罪嫌疑人使用的各种空白保险格式文本均已作废，与某保险公司无关；第三，我方轻信犯罪嫌疑人，未尽审查责任，故应自行承担损失，不能嫁祸于人。针对这三个抗辩主张，我设定了我方的诉讼对策。因内容较多，这里仅作简单概括。第一，陈某利用职务便利，签订了第一份500万元的保险单，利用以往职务便利（这是我在本案中的常用语，不知是否有杜撰之嫌）签订了第二、三份1600万元的保险单。陈某在离职后，仍能自由自主地使用某保险公司的营业场所、各种保险文本以及利用某保险公司《营业执照（副本）》所开账户，进行诈骗犯罪，足见某保险公司的管理混乱达到何种程度。第二，所谓各种空白保险文本均已作废的抗辩，证明这些文本是某保险公司的，是真的，某保险公司既不履行公示作废的法定义务，也不收回销毁，被犯罪嫌疑人用于诈骗犯罪，当然具有明显过错。第三，所谓我方有过错，应自行承担损失的主张不能成立。理由是，其一，我方是在某保险公司的营业场所办理保险手续的；其二，收取我方保险费的银行账户是使用真实的《营业执照（副本）》开设的，从形式上说就是被告的账户；其三，空白保险单、收据和预收收据等凭证也是被告方真实的文本；其四，我方在办理第一笔500万元保险业务时，陈某的真实身份就是被告的业务经理。在这一系列真实面前，我方经办人已尽到应有的审查责任，不足以识破陈某等人的犯罪手段和犯罪目的。故在本案这种基本事实面前，指责我方有过错是不能成立的。

以上就是我写的《案件分析报告》的主要内容。这一报告基本奠定了我对本案的认识基础。报告全文近万字，加上附在报告后面的有关法律、司法解释的规定，特别是有关案件的案例，装订成厚厚的文本。

我一边写，助理们一边打印，一边核对，至早晨7点，我写完了，他们也基本打印、校对完了。我感到非常畅快，丝毫没有熬夜后的疲惫感。助理们也忙碌了一夜，但此时看上去都挺兴奋。我说：你们也知道胜利在望了吧？现在都赶快回家洗澡换衣服，9点前在某研究院大门前集合。

一锤定音

面试在某研究院的贵宾室举行。我进门后才知道该院本案的专案组由院纪检书记任组长，由院财务部部长、保卫部部长、纪检处处长、保卫处副处长、法制处处长及法制处成员组成。今天，所有专案组成员都到场了，足见某研究院对本案的重视程度。

我们预先准备了5份《案件分析报告》文本，故助理只能按法制处处长的介绍，分发到主要领导手里。我注意到，他们看到这么厚的文本，都有些意外。

法制处杨处长简单说了几句面试要求后，面试就开始了。我看到几位领导都在低头翻阅报告文本，注意力并不在我这儿，于是就把本来应先自我介绍的开场白变成了几句肺腑之言。我说：我首先给各位一个承诺吧！这个承诺就是假如研究院最终并不聘用我们，我们也愿意无偿地将我们的《案件分析报告》提供给你们，供你们聘用的律师参考。我们这样做的原因就是为了感谢各位给我们提供了研究论证案件，从而提高专业水平，积累诉讼经验的机会。说完这番话后，各位都静静地看着我，无人说话。我知道，我的开场白不仅一下抓住了他们，而且感染了他们，甚至可能感动了某些人（事后他们有人提到我的承诺，说当时觉得我们挺老实的，又挺可怜的。在院里什么关系也没有，只能先说不被聘用还要感谢的话）。看来他们从未遇到律师拿出这么长的报告的情形，乃至不知是否按既定的面试程序进行。主持面试的法制处杨处长问各位：是让律师先讲呢？还是咱们先看看报告。财务部张部长说：这样吧，为了节省时间，律师一边讲咱们一边看，然后再提问吧。

我半脱稿地讲解起报告来。凭借以往的面试经验和通常给委托人讲解的经验，我在强调重点的同时，时而脱稿讲解相关的理论问题，比如顺便讲到了哲学因果关系与法律因果关系的异同；时而脱稿讲起以往我办理同类案件的有关经验和司法实践中法院的种种不成文规定及其通常做法。这样做的目的，无外乎是为了让他们尽快了解和掌握报告主要的、与他人不同的论点和论据，同时让他们初识我的专业水平和诉讼经验。

我讲完后，看了一下表，用了近四十分钟，只剩下二十分钟了，我有些担心时间不够。但看到他们都很从容，并不急，我估计要延长面试时间了，于是坦然了。

保卫部马部长提了第一个问题。他说：根据你的报告，申请法院到公安机关收集证据，最高法院有规定，法院通常也会接受申请去办理。但是，中国的事儿不好说，人为因素太多，有规定不执行并不是新鲜事儿。如果法院就是不去取证怎么办？我答：在我办理的涉及犯罪的民事案件中从来没有出现这种法院拒不取证的情况，我相信我如果办理此案也不会出现这种情况。如果法官消极，拖着不办，我会通过向庭里领导，甚至院里领导反映的途径解决。他说：这一点很重要。你建议我们现在就可以起诉，如果法院不取证，我们证据不足可能会败诉的，所以，这一点你能保证吗？我答：我能保证。问：拿什么保证？答：我同意在与你们签订的委托代理合同中专门对此约定一条违约责任条款，内容是如因本案受理法院未向公安机关调查收集有关证据材料，致使甲方（即研究院）因证据不足而被法院驳回起诉，则乙方（我律师所）应承担甲方的全部诉讼费，并赔偿甲方的相关经济损失。我这样回答您可以吗？马部长说：可以，但你们收的律师代理费呢？我答：这个问题涉及贵我双方要协商的代理费支付方式问题，现在还没谈到。如果你们支付了代理费，那么在违约条款中当然要约定我们全额退还所收代理费。

财务部张部长提的问题是：你认为表见代理与过错赔偿在本案中是不相容的。你把挺复杂的问题写得很简明，我看明白了，没有意见。我的问题是既然主张表见代理，我们的诉讼请求可以要得高些，同时为了保险起见，为什么不可以同时主张表见代理和过错赔偿呢？让法院去选择，万一支持了表见代理不是对我们更好吗？我顿时意识到，张部长不仅法律悟性很高，而且这之前经过看其他律师写的意见和面试，已对本案法律问题有了一定的专业化认识。于是我便从专业角度回答他的问题。我说：这两个不同的主张涉及了两个不同的案由。根据某市高级法院关于民事诉讼程序的规定，当事人应以一个案由提起一个诉讼。言外之意，当然不能同时以两个案由提起一个诉讼，高级法院规定，如当事人所确定的案由不对，法院可劝其撤诉重新诉讼，不撤诉的可以裁定驳回起诉。但法院不应告知当事人应以何种案由重新起诉——这当然是为了强化法院的中立立场（其实，在司法实践中，法院并未严格执行高级法院的这一规定。当然，这会儿我不会说这点）。因此，按规定我方不应以两个案由起诉，如以一个表见代理的案由起诉则可能招致败诉风险。另外，我们建议以过错赔偿起诉的原因，除了高级法院的规定外，还有避免我方以表见代理起诉而损失诉讼费的考虑。简单地说，明知道法院从来不保护高息，不支持保险费之外的索赔请求，干嘛要多交、白交诉讼费呢？张部长说：好的，我明白了。你的回答既有规定，又有实践，我很满意。

见无人接着发问，财务部张部长便接着说：你们仅仅看了资金处两页纸的报告，就分析、概括出了保险公司的四大过错问题，看来你们对这种案件的经验确实很丰富，而且很细。我插话说：对不起，打断您的话。我们现在的分析、概括仅仅是初步的，待看到法院调取的公安机关的证据材料后，才能真正系统起来、扎实起来和丰满起来。您接着说。他说：看来你们对公安机关的证据材料和以后的深入分析都很有信心，这很好。我的问题是，陈某是本案的一个焦点问题。现在的问题不仅仅是他已离职的问题，而且还有更可怕的事，这就是目前我们所掌握的保险文本和各种凭证上，根本没有他的签名，所有该保险公司签字的地方，不是没有签名，就是只有邓某的签名。如果没有陈某犯罪的证据，加上他已离职，你们说保险公司有四大过错，法院会不考虑没有证据证明陈某参与了本案这个重要情况吗？我答：首先，我可以肯定地说，法院调取了公安机关的证据材料后，我们一定能看到陈某参与这起保险诈骗犯罪的证据。其次，我们先假设最终没有证明陈某参与犯罪的证据。我的观点是，如果陈某未参与诈骗犯罪，只能认定保险公司的过错更加严重。理由是，有陈某利用其以往职务的便利，犯罪嫌疑人取得保险公司的《营业执照（副本）》开立账户，取得空白保险单和收据，使用保险公司的营业场所要容易得多。如陈某未参与，邓某和崔某作为保险公司的外部人员也能顺利地取得和利用保险公司的《营业执照（副本）》、空白保险单和收据，不受任何阻碍地使用保险公司的营业场所，足见保险公司在《营业执照（副本）》、空白保险单和收据以及营业场所的管理上的混乱程度，只能证明保险公司的过错性质更为严重。另外还必须强调，最高法院司法解释规定的“单位有明显过错”，不能被曲解为单位内部人员参与犯罪，单位有明显过错就要承担责任，而如果是外部人员，即使单位有明显过错也不承担责任（此观点《案件分析报告》中未涉及，是面试时现场形成的，之后被运用到一审和二审的《代理词》之中）。张部长说：你这样说，我就踏实了。

其后，专案组其他成员问了几个很容易回答的问题，有些问题《案件分析报告》已有阐述，只是他们未看到或未看明白。

转眼就将近10点半了，也就是面试时间已经超了近半个小时了。法制处杨处长终于提出了他的问题。他问：你们在中级法院和高级法院的关系到底怎么样？看到一直对答如流的我终于被问住了，财务部张部长立即解围，说：杨处，今天我们不探讨这个问题。杨处长接着问：那你对胜诉有多大把握？我答：如按百分比来说，我有60%以上的把握。他说：这幅度也太大了点，能不能再准确点？我答：抱歉，看来我只能说到这个程度。

看到各位不再提问了，财务部张部长说：那我就向律师提最后一个问题。在律师代理费问题上，你是怎么考虑的？我不假思索地说：鉴于本案确为疑难案件，为了表示我们的合作诚意和胜诉信念，我们愿意与研究院共担诉讼风险。也就是说，我们同意采取完全风险代理的方式接受委托。他迟疑了一下，我立刻意识到尚无律师跟他们提出完全风险代理的建议。果然他说：你解释一下完全风险代理的含义。我说：简单地说，就是研究院未胜诉而且未获得保险公司赔偿的保险费之前，律师分文不取，待研究院收到赔偿款后，按委托代理协议约定的代理费支付标准，向律师所支付代理费。他问：律师代理费之外的其他费用呢？我答：应交法院的诉讼费以及可能要交鉴定机构的鉴定费由你们承担。对律师来说，其他费用同样分文不取。他接着问：那你们事成后的律师代理费标准是多少？我答：完全风险代理的代理费比例并无规定，通常是委托人实际取得款项的10%—30%，[1]具体如何确定主要是由双方根据案件的难易程度进行协商。我们根据本案的疑难程度和标的因素，初步报价是研究院实际取得赔偿款的15%。当然，最终如何确定，还要经双方协商，特别是要尊重你们的意见。

最后，法制处杨处长请一直未说话的专案组组长、院纪检书记讲话。操着陕西口音的书记说：今天见的律师很敬业，拿出了很全面的报告，特别是拿出了预案，“非典”后咱们才知道了预案的重要性。干啥事情，只要有风险，就得有预案。我没有什么意见，希望你们律师回去后，再接再厉，继续深入研究和论证。

十点四十分了，面试结束了。在与各位握手告别时，财务部张部长笑着说：你可真够神的，听说前天才回到北京。我也笑着说：我这人有个毛病，一遇到有意思的案子就兴奋。保卫部马部长拍着我的肩说：够辛苦的，眼睛都是红的，赶快回去休息吧。

走出贵宾室，在楼道里遇见了来面试的其他两位律师，其中一位很知

---

[1] 2006年12月1日国家发展改革委、司法部发布实施的《律师服务收费管理办法》第13条第二款规定：“实行风险代理收费，最高收费金额不得高于收费合同约定标的额的30%。”

名。出了办公大楼，助理们才说笑起来。到了停车场，我无心开车，连续抽了两支烟。助理们继续兴奋地议论着，并未在意默默站在一旁抽烟的我。他们很了解我，知道我此刻正在独自体验。没错儿，唯有此刻我才能真正体验到做律师的喜悦，才会发现天原来是那么蓝，云原来是那么白……

两天后，某研究院法制处通知我们，院领导已决定正式聘请我们做院里的诉讼代理人。在两天后的会上，双方协商确定风险代理费的比例为9%（以1600万元标的计，为144万元）。同时，他们同意，由我的助理代理此案，我指导助理办案。

一箭双雕

与某研究院签订《委托代理合同》后，我派出两位律师（都是我的助理）与该院法制处三位成员（包括处长）成立了办案小组，对院专案组负责，并同时制定了起诉前一个月的工作计划。工作内容主要是诉前的各项准备，包括根据研究院移交的各种保险文本和凭证，撰写《民事诉状》，协助院纪检委通过中央纪检委批准向某银行调取陈某等人开立账户的证据材料，律师与研究院两位经办人谈话做好出庭作证准备，等等。

两位助理能力强且很敬业，他们与法制处人员严格按工作计划紧张而从容地进行着各项准备工作。

我撰写了《民事诉状》。据了解，涉及刑事犯罪的民事案件在立案时，需由法院立案庭报经院主管副院长批准，为缩短立案审查周期，我在诉状的诉讼请求中虽提出了过错赔偿请求，在理由一节中虽称“被告具有明显过错，且该过错与原告保险费损失之间具有客观的因果关系”，但在事实一节中只叙述保险单的签订和履行过程，未提及本案所涉的刑事犯罪问题。不出所料，立案很顺利，研究院交纳案件受理费后，即收到了法院的《案件受理通知书》。

这天上午专案组召集办案小组召开阶段工作总结会议，通知我也参加。会后，办案小组继续开会，商量有关具体工作的安排。法制处杨处长说：据我们了解，除我院外，还有另一家国企也被骗了，情况跟我院差不多，专案组提议律师能否尽快与这家公司联系，互通信息，在证据材料上相互协助。你们律师有什么意见？我当即表态：专案组的建议很好，很重要，我们会尽力的。虽然官司是各打各的，但如果在互通信息的基础上，能进一步做到协调一致，互相配合，那就更好了。

当杨处长把另一家公司的名称——某进出口公司及其经办人姓名——陈某告诉我们时，我和助理们都会心地笑了，杨处长不解，我说：某进出口公司是我们的常年法律顾问单位，陈某是我们的日常联系人。杨处长一边说太好了，一边立即打电话向专案组成员财务部张部长和保卫部马部长通报这一情况。

我们已连续多年做某进出口公司的常年法律顾问了。该公司非讼法律事务繁忙，我们既要参加大量的外贸合同的谈判、起草或审查工作，还要经常派出律师到该公司在各地设立的加工企业处理相关法律事务。但是，对于该公司这次850万元保险费被骗而涉案的事，我们却全然不知。

当天下午，我即与两位助理来到了某进出口公司，当我讲明某研究院的想法后，总经理（女士）用手捂着嘴笑着说：不好意思，不是我们不告诉你们，是我们一直以为你们是国际贸易方面的专业律师，不打官司，所以才正在挑选其他律师。既然你们在研究院那边都竞聘上了，咱们自己的官司当然得由自己的律师来打了。

第二天，我即派助理向某进出口公司送去了《案件分析报告》（与某研究院内容基本相同）。第三天便与某进出口公司签订了《委托代理合同》。

专门负责某进出口公司国际贸易合同谈判及争议调处工作的助理，拿回《委托代理合同》，往我桌上一扔，没好气地说：签了合同心里也不痛快。为他们兢兢业业做了这么多年，有了案子，都好几个月了，还要对咱们保密。我笑着说：他们以为咱们在诉讼上并不在行，请其他律师打，又担心咱们知道了会有情绪，影响了挺好的合作关系，这是完全可以理解的嘛！咱们将心比心想想，他们做得并没有什么错啊！助理是个很直率的人，想了想，转过了弯，说：那倒是（律师做企业的法律顾问，很辛苦，但效益一般，是没法跟重大商事案件的代理效益相比的）。

本节题目是“一箭双雕”，但其含义并不仅限于从律师获得诉讼业务上说，我们竞聘某研究院的案子成功，并进而获得了顾问单位的诉讼业务，同时，当然还有另层含义，这就是两家并不相识的单位同时聘请了共同信任的律师所，从而顺利地达到了互相在证据上支持（统一掌握和使用证据材料，两家经办人相互在对方案件中作为证人作证等），在诉讼主张上协调，在诉讼策略上配合的目的。实践证明，这对两家单位的诉讼来说，是必要的和重要的。对一家单位来说，请一家律师所便获得了另一家单位的配合，也可谓“一箭双雕”。

不过，人世间的事儿总是多变的。虽然某进出口公司通过我们竞聘某研究院案件知道商事诉讼也是我们的专业范围，从而将其诉讼委托给我们，虽然为某进出口公司代理案件胜诉后，他们又将一件标的1600万元的案子委托我们代理，但是，当该公司遇有一件标的在亿元以上的案子时，仅让我的助理参与了诉前的准备工作，而将案件委托给据说在某省有良好人脉资源的其他律师所。于是，助理们又一次不痛快了，而我则又一次设法让他们宽心。

一波三折

应该说，立案后，诉讼正如我们预期的那样顺利推进。

首先，顺利促成法院向公安机关调查收集证据。

我们在完成立案手续后，即向法院提交了《调查收集证据申请书》，并附上申请调取的证据材料清单，清单所列证据材料计11种14件，包括公安机关《文检鉴定书》、某保险公司就涉案保险单和保险费收据出处向公安机关所出书面证明、公安机关收集的某保险公司的保险费收据领用登记、某保险公司向公安机关出具的该公司人事任免文件、公安机关对某研究院和某进出口公司经办人所作的《询问证人笔录》和《辨认笔录》等等。为防止法院或某保险公司质疑我方如何获知公安机关侦查卷宗的内容，我们让一直配合、协助公安机关侦查并多次阅卷的某研究院保卫处副处长专门就证据线索向法院出具了说明。法院向公安机关调取了我们申请的所有证据材料。

其次，我方的诉讼证据得到补充和加强，从而完善了诉讼主张。

随着保卫处副处长阅卷获知证据内容和阅读法院调取的证据材料，对我方诉讼非常重要的证明某保险公司具有明显过错的证据得到补充和加强，其中，证明保险单和预收收据上所盖某保险公司业务专用章为真章的《文检鉴定书》、证明保险单和保险费收据为真实文书的某保险公司出具的书面证明、证明预收收据为陈某领用的某保险公司保险费收据领用登记，对我方尤为重要。

在《案件分析报告》的认识基础上，结合法院调取的证据材料，经过深入思考和研究后，我在开庭前完成了比《案件分析报告》更系统、更全面、更深刻的《代理词》。

因此，专案组对法院取证的正常进行和我写就的《代理词》都很满意。

一审第一次和第二次开庭，我都没去。原因是助理是我一手带出来的，师傅在场徒弟往往会分心而发挥得并不那么正常，故这么多年以来，助理出庭我从不旁听。

通过阅读助理们的庭审记录和直接向某研究院旁听人员了解情况，我知道，虽然助理对阵的是某保险公司聘请的知名律师，虽然案件疑难且对方代理律师强力抗辩，但是，助理在质证和辩论中的表现不仅是正常的，而且是有力量的，与专案组一样，我对庭审效果是满意的。

但是，案子在一审中就出现了“一波三折”。

先是第二次开庭后不久，某研究院的相关人员向法制处和专案组成员反映，据她通过关系了解的情况，我方律师（当然说我们）在法院没做工作，判决很快就会出来了，我方肯定败诉。当时，我正为某国际企业香港公司的房地产项目及土地使用权纠纷案出差在外，法制处杨处长打电话紧急询问情况。我只能对他说：你们所了解的信息，可能并非“空穴来风”。但是，我对咱们这个案子的证据运用和法律适用始终充满信心，我坚信咱们不会败。当然，如果一审无视事实和法律，歪着脖子瞎判的话，我们会尽全力在二审给它翻过来。杨处长不耐烦地说：说这些有什么用？你们当律师的，连信息都不知道，还让我们先告诉你们，这太不像话了吧！我们怎么向领导交代？你赶快回来吧，总不能争案的时候说得好听，这会就撂挑子了。我尽力平和地向他解释这里的事儿还没完，得过两天才能回去，但是他仍没好气地挂断了电话。

然而，法院并没有下判。不过，不久某研究院又有人传来我方将败诉的信息。法制处又找我询问情况，商量对策。

本来，原告一方的代理人在开庭后本应期待判决早点做出，但是，这次相反，助理们都怕接到法院签收判决书的通知电话。

这之后，我忙于对我所年初招聘的10名律师进行5个月的全脱产集中专业培训。多次在正组织学员进行培训案例辩论时，接到杨处长的电话，故学员们都知道这个案子。一次在接完杨处长有些抱怨的电话后，我对学员们说：你们大概也听出了这个案子的艰难和我的无奈。但是，我坚信，我会和你们一起等到这个案子最终胜诉的喜讯的。

11月下旬是法院年度结案的期限，可本案的判决并没有下来。12月中旬，当我估摸着案件的一审当年可能结不了时，助理接到了法院书记员通知领判决书的电话。助理在法院签收判决书后，即给我打电话。从第一声喂，我就知道赢了——那一个喂字，透发出多少兴奋和喜悦！当时我正在给学员们讲解一培训案例的司法解释适用问题，听到一审胜诉的消息，多数学员有的说太棒了，有的鼓掌，都非常高兴，但也有少数学员或若有所思，或无动于衷……

某研究院专案组组长、院纪检书记设宴庆贺一审胜诉。席间，专案组主要成员频频举杯向我和助理们敬酒。财务部张部长见我神情平静，便似乎看透了我的心思，安慰我说：一审虽然判了表见代理，但重要的是判对方赔钱了，我们赢了。打官司一审是基础，非常重要。你们在一审逆境中能够一直挺住，沉着老练，我们非常钦佩。有你们在，我们相信二审一定能赢！本来，为了不扫大家的兴，我本不想谈我对案件的忧虑，但纪检书记最后还是让我谈谈对一审判决的看法和二审的打算。

于是我说：张部长说得对，一审是基础，一审胜了，通常不是官司胜了一半了，而是胜了一大半了。所以，可以说咱们已经走上一条通向最终胜利的大道。对于一审判决关于表见代理的认定和判决，大家知道，我们是不赞同的。早在起诉前给院里的《案件分析报告》中，我们就有了明确的意见。现在看来，一审判决关于表见代理的认定和判决，除了我们以前说过的法律上障碍外，在本案的实践中，还有其他负面效果。一是在“经审理查明”和“本院认为”两节中完全不提及我方所举的和法院从公安机关调取的、证明某保险公司明显过错的大量证据，不认定某保险公司的过错赔偿责任。二是在“经审理查明” 和“本院认为”两节中以表见代理的定性为基础，认定我方向某保险公司而不是向犯罪嫌疑人支付了保险费，某保险公司而不是犯罪嫌疑人向我方出具了保险单，并支付25万元利息。三是认定我方对保险单的无效亦有过错，故不支持我方的利息请求。把这三点综合起来，我感觉是，第一，判决书撇开证明某保险公司明显过错的大量证据，使判决的基础即证据显得单薄、无力，谈不上扎实和充分；第二，以表见代理认定的本案的基本事实，不仅不能使某保险公司服判，而且为其提供了上诉和二审的靶子，他们一定会以本案涉及刑事案件的基本事实为根据，主张原判无视事实、歪曲事实；第三，判决书认定我方对无效合同的过错责任，一定会强化某保险公司打赢二审的信心。

我的一席话，把刚才那轻松愉快的气氛一扫而光，法制处杨处长说：我怎么感觉一审这样做是故意的，不光是让咱们胜得难受，而且是在暗中帮对方二审。我说：那倒不至于。如果依表见代理，除判决不支持我方的利息请求肯定错误外，也只能判成这样了。张部长说：你谈谈二审的打算吧。我说：我建议，第一，我方就不要上诉了。理由是对方肯定上诉，我方如也上诉，在策略上，对于力图维护原判关于返还本金的判决的我方来说，并非上策。况且就算二审支持了我方的利息请求，在执行中我方也可能会为了尽快得到本金，而用放弃利息的让步换取对方执行和解。第二，在二审中，我方的策略应为肯定一审判决表见代理的正确性，同时提出依司法解释规定的过错赔偿认定和处理本案更为适宜，并把二审的主攻方向放在过错赔偿上。我们将尽全力让二审法院采纳我方的过错赔偿的主张。因为，只有这样，也就是二审法院根据某保险公司具有明显过错的大量证据，依据司法解释，判决某保险公司承担过错赔偿责任，某保险公司才有可能最终服判，才有可能放弃终审判决后的再审申请，也才有可能使我方顺利完成执行。为此，这两天我已开始写二审的《答辩状》。这个稿子分三部分，我已写完第一和第二部分。第一部分是本案事实清楚，一审判决结论基本正确。主要写本案在法律适用上存在法律竞合问题，也就是说《合同法》规定的表见代理和司法解释规定的过错赔偿都可以选择适用，但在法律竞合的情况下，适用规定更为具体的司法解释更为适宜。第二部分是某保险公司确有明显过错，依法应承担赔偿责任。主要写某保险公司的五大过错，特别是详细阐述证明五大过错的大量证据。第三部分是某保险公司的上诉主张和理由均不成立，上诉请求应驳回。因尚未接到某保险公司的《上诉状》，所以我已根据对其上诉主张和理由的基本判断，写完了答辩提纲。因此，接到《上诉状》后，我马上就可完成整个《答辩状》，很快就能交给大家征求意见。

至此，庆贺胜诉的晚宴，完全变成了开在酒楼里的案件讨论会。大家都对一审判决和我的二审建议发表了意见，并一致同意我的二审方案。

一家之言

接到某保险公司的《上诉状》后，我并没有修改已完成的《答辩状》的第一、二部分，而是改写了第三部分“上诉人的上诉主张和理由均不能成立，上诉请求应予驳回”。因为之前已根据对方上诉主张和理由的判断，完成了这部分的答辩提纲和主要内容，故此时改写，几乎是一挥而就。助理们都说这部分写得“稳、准、狠”，那是过奖。不过，还算简明，故以下列举二、三：

“上诉人称：‘令上诉人十分不解的是，在本案事实十分清楚的情况下，一审法院如何作出保险合同成立的判决？’答辩人解惑：‘表见代理’的代理行为有效（《合同法》第49条），一审判决基于‘表见代理’认定双方合同关系成立，并无错误，无须诧异。”

“上诉人称：‘令上诉人百思不得其解的是，一审法院置上诉人和被上诉人均无争议的这样一个基本事实于不顾，完全违背庭审中已经查明的事实，作出原告将保险费交付被告这样错误的认定。’答辩人解惑：‘表见代理’的代理人所为行为在法律上为被代理人的行为，故答辩人依据盖有上诉人真章的保险单，按上诉人业务经理指令，向上诉人户名的账户支付保险费，在法律上即为向上诉人交付保险费。因此，一审判决基于‘表见代理’认定答辩人向上诉人交付保险费，并无错误，无须诧异。”

“上诉人在上诉状最后一节中，从‘逻辑’上分析并否定一审判决结论，称：‘一审法院认为保险单无效的主要责任在被上诉人。那么根据无效合同处理原则，责任方应当对本案所涉保费损失承担主要过错责任。但判决书却判决上诉人对被上诉人的保费损失承担100%的过错责任。’这一上诉人的所谓逻辑完全曲解了非常简单的法定无效合同处理原则。法律规定的无效合同处理原则为返还财产、过错赔偿（《合同法》第58条），返还财产即返还依无效合同取得的所有财产，赔偿损失即赔偿因无效合同所遭受的其他损失。在返还财产上，根据过错的大小进行‘打折’，这是上诉人的‘逻辑’，不是法律的逻辑。答辩人未请求判令上诉人赔偿本金之外的其他损失，仅请求法定利息，是基于同类案件均只判决本金和利息，不支持其他损失的赔偿请求。即使基于‘表见代理’，上诉人作为保险公司订立无效的保险合同，当然是主要过错方，故上诉人认为答辩人为主要过错方本来就是错误的，试图在返还本金上打折，当然就错上加错了。”

某研究院的一审判决作出半个多月后，某进出口公司的一审判决才作出。因一审和二审的转卷因素，在二审时，某进出口公司的案子先开庭了。开庭前，我根据我方的《答辩状》，撰写了与《答辩状》仅详略不同的二审《代理词》。因在一审中，在举证和主张上均将某研究院的案子作为重点，认为作为同类案件的某进出口公司案子的命运必将由某研究院案子的命运所决定，故某进出口公司的案子二审开庭后，我并没有过多地询问助理们开庭的情况。

这天傍晚，某研究院法制处杨处长打电话问我：后天案子就要开庭了，你们准备的怎么样了？我说：《代理词》你们已经审过了，某进出口公司的案子也已经开过庭了，律师们没有什么需要再做准备的。他又问：某进出口公司的案子开庭效果怎么样？我答：正常。放下电话，我想到应详细看看某进出口公司案件的庭审记录。当看到二审审判长将双方是否存在真实有效的保险合同关系作为庭审的第一个焦点问题时，我愣了一下，但再翻翻一审的记录，看到一审审判长也将此问题作为庭审的第一个焦点问题时，我又释然了。但看到二审审判长将某进出口公司是否向某保险公司交付了保险费也作为庭审焦点问题时，特别是看到某保险公司的代理律师用涉及刑事犯罪的大量证据抨击一审判决认定的事实，以及主张我方不是善意相对人故本案不是表见代理时，我意识到，虽然《答辩状》已基本说清了本案法律竞合的问题，但某保险公司代理律师的抗辩仍是有一定力量的，二审法官似乎仍对一审判决存有疑问。因此，在某研究院案件开庭时，应对此有所回应。

已是晚上10点了，该回家吃饭了。我计划着明天与助理们一起商量一下对策，便开车上路了，然而一路走神，甚至出现了一次差点追尾的险情。我摇摇头，放大音乐的音量，努力不去想案子……

当晚，我失眠了。躺在床上，一直在想着如何在本案认识上另辟新径，用一种新的观点体系来理清本案表见代理法律关系与侵权法律关系的含义和界限，进而对本案全部涉及表见代理与过错赔偿的事实进行定性和分类，从而回应某保险公司代理律师用涉及犯罪的事实抨击一审判决的表见代理认定的主张，最终使二审法官掌握表见代理法律关系与侵权法律关系的含义和界限，划清本案所涉两类事实（表见代理事实与过错赔偿事实）的性质和界限，适用过错赔偿的司法解释处理本案。

想着想着，我的睡意全无。干脆起来，拉开餐厅的落地窗，沏一杯茶，点一支烟。茶，一杯一杯地淡了，烟，一缕一缕地散了。当一轮朝阳斜斜地照进来时，我终于形成了所谓的一家之言。

概括地说，我的思路就是，将哲学基本范畴的理论，即现象和本质的原理运用于本案，作为本案的认识论基础。首先，认为认定表见代理的事实必须是表见代理行为的相对人所面对的表面事实，即现象事实。而认定过错赔偿的事实则是表见代理人无权代理的事实，即本质事实。故认定表见代理必须以现象事实为根据，不能涉及无权事实，即本质事实，亦即不能“透过现象看本质”，否则就不存在表见代理这种法律现象了。而认定过错赔偿则不能在现象事实上停留，必须深究无权的事实，即本质事实，亦即必须“透过现象看本质”，在本案中则是查清在犯罪嫌疑人无权代理的过程中，某保险公司是否具有明显过错。其次，我依据上述现象事实和本质事实的理论，逐一分析全案事实，区分出属于认定表见代理的现象事实范畴的一系列事实和属于认定过错赔偿的本质事实范畴的一系列事实，从而证明一审判决基于现象事实认定表见代理的正确性和我方基于本质事实主张某保险公司具有明显过错的准确性。再次，由此得出结论：某保险公司代理律师在《上诉状》和二审中混淆表见代理法律关系和侵权法律关系，混淆表见代理与过错赔偿所基于的不同法律事实，即现象事实和本质事实，用犯罪嫌疑人无权代理的事实即本质事实来抨击一审判决基于表见代理对本案现象事实的认定。故其抗辩方向错误，无的放矢，毫无诉讼价值。第四，认为在涉及刑事犯罪的民事案件中，当存在表见代理法律责任与过错赔偿法律责任竞合时，应“透过现象看本质”，同时依特别规定效力高于一般规定效力的法理，适用司法解释，认定过错赔偿责任。而将认定仅仅停留在现象事实之上，用表见代理来处理此类案件，则难免会在客观上使人产生歧义，不足以使人服判。

这样想下来，我感觉抓住了本案的“纲”，于是“纲举目张”了——本案所涉的一系列证据问题、法律适用问题、双方的争议问题以及法官可能的疑惑问题，统统迎刃而解了。

因上午要去顾问单位开会，睡了不到两小时，我就起床上路了。因终于在本案的认识上实现了一次新的飞跃，我心情很好，一点不觉得困倦。和着悠扬的小提琴独奏曲，吹着口哨，稳稳地把着方向盘……

下午，我赶到办公室，立刻召集助理们开会。简单讲明我的新的认识后，我提出原《代理词》必须重写。因我已通知某研究院法制处当晚召开办案小组会议，通报我的新观点，故由我重写时间已来不及了。因此，我决定由我口述，助理们记录，由此形成新的《代理词》。

本章“正文”所列二审《代理词》，正是我的口述记录稿。虽然该稿不少地方过于口语化，不够严谨和准确，但是本着本书如实记录的宗旨，我未作修改，原文照登。

次日中午，某研究院案件的二审庭审结束后，助理们和某研究院的旁听人员们见到我时，都兴奋地讲着庭审情况。不出所料，我方代理律师凭着新的代理观点，取得了我方十分满意的庭审效果。旁听人员告诉当我方代理律师发表新的代理观点时，合议庭主审法官在低头记录。我眼睛一亮，继而满意地点头。我问助理：对方律师对咱们运用哲学基本范畴分析案子，是如何答辩的？答：只表达了不同意我方观点的意见，未作具体答辩。

本案所涉两种不同法律责任的关系问题和两种不同法律责任的认定所根据的不同事实的性质问题，法律、法规及司法解释均无规定，且法学理论亦未涉及，故为法律和法学空白问题。我运用哲学基本范畴中现象和本质的原理来论证这些问题，确属一家之言。我设想着，待完成本书后，应将本课题与其他许多我在诉讼文书中提出的、有研究价值的课题，进行深入思考和研究，写作成文。

一叶知秋

二审法院受理本案整整一年后，才迟迟作出了维持原判的终审判决。

终审判决："经审理查明"各节逐项陈述了证明某保险公司具有明显过错的证据和事实。"本院认为"一节虽在认定双方的保险合同关系成立和保险合同无效上适用了表见代理的规定，但其重点则在于直接引用司法解释，认定某保险公司具有明显过错，且与我方的保险费损失之间存在因果关系。我设想，如果在"本院认为"一节中，认定"本案保险合同因存在法律规定的以合法形式掩盖非法目的的情形，故双方之间的保险合同关系不成立，保险合同无效。"那么，这份判决书从"经审理查明"到"本院认为"便是和谐统一的了。

判决书规定的某保险公司自动履行判决义务的期限行将届满时，某研究院专案组召集我们开会，讨论申请法院执行的相关事宜。我鉴于某保险公司系金融机构（法院一般不采取强制执行措施），且认为对于这样的有理有据的终审判决其有可能服判，故不同意专案组多数成员关于立即着手准备申请执行的意见，建议先由我们发出《律师函》，协商赔款事宜。如被拒绝，再申请执行。专案组经研究，最终采纳了我的建议。

《律师函》发出后，即接到了某保险公司同意协商解决赔款问题的电话。但其后1个月过去了，终因某保险公司称正在上级主管单位审批之中，而迟迟未解决。某研究院专案组又通知我们开会，有人提出这可能是某保险公司的拖延战术，多数成员建议应给某保险公司设定最后还款期限。我认为不妥，并请大家相信我，能够通过协商如数得到赔款，好在这之后不久，某保险公司非常诚信地如数向我方偿还了款项。

某研究院财务部张部长为庆贺案件顺利完成，请大家吃饭。他挺感性地对我，也对大家说：我觉得咱们的律师挺可怜的。案子这么长时间，要干那么多工作，担着那么大的责任，还要被人背地里议论，当面责怪（指着法制处杨处长说：说你呢！），到现在快两年了，连一分钱也没拿……现在钱拿回来了，请你们放心，你们的代理费院里一分也不会少。

散席后，我借口抽支烟，让大家先走。皓月下，独自漫步在宽广的停车场上。我什么也没想，没想两年前的竞聘，也没想两年来的历程，而在惬意地享受着初夏凉爽的晚风……

最后，简单说几句“一叶知秋”：

其一，本案竞聘和办理的成功，又一次应验了我常对我所青年律师们说的那句老话：专业乃律师立身之本。

其二，本案二审中运用哲学基本范畴实现认识飞跃的事例又一次证明，切莫以为已形成的对案件的系统性认识是终极的，要善于在诉讼实践中检验它，修正它，完善它，直至超越它。

其三，本案一审判决与二审判决认识的不同以及二审判决留下的遗憾告诉我们，尽管多年办理大量案件的法官，通常要比律师专业水平高，诉讼经验多，但是，法律功底好且潜心研究个案的律师，是有可能在法官面前展示出自己的力量，以获得法官尊重的。

这个案子是两年前在故乡得到信息的，结案后，我又回到了故乡。周末，两位发小约我去北湖喝酒，见我满脸疑虑，便说，北湖就是过去的大泉沟，咱们光腚游泳的地方。到那儿后，我着实吃惊。虽然，湖面依然宽阔，湖水依然清澈，但长廊、亭台、垂柳、游船，还真把过去的“沟”变成了“湖”。特别是远处湖面的大雁、天鹅，惹得我沿长堤追寻，凝望。三巡酒后，我便侃起了自认为神奇的本案……

自 吹

灯下运真气，
庭上亮奇功。
吹开千层雨，
吐出万丈虹。

附录：章节细目

附　录
章节细目

卷尾词

浣溪沙 隐庐夏夜

雨夜微寒夏似秋，
星空不见使人愁，
临窗听雨任梦游。

欲借响雷破雨阵，
新月出浴犹含羞，
清风入园顾小楼。

主创团队简介

李心鉴　作者、总策划

法学博士，北京市航舵律师事务所主任。1977年高中毕业后在农场务农、酒厂烧酒、中学教书。1982年毕业于原新疆政法干校（中专），留校任刑法教员。1988年毕业于中国政法大学刑法学专业，获硕士学位。1991年毕业于该校诉讼法学专业，获博士学位，留该校比较法研究所，从事中外诉讼法学比较研究，1993年任副研究员。1995年至今，从事律师职业，从业领域为企业民商事诉讼、仲裁和商业法律事务。代表作《刑事诉讼构造论》（中国政法大学出版社1992年版）获霍英东教育基金会第四届高等院校青年教师研究类奖（法律专业全国一名）。

邮箱：hangduo@hangduo.com

王　扬　责任编辑、项目策划

1983年—1989年毕业于郑州大学历史系，获史学学士、硕士学位。毕业后执教于郑州大学法学院，主要讲授中国法律史学与中国法律思想史。2001年7月毕业于中国政法大学，获法学博士学位，现任职于法律出版社至今。历任法律出版社独立项目策划部首届召集人、高级策划编辑、副编审。主持策划的项目主要集中在法学教育、法学应用、法学学术等领域。

邮箱：wy@lawpress.com.cn

乔智炜　装帧设计、美术策划

毕业于清华大学美术学院，获硕士学位。从事书籍装帧设计近十年，先后获得中国最美的书入围奖，第七、八届全国书籍设计艺术展优秀作品奖（四年一届），海峡两岸最美的书，华文出版物艺术设计大奖等多项荣誉。现就职于法律出版社，对法律类书籍的设计有独到见解。所设计的书籍均有优异的市场反响，同时受到作者与读者的认可。

邮箱：Zhiwei.qiao@foxmail.com

李　晨　人物插图、插图策划

鲁迅美术学院教授，硕士生导师。中国美术家协会连环画艺术委员会秘书长。1984年毕业于鲁迅美术学院。代表作：2007年《红嫂》获“庆祝建军八十周年全国美展”金奖；2012年《你永远是最可爱的人》获“庆祝建军八十五周年全国美展”优秀作品奖（最高奖）。为中国邮政设计多套邮票，其中，2011年《纪念辛亥革命100周年》纪念邮票三枚，2012年《毛泽东“向雷锋同志学习”题词发表五十周年》纪念邮票四枚。

邮箱：lichen2330@163.com

李新民　场景插图

自由插图作者。1993年毕业于新疆师范大学工艺美术专业。

邮箱：lixinmin5656@163.com

图书在版编目(CIP)数据

抗辩的艺术. 第2卷, 金融诉讼选录 / 李心鉴著.
—北京:法律出版社, 2014.1(2015.5 重印)
ISBN 978-7-5118-5696-8

Ⅰ. ①抗… Ⅱ. ①李… Ⅲ. ①金融—经济纠纷—民事诉讼—案例—中国 Ⅳ. ①D925.05

中国版本图书馆 CIP 数据核字(2013)第280000号

抗辩的艺术 **第二卷 金融诉讼选录**	李心鉴 著	责任编辑 王 扬 装帧设计 乔智炜

开本 787 毫米×1092 毫米 1/16
印张 35.75 **字数** 522 千
版本 2014 年 1 月第 1 版
印次 2015 年 5 月第 2 次印刷
出版 法律出版社
编辑统筹 独立项目策划部
总发行 中国法律图书有限公司
经销 新华书店
印刷 三河市龙大印装有限公司
责任印制 张建伟

法律出版社/北京市丰台区莲花池西里7号(100073)
电子邮件/info@lawpress.com.cn
销售热线/010-63939792/9779
网址/www.lawpress.com.cn
咨询电话/010-63939659

中国法律图书有限公司/北京市丰台区莲花池西里7号(100073)
全国各地中法图分、子公司电话:
第一法律书店/010-63939781/9782
西安分公司/029-85388843
重庆公司/023-65382816/2908
上海公司/021-62071010/1636
北京分公司/010-62534456
深圳公司/0755-83072995

书号:ISBN 978-7-5118-5696-8
定价:128.00 元
(如有缺页或倒装,中国法律图书有限公司负责退换)